对外经济贸易大学学术著作出版资助项目

中国近代人学与文化哲学史

尚明 著

人民出版社

目　录

前　言

　　十几年前写过一部《中国古代人学史》的著作,嗣后,或许出于"完形心理",又打算写一部中国近代的人学史著作。然而,在接下来的进一步研究和反复揣度中,深感不宜再按照以前那本古代人学史的套路来写了。这主要是考虑到:中国古代人学思想与近代人学思想所形成的历史环境、文化背景有极大不同。古代人学思想是在以儒家学说为主体的相对稳定的文化环境中成长的;而近代的人学思想则是在传统的社会结构和文化结构剧烈嬗变的背景下发生发展的。且在中国古代,文化哲学虽有些许萌芽,却不成规模;而步入近代,在西方列强政治和军事的双重刺激下,文化哲学迅速成为哲学界的热点论域并成熟起来,其与人学研究密切地相融互动而不可分割。由于深切体味到文化哲学在中国近代哲学中至为重要的地位及与人学的密切联系,故将之纳入到本书的写作内容。

　　首先,谈谈关于辨析儒学价值与中国文化建设关系的一些想法。

　　在中国古代,社会的稳定和谐成为历代执政者最大的政治主题和最高管理目标。然而,中国的地界那么大、人口那么多,又是以自然经济为主的散漫农业社会,凝聚社会当然不能指望靠经济的一体化;也不能单靠严酷的暴力镇压——秦王朝就因之夭亡而史称"秦鉴"。高明的国家统治者们明白了一个大道理——平治天下的第一要术莫过于思想大一统,在精神文化上造就"天下同归而殊途,一致而百虑"①的局面。儒家思想所以荣膺其选而独尊思想界两千余年,不是由于帝王的偶然奇想而使得儒家侥幸胜出,而是有其必然性的历史选择。

四大文明古国中仅有中国的文化传统得以延续下来,②其原因主要得力于儒家思想的强盛生命力。儒家思想以其主仁爱、敦人伦、尚中庸、崇礼仪等诸般优胜于诸家和佛教、道教之处而定鼎于中国思想领域两千余年。对于中国古代来说,以德治为名而主以心治的儒家政术,是最聪明并且最有效的治国方略;并且,儒家思想在修养身心、协调人伦、安身立命、理解天人关系上确有其独擅胜场之处,经过漫漫的历史途程,它已熔铸为国人积淀厚重的人文观念和生活样式。

近代以来,中国在文化建设上所面临的最大问题是如何协调传统文化与现代化关系的问题。中国传统文化虽说千头万绪,却是个有经有纬、主次较然的整体结构,儒家思想便是其中"一以贯之"的大经、举足轻重的主干。可以说,在传统文化与现代化关系问题中一个根本问题,就是儒家思想与现代化的关系问题。

在中国的文化建设中,究竟什么是既合时代、又合国情的人格模式和文化模式,迄今依然是需要深入探索的重大社会课题。讲到文化建设要"合国情"、"有中国特色",就不可能回避两千多年来作为中华民族主导精神的儒家思想。可以说,儒学是传统文化之本,是个极大的国情。舍之不谈,则传统文化不过是一盘散沙;全然摒弃,又呐喊弘扬优

---

① 《周易·系辞传》。

② 这种说法是相对的,因为中国的文化传统在近现代史无前例的反传统文化大潮流下,发生了的断裂,其实是长期处于严重的文化自我迷失状态之中。

秀传统文化的口号,终不过是自欺欺人的空话。

　　在许多现代文人眼中,孔学或儒学的本质问题早已盖棺论定,毋庸赘言了。然而其中只有极少数人有独出胸臆的研究结果,大多数人不过如"矮子观场",随人和声而已。① 什么是孔子真精神,何为真儒学?这是个千古争论不休、而近代辩驳尤烈的大题目。战国时即有所谓"八儒"②之别。汉代以来,原始儒学的精神意蕴被历代诸派的后学者们不断重新解释,从中推演出种种有纲有目的伦理规则和义理学说。总体看,历代的儒家学者立说虽多,但是学术差异主要在于论证方式的不同③或阐发角度有异,做的大都是儒学体系的修正和完善工夫,对于原始儒学的根本意旨并无重大的突破性改新。近代则不然,西学东来而全面挑战着中国传统学术。在社会和人文思想方面,西方近代的民主政治和人权平等观念首先挑战的是君主体制和不平等的纲常伦理观念,这使得儒学陷入空前的危地。形形色色的西化论者倒是大省心力,只需将以儒学为本的传统文化全面否定、彻底打倒便算了事;而既坚持民族文化本位又谋求变革的学者们却要殚精竭虑。他们为使儒学与近现代的人文和政治理念接轨,就必须对儒学根本意旨作出迥异以往的新诠释,确证中国传统文化与新文化有着契合之处,进而求索将它们熔铸为一体的法门。于是,重新发掘儒学真精神便成为他们的第一着力点。

---

　　①　明代思想家李贽曾说:"余自幼读《圣教》不知《圣教》,尊孔子不知孔夫子何自可尊,所谓矮子观场,随人说妍,和声而已。是余五十以前真一犬也,因前犬吠形,亦随而吠之,若问以吠声之故,正好哑然自笑也已。"(见《续焚书》卷二《圣教小引》,第347页)

　　②　见《韩非子·显学》。

　　③　如汉儒以天人感应的方式论证儒学的权威性,而宋明道学从哲学的角度论证儒学的天然合理性。道学思潮在宇宙论上虽具有气本论、理本论、心本论之别,在知行观上有知先行后、行先知后、知行合一之异,但是它们在人文、伦理、政治主张上是根本一致的。

这些学者多以传统的"体用"①范畴论说中学与西学在文化建设模式中的主从关系,诸多洋务派、维新派乃至新儒学中人相继擎起"中体西用"的大纛。虽然他们对"体"与"用"这对范畴内涵的诠释互异其趣,但在坚持中国文化本位的前提下融合中西文化的用心是共同的;并且,所谓"中学为体"实际是以儒学为体。在此旗帜下诸派学者的差别主要在于对儒学真精神的理解不同,而以儒学为体的根本意旨是决无疑义的。

近世的"中体西用"论大体有三个思路。一个是以张之洞为代表的洋务派主张,此派中人对于中学和西学的本质都没有深刻认识。他们以儒学表层结构的纲常伦理为"体",于儒学有舍本逐末之嫌,于时势则有不能通权达变之弊。因而用力虽多,却终不能成功。再一个是以康有为为代表的维新派的思路,力图将西方的民主人权学说与原始儒学思想意旨混淆,希图用这种偷梁换柱的方式再造儒学。这虽然是对儒学精神意旨做了空前的根本改造,但是其学说过于怪诞离奇、牵强附会,因而难以服众,加之社会形势的急遽发展,尤其是民主派的崛起,因而终成昙花一现。又一个是新儒学诸子的思路。② 他们的见识远比张之洞辈深刻,学风远比康有为辈严肃。他们抛开传统儒学的典章制

①　"体用"这对范畴的本初意义是本质和作用的意思,后来引申为多种含义。主次或主从之意只是其中之一。近代以来,关于中学与西学的体用关系问题,虽然有"中体西用"、"西体中用"等立意不同的主张,但是"体用"这对范畴在此时主要是就主从关系而言的,即在中国文化结构中哪个是主体,哪个处于次要的辅助的地位。然而,严复有些钻牛角尖,强调体用是不可分离的,中学有中学的体用,西学有西学的体用,若讲"中体西用",就如同"以牛为体以马为用"一般荒谬,因此"中体西用"主张在逻辑上是站不住脚,实践上行不通(详见本书严复部分)。严复对体用的辨别说明了中国思想界在这个问题上理论思辨的深化,但是却有些偏离主题——他力图取消以体用范畴论说在未来文化结构中的中西文化定位问题;并且也有混淆论题之嫌——他是在本质和作用关系而非主次关系诠释"体用"含义。严复的说法,虽然很有些响应者,但是许多人却不大管它,仍然以体用论中西文化。

②　此指新儒学第一期的学者们,虽然其中有些学者不公开标榜"中体西用",但他们的学说均是实质上的"中体西用"论。

度和纲常伦理这些表层的规范体系,也不效法康有为辈生拉硬扯地混淆中西学术的手法,而主要是从原始儒学的人生精神入手发掘儒学与近现代学术的契合点。他们力图通过解决儒学的现代转型问题,延续乃至扩展儒学的生命力。他们特别注重发掘儒学超胜于近现代西方文化之处,希冀以儒学之长克服西方近现代文化的弊端。在他们眼中,儒学的精神价值并不限于中国,而是普遍有益于人类,因而理应向世界推广。其中,甚至还有学者预估它将成为未来的世界精神。可以说,致力于解决儒学的现代化问题确立了新儒学立足之境和存在意义。

其次,谈谈关于近代人学和文化哲学研究的一些想法。

在专制体制下谋求社会的稳定和谐,其代价首先是思想界尤其是哲学精神的萎缩不振。秦以后到明清以前,思想管制还相对宽松些,到了明清尤其是清代,专制统治者们对社会思想的钳制化管理就像箍木桶、裹小脚,唯恐它散了架、走了样。这样的时代太长了,思想界一些有识有志之士就越发向往先秦百家争鸣的思想自由时代。说起来,除先秦而外,中国古代思想史上也还有过几次思想相对开放的时期,如西汉前期和汉末魏晋时期的诸家复兴。然而,它们在规模上远不能与先秦百家争鸣相比拟,且创新精神也颇有不如。

步入近代,中华民族陷入危急存亡的关头,竟然激发起一场堪与先秦时期相比肩的思想大解放风潮。论思想之全面解放,其不输于先秦;而论思想之深度和论域之广度,又非先秦可以比伦。在这场新百家争鸣中,出现了一些自以为"老子天下第一"的哲人。① "天下第一"自是

---

① 如梁漱溟曾经说:在当时中国唯有他自己发现了中国发展的正确道路,唯有他自己能将儒家伦理学说的心理学基础说清楚。若自己去世,则"天地将为之变色,历史将为之改辙"(详见本书梁漱溟部分)。熊十力年轻时与朋友聚会,各挥毫言志,他便写下"天上天下,唯我独尊"(传说为佛出世时所言)八字,可见自视之高(详见本书熊十力部分)。

未必尽然，然其中有几个人着实无愧为第一流思想家。① 说起来，搞哲学创造，气概很要紧；若无他们那般傲睨学林、气吞千古的气概，断不能成为第一流的思想家。

中国近代哲学界关注的重心不是那些形而上的纯哲学问题，而是与近代中国现状密切相关的问题，文化哲学和人学均是其中的热点论域。近代思想家、哲学家所提出和探讨的一些重大人学和文化哲学论题，不但至今依然是没有定论的学术问题，而且是现代中国文化建设实践所必然面对和必须解决的重大社会课题。

如在文化建设模式上如何协调传统文化与现代化关系问题，如何判别传统精神文化中的有恒久价值的深层结构和已经成为历史故物的表层结构问题，传统精神文化与现代人文精神的契合点问题，塑造新民族精神和人格模式问题，中国如何融入世界文化大潮而又不丧失自身优秀的文化特征问题，乃至中国精神文化如何向世界扩展的问题等等。在中国当代，这些问题无疑仍然具有重新探讨的重大价值。这些价值就是深入研究中国近代文化哲学与人学的意义所在。

儒学是讲求以修身为本进而平治天下的学问，对于管理国家的大人物来说，就是内圣外王之学；②其中内圣是外王的前提，外王是内圣的政治推演。对于一般儒家学者来说，儒学是"进德修业"、"崇德广业"③之学；其中"德"是体，"业"是用。总之，用现在的话讲，儒学讲求内在价值和外在价值的统一，以自我完善为前提，提倡内在价值的外在实现。其内在价值论也就是人学，所以许多学者肯定儒学以人学为本，关于这个问题，冯友兰先生论证得颇透彻（详见本书冯友兰部分）。儒家的人学又可以称为"内学"，故张之洞有"内学养身心，外

---

① 如康有为、梁漱溟、熊十力等数人可当如是评价。
② "内圣外王"思想不独属于儒家，这个表述首见于《庄子·天下》，道家、墨家、法家也都可以称为内圣外王之学，但是内涵主旨彼此大异其趣。
③ 此处借用《周易·系辞传》之语。

学应世事"①之说。

　　然而,关于中国哲学是否为人学的问题,学界颇有颉颃相左的见解。分歧所起的一大原因在于对"人学"内涵的界说。在西方中世纪,封建统治是神权与君权相辅而行的两足怪兽。在思想界以搏杀此怪兽为务的西方近代人学,以两大旗帜为特征,一是摒神本而主人本,一是反专制而尊人权。若将人学与神学视为两相对待之物,则系统的中国哲学自肇端时起,主导精神即是主人本、尚人文的,虽然不完全排斥神灵,却绝不以之为本而沦为宗教神学(即便颇多迷信色彩的汉代哲学也是如此)。就此而言,其与西方近代人学很有相通之处。然而,若依照西方近代人学反对封建专制而倡个性、申人权、尚平等的特点看,中国哲学便与之大异其趣了。中国古代哲学所以被有些学者视为人学,在于其主人本而非反封建;有些学者所以持否定看法,则是以西方近代人学全部特征为判定尺度的缘故。我们若对"人学"作广狭二义的处理,即把人本非神本的特征看成是对"人学"的广义理解,将反神本、反封建的特征视为狭义的理解。这样,以上两种似不相容的观点不但各有其立足之境,且有可相互融通理解之所了。

　　依据以上对"人学"作广狭二义的分辨,中国哲学的主体内容在广义上当然可顺理成章地名为"人学"了。② 不过其与西方近代人学又有着诸多重大的差别,如前者重责任而后者重人权;前者明尊卑而后者倡平等;前者讲规范而后者尊自由,前者主群体而后者重个体,前者倡统一人格而后者赞多元个性,前者以维护社会稳定为归而后者以个体解放为旨等等。这种种差别中的根本差别在于中国传统人学植根于旧时代的土壤,而西方近代人学是资本主义时代的新声。它们固然有特殊

---

　　①　张之洞:《劝学篇·外篇·会通》,中州古籍出版社 1998 年版,第 161 页。
　　②　人学是中国哲学的主体内容而非全部,其尚有诸多论域。笔者在《中国人学史》(古代卷)中曾提出:中国哲学的总体结构特色是"以人学为核心,政治为功用,天人观为根基的泛道德主义哲学"。

国情、文化类型之差,而新旧社会形态不同则是诸多差异的关窍所在,这不可不明。①

或以为庄子一脉的道家人学致力于破除礼教,追求个性解放和意志自由,与西方近代人学颇有契合之处。然而,它们有着若干不容忽视的实质性的差异。以下姑举数条:其一,超世与即世之不同。庄子及其思想后裔标榜以出世的精神即世,在精神上要顿脱礼俗羁绊而实现与道同一境界,行为上要放弃是非之争而与世俗社会和光同尘。庄子"独与天地精神往来而不傲睨万物,不谴是非与世俗处"②的应世态度、魏晋名士宗尚的"大隐隐于朝,中隐隐于市,小隐隐于野"③的即世方式,均立足于精神之"隐"而规避现实社会,是"无用于世,有用于己"的东西。显然,这种精神出世的人生态度与西方近代人学的积极社会进取精神截然不同。其二,追求自由有偏全之不同。庄子一脉的道家人学固然也提倡自由。然而,他们所侧重的是内在的精神自由,而不是谋求以实现人权为内容的社会行为自由。近代西方人学则既追求内在的精神自由,也追求以实现人权为内容的外在社会行为自由。可以说,前者追求的自由是片面的,而后者是全面的。其三,思想起因和所代表的时代不同。庄子一脉的道家人学大抵是些愤激于乱世浊政而又无可奈何的文人,他们明知这股不平之气无救于政局,无补于世风,转而将之宣泄为顿脱礼仪名教束缚的狂放任情的生活态度。这与西方近代人学反封建、反神权的起因截然二致。新旧文化形态的差别在二者的诸差别中居重要位置。

---

① 需要补充申明的是,新旧社会形态差异虽然解释了中国与西方人学及文化形态的基本性质问题,却不能说明中西人学和文化形态相异的一切问题。除了时代差异而外,中西文化显然属于不同的文化类型。即便以西方的封建时代而言,西方诸国的文化差异虽然也各具特色,但是,大致可以划归为大同小异的同一类型;相对而言,中西文化差异则是小同大异的两种类型。

② 见《庄子·天下》。

③ 魏晋以来,此说有多种表述方式。姑取其一。

西方近代人学以人权为核心的人文理念，正是中国古代人学所匮乏的。然而，近代中国的深刻危机，引发了变革传统社会结构和文化结构以适应时代的迫切要求。人学思想在此沧桑巨变的震撼下，开始了向西方人学靠拢的转折历程，这种转折的实质是中国人学的时代转型。尊人权、反封建的新时代精神逐渐成为中国思想界的主旋律，而融通中西方人文理念，成为民国以来人学领域中至为重要的思潮。一方面，其既沿承了中国古代儒家人学重修身、重伦理、重提升人生境界，以人为本的传统，又摒弃了其中服务于封建专制的思想因素。另一方面，它既汲取了西方近代重人权、倡民主、讲科学的精神，又将之纳入中国传统人学和文化精神的大框架之中。

《周易·贲·象传》有"观乎人文，以化成天下"句。所谓"人文"，就是人之为人而别于禽兽的生活方式。文化实际就是人化。故而，梁漱溟说：文化就是人生活的样法。① 胡适也有类似的界说。冯友兰则提出，"文化"是种种具体东西的"总合体"，"是个包罗一切的总名"。② 表述虽异，内蕴则大致相同。

在历史上，文化哲学的出现虽然后于人学，且研究的视角、重心有所不同，但是，自它产生之日起就与人学有着先天的联系。在中国近代，二者的先天联系体现得尤为突出。其原因便在于中国文化危机中之精神危机，主要是人生"意义危机"（陈独秀语）和传统人学理念的危机。中国近代新兴的文化哲学所要深切反思的精神文化问题，必然涵括人学的诸多内容；而近代人学所探索的不少问题又要从文化环境中

---

① 梁漱溟对"文化"作了狭义和广义的界说。他认为，从广义上讲，"一个社会的经济、宗教、政治、法律，乃至言语、衣食、家庭生活等等，通统包括在内"。他又作了通俗易懂的说明，"所谓文化，就是一个社会过日子的方法"；一个民族的文化就是"那一民族生活的样法"；人类文化就是"人类生活的样法"。（引文出处见本书梁漱溟部分第一节）

② 见方克立、李锦全主编：《现代新儒学学案》，田文军编：《冯友兰学案》，中国社会科学出版社1995年版，第114、115页。

寻求解释,在文化类型上确定归属。

孔子所强调的华夷之辨主要是文明与野蛮的判别,而非人种的划分。① 然而,近代中国遭遇了西方强势文化的致命打击而节节败退,华夷的文明地位简直掉了个儿,原本自视为天下之中而以文化昌盛傲睨外夷的老大帝国,忽然在文化上变成了土头土脑的"乡下人"②,在国力上变成了任人欺凌的病夫孱头。传统华夷含义的颠倒错乱,给向来有文化自大传统心理的中国思想界以强烈的震撼。于是,中西文化比较便应运成为最受关注的重大课题。冯友兰曾经提到,中国近代比较文化所以盛行,其原因和目的不是出于纯学术研究的兴趣,而是有着强烈的现实意义。在历史上,中国文化"从未遇见敌手,现在他忽逢劲敌,对于自己的前途,很无把握",因而人们期望通过比较中西文化各自的长处,估量以自己固有的文化与西方文化抗争,"这一仗是不是能保必胜"?③

中国近代一些思想家意识到,若要使中西文化比较不流于如罗列芝麻账般的琐细繁杂,就理应从哲学的视角审视文化根本问题,以收纲提领挈之效。于是,以文化比较为起点,文化哲学诸基本问题(如文化起源与本质、文化类型判别、文化发展规律,文化比较理论等)也纳入了研究探讨范围。出现了一些思想深刻、规模宏大、颇具创造精神又切近时代主题的学术体系,形成了文化哲学昌盛的局面。可以说,中国近代文化哲学兴盛的起因是中国文化空前的全面危机。

与起因相关,中国近代文化哲学思潮有着强烈的实践性功利目的——解决中西文化如何接轨,或者说中国文化如何现代化的问题。

---

① 韩愈在《原道》中说:"孔子之作《春秋》也,诸侯用夷礼则夷之,进于中国则中国之。"准确说明了孔子华夷之辨的尺度主要是文明程度,而非种族差异。

② 此处借用冯友兰语,冯友兰曾依据文明程度将近代的西方人和中国人分别比喻为"城里人"和"乡下人"。详见本书冯友兰部分。

③ 见方克立、李锦全主编:《现代新儒学学案》,田文军编:《冯友兰学案》,中国社会科学出版社 1995 年版,第 115 页。

对于致力于文化哲学的探索的思想家们而言,从逻辑层次来看,他们的学说有体有用,即文化哲学是体,构想文化建设模式是用;而从意义上看,又有主次轻重问题,即设计中国未来的文化模式为主为重,建立文化哲学为次为轻。或许有人对此论不理解,笔者可借助朱熹论知行关系的一句名言——"论先后,知为先;论轻重,行为重"①。说到这儿,不得不佩服古人说话比今人扼要且简洁得多。

中国近代的思想大解放造就了一批卓有建树的思想家、哲学家。他们深厚的国学功底、汪洋恣肆的思想创造力、殚精竭虑的治学精神、忧国忧民的社会责任感,这些都是大多现代学者所远不能及的,很值得今人效法。更值得关注的是他们提出的人学和文化哲学(包括文化建设模式)思想中有重要价值的因素。其中有些不但是极富于创造性的思想建构,而且极具现实的启发意义和参考价值,大有深入开发、择优发展和广泛发扬的空间。

近二十多年来,中国思想界再次兴起了对文化哲学的研究兴趣,研究成果日见丰富,眼见前途大好;若能更下气力发掘近代那些杰出思想家、哲学家学说中的宝贵价值——那里真有宝贝,则是好上加好了。

最后,说明几个与本书写作有关的问题。

1. 关于本书选择述评人物的说明

其一,本书选择评述的人物基本是有较为系统的人学和文化哲学体系的著名思想家、哲学家。近代以来在人学和文化哲学方面有卓识或独见的学者虽然很多,但若没有专门而成体系的学说,便不在评述范围内。

其二,本书选择评述的人物考虑其学说的代表性、影响力、哲学造诣等方面的综合因素而定。如从代表性来说,陈独秀与李大钊思想大

------

① 见《朱子语类》卷九。

同小异,而陈独秀更为成熟,故举陈独秀以代表早期马克思主义;金岳霖与冯友兰学说颇有相类处,而冯友兰更为丰富,故仅论冯友兰学说。从影响力上说,有的学说虽有系统,但影响不大(如新心学等),故略之;从哲学造诣来讲,有的学者虽然声噪一时,却学术独立性或系统性不足,哲学造诣不高,故未纳入写作范围。

其三,本书于新儒学诸子,仅于第一代若干有开创性的重要代表人物予以评述。笔者以为,第二代新儒学思想家当属于现代思潮,故未纳入近代思想史之林。

其四,大陆的一些著名哲学家在建国后,逐渐放弃了自己以前的学说。故本书对于他们的评述主要以他们以前的学说为论域。对于那些基本没有改变学说主旨的哲学家如梁漱溟、熊十力,则评述了他们后期的著作。

其五,本书的主要线索和视角是中国传统精神文化的现代化这个主题。对于诸思想家、哲学家各种思想的评述虽多,基本上围绕这个主题。虽然他们其他方面的学术思想或有高明建树,笔者却不遑论及了。

其六,马克思主义思潮是近代中国的重要思潮,本书所以未多着笔墨,而仅举陈独秀学说而述评之,不但在于其对人学与文化哲学有深入而系统的论说,而且以为他于早期马克思主义思潮最具有代表性,①而作为就马克思主义与中国实践相结合的成熟形态的毛泽东思想,则以视为现代思潮为宜。

2.关于写作方式的说明

第一,关于写作侧重内容的问题。本书对于不同思想家述评的侧重点有所不同,即或较多论说某人的人学思想,或比较多论说某人的文化观思想。这既有考虑到诸思想家学术重心不同故写作因人而异的因

---

① 笔者以为,李大钊也在人学与文化哲学方面有深入探索,然而英年早逝,故说不若陈独秀成熟,代表性也逊之。余人如瞿秋白等更不可与陈独秀比肩。

素,也有笔者主观采择考量的因素——其中难免有不周到和欠妥之处。由于历史原因,有些思想家在表面上有意回避中西文化比较这个重大问题,如康有为就是如此。他或用移花接木之法,或以瞒天过海之术,将西方近代的人文与政治精神尤其是人权、平等、自由、博爱、民主等观念,一并牵强附会地纳入孔学之中,将它们说成是孔学内蕴的“第一义”、“根本大义”(详见康有为部分)。这种做法实质上就是肯定中西文化在根本上有其贯通一致之处。这也是康有为建立其人学学说的一个思想前提。因康有为合而论之,故笔者也未予硬性分割。

第二,关于“述”与“评”的处理问题。年轻气盛时对孔子“述而不作”的治史方法,自以为理解而实际不甚理解,总认为“作”高于“述”,最能展现思想创造力。写起关于思想史的论著来,大抵是有述有评,似乎只述不评便大有缺憾。早过了“不惑”之年而常惑,步入“知天命”之年而犹未知天命,才愈发觉得孔子果然了不起。不过与思想史打了这些年交道,才逐渐懂得了些“述”与“作”的关系,始觉若不在文字中翻过几个跟头,绝难领略“述而不作”的治史心法所内蕴的道理。此书既名为“史”,则自然当以“述”为主,有想法能评则评之,自觉想法不成熟或能力不足时则述之,尽量少做不能评而强评之事,免得成为蛇足般的赘文。

第三,关于标点符号问题。本书所引的原文,标点符号有些与所引资料(主要是今人编的文集、资料集)有异。原因是许多原著本来未用现代汉语的标点符号,而我以为所引资料的标点符号不尽妥当,有些体现的是编者的理解,而非著者本意。并且,其中有些涉及对思想史知识理解不够准确的问题。故依照己意改之。

由衷感谢人民出版社哲学编辑室的陈亚明编审对此书内容的指正和出版的支持,并深切感谢李之美老师对此书的编辑修正所付出的辛劳。

对于我所在的单位——对外经济贸易大学对此书出版的资助以及学校科研处对这个科研项目的鼎力支持，于此特致谢忱。

深挚感谢中国医学科学院肿瘤医院的毛友生大夫和周生余大夫在我2005年住院期间对我的精心治疗关护。

尚　明

2006 年 10 月

第一章　内学养身心　外学应世事①
——张之洞人学及文化哲学要义

张之洞,字孝达,号香涛,晚年又号抱冰老人,直隶南皮(今河北南皮县)人,生于1837年,卒于1909年,近代著名学者和政治活动家,洋务派主要思想的代表。

谈起洋务派,人们就必然提到它"中体西用"的经世主张,也会自然联想到对之论证最力的张之洞。说起来,"中体西用"是清朝末期一股势头强劲的思潮。其滥觞于洋务派的冯桂芬,嗣后,李圭、丁日昌等人也有明确的表述。它实际上成为洋务派政治实践的思想纲领。虽然洋务派诸人在思想表述和具体施行上有所出入,但是基本是同门异户之别,意蕴大体相同。非但洋务派标扬"中休西用",维新派的领袖人物康有为、梁启超等在构想未来中国文化模式时,也多曾以类似命题为中学和西学的主从关系定位。只是两派对儒学根本精神的诠释大异其趣,②因而同一命题就有了内涵截然不同的意旨。

---

① 张之洞说:"中学为内学,西学为外学;中学治身心,西学应世事。"(《劝学篇·外篇·会通》)笔者略作变化而为题。

② 关于儒学的理解,在洋务派是传统的纲常名教,而维新派则将西方近代的政治思想和人文精神注入儒学。

在早期洋务派的"中体西用"思想提出约三十年后,张之洞在《劝学篇》中对之详加阐发。① 张之洞的"中体西用"论总体看是洋务派的基调,若谈到发展,首先在于他将之从洋务派的政治实践纲领进一步推向对建构中国未来文化模式的长远思考;其次才是他时有越出洋务派藩篱的议论。维新派融通中西学的思想虽然也曾对他有所影响,但是,张之洞因康梁在学说上走得太远,政治改革的步子过大而与之背道相左,他在《劝学篇》中即不点名地以康梁为论敌而颇加挞伐。

张之洞是个国学大家,但不能算是哲学家。虽然他力图融通汉学和宋学,但其学术基本以汉学为主,这使得他的学术偏重于经史之学,其中也颇有哲理思维,却缺乏宏大的哲学构想。体现于人学思想,他殊少从形而上的角度对人的根本性问题提出独到见解,而更多关注于维系中国人在文化意义上的特殊内涵,更侧重于建立适应新国际环境的中国文化模式的思考。

对于中国与列强在国力与军事上的贫富强弱的对比,张之洞认为根本的差距在文化和国民性方面。他指出:"中国不贫于财而贫于人才,不弱于兵而弱于志气。"②也就是说,中国的财贫兵弱是果非因;积贫积弱的总病根在于国人偏颇的知识结构和苟且偷安的民族惰性,即中国人的综合人格素质出了大问题。他认为,要想克服中国人才匮乏、志气消沉的积弊,根本途径在于改变国人恋旧恶新的文化心态和偷惰苟安的惰性心理,培养融通中西的知识结构和进取图强的民族精神。鉴于中国旧的文化模式难以应对新时代的挑战,张之洞主张保留传统文化模式主体地位,有选择地撷取西方近代文化以补偏救弊。具体到人格模式,就是以中国传统的道德理性为主体,辅之以西方近代的知识

---

① 张之洞提出的命题是"旧学为体,新学为用"(《劝学篇·外篇·设学》),与冯桂芬诸人虽然措辞有异,但意旨基本相同。

② 张之洞与刘坤一合上的《变通政治人才为先遵旨筹议摺》。见《张文襄公全集》卷52,中国书店1990年版,第908页。

理性,充之以耻弱图强的进取精神。可以说,张之洞对中国文化模式和人格模式的构想不是弃旧图新,而是整旧如新;不是另起广厦,而是用新兴的洋建材加固封建的老宅子。

第一节　"旧学为体,新学为用"的文化模式

"旧学为体,新学为用"是张之洞所构想的中国社会文化模式的宏观框架,也是他由之确定的国人综合人格素质的理想样式。这在《劝学篇》有集中而充分的论述。以下主要就该著论说他的人学思想及文化观。

清朝末期深刻的民族危机激发了思想界新学与旧学的剧烈冲突。张之洞认为,正是中国空前未有的历史灾难使得"海内志士发奋扼腕。于是图救时者言新学,虑害道者守旧学"①。他采取"和而不同"的态度辨析了这两种倾向的短长,认为"言新学"或"守旧学"本来都出自拳拳的爱国热忱,初衷未可厚非;然而两者各执一偏,"旧者因噎而废食,新者歧多而亡羊;旧者不知通,新者不知本;不知通则无应敌制变之术,不知本则有非薄名教之心"。② 意即恪守旧学之害在于因不知变通而提不出救亡图存的办法,力倡新学之弊则在于倾心西学而有非薄儒教这个"国本"之虞。他将前者譬喻为"聋瞽",后者贬抑为"失心",③认为二者各不知己病而交相攻讦,使得"学者摇摇,中无所主,邪说暴行,横流天下"。他担忧,思想界这种莫衷一是的混乱局面,危害更甚于外敌侵凌。故而他说:"吾恐中国之祸,不在四海之外,而在九州之内矣。"④

---

① 张之洞:《劝学篇·序》,中州古籍出版社 1998 年版,第 41 页。
② 同上。
③ 张之洞:《劝学篇·外篇·广译》,第 128 页。
④ 张之洞:《劝学篇·序》,第 41 页。

在张之洞看来,新学与旧学之争互不相下的原因在于:双方都是把中学与西学绝对分离开来,不懂得在文化的深层次上中学与西学是相互贯通的。他说自己在《劝学篇》所以作《会通》一文,就是要让人们"知西学之精意通于中学"①。他虽然反对康有为以今篡古的治学方法,然而,在《会通》中却采取了类似的手法。如他言:《周礼》有"化学之义";《礼运》有"开矿之义";《论语》、《尚书》有"工作必取新式机器之义";《大学》、《论语》有"行宜铁路之义";《周礼·司市》有"商学之义";《左传》有"赴外国游学之义";《周礼》、《尚书》有"上下议院相互维持之义";《论语》有"国君可散议院之义";《左传》有"报馆之义"等等。经过一番牵强比附之后,他断定"圣经之奥义而可以通西法之要旨"。② 新学、西法的要旨于儒经中早有微言,因而无须一概摈弃。退一步说,即便"西政西学……于古无征",但是"果其有益于中国,无损于圣教者,……为之亦不嫌。况揆之经典,灼然可据者哉"!③ 这番以今篡古的议论,就是放在康有为文中也合拍符节,然而却出于自称"平生学术最恶公羊之学"④的张之洞笔下。其用意自是震慑泥古不化的守旧派。

中西文化"会通"说并非张之洞独创,而是当时诸多锐意融和中西文化学者的共识。如维新派的郑观应、康有为、梁启超、严复⑤等均主此说。张之洞或是受了这种思潮的影响。然而肯定这个思想,对"中

<hr />

① 张之洞:《劝学篇·序》,第43页。

② 张之洞:《劝学篇·外篇·会通》,第159、160页。

③ 同上书,第161页。

④ 《抱冰堂弟子记》。转引自龚书铎《略谈张之洞儒学》,载于《张之洞与中国近代化》。中华书局1999年版,第33页。

⑤ 严复前期曾主张中西文化可相贯通。戊戌变法失败后,他从哲学的角度否定"中体西用"的提法,以为其从哲理上、逻辑上讲不通。他认为:"体用者,即一物而言之也……中学自有中学之体用,西学自有西学之体用。"(《严复集》第3册,第558页)主张只要有补于时政,就不必将中与西、新与故牵强比附。严复的这个思想有批判当时维新派和洋务派以今篡古手法的意义,却忽视了中国政坛学界"正名"而后"言顺"、"事成"的传统,也漠视了不同文化类型在深层次毕竟有相互贯通之处。

体西用"说有特殊的理论意义。从逻辑层次上说,确认了中西文化有"会通"之处,才可进而论说将二者融合为一种文化模式而为体用关系。前此的洋务派未意识到或未明确表述过这个理论衔接环节,张之洞则补足了这个的逻辑缺陷,以中西文化"会通"为阐发"中体西用"思想的立论基点。张之洞不但肯定了中西学术有贯通之处,而且对中国与西方在政治体制和纲常伦理的贯通也颇有论说。

张之洞据其"会通"论指责了不通此理的三种人,他称之为"三蔽"。一是以为西法于古无征而"恶西法"的"自塞者",此指泥古不化的守旧派;一是以为西方科学技术"皆中学所已有"而不求进取的"自欺者",此指妄自尊大的空谈之士;一是"溺于西法",尤其是"取中西学而杂糅之,以为中西无别"的"自扰者",这是影射康梁等维新人士。他认为,"三蔽"社会危害在于"自塞者令人固蔽傲慢,自陷危亡";"自欺者令人空言争胜,不求实事";"自扰者令人眩惑狂易,丧其所守"。①三者都是祸国殃民的之害。从张之洞对"自扰者"指责中可以看出,他所理解的中西文化的"会通"是异类文化的精神意旨有所贯通,是异中之通,而非混同如一。按照中国传统哲学的"和""同"论辩证,他意图整合中西文化模式的方法是"和而不同",而非"同而不和"。他力图以这个标准在融会中西文化问题上和康梁等维新人士划界。

张之洞倡言"会通"的旨归在于辩证中学和西学在中国文化模式中的关系,为二者做主次定位。在他看来,这是在思想界拨乱反正、在政治上救亡图存的关键所在。他所提出的关系模式就是"旧学为体,新学为用"。张之洞以之为"体"的"中学",是指以儒学为主的传统政治体制、纲常伦理和人文精神;他以之为"用"的"西学",是指西方近代的科学技术及诸领域的具体管理制度,即所谓"西艺"和"西政"。②具

---

① 张之洞:《劝学篇·外篇·会通》,第 161 页。

② 张之洞:《劝学篇·外篇·设学》,第 121 页。

体到国人的人格塑造问题上,其"中体西用"论就演绎为"中学为内学,西学为外学;中学治身心,西学应世事"①。也就是说,道德品格的修养主以儒学的人文精神;应对社会事务的知识技能则取法于西方先进文化,在新形势下中国人的人格样板应该是传统的道德理性和西方知识技能的合理整合。

针对泥古和西化两种倾向,张之洞对其以"西体中用"文化模式取代传统文化模式做了展开说明。他强调在新的世界格局下,要想保国、保种、保教,旧有的文化模式必须有应时顺势的变革。然而"变"不是尽弃传统文化而全盘照搬西学西法,首先要区别传统文化模式中的可变者与不可变者,进而做到既有所变,又有所不变。从物质、制度、精神文化结构的宏观上讲,"夫不可变者,伦纪也,非法制也;圣道也,非器械也;心术也,非工艺也"②。意即儒家的纲常伦理、治国原则及人文精神属于不可变的范畴,而诸领域非关国体人伦的管理体制、物态器械和工艺技术则属变革之列。从人格模式上说,以名教修身心的"求仁"不变,而更新知识结构,焕发进取图强精神的"求智"、"求勇"则需借鉴西方。

他主张对西方近代文化的引进不应仅仅是"西艺",而要"政艺兼学"。他所谓的"西艺",指"算、绘、矿、医、声、光、化、电"等方面的知识;所谓的"西政",指"学校、地理、度支、赋税、武备、律例、劝工、通商"等方面的管理制度和方法。③ 值得重视的是,张之洞对引入西学不同领域的文化作了主次轻重的区别,他说:"西学亦有别,西艺非要,西政为要。"④他又说:"大抵救时之计,谋国之方,政急于艺。"⑤也就是说,

———————————

① 张之洞:《劝学篇·外篇·会通》,第161页。
② 张之洞:《劝学篇·外篇·变法》,第133页。
③ 张之洞:《劝学篇·外篇·设学》,第121页。
④ 张之洞:《劝学篇·序》,第43页。
⑤ 张之洞:《劝学篇·外篇·设学》,第121页。

引进西方的管理体制比科技和器械更为重要。他已经意识到,合理的管理体制是社会发展的制度保障。张之洞的变法主张扩展到管理体制层面,而不限于洋务派中的保守层所指的西器、西艺。有学者认为:"由'西艺'而'西政',这是张之洞儒学防线的退步,又是他思想的进步。"①

张之洞更强调变中的不变之"体"。他引北宋学者曾巩之说,"法者,所以适变也,不必尽同;道者,所以立本也,不可不一"。称赞此说是"变法而悖道之药也"。② 就是说,治国的方法应当适应时势变化,不必死守祖宗成法;而儒学的根本精神,则是中国之为中国,中国人之为中国人的立国修身之本,因而务须保持一贯。这是防止变法而背离儒学本体文化的良药。他所说的不可改易之"道",在政治上指封建国体乃至专制政体,③在道德上指儒家的纲常伦理,在修身上指仁礼兼备的人文品格。这些就是他所固守的"中学"之"体"。于此可以看出,张之洞以民族文化为本位的价值取向和洋务派之为洋务派的政治立场。

张之洞归纳当时的救世主张为三,"一曰保国家,一曰保圣教,一曰保华种"。他认为:"三事一贯而已矣。"他进而论说了三者的关系,"保种必先保教,保教必先保国。种何以存? 有智则存。智者,教之谓也。教何以行? 有力则行。力者,兵之谓也。"意即华种作为文化意义上的特殊族群,其存在的根据是传统的精神文明,而推行中华精神文明必须有国家军事力量做保障。他强调"保国"为"保种"、"保教"的实力依托。他说:"国不威则教不行,国不盛则种不尊。"④国家的强盛是

---

①　周育民:《重评〈劝学篇〉》。载于《张之洞与中国近代化》,中华书局1999年版,第55页。

②　张之洞:《劝学篇·外篇·变法》,第135页。

③　张之洞表面上并不固守君主专制政体。他在《会通》篇中认为开设议院的思想古已有之,《周礼》、《尚书》即有"上下议院相互维持之义"。但是,他理解的议院仅是"发公论,达众情"(《正权》)的议政机构,而非立法机构。

④　张之洞:《劝学篇·内篇·同心》,第50页。

推行中华精神文明和维护民族尊严的根本条件。虽然张之洞将"保国"的现实归结为保清,称颂清朝的"爱民之厚"为"自汉唐以来"之最,①以此激励国人"固当各抒忠爱,人人与国为体"②。然而,就其主旨来看,"保国"的目的在于为"保教"、"保种"提供政治军事实力的支持。在他看来,中国传统精神文化的核心就是儒教。因此,保存儒教就是在文化意义上保持华种之为华种,中国人所以为中国人。

张之洞着力批判了崇拜西学而鄙视中学,欲尽变中国文化而全盘效法西方的倾向。他说:"大率近日风气,其赞羡西学者,自视中国朝政民风无一是处,殆不足比于人数;自视其高、曾、祖、父,亦无不可鄙贱者。"③他张起中国最具权威的国家观念和尊祖敬宗④的大纛,强调说明人不应该"以小恶而欲覆宗国"⑤;鄙视自己国家的人实际是"贱其身",即自我轻贱。他讥诮"如中士而不通中学",如同不知自己姓氏的人,就像"无辔之骑,无舵之舟",没有了做人的根基;这种人即便是"博学多能之士",国家也不能用。⑥ 他主张,为了救亡图存,西学不可不讲,然考虑到学子"先入者为主"的心态,故而"讲西学必先通中学,乃不忘其祖也"⑦。也就是说,爱国尊祖的种族认同必须有沿承传统的文化认同做保障。

可以看出,在解决新学与旧学文化观冲突的态度上,张之洞虽然也抨击恪守旧学的"自塞者"和空谈无实的"自欺者",但主要是站在传统文化的立场上非难"溺于西法"的"自扰者",论锋直指康梁等维新人

---

① 张之洞:《劝学篇·内篇·教忠》,第58页。
② 同上书,第63页。
③ 张之洞:《劝学篇·外篇·益智》,第113页。
④ 中国传统的国家观念和祖先观念,爱国观念和尊祖敬宗观念是一致的。这种一致性本始于上古的宗法社会,后来发展成为中国传统的文化心理而延续至今,因而有"祖"与"国"组合的"祖国"之称。
⑤ 张之洞:《劝学篇·内篇·知类》,第75页。
⑥ 张之洞:《劝学篇·内篇·循序》,第91页。
⑦ 张之洞:《劝学篇·序》,第42页。

士。无怪乎梁启超辈对他的《劝学篇》有焚书扬灰的诅咒。

第二节　尊纲常而斥民权，倡守约以破繁难

张之洞认为儒学是民族精神文化的精髓，因而也应该是中国未来文化模式的主干；振兴民族文化的关键在"学"，而"学"首先要把握儒教的真谛。张之洞在《劝学篇》中下大气力多方为儒教本旨正本清源，以期澄清古往今来对儒学真精神的理解误区。

张之洞指斥古今中外人们对儒学真谛的种种曲解。他一方面指责某些西方人士在根本不懂得孔子真精神的情况下诋毁孔子思想，如"近日英国洋文报讯中国不肯变法自强，以为专信孔教之弊，此大误也"。其"误"在他们所翻译的"四书五经，皆俗儒村师解释之理，固不知孔教为何事"；另一方面，他又着重辨谬了国内历来对孔子学说的种种误解，认为"浅陋之讲章、腐败之时文、禅寂之性理、杂博之考据、浮诞之词章，非孔门之学也"；"俗吏"所讲求的"薄书文法"传自韩非、李斯；"巧宦"所好尚的苟安偷惰之说源于老氏，都与孔学无涉；[1]至于发轫于宋代的道学、远绍汉代的古文经学学风的乾嘉考据学和颇多"非常可怪之论"的今文经学，都乖离了儒学的真精神；而康有为辈宣传人权和民主的"近儒《公羊》之说"，则是"乱臣贼子"高兴的东西，[2]更是大背孔学本旨。

汉儒马融曾将孔了"殷因于夏礼……周因于殷礼"一段话强解为"所因，谓三纲五常"。张之洞认可了这个说法，并断定孔学或儒学的真精神就是以君主制、父权制、夫权制为主的纲常伦理。他进而把"三纲五常"[3]思想上溯到三代，认为"圣人所以为圣人，中国所以为中国，

---

①　张之洞：《劝学篇·内篇·循序》，第90页。

②　张之洞：《劝学篇·内篇·宗经》，第80页。

③　五常：此指君臣、父子、夫妇、兄弟、朋友五伦关系。

实在于此"。① 在诸伦常关系中,他更突出君臣、父子、夫妇三种关系,认为"三纲为中国神圣相传之至教,礼政之原本,人禽之大防"②,这类纲常伦理是标志中国政治与伦理不平等的制度规范体系。然而在张之洞看来,这就是儒学的根本教义,也就是"中学为体"中的根本之"体","保教"第一要保的就是这类纲常伦理。

三纲作为中国封建时代社会不平等的三大基本制度,与近代西方人权、民主思想是颉颃而不可并立的。张之洞明确意识到二者的根本抵牾。在封建的纲常伦理遭遇西方近代政治人文精神挑战时,张之洞毫不犹豫地采取了维护前者、摒斥后者的立场。他说:"知君臣之纲,则民权之说不可行也;知父子之纲,则父子同罪免丧废祀之说不可行也;知夫妻之纲,则男女平权之说不可行也。"③他称自己所以在《劝学篇》中作《正权》一文,意旨就在"辨上下,定民志,斥民权之乱政也"④,即为中国不平等政治伦理秩序张本,摒除以人权平等为根基的民主思想。

为论证民主、民权之说不适于中国,张之洞列举了四个方面的"无益",其一,国民多"安于固陋",于世界及国家大事无知无闻,若强立议院,必然"明者一,暗者百,游谈呓语",坐在一起漫天胡扯,毫无用处;且外国"必家有中资乃得举议员",而国民既无积极议政的民主素质和知识,又少有可以举为议员家资的国民;其二,从工商业看,政府并不禁止"立公司开工厂",因而"有资者"、"有技者"没有必要通过参政来争取这些经济权利,且"官权"有惩罚商业欺骗行为及不正当竞争的作用;其三,从教育上说,政府向来鼓励私人办学,"若尽废官权,学成之材既无进身之阶,又无饩廪之望,其谁肯来学者";其四,从军

---

① 张之洞:《劝学篇·内篇·明纲》,第70页。
② 张之洞:《劝学篇·序》,第42页。
③ 张之洞:《劝学篇·内篇·明纲》,第70页。
④ 张之洞:《劝学篇·序》,第42页。

备来说,进口军械须经过政府,筹措军饷要靠国家法律,借外债须有国家担保。①

由上可见,张之洞以当时国民缺乏参政议政的民主素质和知识水平等可变情况为由,反对当下进行设立议院等较深入的民主改革,体现了求稳忌骤的保守立场;他不懂经济和政治的密切连带关系,不了解随着民间"有资者"经济实力的膨胀,他们参与政权的要求是历史必然之势;他在思想上拘于传统的选官取士制度的框架,不能设想民主社会人才取舍的状况。可以说,张之洞并不深切理解民主为何物,在很大程度上将之等同于无政府状态。虽然张之洞曾说:开设议院"必俟学堂大兴,人才日盛,然后议之。今非其时也"。② 但是他心目中的议院不过是下情上达的议政机构,而非最高权力实体。

张之洞还以民主制最典型的法国为例,从民主制产生的根源入手分析其与中国的国情不符。在他看来,民主政治起源于"暴君虐政",而清王朝"深仁后泽,朝无苛政",因而无须提倡"乱阶以祸其身而并祸天下"③的民主制度。他认为,在中国提倡民主、民权是无的放矢,若"使民权之说一倡,愚民必喜,乱民必作,纪纲不行,大乱四起",列强必然乘隙入侵,那时"全局拱手而属之他人"④。因此,推行民主、民权之说会使中国不亡于内乱,既亡于外患,实是"无一益而有百害"⑤。

西方近代民权民主思想是天赋人权论向政治学说的推演。张之洞对这种关系也有所了解,然而也颇有误解。如他从民权一词的翻译上找毛病,断言"考外洋民权之说所由来",不过是为了让民间通过议院而"发公论,达众情而已",并非"欲民揽其权,译者变其文曰'民权',误

① 张之洞:《劝学篇·内篇·正权》,第85、86页。
② 同上书,第87页。
③ 同上书,第86页。
④ 同上书,第86页。
⑤ 同上书,第85页。

矣"。他又妄言,西方民权思想出于基督教,"其意言上帝予人以性灵,人人各有智虑聪明,皆可有为耳,译者竟释为人人有自主之权,尤大误矣"。① 近代人权论思想家或有权宜借基督教之名而发论者,但是,近代人权论在本质上是挑战政教合一的封建体制的,张之洞竟自误不知,却责译者"大误"。

为论证封建纲常伦理是不可动摇的立国之本,张之洞将其中西文化"会通"论推演为中国和近代西方国家政治和伦理精神的贯通。他通过例举"西国之制"总统有解散议院的权力,进而将资本主义民主国家的总统与封建专制国家的君主划了个约等于号,据此归结为"君主、民主之国略同",因而民主制并无大可歆羡之处。他又将中国的三纲与西方伦常关系相比附,举例论证西方也有类于中国的"君臣之伦"、"父子之伦"、"夫妻之伦",认为"西人礼制虽简,而礼意未尝尽废",即西方国家的礼制虽然简单,但是礼制的根本精神与中国并无二致。他由之归结出三纲为"天秩民彝,中外大同。人君非此不能立国,人师非此不能立教",即三纲是天然秩序、人伦常理,是中国与外国共同的立国和教化之本。至于西方的民主制国家是否也有"君臣之伦",也以包括"君为臣纲"的三纲立国,张之洞则毫无逻辑地略而不论,却笔意风发地申斥那些"贵洋贱华之徒"对西方这些好东西或不知或不学,只学些西方的"秕政敝俗"、"饮食服玩、闺门习尚",更有"公然创废三纲之议者(指康梁),其意欲举世放恣黩乱而后快,怵心骇耳,无过于斯"。他认为若废弃三纲,"中无此政,西无此教,所谓非驴非马。吾恐地球万国将众恶而共弃之也"②。张之洞这番议论之强词夺理,不待笔者深辩而读者自明。

不过,张之洞在抨击民权论时似乎又打了些折扣。他在否定民主体制的前提下,认为民间议政倒是需要提倡的,但是无须袭取西方议院之名。他说:"民权不可僭,公议不可无……方今朝政清明,果有忠爱之心,治安之策,何患其不能上达? ……但建议在下,裁择在上,庶乎收群策之益,而无沸羹之弊,何必袭议院之名哉!"①西方近代的民主主义是以天赋人权思想为基石的。其宗旨主要不在于优化政府的决策手段,即所谓"收群策之益",而是基于人权平等理念而推演于政治的价值目的。他关于清廷下情上达无隔碍之说也属欺人之谈,康有为初上书清帝时,虽走尽门路,却屡上而不达便是有力的否证;且其"公议不可无"之说与他关于若开议院,则有大事都"推委默息,议与不议等耳"②的说法颇相抵牾,论说不能自圆,也是一误。

　　张之洞提到:老子、墨子、韩非曾以"繁难无用诬儒家",汉代司马谈对儒家也有"博而寡要,劳而少功"的评价。③ 张之洞认为,这种误解延续至今,因而务必廓清之。他声称孔孟的"圣学"兼赅"九流之精"而黜"九流之病";④那种因"有博无约"导致"寡要少功"的"儒",并非真儒;否则儒学"只可列为九流之一耳,焉得为圣,焉得为贤"?⑤ 儒学所以能成为中国两千多年来的主体文化,自有其超胜诸家的深层原因。他盛赞"孔子集千圣,等百王,参天地,赞化育";认为孔子的学术讲求学问要博大,礼仪要简约,治学要温故知新,参与自然变化并了解万物性质,即"博文而约礼,温故而知新,参天而尽物";他概括孔子的主张是"尊尊而亲亲,先富而后教,有文而备武,因时而制宜"⑥。即注重尊君的政治伦理和孝亲的家族伦理,在裕民的前提下施行教化,既重文化又讲求武备,顺应时势变化而制定相应的对策。

---

① 张之洞:《劝学篇·内篇·正权》,第 87 页。
② 同上书,第 85 页。
③ 张之洞:《劝学篇·内篇·守约》,第 92 页。
④ 张之洞:《劝学篇·内篇·宗经》,第 78 页。
⑤ 张之洞:《劝学篇·内篇·守约》,第 92 页。
⑥ 张之洞:《劝学篇·内篇·循序》,第 90 页。

在文化被迫开放的时代,为坚持"中学为体",保持华种的文化规定性,张之洞着力辩解"中学"尤其是儒学中"博"与"约"的关系,希图使国人易于接受和掌握,进而以中国传统人文精神为立身处世的根本。张之洞虽然肯定纲常伦理是儒学乃至"中学"的真精神,但中国学术经过漫长的历史行程,形成至为丰富庞博的文化系统,显然并非仅知三纲五常就可以了事大吉。张之洞也看到"今日四部之书汗牛充栋,老死不能遍观而尽识",而且歧见纷纭而无定论之处颇多。这使得在国难当头之际的人们普遍感到"不讲新学则势不行,兼讲旧学则力不给",而"今日无志之士"与"离经畔(叛)道者"均由于"不悦中学","因倡为中学繁难无用之说",致使诽谤和废弃"中学"的声势日盛。①

有鉴于此,张之洞认为,"今欲存中学必自守约始"。他主张"设一易简之策"挽救"中学",从而堵塞"仇中学者之口",消除"畏难不学者"的误解。为此,他根据"以约存博"的治学和教育思想,设计一套以"中学"为初始根基,进而"讲求时政,广究西法"的治学方法和教育方针,以期"将来入官用世之人,皆通晓中学大略之人",从而使得儒教、儒经"庶几其不亡乎"。以修习儒经而论,张之洞主张"经学通大义"。所谓"大义",是指"切于治身心、治天下者"。这样的"大义"必然"明白平易"。② 他简要论说了儒学诸经大义、读经方法及主要参考注疏,自认为用这种"提要钩元"的方法治经,可谓"浅而不谬,简而不陋"。以此开启学习者的"性识",培养其"本根","则终身可无离经畔(叛)道之患"。③ 儒教作为主导的民族精神也就因之得到保全。

张之洞认为,"守约"的意义不但在于保持儒学在民族文化中的主体地位,而且在于通经致用。他强调研治经学的一条重要原则就是把握于"今日尤切用"的"要旨",对那些"隐奥难明、碎义不急者",当采

---

① 张之洞:《劝学篇·内篇·守约》,第92、93页。
② 同上书,第93页。
③ 同上书,第95页。

取"置之不考"的"缺疑"态度。① 这不仅是治学要领,而且应该是普遍的教育原则。通经致用本是儒学的思想传统,南宋后期和明清之交是两个高潮。张之洞于民族危亡之际复又力倡此说,更有保存民族主体文化的良苦用心。

张之洞虽然坚守民族文化本位,然而又不那么故步自封。在对待国内和国际舆论方面,他有时显得很大气,并不像囿于狭隘民族心理或特权集团私心的人那样护短藏拙,闻过则怒。以办报而论,他认为:对于政府来说,办报的意义主要还不在于扩充见闻,而在于知道自身的政治弊端所在。他说:"吾谓报之益于人国者,博闻,次也;知病,上也。"其时,外国的"洋报""诋訾中国,不留余地。比之醉人,比之朽物",使人"无不拂然而怒"。张之洞却别具眼光,他提出,一国政治上的"利害安危",本国人"必不能尽知。即知之,亦不敢尽言之。惟出之邻国,又出于至强之国,故昌言而无忌。我国君臣上下,果能览之而动心,怵之而改作,非中国之福哉"? 古人以"士有诤友"为难能可贵,那么,"国有诤邻"不也是件好事吗!② 清末以来,上层权右人物能有张之洞这般政治气度者,却是凤毛麟角。

第三节　引西学以益智,奋民志而图强

张之洞认识到近世中国国贫兵弱的表象下隐藏着深层危机,即精神文化的落后和国俗民风的衰颓。因而,他将改善国人的知识结构和精神面貌视为中国转危为安、变弱为强的根本大计。他从历史的角度论证维系国势在于文化教育,得出"学术造人才,人才维国势"的历史结论,认为这是"往代之明效"。③ 于文化结构中的物质、制度、精神诸

---

① 张之洞:《劝学篇·内篇·守约》,第94页。
② 张之洞:《劝学篇·外篇·阅报》,第131、132页。
③ 张之洞:《劝学篇·内篇·同心》,第50页。

要素中,他尤重精神文化。他说:"古来世运之明晦,人才之盛衰,其表在政,其里在学。"①在他看来,一个国家精神文化的状况不但决定了国运的好坏和人才的盛衰,而且直接影响国民的品格素质。

根据文化为强国之本的认识,他提出"西国之强,强以学校"的思想;认为西方列国强盛的根本原因在于先进的文化教育,其他方面则是教育发达之果。因而他主张对西方的学校教育"宜择善而从"②。同样根据这种认识,他提出中国的落后首先是"贫于人才","弱于志气",③即贫弱的根子在精神文化方面。他认为,国人所以无知无闻,又养成苟安怠惰的民俗,其原因"皆不学之故也";又援引《礼记·学记》关于通过"学"来"化民成俗"的思想,肯定"学"有改善社会风气和人民素质的功用,④主张通过变革并普及文化教育来改善国人的综合素质。

向被儒家所称道的智、仁、勇"三达德",涉及人格结构中的道德品格、知识理性和心理素质三个基本要素。张之洞发挥"三达德"之论,将人在精神文化上的进取方向分为"求仁"、"求智"和"求勇"三个方面,并作为《劝学篇》所阐发的三个基本内容。他所设想的未来中国人的理想的人格模式,是道德品格主之以儒家传统的"仁";知识结构广取西学科技成果之"智";心理素质充之以耻弱图强之"勇"。张之洞援引《中庸》"好学近乎知,力行近乎仁,知耻近乎勇"及"果能此道矣,虽愚必明,虽弱必强"之说,提出人的愚蠢和柔弱根于"无学、无力、无耻",而好学、力行、知耻则是明理自强之道。⑤ 广而论之,使国家变弱为强就应该以这三个方面为根本入手处,即鼓励国民的道德力行精神,改善其知识结构、激励其耻弱图强的进取心。他希望通过整顿精神文

① 张之洞:《劝学篇·序》,第42页。

② 同上。

③ 张之洞与刘坤一合上的《变通政治人才为先遵旨筹议摺》。见《张文襄公全集》卷52,中国书店1990年版,第908页。

④ 张之洞:《劝学篇·内篇·去毒》,第105页。

⑤ 张之洞:《劝学篇·序》,第43页。

化来重新塑造民族品格,造就既仁且智且勇的新士人乃至新国民。

有学者认为,论起教育救国,张之洞算得上是清代乃至近代的第一人。这种观点很有道理。这不但体现在他开办学校之多为近代中国之最、力倡力行教育改革实效和影响极大、他所制定的《癸卯学制》为中国近代教育制度奠定基础等等文化改革实践方面;而且在于他从观念上明确意识到:通过更新教育以培养新人才、改善国民精神,是救国强国的根本大计。

张之洞力倡自强之道的根本大计在于开启民智,发展教育。他说:"自强生于力,力生于智,智生于学。……未有不明而能强者也。"①这很有些"知识就是力量"的味道。他认为,"学"的内容不仅是以政治人伦为主的儒家经典,而是应该涵括多学科、多领域。有包括近代知识的"士之智"、"农之智"、"工之智"、"商之智"、"兵之智"等。他批驳守旧派以西方科技为"奇技淫巧"的陋见,指出这些各领域的新知识是"教养富强之实政也,非所谓奇技淫巧也"②。他主张"学会广兴",使"城乡贵贱无有不学"③,从而普遍更新国民的知识结构;国人的知识素质若得以提高,则进可以跻身于强国之列,退可以确保国家不亡、民族文化不灭。他说:"智以救亡,学以益智……大抵国之智者,势虽弱,敌不能灭其国;民之智者,国虽危,人不能残其种。"④

中华传统文明有着重大的文化偏向,概括地说,就是重人文而轻自然,重政治而轻工商,重稳定而轻发展。关于中国近代科技落后于西方的根由,虽然见仁见智之论纷呈,但是其中诸多学者有一共识,即科举制的偏颇文化导向是严重阻碍中国科学技术发展的因素。在这个老大帝国面临西方科技挑战而有倾覆之虞的时候,如何对待科举制便成为

---

① 张之洞:《劝学篇·外篇·益智》,第 111 页。
② 同上书,第 112 页。
③ 张之洞:《劝学篇·内篇·去毒》,第 106 页。
④ 张之洞:《劝学篇·外篇·益智》,第 112 页。

关注的焦点问题了。张之洞深察旧科举制的误国大害。他曾说："救时必自变法始,变法必自变科举始。"他认为,历时久远的科举制"文胜而实衰,法久而弊起";科举制在考核内容上的偏颇的导向和制度上的弊端严重阻碍了社会的进步,使得人才愈益匮乏,"无能为国家扶危御侮者"。① 张之洞从主张变革科举制,到主张废科举立学堂,其意图都是从矫正政府的文化导向入手而改变中国传统的文化模式和国人的知识结构。

张之洞认为,改变国民的知识结构,不单是传输新知识的问题,而且要从克服民族素质的弱点着手。他指出"求智之法"的首要之务是去除国人的两大心理弊病,一个是"妄",即"固陋虚骄"的狂妄自大心理,一个是"苟",即"侥幸怠惰"的苟且偷安心理。② 他对中国的国民品格进行了反思。他认为国民劣根性的产生既有政治历史的原因,又有文化传统的原因。

从政治历史的角度看,张之洞认为,中国长治久安的大一统政治局面是造成国民惰性的基本原因。他认为,中国人本来"秉性灵淑,风俗和厚",在智能和德行上都臻上乘。然而由于"历朝一统,外无强邻",长期的文治的浸润造成了"积文成虚,积虚成弱"③的国势和民风。相伴长治久安的大一统局面而产生了因循苟且而不思进取的陋习,形成了"陋"、"拙"、"缓"、"暇"、"废"等"懒惰"的国民性。④ 在欧洲列国"各自摩厉(磨砺)","积奋成强"的世界环境下,"独我中国士夫庶民懵然罔觉……守其傲惰,安其偷苟"⑤,这种卑劣的国民性就显得愈发可耻,愈发误国。

① 张之洞:《劝学篇·外篇·变科举》,第137、138 页。
② 张之洞:《劝学篇·外篇·益智》,第112 页。
③ 张之洞:《劝学篇·内篇·知类》,第74 页。
④ 张之洞:《劝学篇·内篇·去毒》,第105 页。
⑤ 张之洞:《劝学篇·内篇·知类》,第74、75 页。

从思想传统上看,张之洞认为,两千年来老子学说的滋蔓是"养成顽钝积弱而不能自振之中华"的罪魁祸首;老子学说的罪过不但是造就了怠惰蒙昧的国民性,而且"开后世君臣苟安误国之风,致陋儒空疏废学之弊,启猾吏巧士挟诈营私软媚无耻之习,……老氏之学为之也"。① 他痛诋老子学说对社会的祸害:"以避世为老成,以偷惰为息民,以不除弊为养元气。此老氏之学,历代末造之政所从出也。"②老子的"无为"论本是基于深邃哲学智慧的君人权术,并非苟且偷安的懒汉哲学。然而后世对老子学说的肤浅理解,的确给国民习性造成了消极影响。就此而言,张之洞对老子学说的责难不能仅视为儒家学者的门户偏见。近代有一股批判老学造就了民族惰性的思潮(如胡适等人),张之洞可谓开其先源。

张之洞认为良好的国民品格,包括树立为公之心、忧患意识、知耻图强精神等。他标榜范仲淹"以天下为己任"的志向,顾炎武"保天下者,匹夫虽贱,与有责焉"的主张,呼吁国人树立公心和爱国精神以挽救危局。他认为,国民"若皆有持危扶颠之心,抱冰握火之志,则其国安于磐石,无能倾覆之者"。他强调在国家"艰危之时",国人更应当"士厉其节,民激其气……同心以救弊,齐力以捍患"。③ 他着重提出,国人尤其是士大夫有无忧患意识是国家的祸福之机。他说:"君子曰,不知其祸,则辱至矣;知其祸,则福至矣。"认为楚庄王称霸的一个重要原因就是"以祸至无日训其国人"。他强调,"今日之世变"在中国是空前的,因而更应当常存"庙堂旰食,乾惕震厉"④的忧患之心。他认为,孟子所称赞的"动心忍性,增益其所不能"的奋发精神是身处忧患而产生的;若身处忧患而麻木不仁,不求进取,则是"无心、无性、

① 张之洞:《劝学篇·内篇·宗经》,第79页。
② 张之洞:《劝学篇·内篇·循序》,第90页。
③ 张之洞:《劝学篇·内篇·同心》,第49页。
④ 张之洞:《劝学篇·序》,第41页。

无能"之辈；以这样的心态而处忧患之世，"是将死于忧患，何生之足云"！① 张之洞言自己"恐海内士大夫狃于晏安而不知祸之将及也……又恐甘于暴弃而不复求强也"，故而突出强调要有救亡图存的忧患意识，因为"惟知亡，则知强矣"②。张之洞把《劝学篇》的内容概括为"五知"即"知耻"、"知惧"、"知变"、"知要"、"知本"。③ 其中"知惧"就是要有恐惧变为如印度等主权沦丧国家的忧患意识；"知耻"是指要有耻于不如日本等进取图强国家的耻辱感，进而激发民族自强的勇气。

结　语

张之洞虽然于国学造诣甚深，但是对儒学乃至中国文化精神底蕴的理解缺乏哲学深度，这典型体现在他将儒学的真精神理解为纲常等表层规范，而未从哲理的角度进一步探赜发微。他虽然有极强烈的民族感和国家观念，是个不尚空谈而政绩斐然的实干家，却没有深刻的哲学历史观，因而看不清历史趋势、把不准时代脉搏。可以说，他是被时代推着走，而不是走在时代前列的人。关于他维护封建体制和纲常伦理的保守政治立场已有历史定评，于此毋庸赘说。但是，这并不意味着他的思想无可取材。若剔除他"中体西用"论那些过时而肤浅的诠释，抽象出其中的文化理念，则他那开化而不西化、建立以民族文化为本位开放的文化模式的构想显然是尚未完结的话题。

近代以来，颇有些坚持民族文化本位的又具有时代眼光的学者接过"中体西用"大纛而予以不同的文化诠释。他们大都抛开了纲常规范这些历史故物，而致力发掘中国学术的深层精神意蕴，在人文价值观

---

① 张之洞：《劝学篇·外篇·游学》，第117页。
② 张之洞：《劝学篇·序》，第44页。
③ 同上书，第43页。

念探求中西文化的契合点。这是对"中体西用"旧课题的内涵改新和理论深化。虽然"中体西用"的提法曾在中国大陆一度沉寂,然而,政治的禁忌只能暂时搁置争论而不能扼杀思想。只要中西文化的差异和碰撞存在,关于中西文化关系的讨论就会继续下去,不同理解模式的"中体西用"论就还会有生长的土壤。我国虽然没有走上自觉整合传统文化与现代文明之路,并不意味着这条道路绝不可行。韩国和日本在面临西方文化冲击时,曾提出与"中体西用"类似的"东道西器"、"和魂洋材"等主张。现在日、韩等国家和地区的所谓儒家资本主义现象,就是将东方文化传统与现代文明结合的范例。

现代文明无疑有世界化的趋向。然而在此大潮中坚持民族文化,不仅是价值取向的问题,而且是更合理地融入世界文明的问题。人们常讲中国的发展要适合中国的特殊国情,解决方案要有"中国特色"。这实际就是肯定民族传统文化的现代价值。因为中国国情显然不限于近几十年的新情况,而且应该包括数千年沿承下来的传统文明。文明世界化的大趋势并不意味着完全泯灭各国各民族文化特点的新一元化,而必定是多元文化异彩纷呈、交相辉映的局面。

自东亚文化遭遇西学挑战而发生危机以来,不但坚持东亚文化本位的大有人在,而且主张用儒学挽救西方精神危机,甚至预言儒家文化终将成为全球意识的也不乏其人。其力图弘扬儒家文化的拳拳之心固然可敬,但是,一种文化能否延续并向世界扩展,主要不在于学者们的论证和鼓噪宣传,而在于这种文化能否与时代精神合理熔铸和以这种文化为本位的国家是否足够强盛。张之洞意识到在以文明为表的国际社会中,类似于丛林法则而凭国家实力争夺文化空间是必然现象。所以他说:"国不威则教不循,国不盛则种不尊。"他又说:"教何以行?有力则行。"①就是说,只有国家强盛了,民族文化才能维系,中华民族才

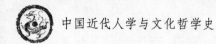

能得到世界的尊重。他主张以"修政"而讲求"富强之要术"①为光大中华文化之本,为推行中华文明、维护民族尊严的根基,这个思想很值得中国乃至东亚学者揣摩。

---

① 针对当时"圣人之徒"和百姓中的诋毁基督教的情绪,张之洞认为"要在修政,不在争教"(《非攻教》),基督教是由于西方国家的强大而在中国传播开来的,如果中国发扬民族文化,讲求"富强之要术",国家也强盛起来,则"彼教不过如佛寺道观,听其自然可也,何能为害"。

第二章　援儒入墨　用夷变夏①
——康有为人学及文化哲学要义

康有为,原名祖诒,字广厦,号长素,又号更生,广东南海人,生于
1858 年,卒于 1927 年,近代著名思想家、政治活动家。

学界认同"中国哲学的主体即人学"者大有人在,然而否定此说乃
至认为中国哲学与西方近代人学不具有可比性的也不乏其人。究其所
以,"人学"范畴的歧义性是以上两种见解相左的基本原因。西方近代
人学思潮自其发轫之日起,就负有反神本和反封建两大使命;摒神本而
尚人本、反专制而尊人权,是西方近代人学的两个基本思想特征。从逻
辑上说,系统的中国哲学自肇端时起,②主体精神是人本人文,而非神
本神文的。就此而言,中国哲学与西方近代人学颇有相通之处。然而
若按西方近代人学反对封建专制而倡个性、申人权、尚平等的特点看,
中国哲学便与之颇相径庭了。中国哲学所以被视为人学,在于反神本
而非反封建;其所以被否定为人学,则是以西方近代人学特征为判定标

---

① "援儒入墨"、"用夷变夏"是近代学者朱一新对康有为学术思想的评价,在当
时此评颇有贬义;在现在看,笔者以为其不足贬之,却从一侧面比较恰当地概括出康有
为学说的特点。此语出处见本章第三节。

② 中国哲学思想的萌芽虽早,但成系统的哲学思想实起自春秋末期的老子、
孔子。

准的缘故。我们不妨把反神本重人文的特征看成是对"人学"的广义理解，而将反神本、反封建的特征视为狭义的理解。这样，以上两种貌似相左的观点便在论域上各有其立足之境，而不显得那么不可两立了。

然而，在近代中国，传统的哲学思路（或者说人学思路）在社会的沧桑轮回下也出现了巨变，开始了向西方近代人学靠拢的转折历程，尊人权反封建的新时代特征逐渐成为中国思想界的重大论题。康有为的人学思想可以说是近代中国人学巨变的滥觞者。他面临西方近代人文精神挑战中国人文传统的时代课题，经过一番思想上的增删改篡功夫，提出了将此二者熔铸为一炉的解决方案。张之洞之流的"中体西用"说不过是想为年久失修的儒学圣像糊些西学的泥巴，使它重新丰腴起来，用的是整旧如新的功夫；而康有为则是把旧圣像打碎，再将之与西方泥巴捏合起来，重塑了个新的圣像——虽然牌位上还是老字号。

康有为是中国最后一位公羊学大师，然而，他那生吞活剥孔学的公羊学绝不纯正，在其所涉及的哲学和社会学说领域多用西学对孔学做了脱胎换骨般的大改造。叶德辉曾骂康有为所治的公羊学是孔学其表、西学其里的学术赝品。他说："今之公羊学非汉之公羊学也。汉之公羊学尊汉，今之公羊学尊夷"①；并直斥康有为"其貌则孔也，其心则夷也"②。这话是骂到点子上去了。然而其不足侮之，适可以概括康有为的学术特点。不过，康有为治学方法取之于公羊学而又不仅限于此。他一方面沿承了公羊学借阐发"微言大义"而漫加发挥的学风；一方面又取法了陆王心学破除权威桎梏的学术自由精神。公羊学和陆王心学在治学精神上本有共通之处，康有为的治学心法是将二者兼收并用，而

① 叶德辉：《叶吏部与石醉六书》，见（清）苏舆编：《翼教丛编》第六卷，上海书店出版社2002年版，第163页。有人认为，《翼教丛编》实为叶德辉所编，不过托名苏舆而已。

② 叶德辉：《叶吏部与刘先瑞、黄郁文两生书》，见（清）苏舆编：《翼教丛编》第六卷，第165页。

以发挥主体的创造精神为宗。

康有为的哲学主要有几个重要板块：一是以"元"为本体的宇宙哲学，一是以"人道"为主的人学学说，一是三世进化的历史哲学。人学思想在康有为学说结构中具有核心层次的意义。他建构体系采取了中国哲学援天道论人道，由人道推政道的传统思路。其宇宙论是为人学铺垫的理论基石；人学思想中的人本主义和仁道主义等均据之而立论，因之而完善；他又从人学角度推论出三世所以进化、大同所以实现的两大精神动力——人类对幸福的追求和道德的普遍升华，进而以其人学观点和进化历史观论证大同社会的天然合理性与历史必然性。

文化哲学也是康有为学说的重要部分，只是康有为并没有对当时日显突出的文化问题做直接的哲学探讨，他这方面的论说主要与其人学和历史哲学议论相伴而发。在对待中西文化上，他在前期较多采取了瞒天过海的处理方法，即在为孔学正名的旗帜下，把西方近代的独立自由、人权平等的人文精神说成是孔学的本来意旨或真实精神。他期冀以此来弱化国人对中西文化的差异和冲突的意识，从而实现推行西方近代人文精神和实现社会改革的目的。这实际是在寻求儒学与近代西学的契合之处。在后期，康有为才较多论说中西文化的差异和冲突问题，他批判社会上"全法欧美而尽弃国粹"①的风气，力倡尊孔教保国粹。不过，他此时所主张尊奉的孔教，其基本意蕴依然是他前期用西方近代人文精神改造了的孔教，与文化保守派心目中的孔教截然二致。

第一节　"去苦求乐"的人性论和"人道"之学

康有为深切关注着人生的根本问题，将之视为建构社会历史学说

① 康有为 1913 年在《不忍》杂志发表名为《中国颠危误在全法欧美而尽弃国粹说》一文。

的根基。他断定,孔子学说的主干就是对人的关注,是"以人为主"之学。他说:"圣人不以天为主,而以人为主也";①并多次提到,孔子的一贯之道就是以人为本的"人道"。确认了孔学主旨是人本之道,立意继孔作圣的康有为自然也要以人本之学为立论基点了。

在思想史上,无论是人本学意义上的"人道",抑或伦理学意义上的"人道",往往把研究的基点放在对人初始本质的反思上。康有为也由此入手,他在对孔子关于人性的"微言"发微探赜的招牌下,力辟后儒诸说,提出了大批正统儒学逆鳞的人性论观点。

孟子曾批驳告子用"食色"本能界定人性的观点。在思孟学派的后继者尤其是宋代以来的道学家看来,孟子是而告子非已是不刊的历史定论了。然而,康有为偏偏要翻这个千古公案,提出契合于孔子人性思想的恰恰是告子,而非向来被尊为孔子正宗传人的孟子。他说:"告子'生之谓性',自是确论,与孔子说合。"②他又发挥告子"生之谓性"的思想,并结合儒学传统的"性体情用"观点而断定:"存者为性,发者为情,无所谓善恶";③又说:"人性之自然,食色也;……人情之自然,喜怒哀乐无节也。"④本始状态的性与情都是"无待于学"的天然禀赋。他又将久被儒家正统冷落的荀子的某些人性思想(如道德后验思想等)推为不移之论。康有为主张,探求人性必须破除孟子的门户壁垒,直接从孔子入手。孟子尚不放在眼里,其他后儒就更不在话下了。康有为在前期对于汉唐时期的"性善情恶"、"性三品"、"性情三品"等论点一概摒弃,认为将天然性情做善恶判别和品级划分均属谬说;至于宋道学家关于"气质之性"与"义理之性"的说法,不过是附会孟子的性善

①　《万木草堂口说》,中华书局1988年版,第191页。

②　康有为:《长兴学记》,见汤志钧编:《康有为政论集》上册,中华书局1981年版,第88页。

③　康有为:《康子内外篇·爱恶篇》,中华书局1988年版,第10页。

④　康有为:《康子内外篇·性学篇》,第12页。

论。康有为认为：人只有以食色为主而出于生存本能的"气质之性"，并没有游离其外的"义理之性"；道德义理是从"气质之性"中后天生成的，因而不应牵强地分为二性。①

经过一番对儒家人性论正本清源的功夫，康有为把人的天然本性归结为"去苦求乐"的生活欲望。在他看来，"去苦求乐"的天性不但包含"食色"本能，而且兼含形成于后天的丰富的社会欲望。他说："人生而有欲，天之性哉！……人情所愿欲者何？口之欲美饮食也，居之欲美宫室也，身之欲美衣服也……公事大政之于预闻预识也，身世之欲无牵累压制而超脱也，名誉之欲彰彻大行也。"②从美食、美服、美居所，到参与政治、独立自由、显身扬名等不同层次的欲望，都是天性的实在内涵。然而，在正统儒学眼中，康有为纳入"天之性"的那些后天欲望，大都属于理当弃绝的"私欲"或"人欲"范围。

《礼记·乐记》中有"天理"、"人欲"之说，宋道学对之标扬尤甚。虽然对"天理"、"人欲"的界定历有歧说，然而视"人欲"为万恶之源而主张存理去欲，则是道学家的共识。在泛道德色彩浓重的中国社会，超越社会真实心态的道德高调流行，这使得充满七情六欲的芸芸众生在官场、学界谋求个体发展的时候，往往不得不高张道德的旗帜。于是，"假道学"、"伪君子"之类的道德赝品比比皆是。虽然自道学盛行以来，敢于为"人欲"正名的学者也寥有数人。只是那时危机未起，西学未来，因而难成气候。况且，他们对"人欲"的申辩，即便如李贽之激烈、颜元之执著、戴震之严整，也总是在不同程度上受儒学传统的限制，缺乏西方近代人学的时代品格。并且，将道德价值绝对化是儒学的主导倾向，尽管有些学者在社会公利的层面上主张义利同一，但是鲜有人敢把追求个体利益、个体幸福的行为纳入道德范畴。即便议论最激烈

---

① 康有为：《长兴学记》，见汤志钧编：《康有为政论集》上册，第88页。
② 康有为：《大同书》，中州古籍出版社1998年版，第76页。

的李贽,也不过视人欲为常态而已。康有为则比这些身处封建时代的大胆思想家走得远得多。他舶取西方近代的天赋人权思想,给道学家深以为耻的"人欲"予以道德的肯定,并极力抨击中国长期以来的道德异化倾向。他认为,追求个体的幸福和发展是人的天赋本性,因而也是天赋人权。这种权利应该受到社会的尊重和道德的承认,于势而论,不能禁绝;就理而言,不应禁绝;对之"不能禁而去之,只有因而行之"①。在中国思想史上,以道德的名义为个体利益、个体价值、个体发展张本,是康有为的一大创举。

康有为前期在人性论问题上,打着回归孔子的名义而贬抑孟子推崇告子;然而他将种种实际属于后天的社会欲望纳入自然天性之中,这又远非告子将人性归结为生理本能思想所能樊笼的。康有为这种逆反传统、挑战权威的人性论见解,意在奠定其人本学说的思想基点,架设一条孔学与西方近代人文思想相互融通的桥梁。

康有为认为,孔子"人道"之学的要旨就是满足人们"去苦求乐"的欲望。他说:"人道者,依人以为道。依人之道,苦乐而已。为人谋者,去苦求乐而已,无他道矣。"②非但孔学主旨是对人生幸福的终极关怀,处处贯穿了这种"人道"精神,而且往古圣人也莫不皆然。他说:"尽诸圣之千方万术,皆以为人谋免苦求乐之具而已矣,无他道矣。"③他又说:"圣人之为道,亦但因民性之所利而利导之。……圣人所以不废声色,可谓以人治人也。"④所谓"以人治人",是说在满足和利导人们"去苦求乐"天性的前提下管理社会,亦即"依人为道"。他断定,"圣人"之所以为"圣人",就在于他们能顺应"人情"和"人事"之自然,其种种举

---

① 康有为:《礼运注》,见康有为:《孟子微》,中华书局1987年版,第251页。
② 康有为:《大同书》,第37页。
③ 同上书,第358页。
④ 康有为:《春秋董氏学》,上海大同译书局刊。

措旨归都不过是"为人增益其乐而已";"为人免其苦而已"。①

以儒学特重的礼制而论,它往往被视为压抑人性的东西。康有为则认为,"礼"最能体现圣人们的"人道"用心了;圣人制定礼制的动因就在于协调和满足人的生活欲望,而非故意造作禁锢"人欲"的桎梏。他认为,人的七情归纳起来,"大要不外二端",即"欲"与"恶"而已;圣人制礼的起因,就是要对"人情"的"欲"与"恶"既有所"宣达",又有所"品节",所以说"制礼者,穷人情之大本"。② 康有为发挥《礼运》关于礼"所以达天道,顺人情之大窦"之说,提出礼的一个基本作用就是"适于饮食、男女、乐利、欲恶之宜而曲折从之,顺人情之孔穴也"。③ 他认为,孔子所以讲"道不远人"④,就是因为礼制都是因循人的性情而制定的。⑤ 康有为又从经济的角度说明礼的存在意义,"人道莫大于养。礼为人设,故礼之义在养人而已"。⑥ 康有为虽然对荀子时有指摘,但他的关于礼的思想显然与荀子关于礼起源于"养人之欲,给人之求"⑦的思想有渊源关系。不过,荀子侧重于说明礼作为经济分配制度的规范作用,侧重于强调对人本能欲望的抑制功效,而康有为则侧重强调,礼的根本起因和存在意义就是满足人生活欲望的"人道"。

可见,康有为明确认定,孔学所以为"人道"之学,不但在于它在关注论域上以人为主,而且在于它在立论宗旨上以满足人们的天性——"去苦求乐"欲望为目的。这样,康有为的人性论就自然成为其道德思想和社会主张的理论支点了。

儒家学者大都将道德奉为绝对律令,未曾进一步探讨衡量道德本

---

① 康有为:《大同书》,第37页。
② 康有为:《礼运注》,第251、252页。
③ 同上书,第263页。
④ 《中庸》:"子曰,道不远人。人之为道而远人,不可以为道。"
⑤ 康有为:《礼运注》,第256页。
⑥ 同上书,第260页。
⑦ 《荀子·礼论》

身的合理性尺度问题。康有为则将是否"合于人道"作为评判道德的尺度,在他看来,人应该被认定为天然合道德的功利主体。道德只有在维护人"去苦求乐"本性时,才有存在的合理性;而戕害人性的道德条款实质是违反道德根本精神的。他说:"凡有害于人者则为非,无害于人者则为是。"①康有为以这个尺度评判诸种思潮和历代政治。他说:"立法创教,令人有乐而无苦,善之善者也;能令人乐多而苦少,善而未尽善者也;令人苦多乐少,不善者也。"②他以此断定孔子学说是"立法创教"的"善之善者",而佛教的禁欲和墨家的苦行都是违背人性的;长期被奉为学术正统的宋道学,其禁绝人欲的主张混同于佛教而与孔子主旨截然背反。他认为,宋道学"绝欲则远人"③,其禁欲的道德主张背离了人道、违反了道德根本精神,因此不可作为"立法创教"的根据。

康有为这种关于道德标准的思想,其直接时代意义在于否定了道学作为官方学术存在的合理性;其更深层的用意是力图拨开长期笼罩在中国人头上的禁欲主义阴霾,将道德从超越世俗功利、绝对至上的高坛上拉下来,使之变成人生幸福的保护神,以幸福主义人生观取代道学家入世苦行的人生观。这在当时无疑是意义重大的思想革命。

康有为后期的人性论思想发生了逆转。他放弃了以前性无善恶的说法,转向调和孟子、荀子人性论的道路,这实际是汉代以来许多儒家学者走过的老路。他在《论语注》、《孟子微》中肯定了肇始于西汉前期的性三品说;在《中庸注》中又认可了宋道学关于"气质之性"与"义理之性"的判别。他重新辨析孟子和荀子的人性论思想,认为二者都流于偏颇而又不可偏废,因而有融通互补的必要;至于告子的性无善恶论、扬雄的性善恶混论,则属于性三品论中的"中人之性"。笔者以为,对于康有为在人性论上的改弦易辙,不应简单视为后期思想出现钝化,

---

①　康有为:《大同书》,第341页。
②　同上书,第38页。
③　《万木草堂口说》,第149页。

而应看到这是他对自己历史哲学在论证方式上的逻辑修整。具体说，在前期，他从人追求"去苦求乐"的天性中为三世进化和实现大同寻找到了生存意志的动力；而在后期，他又着重从性善论中发掘出三世进化和实现大同的另一精神动力——道德动力。

第二节　仁爱之德为人类文明形成与进化的枢机

康有为在《〈大同书〉成题词》中有"人道只求乐，天心唯有仁"①句，点出了其学说"主乐"与"仁爱"两大主题。他不但把孔子贯以仁爱精神的"人道"之学归本于对民生幸福的终极关怀，而且把满足人类"求乐"本性的仁爱之德溯源为宇宙精神。梁启超认为康有为哲学"以仁字为唯一之宗旨，以世界之所以立，众生之所以生，国家之所以存，生活之所以起，无一不本于仁……其哲学之本，盖在于是"②。可以说，康有为哲学具有"人道"和"仁道"双重品格。前者指其哲学不但以人为重心，而且具有摆脱封建枷锁而凸显个体价值的新时代精神，就此而言，其与西方近代人学思想接轨；后者指其哲学特重仁爱之德，仁爱不但是他极力倡导的道德精神，而且是其历史观的重要内核。他对"仁"的阐发体现了力图融会中西方伦理观念的倾向。

为了论证仁爱之德的至上权威，康有为沿袭了中国天人合德的传统思路，用道德化的宇宙作为仁爱之德的本原。他广采《易传》、元气论、董仲舒的天人之学等思想传统和西方近代的哲学、科学思想而熔铸于一炉。他将宇宙本体名之为"元"，解释为气、电、以太乃至灵魂等等。对"元"的界说虽然混乱，却不妨碍他把"元"的属性附会为仁爱之德，进而把仁爱之德归本为遍存于气、光、热、电、磁、以太等之中的宇宙

---

①　汤志钧编：《康有为政论集》，第548页。

②　梁启超：《南海康先生传》。附录于康有为：《我史》，江苏人民出版社1999年版，第253页。

精神。他断定人类的仁爱品德正是本原于宇宙精神。他说:"天,仁也……人取仁于天而仁也。"①又说:"仁者,在天为生生之理,在人为博爱之德。"②博施仁爱是天道之本然,因而也是人天然具备的潜质。③康有为赋仁心以本根论的意义,称其为"万化之海,为一切根,一切源"④。

康有为认定,圣人之道的根本内容是博爱人类的道德精神。然而,他所标扬的孔子之"仁",实则远绍墨家的"兼爱"思想,旁采西方近代的博爱精神,与孟子以来儒家"爱有差等"的传统诠释颇异其趣。自孟子以来,儒家学者竭力强调儒家"仁爱"与墨家"兼爱"之大防,将"爱有差等"和"爱无差等"看做两家学说的根本分野。康有为故意混淆墨家"兼爱"与儒家"仁爱"的区别,他有时也讲些爱有差等的话头,说爱要依据"厚薄远近之序","立差等而行之"⑤;然而,他有时为宣扬平等博爱的近代精神,就顾不得敷衍儒家的老套路,而径称"孔子本仁,最重兼爱"⑥;或"至爱无差等,乃太平之说,至仁之义也"⑦。有意把无差等的"兼爱"思想强加于孔子,并附会为他所杜撰的孔子社会理想——太平世的道德。

夷夏之防原是儒家的文化纲领。康有为辟除宥于夷夏分别的狭隘民族观念,依据公羊三世说,把太平世说成是仁德普施的社会。在那个时代,博施仁爱心不限于华夏民族,而要扩展到"四夷",遍及全人类。他认为,"专以爱人类为主"⑧才是孔子的根本精神,"爱及四夷,是太

---

① 康有为:《中庸注》,中华书局 1987 年版,第 208 页。

② 同上。

③ 如前所言,康有为后来的《孟子微》、《中庸注》等论著中改变了前期的性无善恶的思想,部分接受了孟子一脉的性善论思想。

④ 康有为:《孟子微》,第 9 页。

⑤ 康有为:《春秋董氏学》卷六上,上海大同译书局刊。

⑥ 康有为:《春秋董氏学》卷六下。

⑦ 康有为:《礼运注》,第 239 页。

⑧ 康有为:《春秋董氏学》卷六下。

平统一之大道,后世专言攘夷者,未知此也"①。康有为有意泯灭儒家之仁爱、墨家之兼爱以及西方近代之博爱观念的差别而突出它们的共性。对此,当时的守旧学者朱一新看得很准,指责康有为的仁爱学说是"援儒入墨","用夷变夏"②。骂归骂,可说得极到位。

"主乐"和"博爱"不但是康有为人学的两大价值主张,他更将二者推衍到历史哲学领域,认为人类"去苦求乐"的幸福追求和仁爱之德的普遍升华是社会进化乃至实现大同理想的两大精神动力。康有为认为,人类的历史和现实生活中弥漫着诸多苦难,全人类都泡在这个"无量数,不可思议"③的苦海里。然而,历史所以能在苦难中进化,就在于有这两大精神动力:一方面,人类基于"去苦求乐"的天性而不断地奋斗着,苦与乐"二者交觉而日益思为求乐免苦之计,是为进化"④;人类去苦求乐的追求促成了社会的进化和大同之世的实现,而大同社会又是对诸苦根源彻底破除。另一方面,仁爱精神不断的扩充和升华促成了历史的进化。他在后期将中西合璧的宇宙观与性善论统一起来,认为,人从宇宙本体"太元"中分得"魂质"而具备"不忍"之心⑤;"不忍之心,仁也,电也,以太也。人人皆有之,故谓人性皆善"⑥。他从宇宙论推演出性善论,进而把天赋善性看做历史进化的原始动力。他说:"人道之仁爱,人道之文明,人道之进化,至于人道之大同,皆从此出。"⑦他又从反面论证了这个思想:人若断绝了善质,则"人道将灭绝矣。灭绝者,断其义明而还于野蛮,断其野蛮而还于禽兽之本质也乎"!⑧ 康有

① 康有为:《春秋董氏学》卷六下。
② 朱一新:《朱侍御答康有为第四书》,见(清)苏舆编:《翼教丛编》第一卷,上海书店出版社 2002 年版,第 9 页。
③ 康有为:《大同书》,第 39 页。
④ 同上书,第 357 页。
⑤ 同上书,第 35 页。
⑥ 康有为:《孟子微》,第 9 页。
⑦ 同上。
⑧ 康有为:《大同书》,第 35 页。

为认为,体现历史发展的三世进化首先是人类道德素质尤其是仁爱精神的进化;大同社会是人类本有的"爱质"充分扩张,全面实现的社会。由之,康有为将其人学和历史哲学贯通起来,在理论上实现了关于"善"的价值哲学与关于"真"的历史哲学的统一。

康有为仁爱思想的基本特色可概括为:上溯源于宇宙精神以崇高其说,下为历史哲学奠基而论三世进化之动力,取中国传统天人合德的泛道德主义而为建构学说的手法,悬儒学之帜而实之以西方近代博爱思想及墨家兼爱思想。

康有为关于历史进化两大动力的说法有自相之矛盾处:一个动力基于人"去苦求乐"而无善根的本性;一个动力则基于人天赋善性的后天实现。也就是说,其两大动力分别以两个截然背反的人性论观点为前提。这种矛盾在康有为学说中,不是共时并存的,而是他前期思想与后期思想的矛盾,即他在后期有以道德动力补充生存动力的理论调整。

康有为也从经济结构的动态发展论说历史的进化,提出据乱世、升平世、太平世分别是"大农之世"、"大工之世"、"大商之世"①等说法。但是,他认为,这种经济形态的转化仅是历史进化的表象,而非三世递嬗的深层原因。总体看,康有为历史哲学的基础是人本学说(尤其是人性论)而非经济思想。

第三节　人权平等的学术主旨及实现之初阶

儒学与西方近代人学分属于不同的历史时代和文化类型的意识形态。西方近代人学以天赋人权为预设前提,多取个体本位的原子主义立场,注重个体自由、权利、价值的实现和个性人格的伸张。中国儒家

34　　　① 康有为:《春秋董氏学》卷二。

人学则取整体主义立场。这不仅体现为思维方式,更突出表现为其重群体轻个体的价值取向。可以说,西方近代人学是伸张个体的人权哲学,而儒家人学则是束缚个体发展的义务哲学。人权问题在以往的中国思想史上是一个空白。康有为则在回归孔子的名义下,欲以西方权利人学来革儒家义务人学的老命。

中国虽然没有"原罪"说,却有"原债"观念。中国人从生下来就有还不清的道德债。这些债务如同其长无比的裹脚布,将个体欲望束缚到绝无伸展余裕的地步,而"天足"果然被缠缚成蜷缩的"纤足",就算是模范人格了。康有为要做的就是为国人解脱"纤足",还之以自然天成的"天足"。梁启超曾说:"绌君威而申人权,夷贵族而尚平等,……此南海之言也。"①

康有为于"平等"一义尤为推崇。他所标榜的"仁道",不仅是"至爱无差等"的道德精神,而且包括"至平无差等"的社会理想。在他看来,人权平等是太平世的礼制,"仁道"的极诣。他说:"至平无差等,乃太平之礼,至仁之义……。"②他认为,伸张人权平等不独可拯救国人,而且是救度全人类的根本法门。他以此为己任,说:"吾采得大同、太平……之术,欲以度我全世界之同胞而永救其疾苦焉,其唯天予人权,平等独立哉!"③

康有为宣称,人权天然平等的思想是孔学的精华所在。他说道:"人性必不远。故孔子曰:'性相近也'。夫'相近'则'平等'之谓……。故无所谓小人,无所谓大人。"④他又进一步发挥道:"人人皆有天与之体,即有自立之权。上隶于天,人尽平等,无形体之异。"⑤将

---

① 梁启超:《论中国学术思想变迁之大势》,《饮冰室文集·学术》,第82页。
② 康有为:《礼运注》,第239页。
③ 康有为:《大同书》,第303页。
④ 康有为:《长兴学记》,见汤志钧编:《康有为政论集》上册,第88页。
⑤ 康有为:《大同书》,第172页。

孔子"性相近"之说附会为人权天赋平等。这种从自然平等推论社会平等的思路纯然舶取于西学而与孔子无涉。

康有为强调,他所主张的平等具有最大的普遍性,他发挥《礼记·礼运》所载孔子以"天下为公"论"大同"之世的思想,提出:"公者,人人如一之谓,无贵贱之分,无贫富之等,无人种之殊,无男女之异,分等殊异,此狭隘之小道也;平等公共,此广大之道也。"①

康有为又从三世进化的角度对杜撰的孔子平等思想钩沉发微。他说:"平之为义大矣哉!故孔子之于天下,不言治而言平;而于《春秋》三世进化,特以升平、太平言之也。"②即孔子不说"治天下"而说"平天下",就有以天下平等为人类历史归宿之意;"升平"就是升向平等,"太平"则是人类平等的充分实现。他由此断定:人权平等是孔子学说的第一要义。康有为借托孔子权威而曲解孔说,用意在于以近代西方人权思想辟除儒家人学片面的义务论和等级观念等落伍因素,而为其反封建主题作理论铺垫。

人权天赋平等是贯穿康有为学说结构各层面的主导思想。梁启超曾评价乃师哲学有博爱、主乐、进化、社会主义四个基本特征。③这四个特征均贯之以平等精神:"博爱"是就其伦理学说而言,即"至爱无差等"的人类平等之爱;"主乐"是就其人生观而言,即人人平等具有追求幸福的天赋人权;"进化"是就其历史观而言,三世进化就是由不平等状态向人类平等的进化;"社会主义"是就其社会理想而言,"大同之世"即人类平等权利全面实现的时代。从人"性相近"推论人权天然平等,说明三世进化是平等人权的社会实现进程,进而证明大同理想的天然合理性。这是康有为人学与历史哲学的内在逻辑

---

①　康有为:《礼运注》,第240页。
②　康有为:《大同书》,第145页。
③　梁启超:《南海康先生传》。附录于康有为:《我史》,江苏人民出版社1999年版,第253—255页。

关系。

在康有为人学和历史哲学中,他关于解放女权对人类解放意义的思想,是一个至关重要的理论环节。康有为认为,妇女解放是全人类解放的前提,实现妇女人权是全人类实现平等人权的标识,民主体制乃至大同社会均以解放女权为枢机。

康有为对男权社会践踏女权的种种恶行大力抨击。他力陈妇女之苦。在家庭夫权的压制下,"为囚、为刑、为奴、为私、为玩"①。在社会上男权的压制下,妇女被剥夺了各种社会权利;"托于义理以为桎梏"的道德枷锁对女子的钳制,"比之囚于囹圄尚有甚焉"②。戴震曾指责宋儒以道德义理杀人,在康有为看来,封建道德的屠刀首先是杀女人。董仲舒曾将所谓"王道之三纲"归本于阳主阴从的天道。三纲中的"夫为妻纲"③向被国人视为夫妇伦常的圭臬。康有为却认为,这条家庭伦理也同"君为臣纲"的政治伦理一样,只是在"据乱世"才被视为人伦的"大经",但是"此非天之所立,人之所为也"④;它违反了自然平等的天道,侵犯了妇女与男子同等的天赋人权,是"损人权,轻天民,悖公理"⑤的缺德东西。他说:"以公理言之,女子当与男子一切同之……此天理之至公,人道之至平。"⑥男女平权是康有为人权解放和社会平等思想的一项基本内容。

康有为不但从人学的角度论证男女平权合乎"天理"、"人道",而且在历史哲学中将男女平权视为人类进入大同社会的关键步骤。在他看来,人类诸多痛苦的根源在于不平等,社会不平等概括起来有九类,

---

① 康有为:《大同书》,第185页。
② 同上书,第77页。
③ 董仲舒将君臣、父子、夫妇伦理名为"三纲"。"夫为妻纲"则由东汉纬书《礼纬·含文嘉》明确提出。
④ 康有为:《大同书》,第77页。
⑤ 同上书,第185页。
⑥ 同上书,第166页。

即所谓"九界",包括国界、级界、种界、形界、家界、产界、乱界、类界和苦界。他说:"总诸苦之根源,皆因九界而已。"①他认为,"知病即药",破除"九界"的第一副良药就是"去形界",即"明男女平等各自独立"②的天赋人权,如此就可以从根本上消除其他社会不平等问题了。他断定:谋求人类大同这个至上目标,必须首先从谋求男女平权入手,以此为起点而循序破除诸界。

"去形界"所以如此重要,就在于它是消灭传统家庭,进而铲除私有制的关键。梁启超曾概括康有为《大同书》的要旨:"其最主要关键,在毁灭家族"③。康有为所以必欲破除家族,又在于他认为,"私有财产为争乱之源"④;而传统家庭作为私有财产的继承单位,既是私有制存在的社会基础,又是禁锢个体实现独立、自由、平等天赋权利的牢笼;"家界之累"、"私产之害"、"种界之争"、"国之争"等诸界苦难都直接或间接植根于家庭的存在。在他看来,"因有家之故,……心术必私","必私其妻子而不能天下为公"⑤;传统婚姻是维系家庭和私有制的关键,因而,"去形界"为实现大同理想的第一要务。

康有为设想通过解放女权而实现婚姻革命,从而破除私有制社会的根基——家庭。他认为:如果女子拥有与男子平等的包括婚姻自主权在内的独立权利,则传统终身制婚姻就会瓦解,婚姻不再是终身之约,而可代之"订以岁月交好之和约"⑥的暂时合同,合同期满后,男女双方可以自由终止合同或续约;⑦至若儿女,则由政府抚养教育;人们

---

① 康有为:《大同书》,第86页。
② 同上书,第303页。
③ 梁启超:《清代学术概论》,第74页。
④ 同上。
⑤ 康有为:《大同书》,第233页。
⑥ 同上书,第302页。
⑦ 这种自由婚姻合同的期限,康有为曾设想为三个月,后改为一年,后又囫囵说成"期月之好"。

的生老病死全由政府包揽。这样一来，家庭原来的职能完全转化为政府职能，私产积蓄和继承失去了意义，家庭自然因之而解体，私有制也就失去了存在的根基而寿终正寝。他说："无家族则谁复乐有私产？若夫国家，则又随家族而消灭者也。"①基于这种分析，康有为声称："全世界欲致大同之世、太平之境乎？在明男女平等，各自独立始矣。"②在他看来，"去家界"、"去产界"乃至"去国界"等大题目，无须暴力革命，只要通过广泛宣传男女平权而使之得以实现，就会循序渐进地迎刃而解了。

以往国人不是以独立个体的身份而是作为家族的附庸而立足于社会的；受制于男权的妇女更是如此。在康有为看来，通过"去形界"而"去家界"，人们就会摆脱对家族的依附关系成为独立自由的个体。那样，则"人人直隶于天，无人能间制之。盖一人身有一人身之独立，无私属焉"③。因此，摆脱对家族的依附是人权解放的前提；而妇女若不能从男权的枷锁中解脱出来，那么人权平等便是空话。在康有为那里，解放女权不但是人权解放的起点，也是人权解放的尺度。

毛泽东曾认为，康有为虽然提出大同理想，但是"他没有，也不可能找到一条达到大同的道路"④。就连康门高足梁启超也认为乃师的大同理想只是"悬此鹄为人类进化制极轨，至其当由何道乃能至此，则未尝言"⑤。然而这些说法与康有为"始于男女平等，终于众生平等"的意旨不符。康有为既以三世进化论证大同社会的历史必然性，又前后以"免苦求乐"心理和"爱力"扩充为历史进化的基本动力；并将在据

① 梁启超：《清代学术概论》，第 74 页。
② 康有为：《大同书》，第 303 页。
③ 同上书，第 78 页。
④ 《毛泽东选集》第四卷，人民出版社 1964 年版，第 1479 页。
⑤ 梁启超：《清代学术概论》，第 74 页。

39

乱世谋求妇女解放视为进化到升平世直至太平世的通途;余如通过政治改良而为大同时代做历史阶段的铺垫;提高国民素质而为建立民主体制做精神准备等。人们不认可康有为实现大同道路的设想固然各有各的道理,但是说康有为没有实现大同道路的设想,则不符合其思想实际。

第四节　更新国人精神素质,塑造
中西合璧的新国魂

康有为的最高社会理想是民主政体与公有经济并举同光的"大同"之世。他的"大同"学说并非像某些浪漫思想家以多想象而少论证的笔触勾勒的空中楼阁。他为人类到达大同之世的彼岸设计了两个理论桥梁,一个是以中西合璧的人学观点论证大同之世的天然合理性,一个是以三世进化的历史哲学证明大同之世的历史必然性。在康有为眼中,大同之世不但是合人性、合道德的理想社会,而且是合规律的历史归宿。他认为,由"据乱世"而"升平世"而"太平世"的进化次第是不可逆反的历史规律。三世进化体现于政治体制,就是"由君主而君民共主而民主,由专制而立宪而共和"[1]。人类由政治不平等走向完全平等是历史的必然大势。

康有为特别强调民主体制的道德价值和历史必然性。在他看来,民主制是人权平等的政治体现,具有充分的哲学根据和人道主义理由;它是实现天赋人权的重大目的性观念,而非优化决策或收揽人心的管理手段。[2] 这不但在当时中国是拔乎群伦的卓越见解,而且在今日中国,仅从手段而非目的的角度理解民主者也大有人在,其较之曾为左派

---

[1]　引自李泽厚:《中国近代思想史论》,人民出版社1979年版,第122页。

　[2]　如民主集中制或现代有些企业所推行的各种形式的企业民主。

痛诋的康有为之民主观,宁无愧乎?

康有为所以在当时固持立宪主张而反对民主革命,其中一个重要思考是:他认为中国民众素质的普遍低下是建立民主体制的最大障碍。他认为:"立国有本末,政治实其末,而人心风俗为之本"①;而"中国今日之人心公理未明,旧俗俱在"②,民主意识远未普及。因此,中国当下的要务不仅在于政治变革,更在于摆脱旧文化传统对国人心灵的束缚,普遍培养民主素质,进而才可谋及民主体制。他断定:如果没有普遍的民主素质为依托而贸然建立民主体制,必然是有名无实的政治赝品。基于这种考虑,康有为尤其重视提高包括近代人文意识、道德水准和文化知识在内的综合国民素质,以求从改善"民德"、"民行"、"人心风俗"入手,为将来的民主体制奠基。

康有为从人性论角度为其更新民族素质的主张做理论铺垫。他认为,人性中本有"魂"与"魄"两个方面,"魄"表现为感性欲望,"魂"表现为精神因素。孟子从"魂"的角度讲人性,讲的是心理素质;荀子从"魄"的视角探讨人性,讲的是形体需求,二人各执一偏而均未及全豹,因此将二者综采互补就大为必要。在康有为看来,"魂"与"魄"既然都出于天然,就都应该不受压抑而充分发展;实现天赋人权意味着"魂"、"魄"的双重发展,全面解放。具体讲,人的解放不仅意味着"去苦求乐"的天性得到现实满足,而且意味着精神生活独立而自由地发展。康有为所以强调"魂"的解放,立意一方面在于使国人摆脱传统文化中压抑个性、排斥平等、漠视自由、忽略人权等封建因素的束缚,树立精神自由和人格独立的近代人文意识;另一方面在于摈除传统文化重社会人文而轻科学技术的偏颇文化导向乃

① 康有为:《广东国报发刊词》,见汤志钧编:《康有为政论集》下,中华书局1981年版,第932页。
② 转引自章太炎:《驳康有为论革命书》,《中国哲学史教学资料选辑》下册,中华书局1981年版,第519页。

至愚民倾向。

康有为尤其推崇"智"在人类生活中的重大作用。他认为,从社会角度上说,"智"使得"人道之异于禽兽"①;"智"先于以"仁"为主的诸道德并是它们产生的原因;就个体而言,"智"与"仁"也有体用之别,即"智其体,仁其用也"②。"智"与道德的这种关系,意味着开启民智是培植国民道德素质的前提。他将"智"的内涵从传统道德理性的界定中扩展开来,使之兼含知识理性。他认为,人类的物质和精神文明"皆智来矣"③。因此,力行开启民智的作为,是提高国民道德和知识素质,进而为中国社会向太平世进化的根本途径。

在开启智慧的方法上,康有为一反《中庸》"率性之谓道"的权威说法,认为人本性不但无善无恶,而且无知无识;因此,开启智慧的通途不在"率性",而在逆反愚昧本性而勉力强学。他说:"顺而率性者愚,逆而强学者智"④。在他看来,开启民智而"强学"的内容既不是"投全国人于盲瞽之中"⑤的帖括之学,也不是"碎且乱"而无济时艰的朴学,或"拘且隘"而艰深迂远的宋学,⑥而是变更旧的文化偏向,学习西方先进的科学技术和民主主义文化。

康有为力图破除中国传统千人一面、万众一腔的人格模式和知识结构,提出创造自由的学术环境以塑造独立发展的个性人格和思想风气。康有为对陆王心学突出主体自觉的学风颇加赞许。他不但以陆王的自由精神治学,而且尤重以这种精神育人。他鼓励学生以主体自抉

① 康有为:《康子内外篇》,中华书局 1988 年版,第 24 页。

② 同上。

③ 同上书,第 23 页。

④ 康有为:《长兴学记》,见汤志钧编:《康有为政论集》上,中华书局 1981 年版,第 88 页。

⑤ 康有为:《请废八股试帖楷法试士改用策论折》,见汤志钧编:《康有为政论集》下,第 270 页。

⑥ 康有为:《礼运注》,第 235 页。

的态度治学,不做传统权威的思想奴仆。在执教万木草堂时,他对弟子强调读书贵在有独立见解,要以自出议论为主,切不可盲目依傍他人;治学应该根据各自的个性、意向而自由发展,如同万壑分流,各归一方。这种不定一尊、不拘一格的开放式教育方针不但在中国是破天荒的,而且于今日之中国仍有启发乃至楷模意义。

康有为在后期尤其重视西方宗教的文化凝聚作用和伦理教化功能。他认为,中国也应该建立适合国情的国教,以凝聚民族精神,提高国民的道德素质。他认为,孔子精神是中华民族得以延续不息的"国魂",中国之所以"能为万里一统之大国","能为四万万之人同居之大族","能保五千年之文明",根本原因就在于有孔教这个"国魂主之"①;有之则国存,离之则国亡。因之,孔教理所当然应该奉为国教。为此,他极力主张:必须保存以孔学为核心的礼教、国粹,才能保有"国魂",而不在精神上沦为欧美文化的奴隶。这样,儒家文化不再是为了装新酒的旧瓶,而是包含着"国魂"的文化根基。他在后期意识到传统文化对中华民族作为文化群体存在的精神价值,因而在一定程度上向传统文化回归。在他看来,未来的中国文化应该是优秀传统文化和西方进步文化的合理整合。

然而必须辨析的是:康有为对"孔教"的理解与道学家迥异,他心目中的孔教是以自由、平等、博爱为内容,以政治民主为旨归的西化了的或者说是"康圣人"化了的孔教。他希望以这种新孔教使国民渐明平等之理,渐备博爱之德,"然后政治乃可次第而措施"②。康有为对孔教的理解在早期多是洋人味,可以说是以儒学之旧瓶装西学之新酒;后期多了些本土味(但绝不是孔学原味或道学家味)。他后期力倡孔教的意旨是坚持民族本位文化而不沦为精神上的"欧美之奴",并非要保

---

① 康有为:《中国学会报题词》,见汤志钧编:《康有为政论集》下,第796页。

② 康有为:《以孔教为国教配天议》,见汤志钧编:《康有为政论集》下,第848页。

留以三纲为代表的压抑人权平等的封建伦理。陈独秀指斥康有为后期思想的变化,说"不图当日所谓离经叛道之名教罪人康有为"也变成与叶德辉、张之洞"同一臭味"①。康有为后期所以在一定程度上走回头路,是要构想中国未来"不中不西,即中即西"②的文化模式,体现了他从实质性的西化论转向中西文化相整合的思想历程。康有为有时也用"中体西用"来表达他折中中西文化的思想,但是,它与洋务派的"中体西用"论仍然有泾渭之别。

结　　语

　　康有为前期思想的转变似可以用开了三个窍、转了三个弯儿状之。具体说,广东大儒朱次琦为他开了第一个窍,使他认识到帖括之学和考据学无救国济世之用,旧学术如跑了味的陈年老酒,不能振作民族精神,医治中国的贫弱病,由之,他的思想从旧学术中跳了出来,是为他转的第一个弯儿;他开的第二个窍是发现西方近代的先进科学技术和社会、人文学说是挽救中国的金匮良方,是解封建之毒救民族之命的药酒,不向西方学习就不能挽狂澜于即倒,这是他转的第二个弯儿;他开的第三个窍直接受了廖平的启发,用传统的今文经学之旧瓶来装西方近代先进文化之新酒,在旧学术的掩盖下宣传新思想。他转的这第三个弯儿,是方法论上的转弯儿。当然他在后期又转了个弯儿——在一定程度上走回头路,尊孔述孟。如果说,他前期的思想是矫枉过正,那么,他后期的思想则是对前期过正部分的纠正。中国的传统文化不再只是个为了装新酒的旧瓶,而是包含着民族精神或"国魂"的文化根基,未来的中国文化应该是中国优秀传统文化和西方进

步文化的合理整合。

人们往往是由于康有为后期保守的政治立场而过早地忽略了其学说的理论价值。然而细想起来,他所提出的许多问题至今仍有探索价值,诸如:如何实现西方文化与中国文化的最优整合,历史发展历程能否躐等,所谓"卡夫丁峡谷"能否跨越,社会进化的根本心理动因是否基于人类"去苦求乐"的本能,大同社会的实现路径等等。有人讥刺康有为辈对西学的了解粗陋肤浅。然而,康有为所处的正是梁启超所谓"学术饥荒"时代,援引初入之西学而建构宏大议论,"支绌灭裂,固宜然矣"①。不过应该明确,康有为所援入的正是西方近代最基本、最主要的政治和人文精神。对于他的理论阙漏,后人尽可多方指摘。不过学界有个很有见地的说法:提出问题往往比解决问题更难,也更有价值。康有为就是率先提出近代中国面临若干重大时代主题的人,他的解决方案虽然在生前身后被千夫所指,但至少他提出的问题开启了新的思想时代。

中国现代论及康有为的学者多引用马克思的一段话,"一切已死的先辈们的传统,像梦魇一样纠缠着活人的头脑……在这种革命危机时代,他们战战兢兢地请出亡灵来为他们效劳,借用它们的名字、战斗口号和衣服,以便穿着这种久受崇敬的服装,用这种借来的语言,演出世界历史的新的一幕。"②儒学传统正是纠缠当时中国人的"梦魇",康有为所以处处托孔自重,用意自是为了震慑那些谋私政客和守旧腐儒,以期开创中国历史的新局面;康有为借用中国第一权威——孔子的"亡灵"、"名字、战斗口号和衣服",甚至也"战战兢兢",然而这不能责怪康有为胆气不足,而是中国的特殊文化背景、特殊的世势时局使之不得不然。换言之,非托孔不足以立言,不足以广说,不足以成大事。康

---

① 梁启超:《清代学术概论》,第88页。

② 《马克思恩格斯选集》第一卷,人民出版社1995年版,第585页。

有为的"战战兢兢",既有因事从权的成分,也有其全身免祸的因素。他曾说,孔子所以假托尧、舜、文王以宣传政治理想,是因"布衣改制,事大骇人,故不如与之先王,既不惊人,自可免祸"①。这实际是他的自白,他矫称孔子托尧舜之古不过是为自己托孔子之古的幌子,只是结果未如所愿——他的学说非但惊世骇俗,而且日后所以能侥幸免祸,也未借他托古的光。

近代以来,对于如中国这样的一些历史古老的落后国家来说,悠久的传统文化固然是巨大的财富,却也往往成为阻碍发展的沉重包袱,甚至文化越久远,包袱就越沉重,发展就越艰难。究其原因,主要是传统文化对新文化的排斥所致。然而这种新旧冲突并不是那么简单明了地体现出来,而是与民族主体文化同西方文化的冲突相纠缠,甚至为后一对矛盾所掩盖。其实这殊不足怪,因为,西方毕竟是新文化的肇始之地,自然带有西方文化的种种特征,令人极难完全分清楚何者是"新",何者属"西"。这就往往使人们将新旧文化之争误当做不同文化类型的争斗,以致使许多人出于维护民族文化本位的情结而排斥新文化。康有为也算是前知之士,他深切预感到这个问题会对中国社会变革带来巨大的阻碍,因此极力回避或者说尽量掩盖中西文化的时代差异。其基本手法就是将西方近代人文精神和社会理念(如人权、自由、平等、民主等)说成是孔学的根本意旨,在重新发现孔学真精神的名义下,将孔学近代化甚至西方化。他希图以这种方式弱化国人对西学的敌视,减少社会变革的阻力。康有为是极富创造力且国学根底深厚的思想家。他以极大精力所做的将孔学近代化的努力,就从侧面反映了中国悠久文化传统成为发展包袱的情况。康有为所做的这种努力,看上去似乎很是徒劳,其中的不少结论明显站不住脚,但是他开启了一条如何使传统文化与现代化的接轨的新思路。后来的新儒学思想家虽然

　　　　① 康有为:《孔子改制考》卷十一,中华书局 1988 年版,第 267 页。

论述丰富、见解有异，而主要意图大都是在由康有为发端的这个思路上寻求儒学与现代文化的融通之点、契合之处，由之论证儒学的现代生命力。新儒学之"新"，就新在这里。就此而言，康有为的新公羊学也算是功不可没。

第三章　辟荀学立仁本　挞秦政倡民权

——谭嗣同人学及文化哲学要义

谭嗣同,字复生,号壮飞[1],湖南浏阳人,生于 1865 年,卒于 1898 年。近代思想家,维新运动政治家。

谭嗣同思想来源颇为杂博,儒学、佛学、墨家、西方的基督教及近代民主文化和科学知识皆有所取材。具体说,他于西方文化,在宇宙论方面主要援引西方近代物理学的"以太"[2]假说而比附中国传统的仁爱之德,并引用其他学科的诸多相关知识阐发他的宇宙论哲理;[3]他特别推重基督教的宗教平等和博爱精神,又以西方近代文化的自由、平等、民主为社会理想。其于佛学,则融汇大乘空宗和有宗的宇宙论和人生哲学及佛学论证方式,以求证宇宙本体、物质世界和灵魂的不生不灭;于墨家,主要撷取其"任侠"的救世精神和"格致"的治学态度;儒学是他思想的根本立足之处,不过,他摒除汉以来尤其是宋明时期的诸多儒学

---

① 谭嗣同别号尚有华相众生、东海褰冥氏、通眉生、通眉苾刍、廖天一阁主等。

② "以太"是英文 etherd 的中文音译。此名古希腊哲学就已有之。近代西方物理学等学科将之作为假设的物质结构的范畴,而解释种种自然现象。自爱因斯坦的相对论提出后,"以太"假说才销声匿迹。

③ 这种做法虽显幼稚,却是当时中国思想界新思潮的流行趋势,如康有为、章太炎、孙中山等人都曾经用"以太"来阐发宇宙哲学思想,期冀借西方近代科学思想之论据而加强学说的说服力。

观点,而以寻求儒学真精神自任。他远则尊奉孔孟、《周易》学统而力辟荀学,近则于王船山的道器观和理欲观继承尤多;而在同代人中,康有为学说对他有直接的影响。

谭嗣同力求将以上诸说融会贯通起来而形成自己独立的学术体系,从理论上全面批判、根本否定秦汉以后的封建纲常伦理和当时学坛政界的守旧思想。若天假其年,当能形成更有论证力和系统性的成熟体系。

第一节　中西文化同源论和取法西学的思想根据

在未了解康有为学术主旨之前,谭嗣同虽然也极力倡导学习西方先进文化,尤其是自由平等的近代人文精神,以期改变国人的伦常观念和人生价值取向。但是,其思路不甚开阔,论据未脱离思孟传统和道学思潮中的气本论藩篱。这在他于甲午战后的《思纬壹壹台短书·报贝元征》中,就有明显的体现。文中主要凭借以往儒学的思想传统和思维方式论证学习西方进步人文精神之必要。

其一,他发挥孟子以来的性善论,说明天赋善性是中外所同、人类共具的本性,也是不同文化产生的共同根源。他进而由这个观点为根本论据,论证中西文化彼此贯通、大同而小异,故而学习西方先进文化以拯危图强,不但是势之必然,而且是理所当然。当时颇有些守旧陋儒坚持狭隘本位文化而妄自尊大,鄙夷西方文化为没有伦常的禽兽之道,谭嗣同则从人类本性相同必然文化相通相近的思路出发,对之大加掊击。

谭嗣同认为,人类的"形气同"即生理状况相同,故而"其性情固不容少异"。他引用宋儒"理一分殊"的命题予以论说。他认为,人类的天赋"秉彝"相同,就是"所谓理一也",这是根本的;而中外文化在此"理一"的基础上而有差别即"中外之辨",这就是"所谓分殊也"。他认为,这种人类的共性就是天赋善性,他说:"唯性无不同,即性无不善,故性善之说,最为至精而无可疑。"国家管理如果不是基于这种人性,就不能"自理其国"①,而中外交往的种种事实也证明了中外文化多方面的类同。孟子以来最具权威性善论成为他证明中西文化相互贯通的主要根据。

谭嗣同指斥那些坚持狭隘民族本位的守旧陋儒意欲"尊圣人",实则贬低了圣人之道。他说:"尝笑儒生妄意尊圣人,秘其道为中国所独有,外此皆不容窥吾之藩篱,一若圣人之道仅足行于中国者,尊圣人乎?小圣人也。"②就是说,"圣人之道"本于人的自然天性,其"贯彻天人,直可弥纶罔外,放之四海而准"③,必然会普遍流行于全人类而非仅存于中国。他认为,"中国所以不振"的一个重要原因,就是由于士大夫们不懂得这个"至极之理"而故步自封。在他看来,正是由于中外人性本一、文化本质相同,因而可以斟酌取法于西方文化的合理成分,而这是人类之间的自我学习,可以说"不啻自取乎我"④。谭嗣同这种论说方法既有哲理思考的因素,也有取容于国人而为学习西方文化张本的权宜成分。

谭嗣同列举外国"所食"、"所饮"、"所衣"、"所宝"及"所需"之工商业与中国基本相同,政治、经济管理体制同样皆备,以说明中西文化、人类生活在根本上通同一致;并指责持狭隘儒学本位而以为西方无"伦常"之道的观点。他认为,"伦常"之道是人类生存所必然具备的生活准则,他说:"夫伦常者,天道之所以生生,人道之所以存存。"⑤中西的伦常观念和规范虽然有诸多具体差异,但人类成员无一例外地都存

---

① 本段引文均引自蔡尚思、方行编:《谭嗣同全集》,中华书局1981年版,第199—200页。

② 蔡尚思、方行编:《谭嗣同全集》,第199页。

③ 同上书,第200页。

④ 同上。

⑤ 同上书,第197页。

在于"伦常"关系之中。他对讥诮西方无伦常的谬见提出两个有力的质疑，即如果西方没有伦常，则其族类早就会灭绝了，又怎么会治理得"远出中国上如今日乎"？如果说西方没有伦常却如此强大，就说明伦常"无关于治乱得丧"，如同"可有可无之赘旒"（笔者注："旒"应为"瘤"之误），那么，"吾圣人以伦常设教"①，就是无谓的多事之举了。他如此设问，颇富于逻辑的机巧。

其二，谭嗣同以儒家是古非今的传统方式说明当时的政治背离了真儒术，是"暴秦之弊法"；而西方近代文化倒颇多合乎中国古代"圣人之道"。

他认为，非但西方有其"伦常"，而且多有合乎中国古代文明，且是当时"中国衰世"所远不能及的伦常之道。如西方的"大公至正"的民主，就颇合"彬彬唐虞揖让之风"，与中国秦朝以来"尊君卑臣"、上下"隔绝不通气"的愚蠢政治比起来，过于天地之别；②西方人成年以后，"父母分与资财，令其自立"的做法，尤其合乎中国古代"父子异宫之法"（笔者注：即父子分室而居以体现伦理秩序的礼仪），其使得"人人不能不求自立之道，通国于以无惰民"③，既没有中国大家庭合居而带来的家庭纠纷的弊病，又远胜于中国的后代成年后还拖累父母的现象；西方的财产继承、婚姻关系、朋友交往习俗乃至教育体制等，都有中国所远不及而应该向之学习的优点。谭嗣同固然有将西方近代文化笼统概括西方文化之嫌，但是，这些思想不但体现了他能够正视、肯定西方近代的伦常观念和体制有超胜于中国制度、习俗之处，也可以看出他用和康有为近似的手法——将西方近代文化比附于中国古代理想政治而取容于当时的中国学坛政界。

谭嗣同对中国长期以来的伦常关系多有批判，认为中国人对于伦

---

① 蔡尚思、方行编：《谭嗣同全集》，第199页。
② 同上书，第197页。
③ 同上书，第198页。

常关系,过于讲求表面形式而忽略体制规范,即"详于文而略于法",造成家庭成员间的"貌合神离",使人"尽失自主之权利",反而不如西方重视体制规范而不讲求形式,"能使家庭之间不即不离"①,人人自主独立的状态。

谭嗣同以复兴儒学真精神为使命,以真儒自诩。他针对当时鄙薄"中国圣人之道"而欲"尽弃"之的风气,说:"嗣同以为,圣人之道无可疑也,方欲少弃之而不能,何况于尽。"②他援引朱熹关于周礼是"盖几经历代圣君贤相存述因革,衷诸完善"的话,认为:如果"周公之法"一直延续下来,世界列国"谁敢正目中国",中国就不会蒙受为列强侵凌的"普天之羞辱"③;正是由于"周公之法"久已"荡然无存",而"今日所用,不但非儒术而已,直积二千余年暴秦之弊法"④。因此,在他看来,时下误认为儒术于时无补而"薄儒"的世风,实际是不懂得何者为真儒术的无识浅见。

其三,谭嗣同本于王夫之的道器论而发挥之,论说儒家理想的"周公之法"固然好,但是时代环境已然大变,因而救国图强之道不在于复兴"周公之法"。他发挥王夫之的道器观,提出"器"为体、"道"为用的哲学思想,并据此说明"周公之法"赖以施行的制度文化和物质文化等社会环境久已不存在,且不可复兴,因而,"周公之法"自然不适用于当代中国,这就是王夫之所论"无其器则无其道"的道理。如果在社会环境大为变化的当时,中国强要规复"周公之法",其愚蠢就像"无筵几而为席地屈足之坐,人鲜不疑其瘫痪矣"⑤。他认为,中国的出路在于"势不得不酌取西法以补吾中国古法之亡";即便"西法不类于古,犹自远

---

① 蔡尚思、方行编:《谭嗣同全集》,第198页。
② 同上书,第196页。
③ 同上书,第200页。
④ 同上书,第201页。
⑤ 同上。

胜积乱二千余年暴秦之弊法";更何况西法不但"博大精深,周密微至"①,而且颇多合于周礼之处。

在他看来,西方虽然"无中国之圣人",却不缺乏"才士"②,所以经过千百年的努力,也能达到中国圣人的地步,出现类于中国古代理想的"圣人之道"。他声称,自己所以要向西方学习而"变法图强",就是"不忍弃圣人之道,思以卫而存之也"③。这显然是高擎维护中国"圣人之道"的大纛,而以取法西学为实。

可以说,在深入了解并追随康有为学说之后,谭嗣同的学术思想有了一大的飞跃,他不再沉湎于从中西伦常的共通性来论证学习近代西方人文与社会思想如何自然合理,也不再局限于原来理解儒学相对狭隘的思路(如侧重于从孟子、张载、王夫之等人的思想中寻求变革民族精神的论据),而是立足于中国和西方在道德、人文、社会观念上的优劣比较,在回复儒学本真面目的名义下大刀阔斧地批判中国封建专制的纲常伦理;并且,他的立论根据也大为扩展,佛学、基督教、"以太"假说及西方近代科学知识等一并纳入其学说体系之中。这种转变应该归之于康有为独立特异的治学风格和立论思路对他的深刻启迪。

第二节　"仁"的本体论化及对"以名为教"的理论否定

梁启超言:谭嗣同的"学术宗旨,大端见于《仁学》一书"④,并提及谭嗣同经自己介绍而得知康有为思想主旨;谭嗣同因之"感动大喜悦,自称私淑弟子",进而"冥探孔佛之精奥,会通群哲之心法,衍绎南海之

---

① 蔡尚思、方行编:《谭嗣同全集》,第201—202页。
② 同上书,第202页。
③ 同上。
④ 梁启超:《谭嗣同传》,引自《谭嗣同全集》,中华书局1981年版,第557页。

宗旨,成《仁学》一书"①。于此可知《仁学》与康有为学说的思想渊源关系。

谭嗣同的《仁学》以"仁"为归,据"仁"发论,与康有为学说主旨既相契合,又有自己的独立见解。所以以下从三个方面论说其关于"仁"的哲学意蕴。

其一,"仁"的本体论诠释。

谭嗣同的哲学思想以儒家根本道德精神——"仁"为终极本体和最高范畴。他认为,"仁为天地万物之源",是"不生不灭"的永恒本体,是至高而无所对待的"一"(《仁学·仁学界说》②)。他断定,"仁"就是《易传·系辞》所说的那个"寂然不动,感而遂通天下之故"的易道(同上);其充塞于天地之间,"天地间亦仁而已矣"(《仁学五》)。

谭嗣同力图用传入中国不久的西方科学思想为其仁学提供具有说服力的理论支撑。他援引西方近代物理学关于物质结构——"以太"的假说,以之论说宇宙本体及法则。然而其中颇有颟顸不周密之处,体现了他用心虽苦,却论证不严谨、思想不成熟的弱点。

谭嗣同说:"仁以通为第一义。以太也、电也、心力也,皆指出所以通之具。"(《仁学·仁学界说》)意即"仁"首先在于普遍通达于万事万物而无阻碍,而"以太"、"电"、"心力"都是使"仁"畅通天下而无阻碍的工具。他又提出,相对于"心力","以太也、电也,粗浅之具也",这些概念都是用来证明"心力"的。(同上)就此看来,显然他认为"仁"是体,而"以太"是用。然而,谭嗣同又提出:"以太"是超言绝象又偏存贯通于世界万物的统一物,"法界由是生,虚空由是立,众生由是出",身体、家、国、天下乃至自然界的万物万象得以维系,全因于"以太";而

① 梁启超:《谭嗣同传》,引自《谭嗣同全集》,第553页。
② 本文所引谭嗣同《仁学》的文辞,概取自中华书局1981年出版的《谭嗣同全集》(蔡尚思、方行编),集中《仁学》分为50篇。本文亦循其例,以便读者查对。因每篇较短,易于查找,故采取随文注的方式,不另注页码。

"以太""其显于用也,孔谓之仁,……墨谓之兼爱,佛谓之性海,……耶谓之灵魂",即称谓虽异,然内蕴相同。他说:"学者第一当认明以太之体与用,始可与言仁"。(《仁学一》)或者径直说:"夫仁,以太之用。"(《仁学四》)如此看来,"以太"是体,而"仁"则是用了。无怪乎有些从宇宙论角度分析谭嗣同思想的学者认为其游移于唯物论与唯心论之间。

尽管谭嗣同没有将"仁"与"以太"何者为体、何者为用的问题表述得清晰明确,但是,其立意是明确的,即"以太"假说是他借以建立哲学宇宙论的科学根据(虽然这个根据并不科学),而"仁"才是他的主要论域。他将"仁"这个儒家第一道德精神本体化而扩充为宇宙论的基本范畴,就是要强化其"仁学"的权威性。谭嗣同所诠释的"仁"固然并非全合孔子本义,[①]并且与孔子之后的诸多儒家学者也颇有不同,然而,他正是要以这个久受国人景仰的道德精神来融会中外诸说(如儒家、墨家、佛教、基督教、西方近代科学思想和人道主义思潮),而在思想界上来一番大破大立之举。

其二,"仁"则必"通"的思想及其旨归。

谭嗣同尤其强调"仁以通为第一义"(《仁学·仁学界说》),认为"通"是"仁"的根本属性,不懂得"仁"必"通"的道理,就是不能"识仁体"(《仁学三》)。他说:"仁不仁之辨,于其通与塞。"(《仁学四》)他援引《周易》乾卦的卦辞来说明"仁"则"通"的观点,"故《易》首言元,即继言亨。元,仁也;亨,通也;苟仁自无不通,亦唯通,而仁之量乃可完。"(同上)他认为,天地万物所以生生不息、又相互贯通,就在于"仁"。他说:"夫仁,以太之用,而天地万物由之以生,由之以通"。(同上)他又提出,"医家"将患了躯体与脑不相通的"麻木痿痹"病症称为

---

　①　孔子说:"仁者,人也。"即仁爱的施行范围是人类,而不及天地万物。将仁德宇宙论化扩展为天地之德主要是从《易传》开始的。

"不仁"(《仁学三》),以此说明"仁"与"通"内涵的相容一致。他还以电"无物不弥纶贯彻"、"无往非电"(《仁学二》),"以太"遍存于万物而"不容有差别"(同上)为论据,来表明"通天地万物人我为一身",(《仁学三》)"无往非我,妄有彼我之辨"(《仁学二》)的观点。泯灭物我差别、一多相容这类思想,儒、释、道均有所表述。谭嗣同虽然援引"以太"、"电"等入论,而论证方式上更贴近于佛学。

谭嗣同大力论证"仁"则必"通"的现实目的说来简单,即中外文化可以相互沟通,包括可以"通学"、"通政"、"通教"、"通商"(《仁学四》),因而效法西方先进文化是理所当然的。他依据"仁"则必"通"的思想,指斥当时的"学士大夫""罔不自谓求仁矣,及语以中外之故,辄曰闭关绝市曰重申海禁";这种意图隔绝中外文化思想"抑何不仁之多乎"!其不过是"自塞其仁而已"(同上)。他认为,当时这些禁绝中外交流的意图,根子就是其心"不仁"。他说:"……猥曰闭之、禁之、绝之,不通矣,夫唯不仁故。"(同上)于是,他将是否赞同与西方文化全面交流沟通这个问题,上升到在中国最具有传统权威的尺度——道德评价的层面上来;指斥隔绝中外的闭关锁国主张不但在宇宙论上是荒谬的,而且在伦理观上是反道德的。

其三,"以名为教"的理论谬误及历史遗害。

谭嗣同认为,"仁"是无所对偶、甚至是不落言诠的最高而绝对的范畴。他说:"仁亦名也,然不可以名名也。"又说:"仁,一而已,凡对待之词,皆当破之。"(《仁学·仁学界说》)这颇有老子"名可名,非常名"①的道家哲学味道。据此认识,他认为,人们对"仁"理解的种种舛错混乱,都是由于不理解"仁"的这种至上的绝对性,而用较低层次的相对概念(即"名")去规定、诠释它;而这些低层次的相对概念具有极大的主观性、不确定性,以之理解"仁"自然会不得要领。他说:"仁之

　　① 《老子》第一章。

乱也,则于其名。名忽彼而忽此,视权势之所积;名时重而时轻,视习俗之所尚。"(《仁学八》)并且,"名"与"实"并不必然符合,即"名本无实体"(同上);因而,同一个"名"的内涵在不同的认识主体那里,往往会有相异、甚至背反的解释。他认为,正是由于相对之"名"的主观随意性而产生的混乱现象,导致了对绝对之"名"——"仁"理解的混乱,即"名乱而仁从焉"(同上)。

在谭嗣同看来,孔学沦落为所谓"名教",这不但是孔子的不幸,更是国人的不幸。他认为,起初"名教"虽然本末不分,毕竟还是"名犹依倚乎教者也",而后来则"降而弥甚,变本加厉,乃亡其教而虚牵于名"(《仁学八》),并将其要目归结为三纲五伦之名,就是大错特错,反而使得"仁"的意旨丧失殆尽。他说:"俗学陋行,动言名教,敬若天命而不敢渝,畏若国宪而不敢议。嗟乎!以名为教,则其教已为实之宾矣,而决非实也。又况名者,由人创造,上以制其下而不能不奉之,则数千年来,三纲五伦之惨祸烈毒由是酷焉矣;君以名桎臣,官以名轭民,父以名压子,夫以名困妻,兄弟朋友各挟一名以相抗拒,而仁尚有少存焉者,得乎?"(同上)这就是说,所谓"名教"实际是以名乱实,用政治、伦理关系中种种相对的道德礼法之"名"理解"仁"这个无所对待的最高范畴,结果必然是舍本逐末;而后世所发明的种种纲常伦理,则是根本逆反孔学平等精神而钳制人权的桎梏。

谭嗣同认为,使儒学沦为"名教",不单是理论思维的舛错,而且是出于维护君父专制体制的意图而故意扭曲造作的结果。他指出:中国专制社会的各种道德礼法之"名",是君与父刻意制定出来以压制胁迫臣与子的工具。他说:"中国积以威刑箝制天下,则不得不广立名为箝制之器。"(《仁学八》)这些"名"包括"忠、孝、廉、节一切分别等衰之名"(同上)。这些名目繁多、层次不一的道德条款是片面而非对等的,只是要求臣对君、子对父、妻对夫等单向度的尽道德责任和义务,于是,"忠、孝既为臣、子之专名"等等;如果人们对这些片面的道德规范有所诘难,便被视为"大逆不道"而遭到严酷的惩罚;整个社会却都将这样的惩罚看做理所当然,而"得罪名教"遭受惩罚的人境遇之悲惨,"曾不若孤豚之被紫缚屠杀也,犹奋荡呼号以声其痛楚"(同上)。

他认为,中国的专制社会所以只是强调逻辑层次较低如忠、孝、廉、节等"专名",而不大力提倡"仁"这种最高的道德要求,是因为"仁"是对于全体社会成员具有普遍适用性的"共名",是针对所有人而无所偏颇的道德要求。如果依照"仁"的原则"君、父以责臣、子",那么,臣、子同样可以反过来用之来要求君、父。这样一来,君父专制的体制就不能成立。显然,"仁"这种最高、最全面的道德原则"于箝制之术不便"(《仁学八》),因而,推行那些片面要求臣、子的道德"专名"以维护专制体制就自然是最佳选择了。就此而言,谭嗣同显然认为孔学沦落为"名教"是个专制君父们设下的思想骗局。

第三节 批判纲常伦理、伸张人权平等

在伸张人权平等,批判中国封建纲常伦理方面,谭嗣同对康有为公羊学思想多有援取而激烈过之。他认为,孔子创说立教的宗旨是"黜古学,改今制;废君统,倡民主,变不平等为平等"。(《仁学三十》)即实现民主制和人权平等是孔学的思想旨归。

谭嗣同沿袭了康有为所改造的公羊三世说,认为孔子处于"伦常礼义,一切束缚箝制之名"周备且又"浸渍于人人之心"的"据乱世"[①],深知不可仓促变革,因而不能不用隐晦之辞"宛曲虚渺"地表达其民主、平等的思想意旨。但是,"后之学者,不善求其旨归",不

---

① 康有为的政治学说将公羊三世说诠释为君主专制的"据乱世"、君主立宪制的"升平世"和民主制的"太平世"。谭嗣同接受此说。

明了孔子的"微言大义",将儒学变成严格划分上下尊卑的等级制度,使儒学沦为"独夫民贼"们压制人民的专制工具。(《仁学二十八》)

在孔学源流的真伪上,谭嗣同认为,"孔学衍为两大支",一是"曾子传子思而至孟子",而孟子"畅宣民主之理",继承了孔子的真实思想;一是"子夏传田子方而至庄子"(《仁学二十九》),而庄子"痛诋君主,自尧、舜以上,莫或免焉"(同上),甚至提出"递相为君臣"(《仁学二十七》)的主张以否定君主世袭制。谭嗣同认为,真正传承孔学的这两大支后来"皆绝不传";而欺世盗名的荀子学说"乃乘间冒孔之名,以败孔之道"(《仁学二十九》)。荀子尊尚君权,压制人权"以倾孔学",又"唯恐箝制束缚之具"不够完备,而"喜言礼乐政刑之属"(同上)以完善专制工具。荀子传至李斯而造就了秦王朝的酷政。谭嗣同历数两千余年的政治和儒学而大加挞伐,指出:"二千年来之政,秦政也;皆大盗也;二千年来之学,荀学也,皆乡愿也。唯大盗利用乡愿,唯乡愿工媚大盗。二者交相资,而罔不托于孔。"长此以往,孔子的真正精神便被长期湮没而不为世人所知了。

谭嗣同着力批判守旧派引为自豪而非议西方的纲常伦理,他认为,"荀学"将"据乱世之法"的伦常道德"诬为孔教精诣",后人又"妄益之以三纲,明创不平等之法,……以苦父天母地之人"(《仁学三十》)。他嘲讽秦始皇"焚诗书以愚黔首"是笨办法,远不如汉代以来"以诗书愚黔首"(同上)来得有效验。不平等的纲常伦理被奉为天条般的神圣,以震慑人心、禁锢人的精神、扼杀人的灵魂,他说:"三纲之慑人,足以破其胆,而杀其灵魂。"(《仁学三十七》)纲常伦理的威权不但使人不敢质疑,而且"锢其心,使不敢涉想"(同上)。

他尤其抨击历来的忠君思想,认为其根本违背了孟子"民贵君轻"的民权主张。他提出,忠君思想经荀子所大力提倡,且"授君主以莫大无限之权"(《仁学三十》),致使"二千年来君臣一伦,尤为黑暗否塞,无复人理"(同上)。他指出,君主不过是些形体智力庸常的人,其所恃以凌虐"四万万之众"的法宝,就是凭借"三纲五伦"以钳制人的身体与精神。他认为,中国的君主专制就是庄子所说的"窃钩者诛,窃国者侯"①的实证,而专制君主不过是些假借"仁义圣智之法"的窃国大盗。长期以来,忠君被中国人看做理所当然的"臣节"(《仁学二十九》),而更可悲的是"中国人犹自以忠义相夸示,真不知世间有羞耻事"(《仁学二十七》)。他将庄子"递相为君臣"的主张(同上)发挥为君主"人人可以居之,彼君之不善,人人得而戮之,初无所谓叛逆者"(同上)。他甚至援引法国革命中关于"誓杀尽天下君主,使流血满地球,以泄万民之恨"(《仁学三十四》)的议论,以抒发对封建君主专制、君臣伦理的深恶痛绝。

谭嗣同依据人权平等的思想又批判父子、夫妇之纲。他看到,父子有直接的血缘关系,因而,破除父子之纲较之破除君臣之纲更难,使人更是"真以为天之所命,卷舌而不敢议"(《仁学三十七》)。谭嗣同提出,世人的这种看法是"泥于体魄之言也,不见灵魂也"(同上),即只是拘泥于从形体上看待父子关系,不能超越暂时的"体魄"而从永恒不灭的灵魂看问题。他认为,父与子都是"天之子";此生为父子,来生则不然,即"父非人所得而袭取也"。就此而言,父与子在地位上"平等也"。他认为,这个思想得孔学真传的庄子已经有之,"庄曰:'相忘为上,孝为次焉。'②相忘则平等矣"(同上)。但是,这个大道理不足以和那些"詹詹小儒"说明白。然而,他又申明父子平等,并不意味否认"孝"的道德,即"非谓相忘者遂不有孝也"(同上),只是平等和孝敬二者有主次高下之别。

对于夫妇之纲对妇女的压迫,谭嗣同也痛加批判。他认为,夫

---

① 见《庄子·胠箧》
② 本于《庄子·天运》,非原文。

妇、婆媳并没有父子那样的血缘关系,因此,丈夫虐待妻子、婆婆虐待儿媳就更没有道理了。古时舅姑"用主宾酬酢"的恭敬礼节和儿媳相处;并且古时的婚姻,妇女可以要求解除婚约,因而"尚不失自主之权"(《仁学三十七》)。但是,自秦朝施行"暴法"以来,尤其三纲的创立加之后来宋儒"'饿死事小,失节事大'之瞽说",致使法家的酷法施行于家庭,家庭成为了妇女的牢狱,即"室家施申韩,闺闼为岸狱"(同上)。本于三纲而背离古意的包办婚姻,将两个"本非两情相愿"、"漠不相关"的男女强行结合在一起,而"縶之终身,以为夫妇";并且丈夫又"自命为纲",以非人的方式对待妻子。在这种罪恶的婚姻结构中,婆媳关系也异于古时而大违人权平等的原则,儿媳被"虏役之"、"鞭笞之",受到这种虐待而被戕害的"村女里妇"不可胜数(同上)。

他指出,"中国动以伦常自矜异",并以此"疾视"外国人;而专制君主借纲常伦理钳制压迫人民以满足一己之私,即"独夫民贼,固甚乐三纲之名,一切刑律制度皆依此为率,取便己故也"(《仁学三十七》),这些专制君主才是"真无复伦常"的家伙,其不但"渎乱夫妇之伦,妃御多至不可记",而且制造了大量的"割势之阉寺与幽闭之宫人"。他斥责这些"独夫民贼"的作为不但无伦常,而且"残暴无人理,虽禽兽不逮焉"(同上)。中国人根本没有资格以这种罪恶的纲常伦理鄙视西方文化。

谭嗣同引用某朝鲜人的话"地球上不论何国,但读宋、明腐儒之书,而自命礼仪之邦者,即是人间地狱"(《仁学三十四》),借以说明残酷钳制人身自由平等的封建礼教"非生人所能任受"(同上)。他认为,"前代之人,既已顺受",姑且不论;而在但是面临"国与教与种将皆亡"(同上)的历史关头,则必须变法、而废弃钳制人性、剥夺人权的封建纲常伦理则是变法的起点;不由之入手,一切变革都失去了根基。他说:"今中外皆侈谈变法,而五伦不变,则举凡至理要道,悉无从起点,又况于三纲哉!"(《仁学三十八》)因而,他将彻底变更民族品格、道德价值观念视为救亡图存的当务之急。

谭嗣同一方面指斥"三纲五伦"于中国是"惨祸烈毒",使得"君以名桎臣,官以名轭民,父以名压子,夫以名困妻,兄弟朋友各挟一名以相抗拒",致使孔学的仁爱精神荡然无存(《仁学八》);另一方面,他又依据自由平等的人权尺度对"五伦"道德——甄别高下,而非一概痛斥。他认为"五伦"中"朋友"一伦"最无弊而有益"(《仁学三十八》)。因为,选择朋友是平等、自由的,故而"不失自主之权"(同上);而"兄弟"一伦接近于"朋友之道",因而"可为其次"。至于君臣、父子、夫妇三伦则"皆为三纲所蒙蔽,如地狱矣"(同上)。

谭嗣同认为,孔教、佛教、基督教虽然有种种差别,都是它们在社会理想上,"变不平等为平等则同"(《仁学二十七》)。基督教提出"使人人皆为天父之子,……使人人皆有自主之权,破有国有家之私";佛教的"世法"也提倡众生平等,可见,在此问题上三教是殊途同归的;不仅如此,谭嗣同甚至猜测三教本来同出一源(同上)。他认为,在三教圣人中,孔子的思想宗旨被后世歪曲的最为严重,即孔子博爱人类的仁本精神被扭曲为毫无仁爱的"名教"、人权平等思想被扭曲为钳制人权平等的纲常伦理、民主意旨被扭曲为专制主义。所以说,三教圣人中孔子"最为不幸"(《仁学二十八》)。

谭嗣同尤其强调儒学、佛教、基督教诸说关于革故鼎新的义理,而予以特别的阐发。他说:"孔曰:革去故,鼎取新;①又曰:'日新之谓盛德'。② 夫善至于日新而止矣。③"(《仁学十八》)不断的革故鼎新就是

---

① 谭嗣同此句意取《易传·序卦》:"革物者莫若鼎。"《序卦》成于汉代,并非孔子所说。

② 语见《易传·系辞》,《系辞》成于战国时期,此语并非孔子所说。

③ 《大学》开篇言:"大学之道,在明明德,在亲民。在止于至善。"或以为"亲民"应该作"新民","新"即"日新"义,谭嗣同认可此说,而将后两句合论之。朱熹认为,这是曾参所记孔子的议论。

至善的道德实践。这就是"德之宜新"（同上）的根据。他广泛说明宇宙万物都是由于处于更新变化之中，才得以正常存在。他认为，主动变化求新是孔子、佛教、基督教的共同思想，即"群教之公理也"，只是说法各有不同，即"孔曰改过，佛曰忏悔，耶曰认罪，新之谓也；孔曰不已，佛曰精进，耶曰上帝国近尔矣，新而又新之谓也"（同上）。他指责那些"守旧之鄙生"不主张弃旧图新，全然违背天地自然之道，是自断生机而"终成为极旧极敝一残朽不灵之废物而已矣"。这些人自诩为"好古"，实则是泥古不化的"大惑"之人。（同上）

谭嗣同认为，变化日新的动力源于"以太之动机"（《仁学十九》），宇宙万物的变化"孰非以太之一动，而由之以无极也"（同上）；《周易》主旨就是"抑阴而扶阳"，讲求人如何主动地"辅相裁成"宇宙恒常的动变而成就事业的学问。"善治天下者"（同上）都是遵循了《周易》的这个哲学道理。

然而，老子学说与革故鼎新的进取精神相反，"言静而戒动，言柔而毁刚"（《仁学十九》）。其主静尚柔的思想"数千年来"对社会的上上下下影响巨大，将中国造就成了一个浑浑噩噩、无是无非的"乡愿天下"。"言学术则曰'宁静'，言治术则曰'安静'；处事不计是非，而首禁更张"，于是"百端由是废弛矣"。统治集团昧于老子学说的种种政治举措，"不过力制四万万人之动，絷其手足，涂塞其耳目"，把国人都驱赶到"一定不移之乡愿格式"，使国人都成为是非不分、好静忌动而苟且偷安的糊涂虫。他说："夫群四万万之乡愿以为国，教安得不亡，种类安得而可保也！"概括说，即"中国之亡于静"（同上），或者说"李耳之术乱中国"（《仁学二十》）。

谭嗣同认为，革故鼎新首先在于民族精神的根本变革。他理想中的民族品格是崇尚摆脱纲常伦理的桎梏而实现人权平等、独立自主；破除因循主静惰性而因时通变、革故鼎新；抛弃苟合取容的"乡愿格式"而造就是非分明、敢怒敢争的新风尚、新民族精神。

63

第四节　性善论的再创造和肯定灵魂
不灭说的道德教化功用

谭嗣同在撰写《仁学》之前，既已表述了他的性善论思想，且将之作为论证中西文化彼此贯通的理论基础。谭嗣同在《仁学》中所阐发的人性论思想主要继承孟子的性善论思想而又所有创造，并发挥"以太"之说为其人性思想提供了宇宙论根据。他在《仁学》中所阐述的人性论基本观点有二：一是"性"与"情"皆善；一是"天理"与"人欲"皆善。他提出这两个思想都是旨在破除道学禁欲主张，为论证人的社会欲望的天然合理性而张本的。

谭嗣同关于人性有这样的规定，即"生之谓性，性也；形色天性，性也；性善，性也；性无，性也"（《仁学九》）。这些规定实际是将告子、孟子和佛家的人性论思想三合而一。他肯定人性既包含食色欲望、又含具道德禀赋，并且汲取了佛学因缘合和而无自性的思想。①

谭嗣同认为，人性也本于"以太"，即"性—'以太'之用"；而"以太有相成相爱之能力，故曰性善也"（同上）。于是，他就把儒家传统的性善论依托在其以"以太"为本体的宇宙论基础上了。

谭嗣同又从"仁"是至上无对的思想出发辩证"善"与"恶"。在他看来，"天地间仁而已矣，无所谓恶也。恶者，即其不循条理而名之，用善者过也，而岂善外别有所谓恶哉？"（《仁学九》）也就是说，"仁"或"善"是绝对唯一的存在，因而"恶"不是与"仁"或"善"相对待，而仅是

---

① 谭嗣同受佛学影响甚深，其论证"无性"思想有两方面思想依据。一是引佛家关于万法因缘合和而为自性的哲学思想；一是西方近代科学的物质结构方式思想。如他以"七十三种之原质（63 种元素之误）"排列方式的不同说明具体物质形态的差异，从而论证具体物质形态没有自性，人也"无性"。其又提出"以太"是"原质之原"，而"以太"不生不灭，不可言其是"有"或"无"，所以，"谓以太即性，可也；无性可言也"。（见《仁学十》）

指行为越出了合乎道德条理的范围。他举例说明"恶"的相对性,如以人们普遍视为"恶"的"淫"和"杀"而论,如果"淫……仅行于夫妇,淫亦善也;杀……仅行杀杀人者,杀亦善也"(《仁学九》),即性行为在夫妇之间是合道德的,杀戮用以惩罚"杀人者",也是正当的。只有在"淫"与"杀"逾越了其正当的范围,才可称为"恶"。

依据这个思想,谭嗣同批判汉唐以来流行的"性善情恶"观点。他认为,"情"也是"性";提出"言性善,斯情亦善;生与形色(形体容貌)又何莫非善?故曰皆性也"(《仁学九》)。他说:"妄喜妄怒,谓之不善,然七情不能无喜怒,特不当其可耳,非喜怒恶也。"即喜怒之情只是在遇事而发却不适当的情况才是"不善"的;然而,这并不意味着"七情"本身是恶的。如同"礼起于饮食",然而,人们不会因为有人过分追求饮食享受而"废饮食";"民生于货财",然而,人们不会由于有人劫财而"去货财"(同上)。所以,那种因"七情"有时不适当发作而指斥其为"恶",进而主张摒除"七情"的观点,也自然是荒谬的。

需要指出的是,谭嗣同的用意虽佳——反对传统的禁欲主张而为人合理的感情欲望张本;但是,他的论证有着明显的缺陷,如他依据凭空杜撰的"以太有相成相爱之能力"之说来推演性善论;将"仁"或"善"本体论化,视为宇宙间是绝对的存在。至于他以"淫"行于夫妇间、"杀"行于"杀人者"为善的说法,实际也混淆了概念,因为"淫"的本意为"乱","淫"被视为恶德是指"淫乱",就是逾越夫妇范围的放纵的性行为;而"杀杀人者"的行为,不言自明,其不都是合道德的善。世人以"淫"、"杀"为恶,即是指"淫乱"、杀不当杀的人。尤其是他在论证"恶"的相对性时,实际也论证了"善"的相对性,即"善"有其所适宜的范围局限。然而,瑕不掩瑜,肯定谭嗣同力图破除中国两千余年来禁欲主义精神枷锁的宗旨,比他那不科学的论据和不严谨的论证方式更为重要。

谭嗣同反对道学的"存天理灭人欲"的议论,尤其体现了他欲铲除道学禁欲主义理论根据的意旨。他继承发挥王夫之的理欲观，又以佛学为佐证，说："世俗小儒以天理为善，人欲为恶，不知无人欲安得有天理？吾故悲夫世之妄生分别也！天理，善也；人欲，亦善也。王船山有言曰：'天理即在人欲之中，无人欲则天理亦无从发见。'①适合乎佛说'佛即众生，无名即真如矣'。"（《仁学九》）道学理欲观的根本失足处在于不懂得"天理"存于"人欲"之中，而非游离其外的独立之物，故而荒谬地将二者强行分割，而以善恶之名枉加分辨。

谭嗣同并不像道学家那样刻意排斥宗教，他不但赞赏基督教的平等和博爱精神、佛学的哲学义理，而且肯定宗教的灵魂不灭之说。他依据西方近代自然科学知识来论证物质世界的"不生不灭"，又论证灵魂同样"不生不灭"；前者近乎唯物论，而后者则接受了宗教思想。至于他论证灵魂不灭的逻辑方式，则多取自佛学。然而，他并不是要建立一种宗教，而是侧重强调宗教关于灵魂不灭之说有其道德教化的社会伦理功能，因而主张对宗教采取宽容的态度。就此而言，他很有些神道设教的用心。

在谭嗣同看来，人的"体魄"由多种不生不灭的物质元素组成，"及其敝而散，仍各还其质点之故，复他有所粘合而成新人新物。生故非生，灭故非灭"；"体魄之至粗"尚且如此，至于"体魄中之精灵"当然更是不生不灭的了。尽管这种"体魄中之精灵"在基督教、佛教的称谓不同，即"其在耶，则曰灵魂、曰永生；在佛则曰轮回、曰'死此生彼'"（《仁学十三》），但指谓的对象是相同的。为使其灵魂不灭的思想为中国思想界所认同，谭嗣同强指本来远鬼神、言生不言死的孔子就有这个思想，其论据主要是非孔子所作的《易传·系辞》中的一段话，即"原始反终，故知死生之说；精气为物，游魂为变，是故知鬼神之情状"。他以此驳斥"或疑孔教无此"的看法，指责"鄙儒老生，一闻灵魂，咋舌惊为

　　①　王夫之确有此思想，然谭嗣同在此所引不是王夫之原文。

荒诞"。他又引张载、王夫之的议论证明其说持之有据,并强指不晓得什么轮回报应的庄子也有此思想,称赞庄子"善吾生者,乃所以善吾死也"①的议论,认为"此言最为学道入圣之始基"(同上)。

谭嗣同关于灵魂不灭之说的立论意图是突出此说的道德伦理功能,以之劝导人们为了自身来世的福报而弃恶扬善。他认为,各种宗教或"精微"、或"荒诞",但是都有两个"相同之公理",即"曰慈悲,曰灵魂";宗教的存在和推行必须依赖此二者,而说得荒诞无稽反而易于在无知无识的人群中推广。他说:"不言慈悲灵魂,不得有教;第言慈悲不言灵魂,教不足以行;言灵魂不极荒诞,又不足以行于愚冥顽梗之域。"(《仁学十三》)他认为,人们如果知道灵魂不灭,死后还有"天堂地狱",还有"无穷之苦乐",就不会执著于此生暂时的苦乐,而"必不敢欺饰放纵,将日迁善以自兢惕",即为了来世的长远幸福而诚实、谨慎地致力于道德进取;此说甚至会使人勇于牺牲生命去"成仁取义"而"必无怛怖于其衷"。所以如此,是他们知晓"此生未及竟者,来生固可以补之"。正是由于灵魂不死及轮回之说有这样的普遍道德劝善作用,"故学者当知身为不死之物,然后好生恶死之惑可祛"(同上)。

结　语

谭嗣同并尊儒教、佛教、基督教三教而以康有为化的孔学为主的学术特点,是经历了一个思想转变过程而形成的。据梁启超言,谭嗣同初见梁启超时"极推崇耶氏兼爱之教,而不知有佛,不知有孔子",经梁启超介绍而得知康有为"发明《易》、《春秋》之义,穷大同太平之条理,体乾元统天之精意,则大服",即服膺于康有为化的孔学;又得知佛学的

---

　　①　见《庄子·大宗师》。此句本意在表述道家生和死因循自然的思想,谭嗣同以其灵魂不灭思想曲解之。

深刻哲理，"则益大服"①。梁启超说谭嗣同其前"不知有孔子"，是指其不知孔学内蕴着民主共和、人权平等的道理，亦即康式孔学。谭嗣同在《仁学》中借鉴康有为的治学风格而大力发挥康有为的思想主旨，故而康有为在《六哀诗》中称赞"大哉《仁学》书，勃窣天为惊"②。

谭嗣同受佛学影响甚深。他虽然力求借助当时传入的西方近代科学和哲学思想建立起自己的宇宙论哲学，并以恢复真正儒学自任，但是，他的宇宙论哲学的主要思想来源和论证工具是佛学，而他将大乘空宗和有宗的思想又融通在一起。如他说："仁为天地万物之源，故唯心、故唯识。"（《仁学·仁学界说》）他广引佛学"三界唯心"、"一切唯心所造"（《仁学十五》）的议论，认为"心力"的本体意义比"以太"和"电"更精微（《仁学·仁学界说》）；由"以太"体现于万事万物的"微生灭"论证"以太"乃至物质世界和灵魂③的"不生不灭"；主张"不以心思，转业识成智慧"，提倡"'一多相容'、'三世一时'之真理"（《仁学十七》）等等，不胜枚举。谭嗣同对自己这种引佛入儒的做法并不讳言，并将佛学和以孔子为代表的原始儒学相互印证而斥责后世俗儒的浅陋。

从谭嗣同的整个学说体系来看，其弃旧图新、救亡图存的进步意旨甚明确；然而，因急于创说加之英年早逝，致使他的学说显得功力不足、论证不严，欲融贯古今中外诸说为一体而未能。以至盛赞谭嗣同道德品格的章太炎，对其学说则时有菲薄之辞，如讥刺他的主要著作《仁学》"拉杂失伦，有同梦呓"④。

① 梁启超：《谭嗣同传》，引自《谭嗣同全集》（蔡尚思、方行编），第557页。
② 蔡尚思、方行编：《谭嗣同全集》，第558页。
③ 佛学主张"诸行无常"，不明言、甚至否定灵魂不灭；但是其讲轮回业报，必然有造业受报和承担轮回的实体，实际这就是灵魂主体。这是佛学的一个难以克服的思想悖论。谭嗣同则捅破了这层窗户纸，直接讲灵魂不灭。
④ 引自章太炎《人无我论》，见姜玢编选：《章太炎文选》，上海远东出版社1996年版，第226页。

肯定墨家在博爱的根本思想主旨上与孔子相同,①并赞赏墨家舍己救世的侠义精神,这是谭嗣同思想的又一特色。谭嗣同虽然肯定孟子继承了孔学的真传,但是对于"仁"的界定方面,则异于孟子所力主而后儒尤其是宋道学所发挥的"爱有差等",而更侧重仁爱的博施周行,侧重儒墨共同的博爱精神。齐同儒家的"仁爱"和墨子的"兼爱"而归之于博爱的思想,在康有为虽然已成定论,却说得不那么爽直。谭嗣同则要明快得多。他虽然不赞成墨子的"尚俭"、"非乐"主张,但是将孔学、墨家的博爱主张归结为一,说:"周秦学者必曰孔墨,孔墨诚仁之一宗也。"(《仁学·自叙》)并言墨家的"任侠"精神即"吾所谓仁也"(同上)。他不但在学术思想上强调儒墨博爱精神的一致,而且以墨家舍己利人的任侠精神自命。他自谓"轻其生命,以为块然躯壳,除利人之外,复何足惜。深念高望,私怀墨子摩顶放踵之志"(同上)。求仁得仁,谭嗣同虽然英年早逝,毕竟能生行其志,死循其义。故而,尽管其临终时因壮志未酬而颇怀"无力回天"的感慨,却又自以为"死得其所"而连称"快哉!快哉!"

————————

　　① 儒家、墨家均以提倡博爱名世,然而,自孟子依据"爱"有无差等来判别儒墨,指斥墨家"爱无差等"是"无父"的"禽兽"之道。嗣后的儒家学者多因此而扬儒抑墨,将儒墨博爱精神的差别夸大得势同水火。实际这是过甚其辞、又自高门户的偏见。因为,孔子所主张的"推爱"主要是由己推人的忠恕之道,而非孟子"由亲推疏"而有厚薄差等的"推恩";而墨子也很强调慈孝友悌等家庭伦理,并没有提出"爱无差等"的话头,这个命题是后期墨者夷之提出来的个人见解,其既非墨子的思想,也不能代表后期墨家。儒家学者以此攻讦墨子、墨家,很有些稻草人的逻辑谬误。并且,先秦他家学者及汉唐学者多有人不理会儒家的这种判别,而往往孔墨、儒墨并称。以弘扬儒家道统自任的韩愈提出"儒墨相通,则两家必相用"的主张,并非独发奇想,而是有其历史根据的。

第四章 创三育强国本 倡内籀正文风①
——严复人学及文化哲学要义

严复,字几道②,福建侯官(今福建闽侯县)人,生于1854年,卒于1921年。近代著名的维新派思想家、西方近代学说最具影响力的传播者。

严复自幼学习西学,③并未像康有为、章太炎那样长期而深入地浸润于经学研究,因而也没有归宗于今文经学或古文经学的门户,而陷入今古文经学的宗派争论。不过,没有深厚的经学功底,对于他倒少了些思想羁绊,使他能够畅达地宣传和发挥西方近代学术思想,更为确切地从西方近代学术的新视角,来审视导致中国传统文化和中国社会濒临危亡的根本原因。

梁启超曾经对维新派学说的历史命运做过一番自我反省。他说:"康有为、梁启超、谭嗣同辈……欲以构成一种'不中不西、即中即西'之新学派";然而,由于自身的旧思想根深蒂固,对于外来的新思想的

---

① 严复所谓"三育"指德育、智育、体育,他提出:强国之本在于强民,强民在于"三育"。"内籀"指逻辑学之归纳法。严复认为,中国学术虚浮而少实用,从思想方法看,在于缺乏归纳逻辑。

② 严复初名传初,后改名宗光,字又陵;1879年又改名复,字几道。

③ 严复14岁即考入福州船政学堂。该学堂以传授西学为主。

了解又肤浅支离,因而其学说的沉沦"固宜然也"。梁启超认为,戊戌政变后翻译风气虽盛,却是"无组织、无选择、本末不具、派别不明,唯以多为贵",只有严复翻译的是西方有代表性的名著。① 严复对于中国近代思想界的贡献不但在于翻译和传播西方近代的代表性著作,还在于他对西学的发挥和以之为据而对中国文化和社会的批判。严复虽然与维新派思想家们的政治立场接近,然而,根本学术思想和审视问题的角度则有着重大的区别。冯友兰先生曾经将严复和谭嗣同作了一番比较,认为谭嗣同是"以中学为主,从中学看西学";而严复则是"站在西学的立场,以西学为主,从西学看中学"②。这个说法是很中肯綮的。

严复的学术活动对中国知识界起到了振聋发聩的启蒙作用,使许多知识分子超越了传统的认知模式,能够从全新的视角和思维方式重新认识人和人伦关系的本质、中国社会问题的症结所在、国际关系的实质等问题。尤其他对社会进化论的介绍和评论,使近代中国人的深刻的危机感从朦胧的忧患心态上升为具有理论证明的清醒理性观念。中国传统学术从来强调人类和禽兽的判别,而由于严复的介绍,尤其是对斯宾塞社会学思想的评介,才深刻意识到物竞天择的天演法则同样在人类社会发生着重要作用,中国近代濒于危亡的残酷局面,正是天演法则的无情体现。严复的教育救国主张,或者径直说,是用西学教育来救国的主张,对于中国近代以来的新式教育、新人格的塑造以及未来文化模式的构想,都有着重要的启迪作用。笃守教条的人们尽可以从理论上来批判社会进化论如何"庸俗",指摘严复的教育救国思想如何"唯心",但是它们对于中国近代思想界的巨大震撼和积极的历史作用,是不可否认的。

---

① 梁启超:《清代学术概论》,东方出版社 1996 年版,第 88 页。

② 冯友兰:《中国哲学史新编》第六册,人民出版社 1989 年版,第 153 页。

第一节 从自由精神求证中西文化差异的根源

严复认为,中国与西方近代文化差异多多,其中最显著的差异有二:一是在民族文化心理上,"中之人好古而忽今,西之人力今而胜古",他们有守旧与创新之别;二是在社会历史观上,中国人信奉"一治一乱、一盛一衰"的历史循环论,西方人则主张社会的不断进化,"以日进无疆,既盛不可复衰,既治不可复乱,为学术政化之极则"。他认为,这两个差别,是"中西事理,其最不同而断不可合者"。①

严复认为,"中国古圣人之意",所以不鼓励人的"机巧智能"之心而任其发展,是为了避免人们为追求物质利益而陷入彼此间的残酷争斗。在"古圣人"看来,"争者,人道之大患也",放纵社会竞争会导致"不测"之祸;因而他们主张,"盖生民之道,期于相安相养而已",于是就把社会稳定问题放在治理国家的首位。为去除人们的竞争之患,他们便以"止足"来教化民众,使人民安于朴实简单而蒙昧无知的生活状态。这就是说,"古圣人"刻意以愚民的代价来换取社会的安定。②

严复认为,《春秋》"大一统"的要旨,就是"平争",即平息人们的争斗,秦王朝"销兵焚书"的用意也是如此,"降而至于宋以来之制科,其防争尤为深且远",以理学为科举考试内容,搞得"上智"与"下愚"们头脑若明若昧,"圣智豪杰"们意气消沉。他感叹道:"嗟乎!此真圣人牢笼天下,平争泯乱之至术!"然而,"圣人计虑之所不及"的是:这个"至术"又产生了使"民力因之以日窳,民智因之以日衰"的消极作用。如果西方列强不来,"则神州之众老死不与异族相往来";如此治国,虽然谈不上"郅治",却也有"相安"无事的作用,中华文明还能延续。然

---

① 严复:《论世变之亟》,引自石峻主编:《中国近代思想史参考资料简编》,三联书店1957年版,第473页。

② 同上。

而,"高颡深目"的西方列强偏偏来了,他们挟有发达的技术、科学和制度文明,绝非不开化的"古之夷狄"可比。列强和西学的滚滚东来,对古旧的中华文明构成了致命的威胁。于是,"我四千年文物声明,已涣然有不终日之虑"①。

严复认为,西方近代文明是物质文化、精神文化、制度文化的全面发达,国人所看重的西方的"汽机兵械"等先进技术文明,只是"形下之粗迹"即表面现象,即便发达的科学,也"非命脉之所在"。西方文化全面发达的"命脉",在于追求真理的学术精神和民众至上的政治观念,"于学术则黜伪而崇真,于刑政则屈私以为公而已"。他认为,这样的治学精神和政治理念,"与中国理道初无异也";然而,它们所以在西方"行之而常通",在中国则"行之而常病",根本原因在于"自由与不自由异耳"。就是说,西方近代以自由为人所共具的天赋权利,自由的思想环境造就了独立自主而不必屈从权威的学术精神,平等自由权利的法律认定造就了公民社会,因而,自由是西方科学精神和政治理念的根基;而这种自由平等的思想是"中国历古圣贤之所深畏,而从未尝立以为教者也"②。因而,中国没有西方那样的学术精神和制度文明,就不足为怪了。

严复认为,从推己及人方面看,中国所讲求的恕道或絜矩之道与西方的自由精神有相似之处,然而在本质上则大不相同。他说:"中国的恕与絜矩③,专以待人及物而言,而西人自由,则于及物之中而实寓所以存我者也。"就是说,中国传统的恕道或絜矩之道仅是待人处事的道德要求;而西方的自由精神则不仅如此,更包含了个体独立的意义。他

① 严复:《论世变之亟》,引自石峻主编:《中国近代思想史参考资料简编》,第473、474 页。

② 同上书,第474、475 页。

③ "絜矩之道",语出《大学》,即推己及人的恕道。朱熹解释为"君子必当因其所同,推以度物;使彼我之间,各得分愿"(见朱熹《大学章句集注》)。

认为,有无自由的差异,不仅决定了中西学术精神和政治理念的差别,而且是中西种种文化差异的根源,即"自由既异,于是群异丛生"①。

他列举了中西文化的诸多差异:从治国观念看,"中国以孝治天下,而西人以公治天下;中国尊主,而西人隆民",即中国主张将家庭伦理的首德——"孝"扩充为政治伦理的"忠"和国家管理原则,而西方则主张以公众利益为政治管理原则;中国尊崇君主,而西方重视民众。从人伦观念和价值侧重上看,"中国最重三纲,而西人首明平等;中国亲亲,而西人尚贤",即中国片面强调臣对君、子对父、妻对夫的道德责任,而西方则重视人权平等;中国重视家庭伦理,而西方则崇尚贤能。从社会风气看,"中国贵一道而同风,而西人喜党居而州处;中国多忌讳,而西人众讥评",即中国主张人格和社会风尚的整齐划一,而西方则喜欢党同结派;中国人忌讳评论是非,西方人则乐于讥讽评论。从"财用"观念看,"中国重节流,而西人重开源;中国追淳朴,而西人求欢虞(笔者注:通"娱")",从待人接物看,"中国美谦屈,而西人务发舒;中国尚节文,而西人乐简易";从治学态度看,"中国夸多识,而西人尊新知";在对待"祸灾"上,"中国委天数而西人恃人力"。虽然严复称对于中西文化的这些差异,"吾实未敢遽分其优拙也",②但褒贬抑扬之意是显而易见的。

严复在《原强》中提出,历史上种族的强弱有两种情况,"有鸷悍长大之强,有德慧术智之强",即体质民风之强与社会文化之强的区别。前者是"以质胜者",如"游牧射猎之民";后者是"以文胜者",如"中国之民"。以民风强悍、体魄壮健的"质胜"之国"强矣而未进夫化也",即在文明进化上处于低层次野蛮状态;而像中国这样的"文胜之国","则进夫化矣",其有着"耕凿蚕织"的农业文明,有着完备的政治体制、教

① 严复:《论世变之亟》,引自石峻主编:《中国近代思想史参考资料简编》,第475页。

② 同上。

育制度、职业分工、礼仪文化等。他引用苏轼的话"中国以法胜，匈奴以无法胜"，以此印证"文胜"与"质胜"的区别。严复又指出，尽管中国在历史上屡被"以质胜"或"以无法胜"的落后种族所统治，但是，这些落后种族统治中国后，却"必不能弃中国之法而以无法之治"管理中国，而是"与汉物化"即为中国的文明所同化。因此，以往异族入主中国，从根本上说，"谓异族常受制于中国也可，不得谓异族制中国也"。①

　　然而，他指出，"至于今之西洋"，情况则大不同于以往，"彼西洋者，'无法'与'法'并用，而皆有以胜我者也"。就其"无法之胜"而言，西方主张自由平等，没有中国那样明确上下尊卑的苛刻礼法；就"有法胜"而言，西方的"官、工、兵、商法制"明确而完备，"人知其职，不督而办；事至纤悉，莫不备举；进退作息，皆有常节……"。不但"其鸷悍长大胜我矣，而德慧术知又为吾民所远不及"，就是说，西方列强在"质"与"文"两方面都超过中国。他列举西方不但在国家管理体制和设施上远过于中国，而且在学术重视实证实效，而"造于至大至精之途"，也远非中国所能比肩。他认为，西方文明日新月异发展的原因，就在于"彼以自由为体，民主为用"，即以自由精神为立国之本，并将之推广为民主政体，这正是西方国家"所以可畏"之处。② 可见，严复认为，自由是近代西方高速发展的第一因；而是否以自由立国，则是中西文化差别，或者说中国文化落后于西方的根源。

　　严复认为，中国正是由于没有西方的自由平等精神作为社会的主体意识，因而在与西方文化相撞击时，就有"无以自存"、"无以遗种"之虞。中国的民众处于奴隶的地位而毫无自由可言，"彼常为君而我常为臣，彼常为雄而我常为雌。我耕而彼食其实，我劳而彼享其休，以战争则我常居先，出令则我常居后，彼且以我为天之僇民③；谓是种也，固

① 严复：《原强》，引自石峻主编：《中国近代思想史参考资料简编》，第448页。
② 同上书，第449页。
③ "僇"通"戮"，"僇民"即罪人。

不足以自由而自治也,于是加束缚驰骋,奴使而虏用之,俾吾之民智无由以增,民力无由以奋……。"中国民众与西方民众的"荣辱贵贱"差别,根本在于"自由不自由之间异耳"。①一旦中国无自由的奴虏之民与西方自由的尊贵之民发生抗争,胜负之数不言自明。

严复早期大力提倡西方的自由观。他接受了卢梭的天赋人权思想,认为自由就是天赋人权。严复所论及的自由,既包括人格独立意义上的精神自由,也包括法律意义上的言论行为自由。他往往将这两方面的自由合而论之。如他说:"须知言论自繇(笔者注:即自由),只是平实地说实话求真理,一不为古人所欺,二不为权势所屈而已。使理真事实,虽出于仇敌,不可废也;使理谬事虚,虽以君父,不可从也。"他认为,在中国,对于言论自由的压制主要不是来自法律和政府行为,而是来自具有传统权威的纲常伦理观念,是民间舆论对社会成员的自我控制、对自由的自我压抑,其严酷程度超过西方宗教。他说:"事关纲常名教,其言论不容自繇,殆过西国之宗教。"他标榜亚里士多德那种"吾爱真理,胜于吾师"的精神,认为只有具备这种追求真理的自由精神,中国的"民智民德"、"仁勇智术"才有了根基,才会进步。②

对于社会行为的自由,严复认为,作为社会人,自由权利是平等的;为实现所有人的自由,就必须限定个体的自由范围,即个体自由理应以不妨碍他人自由为界限。他说:"学者必明乎己与群之权界,而后自繇之说乃可用";又说:"但自入群而后,我自繇者人亦自繇;使无限制约束,便入强权世界,而相冲突。故曰人得自繇,而必以他人之自繇为界。"③自由既然是出于天赋,合乎人道,那么"侵人自由者,斯为逆天

---

①　严复:《原强》,引自石峻主编:《中国近代思想史参考资料简编》,第442页。

②　严复:《〈群己权界论〉译凡例》,王栻主编:《严复集》第一册,中华书局1986年版,第134页。

③　同上书,第132页。

理,贼人道"①。冯友兰先生指出,斯宾塞的社会学关注的主要问题是个人自由和社会制裁的矛盾,并侧重于社会制裁方面,严复也是如此,他翻译穆勒关于自由的书,没有把书名译为"自由论"或"原自由",而是译为《群己权界论》,"这说明他所着重的不是个人自由,而是个人自由的界限"。②

严复又从哲学的角度审视了人类自由的问题。他提出,在现实世界不存在"真实完全自繇",如果说有这样的自由,则"唯上帝真神乃能享之";禽兽为本能所支配,"一切不由自主,则无自繇,而皆束缚";唯有"介于天地之间"的人类既有自由,又有束缚,并且,进化的程度越高,能够自由自主的事情就越多,可见"自繇之乐,唯自治力大者为能享之"。依据这种见解,他又批评自己曾经肯定过的卢梭关于"民生而自繇"的思想,提出"初生小儿,法同禽兽",生活上完全没有自理自治能力,因而,"断断乎不得以自繇论也"③。

严复力倡自由以批判中国的思想禁锢政策和封建政治,并辩驳一些人将自由误解为无限制的为所欲为的看法,这在当时很有启蒙意义。然而,他有时将解放思想的精神自由、法律意义上的言论行为自由,乃至哲学意义上的自由混为一谈,在逻辑上陷入混乱。他对卢梭自由观前后不同的评价,体现了他由于对自由有多层面的意义辨析不清楚而出现的思想疏漏,并不是对自由价值的理解发生了变化。

严复虽然高度赞扬自由的人道价值,认为以自由为根基的民主体制是理想政治,论证自由具有发展科学和强国富民的功效,但是他并不主张在中国立即推行以自由为思想根基的民主政体,原因是在他看来,民主政体的实现必须以具有自治能力和自由精神的民众素质为基础,

① 严复:《论世变之亟》,引自石峻主编:《中国近代思想史参考资料简编》,第475页。
② 冯友兰:《中国哲学史新编》第六册,人民出版社1989年版,第166页。
③ 严复:《〈群己权界论〉译凡例》,王栻主编:《严复集》第一册,第133页。

而当时的中国民众显然远远没有这样的素质。

第二节　更新民众素质为强国保种之本

严复深受斯宾塞社会有机体思想的影响,认为社会结构如同生物机体,生物机体的状况取决于它的基本组成单位——细胞的状况;同理,一个国家群体的进化程度取决于构成群体的基本单位——个体之素质,国家的贫富、强弱、治乱,是其内部民众普遍素质的体现。他提出"贫民无富国,弱民无强国,乱民无治国"①的思想。

严复概括斯宾塞在《明民论》提出的"教人之术",就是以"瀹智慧、练体力、厉德行三者为之纲"②。他认为,民众素质有三个基本方面,即民力、民智、民德。此三者是国家盛衰的关键,也是评判"民种"高低的标准。他说:"生民之大要三,而强弱存亡莫不视此:一曰血气体力之强,二曰聪明智虑之强,三曰德行仁义之强。是以西洋观化言治之家,莫不以民力、民智、民德三者断民种之高下。未有三者备而民生不优,亦未有三者备而国威不奋者也。"③天演法则在国际关系上体现为国与国之间的优胜劣汰,其实质就是"民种"的优胜劣汰。因此,民力、民智、民德的状况关系到国家的盛衰存亡。

严复认为,国家的政令法律制度是以民力、民智、民德为基础而建立的,并且以是否适合它们的发展作为或存或废的根据。他说:"国之强弱贫富治乱者,其民力、民智、民德三者之征验也。必三者既立,而后其政法从之。于是一政之举,一令之施,合于智、德、力者存;违于智、德、力者废。"④因此,改善民众素质是国家发展的根本大计。他认为,

---

① 严复:《原强》,引自石峻主编:《中国近代思想史参考资料简编》,第452页。
② 同上书,第442页。
③ 同上书,第444页。
④ 同上书,第452页。

西方的政治和教育固然多有令人歆羡之处，"若自其大者观之，不过如是而已"。① 因此，他屡屡强调，民力、民智、民德是"自强之本"，种种"治标"的新政能否成功，就在于是不是以这三者为本，"有其本立则皆立，无其本立则终废"。②

严复强调，国家或种族群体的凝聚力同样取决于内部成员的力、德、智三方面的素质。他断定，如果一国之民在这三方面低下，"则其群将涣"；这样的"将涣之群"若与"骜悍多智，爱国保种之民"相遇，不必发生战争，结果也注定是"小则虏辱，大则灭亡"③。

严复依据民众素质决定国家盛衰存亡的观点，审视了当时中国民众在力、智、德三方面的情况。他认为，中国最根本的问题是朝野上下极缺乏克己奉公、通达"时事大势"的人才，而是否有这样的人才，是民力、民智、民德普遍水平的体现。他断定中国"民力已茶，民智已卑，民德已薄"，非经数百年的励精图治，"将不足以自立"。④ 在民力、民智、民德普遍低下的情况下，即便有"富强之政"，也不能施行。严复将政治比喻为草木，草木必须有适宜生长的土壤，才会苗壮成长；国家的政治举措也必须以民众素质为根基。他例举管仲、商鞅所以变法成功，王安石所以变法失败，原因就在于"其时之风俗人心与其法之宜与不宜而已矣"。他又引达尔文"物各竞存，最宜者立"的思想而作政治领域的推论，"动植如是，政教亦如是也"。⑤ 中国的"富强之政"，只有在通过教育而使民众素质普遍提高的前提下，才能水涨船高地顺利施行。

严复提出了如何使中国走向富强之途的构想。他认为，使中国富

---

① 严复：《原强》，引自石峻主编：《中国近代思想史参考资料简编》，第 444 页。
② 同上书，第 459、460 页。
③ 同上书，第 444 页。
④ 同上书，第 446 页。
⑤ 同上书，第 453 页。

强的政治举措,本质上就是要"利民";而施行"利民"政治,又有一系列
先决条件,即在民众普遍具有自治能力的条件下实现自由,进而民众才
会有"自利"的能力;"利民"政治则以"民各能自利"为直接前提;而民
众所以能够"自治而自由者",就在于"其力、其智、其德诚优者也"。因
此,中国要施行"利民"的"富强之政",就必须从提高国人素质这个根
本处入手。他说:"是以今日要政统于三端:一曰鼓民力,二曰开民智,
三曰新民德。"此三者是"本",其他事情都是"标";"使三者诚进,则其
治标则标立;三者不进,则其标虽治,终亦无功"。①

他认为,中国人的力、智、德是数千年来形成的,因而改造国人素质
势必是"事至难言"的艰巨任务,"今日欲以旦暮之为"而骤然实现根本
改变,自然是无视现实的空想;但是"今者外力逼迫"的严峻局势,又为
尽快变化国人素质提供了机遇。他呼吁"变率至疾,方在此时","天下
事正于此乎大可为也"。他说:"彼西洋之克有今日者,其变动之速远
之亦不过二百年,近之亦不过五十年已耳,则我何为而不奋发也耶?"②

严复所谓"鼓民力",包括体魄与意志两方面,使国人不但要"体气
强健",而且要有"骁猛坚毅之气"③。他所谓"开民智",即破除中国以
往恪守古训,且只是"读书穷理"即从书本上求知的学风;学习西方"贵
自得"、"喜善疑"的治学态度和以宇宙为研究对象的科学。他认为,开
发民智是国家富强的根本,"民智者,富强之原。此悬诸日月不刊之论
也。"④他认为,"新民德之事,尤为三者之最难",主张主要是破除"上
既以奴虏待民,则民亦以奴虏自待"的传统社会心理,学习西方的自由
平等精神,乃至民主政治。因为,只有自由、平等、民主的社会,民众才
会有深厚的爱国感情,才会"赴公战如私仇";而奴虏之民对于主人的

①　严复:《原强》,引自石峻主编:《中国近代思想史参考资料简编》,第454页。
②　同上书,第454页。
③　同上书,第455页。
④　同上书,第456、457页。

服从是迫不得已的,绝不会对国家和君主有发自内心的深厚感情,①当然也不会为国家慷慨赴难了。严复用尚公、尚武、尚实来概括德育、体育、智育。他说:"德育当主于尚公,体育当主于尚武、而尚实唯智育当之。"②

严复不但强调自由精神对于学术文化发展及智育的重要作用,而且认为实现自由平等对于培育国人品德有极大意义。他发挥斯宾塞关于自由的思想,他说:"斯宾塞《伦理学·说公》一篇,言人道所以必得自繇者,盖不自繇则善恶功罪,皆非己出,而仅有幸不幸可言,而民德亦无由演进。故唯与以自繇,而天择为用,斯郅治有必成之一日。"③就是说,道德必须出于人的自觉选择,人自觉地承担起道德责任,才谈得上道德的进步;反之,如果人们没有选择的自由,没有成为独立的道德主体,则只有境遇的是否幸运可言,而不能促成民德的进步;并且,只有实现普遍的自由,才会展开自由竞争,社会才能充分地在物竞天择规律的作用下进化。

他赞成斯宾塞关于"民之可化至于无穷,唯不可期以骤"的思想,并将之与孔子"为邦百年,胜残去杀";"虽有王者,必世而后仁"④等思想相印证,⑤以说明社会进化是个渐进的过程。他说:国家的进化"有迟速之异,而无超越之时。故公例曰:万化有渐无顿"。⑥依照这个思路,严复屡屡强调,中国的富强独立的首要之举,不是急于求成地去搞没有民众素质为根基的政治变革,而必须踏踏实实地从教育民众,提高国人综合素质这个基础功夫做起。他所以致力于翻译西方科学名著,就是

①　严复:《原强》,见石峻主编:《中国近代思想史参考资料简编》,第458、459页。

②　严复:《论今日教育应以物理科学为当务之急》,见王栻主编:《严复集》第二册,第282页。

③　严复:《〈群己权界论〉译凡例》,王栻主编:《严复集》第一册,第133页。

④　严复所引孔子的两条言论,均见《论语·子路》。前一条引文与原文略有不同。

⑤　严复:《原强》,引自石峻主编:《中国近代思想史参考资料简编》,第452页。

⑥　严复:《政治讲义》,引自王栻主编:《严复集》第五册,第1265页。

要开启民智、更新民德,从而为在中国的未来实现民主体制奠定基础。

1905 年,严复与孙中山在伦敦有过一次关于中国前途的对话,针对孙中山的革命主张,严复坚持:中国的改革必须从通过教育以更新国民素质入手;这是根本解决中国问题的办法,而首先搞政治变革,并不能根本解决中国的患害,而只能陷入顾此失彼的困境。他说:"以中国民品之劣,民智之卑,既有改革,害之除于甲者将见于乙,泯于丙者将见于丁。为今之计,唯急于从教育上著手,庶几逐渐更新乎。"①

第三节 对中国传统学术和君主体制的批判

一、中国传统学术文化的批判及变革设想

严复指出:"天演者,时进之义也",即宇宙的演化是不断进步的过程。他看到,近百年来,关于进化的学说大为盛行,这种学说又与平等自由观念结合起来,以至"五洲人事,一切皆主于谋新",而少有守旧的思想。他认为,世界的发展,虽然有"天运"即客观必然法则的原因,而各国文化和学术状况的差异,则是发展不平衡的重要的因素。②

严复认为,中国的贫弱落后,根本原因在于文化类型的特殊性;若欲救亡图存,就必须全面接受西方的"格致之学"(笔者注:即科学),而对自己的旧有的传统文化做一番深刻的检讨和沙汰功夫。他指出中国传统学术的诸多偏向和弊端,认为在文化上通过学习西学来纠偏除弊,是挽救危亡的唯一通途。他列举了种种中国文化误区,如"八股"取士的体制、学术主流的"无用""无实"、没有自由思考的学术精神、缺乏科学的思维方法等。

其一,从学术思想应该有强国富民实际效用的观点出发,严复提

---

① 严璩:《侯官严先生年谱》,引自王栻主编:《严复集》第五册,第 1550 页。
② 严复:《政治讲义·自叙》,参见王栻主编:《严复集》第五册,第 1241 页。

出："学术末流之大患,在于徇高论而远事情,尚气矜而忘实祸。"中国学术正是陷此"大患"之中而不能自拔。非但"锢智慧、坏心术、滋游手"的八股取士制度使得"天下无人才"①,是弱国亡国之道;而且那些"超俗之士"所讲求的种种词章、碑帖、考据之学,可"一言以蔽之",即"无用"。所以说这些学问无用,是指其虽然有"怡情遣日之用",却"非今日救弱救贫之切用"②。至于宋明以来讲求"修己治人,以佐国家,化民成俗"的道学思潮,虽然在政治功用上自诩甚高,却也可"一言以蔽之",即"无实",所以说其"无实",是指它徒发空论而脱离实际,无补民生;其"救死不赡,宏愿长赊;所托愈高,去实滋远;徒多伪道,何裨民生也哉"! 他以"无用"、"无实"二语概括了宋代以来尤其是清代学术文化的要害,认为此即中国文化远逊于西方近代学术的基本原因;在国难深重之时,这样的学术全"无救危亡"③的效验。

严复认为,国家的命运在于文化,中国如欲救亡,"不独破坏人才之八股宜除",而且"宋学、汉学、词章小道,皆宜且束高阁也"④。他尤其抨击陆王心学徒发高论,"师心自用"、"强物就我"⑤的主观学风,指斥王阳明更是"率天下而祸实学者"⑥。他认为,只讲内省、不务外求的陆王心学,对传统空洞无实的学术"大患"起了推波助澜的作用;心学在后世大为风行所造成的祸患,"始于学术,终于国家"。中国历史上"胜代"的覆亡,乃至现在的积贫积弱,都是出于这种自欺欺人、不顾实际的虚浮学风。⑦

---

①　严复:《救亡决论》,引自石峻主编:《中国近代思想史参考资料简编》,第461页。

②　同上书,第465页。

③　同上书,第466页。

④　同上。

⑤　同上。

⑥　同上书,第468页。

⑦　同上书,第466、467页。

其二,从文化好尚的趋向看,严复认为,中国学术的一大不幸,是过于崇尚诗文词章之学,文人普遍养成了夸张不实的学风,其于国家政治有害无益。他也肯定"词章一道,本与经济(笔者注:指国家管理)殊科,不妨放达,故虽极蜃楼海市,惝怳迷离,皆足移情遣意",即诗文不同于务求严谨的国家管理学科,不妨充分发挥想象力,即便极尽虚无缥缈、朦胧迷离之能,只要能陶冶性情就好。但是,词章所造成的夸张文风,如果用于粉饰政治,则"害于事矣"。他说:"中土不幸,其学最尚词章,致学者习与性成,日增惛慢,又况以利禄声华为准的。苟务悦人,何须理实"。这种文风与"西学格致"①重视实证实效、排除武断夸张的科学精神截然相反,而与科举同样是"破坏人才"之道。②

严复强调:有用之实学首先在于科学,国家的救亡乃至富强,都要从开发科学着手。他说:"求才、为学二者,皆必以有用为宗,而有用之效,征之富强;富强之基,本诸格致。不本格致,则无往而不荒废,所谓蒸沙千载,成饭无期者也。"③他认为,西方文明所以发达,其基础在于实证科学的发达;中国要救亡图存,只有学习西方科学才是根本大计。他说:即便是尧、舜、周公、孔子再生于今日,也只有了解外国状况一条路可走。他说:"欲通知外国事,则舍西学洋文不可,舍格致亦不可。盖非西学洋文,则无以为耳目,而舍格致之事,将仅得其皮毛。"④严复认为,学习西方科学不但在于了解其成果,尤其在于培养国人的"尚实"的科学精神,他憧憬道:"呜呼! 使神州黄人而但知尚实,则其种之荣华,其国之盛大,虽聚五洲之压力以沮吾之进步,亦不

---

① "格致之学"即科学,我国近代以《大学》的"格物致知"或"格致"、"格致之学"代称西方科学。

② 严复:《救亡决论》,引自石峻主编:《中国近代思想史参考资料简编》,第467页。

③ 同上书,第464页。

④ 同上书,第468页。

能矣。"①

其三,从思维方法上看,严复认为,逻辑的"外籀"(即演绎法)和"内籀"(即归纳法)是基本的科学思维方法,而归纳法对于科学研究尤其重要;中国学术界对于演绎法虽然没有专门研究,使用起来倒也没什么差错,而对于科学研究的主要方法——归纳法,则根本缺乏了解。他说:"旧学之所以多无补者,其外籀非不为也,为之又未尝不如法也。第其所本者,大抵心成之说,持之似有故,言之似成理。暧姝②者以古训而严之,初何尝取其公例,而一考其所推概者之诚妄乎?此学术之所以多诬,而国计民生之所以病也。"③就是说,旧学术所以无补于事,问题不出在演绎法,而出在归纳法上面,其所恪守的思想前提——"古训",大多是没有经过归纳验证的先验见解。因此,中国传统学术虽然在演绎法上推导无误,却依然多有谬误,且有害于国计民生。因此,学习西方的逻辑方法尤其是归纳法,是改变传统思维方法的关键方面。

其四,从传统教育的疏漏考察中国学术研究对象和治学态度的弊端。严复认为,"西洋教民要术"正如赫胥黎所说的,"以宇宙为我简编,名物为我文字",即首先是直接研究宇宙万物,其次才是"读书得智"④;然而中国学术在研究对象上有根本的偏差,中国文人主要潜心于儒家经典的研究,片面强调"读书穷理",而不是直接研究自然界的万物万象。在治学态度方面,只是恪守先圣先贤遗训和君父意旨,而没有通过实践以追求真理的自由精神。

在严复看来,中国学术研究对象和治学态度的弊端,是由传统教育

---

① 严复:《论今日教育应以物理科学为当务之急》,见王栻主编:《严复集》第二册,第282页。
② "暧姝",拘泥于师法旧说而不求进步之义。
③ 严复:《穆勒名学·部乙按语》,引自王栻主编:《严复集》第四册,第1047页。
④ 严复:《原强》,引自石峻主编:《中国近代思想史参考资料简编》,第457页。

的方向和方式造成的。他提出:中国的传统教育存在着重大缺欠,一是"自三育言,则偏重德育,而体智二育皆太少也";二是偏重技艺,而忽视研究"物理"即客观规律,"而物理未明,故其艺事亦难言精进";三是只求增长知识,不重视开启心灵的创造力;四是"外籀甚多,内籀绝少",由于忽视以实证为特点的归纳法,将多有疏漏的古人思想奉为"公例"。这四方面中国传统教育的缺欠,使得"人才因之以稀,社会由之以陋"。严复认为,此四者之外,"尚有极重之弊焉",概括说,就是极缺乏实事求是的自由学术精神,文人们所研究和争论的问题,都是些文字笔墨官司,"而不知求诸事实";思想只是受"古人之成训"或当时"流俗所传言"的支配,而不是通过"亲为观察调查"而形成的独立见解。他斥骂这种文风如同"一犬吠影,百犬吠声",是国家患害的根本原因;如果不通过教育改良而"力去根株",中国就"无进化之望"①。

严复认为,中国所以缺乏实事求是的自由学术精神,其根源在于错误的文化教育导向,即汉代以来"学古入官"的教育取士制度,它使得中国文人学习古代经史典籍,不是为了有补于社会,而只是为了"猎取富贵功名",造成"一国之民,二千余年,非志功名则不必学",而所研治的不过是揣摩词章以迎合选拔者之意,因而"学成之后,尽成奴隶之才"。他引赫胥黎言论,即"天下最可哀而令人悲愤者,无过于一国之民,舍故纸所传而外,一无所知"。严复感叹道:"嗟呼!赫氏此言,无异专为吾国发也。"②他因之而呼吁,国人要培育"不为古人所欺"和"不为权势所屈"③的求真求实精神;并断定,只有具备这种自由精神,中国的学术才能发展,社会才能进步;而根本改革传统教育方向、方式

---

① 严复:《论今日教育应以物理科学为当务之急》,见王栻主编:《严复集》第二册,第281页。

② 同上书,第281、282页。

③ 严复:《〈群己权界论〉译凡例》,见王栻主编:《严复集》第一册,第134页。

和选官制度,则是关键之举。

严复着重从整体文化类型的各层面来发掘中西方文化精神的根本差别,他所提出的救亡图强的方案实际就是文化救国,用西化教育救国。具体说,就是学习西方近代文化,通过西学教育来革除中国传统的文化模式在学术方向、研究方法、治学态度以及教育体制等方面的弊端。在他看来,向西方学习的首要之务,是学习近代西方的人格独立、思想自由的精神,而后才是学习西方的自然科学与社会科学。他所以主张教育救国,则是基于国家进步必须以国民素质的普遍提高为基础的考虑。他所提倡的德育、智育、体育三方面教育中,德育、智育都直接以自由精神的教育为基本内容。

二、对中国君主制的批判与实现民主途径的设想

严复早期在《辟韩》中,对中国的君主政体进行了激烈抨击。他通过批判韩愈的君权论而向中国君主制发难。韩愈认为,"君者,出令者也;臣者,行君之令者也;民者,出粟米麻丝、做器皿、通货财以事上者也"。[1] 严复指出,韩愈这种君权至上的思想,根本违背了孟子民贵君轻的"古今通义",是"知有一人而不知有亿兆也",即眼中有一个君主而根本没有广大民众。他说:"老之言曰:'窃钩者诛,窃国者侯'[2]。夫自秦以来,为中国之君者,皆其尤强梗者也,最能欺夺者也。"又说:"秦以来之君,正所谓大盗窃国者耳。国谁窃? 转相窃于民而已";而人民才是"天下之真主"。[3] 他认为,韩愈所尊奉的君主正是这种"尤强梗最能欺夺"[4]的窃国大盗。严复借批判韩愈发端,骂尽古往今来尊

---

① 严复:《辟韩》,《中国哲学史教学资料选辑》下册,中华书局 1982 年版,第486 页。

② 语见《庄子·胠箧》:"彼窃钩者诛,窃国者为诸侯。"严复误记为老子语。

③ 严复:《辟韩》,《中国哲学史教学资料选辑》下册,第 488、489 页。

④ 同上书,第 487 页。

君抑民的文人。由之可以看出,西方近代主权在民的思想对他影响颇深。

严复认为,中国那些窃国的君主们,唯恐人民觉察出他们窃夺民权的行径而造反,为了自己"长保所窃而永世",就制定了多如猬毛的法律法令,其中十有八九用来"坏民之才,散民之力,漓民之德",施行弱民愚民的政策以售其奸。他认为,西方研究政治的思想家,将国家看做人民的"公产",人民的地位"尊且贵也过于王侯将相";而"中国之尊王者"却认为,"天子富有四海",国家是君主的私产,国人的地位"卑且贱皆奴虏子";一旦中国和西方国家发生战斗,"彼其民为公产公利自为斗也,而中国则奴为其主斗耳。夫驱奴虏以斗贵人,固何所往耳不败"!① 可以看出,严复不是像当时有些目光浅陋的政客文人那样,仅从西方"船坚炮利"的军事技术优势认识中国屡遭败绩的原因,而是从政治体制的优劣及由之决定的国民精神来探求这种原因。

严复受西方近代社会契约论的影响,批判韩愈将君主制视为出于天经地义而永恒存在的思想。他认为,"君臣之伦,盖出于不得已也",由于人民不能既从事生产和交易,又同时兼顾用法律、经济、军事手段来保护自己生命财产的事情,因而就选择"公且贤者,立而为之君",于是就产生了君主制的政府,以承担保障人民生命财产的事务。这就是"天下立君之本旨也"。可见,"君也、臣也、刑也、兵也,皆缘卫民之事而后有也",即君主体制及其法律、军队等政府设施,都是出于保护人民生命财产的需要才产生的,君主政府的权力本来是人民所赋予、所转让的;并且君主制的存在又说明了社会的不完善,因为人民的生命财产之所以需要保护,是由于社会上有"强梗欺夺"的"患害",君主正是与社会的罪恶相伴而生的。他说:"是故君也者,与天下之不善同存。"正

　① 严复:《辟韩》,《中国哲学史教学资料选辑》下册,第489、490页。

是由于君主制产生于如此的"不得已",因而,其"不足以为道之原"①。然而,韩愈却将君主制看做"天之意"、"道之原",与天地一样长久,实则韩愈根本算不上"知道"②。

严复在《辟韩》中对中国君主制的批判比较激烈,而在后来的《社会通诠》的案语中,则体现了较多的政治社会学的理性。他从中国和西方的君权范围和国民资格做了比对,认为西方君主侧重于军事和法律管理,一般不干涉民间的经济生活和宗教、教育、道德风俗,"其事专于作君而已"。与西方政教不同,"中国帝王,作君而外,兼以作师",即不但控制着军事与法律,而且负起社会教化以控制民众精神生活的责任,此外还要管理民间的经济生活。从君主到各层地方官"皆以其身兼天地君亲师之众责",几乎要控制全部的社会生活。这就形成了"君上之责任无穷,而民之能事无由以发达",君主政府的"责任无穷",实际就是权力无穷,如果老百姓有幸遇上仁君,"其视民也犹儿子耳";若是不幸遇上暴君,则"其过民也犹奴虏"。虽然人民是做君主的儿子还是做奴虏的遭际不同,但是,人民对于国家同样"无尺寸之治柄(笔者注:即政治权力),无丝毫应有不可夺之权利"③。

严复认为,民主体制的存在环境必然是"社会之平等",每个国民都具有自己的"资格价值",而"古宗法社会,不平等之社会也";中国传统亲亲长长的社会体制,具有宗法社会的特征。④ 他指出:近代西方的民主国家在讨论政治时,认为国家的权力在根本上属于人民,政府的权力是人民给予的;而"中国之言政也,寸权尺柄,皆属官家",君主政府

---

①　严复:《辟韩》,《中国哲学史教学资料选辑》下册,第487、488 页。

②　同上。

③　严复:《社会通诠》案语,见王栻主编:《严复集》第四册,第928 页。

④　同上书,第927 页。严复认为,中国社会兼有"宗法"和"军国"(即近代国家类型)两种因素,而以宗法社会为主。

行使权力,"乃行其所固有者",即便政府管理不足道的"纤息"小事,人们反而"以为能任其天职"①。在这样的政治环境中,人民对君主国家形成了严重的依赖感,而没有对于国家的权利观念和自立意识。

严复又批判董仲舒关于"天不变道亦不变"思想,认为"君臣之相治,……吾儒所号为治道、人道,尊天柱而立地维,皆譬诸夏葛冬裘,因时为制,目为不变,去道远矣"②。就是说,中国的君主体制并非与天地同存的永恒制度,它必然会随着时代的发展而成为历史故物。严复始终称赞民权、民主,在晚期依然如此。他在晚年翻译《法意》的案语中,盛赞"民主者,治制极盛也,使五洲而有郅治之一日,其民主乎"!③ 在民主体制的国家里,虽然官吏"朝进夕退",却有着与国家共存的主人,"主人非他,民权而已"④。

然而,严复认为,在中国实现民权,建立民主体制是个长期的历史过程,他并不赞成在当时的中国立即废除君主制。因为在他看来,当时国人的素质过于低下,"才未逮,力未长,德未和",因此"其时未至,其俗未成,其民不足以自治"。他认为,当务之急是从提高人民的才、德、力入手;在社会上"无相欺、相夺而相患害"的情况下,才能进而谈实现人民的充分自由。他肯定"民之自由,天之所畀",即自由是天赋人权;然而,他又强调:摆脱君主政体而实现天赋的自由权利,则是有条件的历史过程。这个条件就是人民有能力实现"自治"。他所谓的人民"自治",主要指人民在道德上的自我规范、自我约束。严复乐观地设想,中国若是从改善国人素质入手,民风用三十年的时间,就可以根本改善;用六十年的时间,就可以"与欧洲各国方富而比强"⑤。他在《辟

① 严复:《社会通诠》案语,见王栻主编:《严复集》第四册,中华书局1986年版,第930页。
② 严复:《救亡决论》,见王栻主编:《严复集》第一册,第51页。
③ 严复:《法意》案语,见王栻主编:《严复集》第四册,第957页。
④ 同上书,第1006页。
⑤ 严复:《辟韩》,见《中国哲学史教学资料选辑》下册,第488页。

韩》中虽然没有明确说出六十年后富强的中国社会体制是什么,但言下之意明显是西方那样的"以自由为体,以民主为用"①的社会体制。

严复反对在国民素质低下的情况下,骤然进行民主革命,即便是君主立宪的改革也是操之过急。他认为,中国应该通过"立宪之君"和"立宪之民"的上下共同努力,逐渐向民主体制过渡。他说:"顾欲为立宪之国,必先有立宪之君,又必有立宪之民而后可。"所谓"立宪之君",其应该"不计一姓一人之私利",甘愿"为天下之公仆";所谓"立宪之民",要以爱国为最高的"天职",并具有"普通之知识"。② 在他看来,当时的中国,这两个前提都不具备。他甚至不赞成维新派关于"减君权,兴议院"的主张,认为"以今日民智未开之中国,而欲效泰西君民并主之美治,是大乱之道也"③。在辛亥革命后,严复还是坚持君主体制,反对民主革命。然而,不可因此而认为他一反前期的立场,退化到与韩愈的君权论同流。他只是出于社会进化论观点和对中国当时状况的考虑,因而表现出这样的政治态度。基于人权自由的民主政治虽然遥远,却始终是他所向往的理想政治。

第四节　融合中西教育思想和文化模式之构想

严复前期虽然对中国传统学术多有批判,却不是一概否定。对于先秦儒家的六艺之学,他多有溢美之辞,认为"后人读古人之书,而未尝为古人之学",即后人没有深刻把握古人学术的根本道理。他说:"今夫六艺之于中国也,所谓日月经天、江河行地尔。"④在他看来,西方近代的科学往往可与儒家经典相印证。如《易》"隐而之显"即由根本

---

① 严复:《原强》,引自石峻主编:《中国近代思想史参考资料简编》,第449页。
② 严复:《宪法大义》,见王栻主编:《严复集》第二册,第246、247页。
③ 严复:《中俄交谊论》,引自王栻主编:《严复集》第二册,第475页。
④ 严复:《译〈天演论〉自序》,引自王栻主编:《严复集》第五册,第1319页。

原理推论具体事例的方法,就是西方逻辑学的"外籀之术"即演绎法;《春秋》"推见至隐"即由具体事例推论根本道理的方法,就是"内籀之术"即归纳法。二者是"即物穷理"最重要的科学思维方法,《易》和《春秋》已经运用了这两种方法,然而,后学者却没有继续研究它们,更谈不上推广应用了。他又提出,欧洲近代科学所得出的种种"名理、公例",中国的古人往往早就有了。他声称:这并不是自己牵强标扬中国古代文化的"傅会扬己之言",而是"灼然不诬"的事实。他以《易》所蕴涵的科学精神为例,提出:西方最有成就的"名、数、质、力四者之学",它们的一些基本原理在《易》就已然具备了。他说:"吾《易》则名、数以为经,质、力以为纬,而合而名之曰'易'。"他具体论说了《易》的宇宙观思想与近代质学、力学基本原理的一致,并反诘"此岂可悉谓之偶合也耶"? 由于后来者没有把中国古代贤哲的这些思想端倪继承下去、发展起来,故而中国人犹然是"不学无术未化之民而已"。这如同"祖父虽圣,何救子孙之童婚①也哉"?②

针对当时思想界受日本影响而产生的所谓"文明排外"主张,严复认为,要在国际竞争剧烈的环境中立于不败之地,就必须搞清楚发展本国文明与排外的关系。他主张,首先应该致力于本国文明的发展,假以时日,自然能够立足于世界;不应该以排外为首要目的,而将文明作为排外的手段,那样不但达不到排外的目的,而且会阻碍文明的发展。他说:"徒倡排外之言,求免物竞之烈,无益也。与其言排外,诚莫若相劝于文明。果文明乎,虽不言排外,必有以自全于物竞之际;而意主排外,求文明之术傅以行之,将排外不能而终为文明之大梗。"③

对于清末思想界关于中国教育方向乃至未来文化模式的争论,严

---

① "童婚","婚"通"昏","童昏"意即愚昧无知。

② 严复:《译〈天演论〉自序》,引自王栻主编:《严复集》第五册,第1319、1320页。

③ 严复:《与外交报主人论教育书》,引自《中国哲学史资料选辑》(近代之部下),中华书局1962年版,第402页。

复认为,人们的见解虽不尽相同,然而"总其大经,则不外中学为体而西学为用也;西政为本而西艺为末也;主于中学以西学辅不足也"。①他对这三种主张逐一做了批判。

对于"中学为体而西学为用"②的主张,严复赞赏裘可桴关于体用关系的见解,并发挥其说以批判"中体西用"论。裘可桴曾说:"体用者,即一物而言之也,有牛之体,则有负重之用;有马之体,则有致远之用,未闻以牛为体以马为用者也。"意即体与用是完整统一的,物各有其独立的体与用,不可能将不同事物的体用杂糅为一,就如同牛之体不可能兼有马之用一样。严复依据这种体用观点而提出,中学与西学各有自己的体与用,它们"分之则两立,合之则两亡"。他认为,"中体西用"之说恰恰落入此非牛非马的谬误之中,"其文义违舛,固已名之不可言矣,乌望言之可行乎"?③ 就是说,"中体西用"这种文义舛错不通的命题,不可能有现实可行性。

对于"西政为本而西艺为末"观点,严复指责此说为"颠倒错乱"。他认为,西方科学所提出的"公例通理"具有普遍的意义;西方的政治所以先进,正是由于它是在西方科学的基础上产生的,而"中国之政所以日形其绌不足争存者,亦坐不本科学而与公例通理逆行故也"。他提出,"以科学为艺,则西艺实西政之本;设谓艺非科学,则政、艺乃并出于科学,若左右手,然未闻左右之相为本末也。"④这就是说,西方的技术文明和制度文明都是以科学成就和科学精神为基础的。

对于"主于中学以西学辅不足"之说,严复认为,"一国之政教学

①　严复:《与外交报主人论教育书》,引自《中国哲学史资料选辑》(近代之部下),中华书局1962年版,第403页。

②　"中体西用"思想,由洋务派冯桂芬首先提出,张之洞予以系统论说;而如康有为、梁启超等人也曾经有此主张,只是意旨与洋务派不同。

③　严复:《与外交报主人论教育书》,引自《中国哲学史资料选辑》(近代之部下),第403页。

④　同上。

术"有如生物机体,"使所辅者与所主者绝不同物,将无异取骥之四蹄以附牛之项领,从而责千里焉固不可得,而田陇之功又以废也。"①如果不从根本入手去改变中国习俗,而只是想做枝节的改革,是注定不能成功的。

然而,严复也主张中国的教育方针乃至未来的文化模式,应该将中国优秀的传统文化与西方近代文化融合起来,而并不是"将尽去吾国之旧以谋西人之新"。他援引英国近代学者摩利的话,"变法之难,在去其旧染矣,而能别择其故所善者葆而存之",即判别传统文化中应该淘汰的旧习俗和应该保存的优秀成分,是社会变革的一大难点问题。激进的变革者往往将传统文化一概否定,然而,这样一来,民族文化特色就丧失殆尽了。他主张,"必将阔视远想,统新故而视其通,苟中外而计其全",就是说,必须要深入考察新学术与传统文化的相互贯通、契合之处,将中学有存在价值的成分与西学的先进因素整合起来。这个合理融合中西文化的过程,就是"劝于文明"的过程。所以他说:"期于文明则可,期于排外则不可。期于文明,则不排外而自排;期于排外,将外不可排而反自塞文明之路。"②可见,严复并不是反对中西文化相互结合,而只是反对"中体西用"、"政本艺末"、"中西主辅"观点在认识上的谬误和表述的逻辑混乱。

严复认为,中国古代的社会治理学说缺乏西方近代的人文和政治精神,这是个缺陷。他说:"夫自由、平等、民主、人权、立宪、革命诸义,为吾国六经、历史之不言,固也。然即以其不言,见古人论治之所短。"因而,理应引入西学以补充修正这个短处,但是这并不是要抛弃传统文化。当时的旧党主张坚持本位文化以保存国性,新党主张学习西方而富强,对于这两种主张,严复在肯定两派"皆于国有深爱"的前提下,提

① 严复:《与外交报主人论教育书》,引自《中国哲学史资料选辑》(近代之部下),第 404 页。

② 同上书,第 404、405 页。

出折中其间的主张:"窃谓国之进也,新旧二党皆其所不可无,而其论亦不可以偏废。非新无以为进,非旧无以为守。且进且守,此其国之所以骏发而又治安也。"①国家的迅速发展而又安定治理,必须是保存本土传统文化和学习西方近代文化两种举措的并行互补,偏废一端则注定无功。

这种中西合璧的文化模式体现于教育方针上,就是以新学和旧学两者相结合为教育内容。他肯定,新学所讲求的科学知识固然是当务之急;然而,如果教育内容完全抛弃旧学而只讲新学,"则未尝无害"。他强调:"教育要义"应该是心智开发与品德培养,两不偏废;而"中国旧学,德育最多,故其书为德育所必用";并且,要想更新中国,就必须深入了解中国传统文化,才可对症下药。因而,"国粹国文"、"经史词章"、"国律伦理",都应该列入教育内容,这些必须保存而不可废弃。他断言:"居今言学,断无不先治旧学之理。"然而,传统闭塞心智、泯没独立精神的"教授旧法当改良"。他认为,在德育方面的旧教育方法,"不过指人道之当然,未明其所以必然之故也",即只是指出道德行为的应然,而没有辨析其所以然;而"德育教授新法"②,则应该从功利效果的角度辩证道德的应然性,也就是论证义与利的统一关系。

严复肯定引入西方近代学术以改变国人素质之必要。但是,他又强调,"中国亲亲贵贵之治,用之者数千年矣。此中之文物典章,与一切谣俗,皆缘此义而后立,故其入于吾民之心脑者最深而坚",如此"数千年受成之民质",必然不能"速化";改变民众素质,不但要有"大力之震撼"的努力,而且是"甚久之渐摩"的长期过程,绝非"朝倡而夕喻"的

① 严复:《主客平议》,引自石峻主编:《中国近代思想史参考资料简编》,第495、496页。

② 严复:《论今日教育应以物理科学为当务之急》,见王栻主编:《严复集》第二册,第284、285页。

事情。他认为，新党忧患国家危亡而奋发图强的用心是极好的，然而却不懂得这个道理，政治上操之过于急切；他们不顾牺牲，"牵连流血以灌自由之树"的激烈政治举措，非但"为己谋之未臧，而又使吾国受大损也。其亦重可悲矣"。他认为，社会进化是循序而行的过程，无论是阻碍进化、反对自由与民权的旧党，还是操之过急、试图躐等的新党，都各从不同方面违背了"天演之自然"。①

第五节　对斯宾塞、赫胥黎思想的扬弃及"合群进化"思想

严复认为，达尔文所揭示的生物界进化规律，其基本内容概括说，就是物竞天择，"物竞者，物争自存也；天择者，存其宜种也"。② 他认为，这个规律不限于生物界，而是宇宙的普遍规律，它同样也作用于人类社会。他说："民人者，故动物之类也。"③因而，物竞天择的天演法则在社会进化的各阶段同样起作用。

斯宾塞的社会学理论深为严复所服膺。他盛赞斯宾塞的社会学说集粹了诸学科的成果，"可谓美备也已"！"真大人之学矣"！④ 严复发挥斯宾塞的社会有机体思想，将社会结构比拟于生物机体，他说："一群之成，其体用功能，无异生物之一体；小大虽宜，官治相准。知吾身之所以生，则知群之所以立矣；知寿命之所以弥永，则知国脉之所以灵长矣。一身之内，形神相资，一群之中，力德相备；身贵自由，国贵自主。生之与群，相似如此。"⑤

① 严复：《主客平议》，引自石峻主编：《中国近代思想史参考资料简编》，第496、497页。
② 严复：《原强》，引自石峻主编：《中国近代思想史参考资料简编》，第441页。
③ 同上书，第442页。
④ 同上书，第442、443页。
⑤ 同上书，第443页。

严复一方面肯定人类社会与生物界同样受物竞天择、优胜劣汰的进化法则支配，另一方面又肯定人类与生物的区别，社会的进化有不同于自然界的特殊性。他认为，人类有超越生物界的优胜之处——"能群"、"善群"，人类正是由于这个特点，因而能结合成规范体系完备而富于凝聚力的社会，成为生物界中控制自然、驾御万物的佼佼一族。他尤其赞赏斯宾塞的社会进化论，将之与荀子关于人类因"能群"而胜物的思想相比伦，说斯宾塞的社会学"犹荀卿言人之贵于禽兽者，以其能群也，……。夫民相生相养，易事通功，推以至于刑政礼乐之大，皆自能群之性以生"①。人类互通有无的共同经济生活以及社会各种规范体系的建立，都植根于人类"能群"、"善群"的特性。严复又提出，人类"善群"的特性，并不意味着物竞天择的天演法则在人类社会不起作用，天演法则不但存在于不同社会群体之间，而且存在于社会群体内部。只是社会群体内部的竞争，是在维护群体共同利益的社会规则的规范下进行的。

　　严复认为，赫胥黎著《进化论与伦理学》②的意旨，就是要克服斯宾塞"任天为治"思想的流弊。③ 赫胥黎批判斯宾塞关于社会管理要顺应自然而"任天为治"的思想，认为社会进化是人类道德感情起主要作用的"伦理过程"，社会竞争是在道德和法律规则的约束下进行的，其不同于自然界残酷无情的物竞天择过程。赫胥黎主张"任人为治"，通过社会规范来制约人们危害社会的竞争行为，提出"理平之极，治功独用，而天行无权"④，即在完善的理想社会中，人类以道德和法律来自我治理社会的特点会充分实现，物竞天择的天演规律就不起

①　严复：《原强》，引自石峻主编：《中国近代思想史参考资料简编》，第488页。

②　严复翻译了赫胥黎《进化论与伦理学》的前半部分即进化论部分，名为《天演论》。

③　严复：《译〈天演论〉自序》，引自石峻主编：《中国近代思想史参考资料简编》，第442页。

④　严复：《〈天演论〉论十六》，引自王栻主编：《严复集》第五册，第1394页。

什么作用了。

严复也肯定社会进化的特殊性，认为人类的道德感情起着维系社会群体、促进社会进化的作用。然而，他又不同意赫胥黎将人类的道德感情视为社会形成原因，指责赫胥黎"谓群道由人心善相感而立"的观点，"则有倒果为因之病"。严复提出，以道德方式维系群体，是物竞天择之后产生的理智选择，而非社会形成的原因。他认为，人类最初与禽兽没什么区别，天演法则在人类社会的作用体现为：保存善于通过道德方式凝聚内部的群体，淘汰那些不能以道德相处的群体，而能否以道德方式凝聚群体，是人们为了保存自身而作出的有功利目的的后天选择。他说："……天演之事，将使能群者存，不群者灭；善群者存，不善群者灭。善群者何？善相感通者是也。然则善相感通之德，乃天择以后之事，非其始即如是也。"严复认为，就此而言，赫胥黎的社会学说不如斯宾塞的立论来得周密。① 严复并不否认人性中具有先验道德倾向，如他说："好善而恶恶者，人性所同具也。"②他只是反对将之作为社会的成因。

在严复看来，赫胥黎对斯宾塞的社会学的批判，有些在理论上站不住脚，有些则出于误解，他虽然翻译赫胥黎的《天演论》，却在案语中常常用斯宾塞的观点修正赫胥黎的思想，或直接批评赫胥黎之说，可以说，严复的社会学思想是以斯宾塞学说为主，而以赫胥黎学说作为补充的。

严复认为，斯宾塞主张"任天为治"，而赫胥黎主张"任人为治"，"二家之言治之殊，可以见矣"。然而，斯宾塞并不是像赫胥黎指责的那样，完全否定人的社会作用而"随其所自至"。严复提出，"斯宾塞氏之言治也，大旨存于任天，而以人事为辅"，类似于中国古代主张以人

① 严复：《〈天演论〉导言十三》案语，引自王栻主编：《严复集》第五册，第1347页。
② 严复：《政治讲义·自叙》，引自王栻主编：《严复集》第五册，第1241页。

力辅助自然过程的黄老之学。① 他以为,斯宾塞关于社会要"任天演自然"的思想,"非无所事事之谓也",而是主张政府不干扰社会生活,而要通过主持社会"公道"以管理社会。按照斯宾塞的社会学说,社会"必日进善,不日趋恶,而郅治必有时而臻";赫胥黎力求在理论上超过斯宾塞,却"未尝深考斯宾氏之所据也"。②

严复认为,赫胥黎与斯宾塞的社会思想侧重虽然不同,且赫胥黎对斯宾塞的批判有误,但他们的根本思想有一致之处。赫胥黎虽然主张"任人为治",却又强调社会应该"任天演之自然",去除社会对人的束缚而实现自由,通过自由竞争而各自发展,得到各自所适宜的社会地位,进而结成具有"合力"的社会群体。这是"善群进种之至术"。严复称赞赫胥黎的这个思想是国家强盛、种族进化的治国要道。严复又举出斯宾塞关于种族进化的三个原则,即"一曰民既成丁,功食相准确;二曰民各有畔,不相侵欺;三曰两害相权,己轻群重"。他认为,斯宾塞此说是集古希腊、罗马及近代科学之大成。他说:"赫、斯二氏之言,殆无以易,……言有正负之殊,而其理则一而已矣。"③严复以为,赫胥黎也肯定天演法则对于社会进化的意义,而不专讲"任人为治";而斯宾塞则强调人的社会主体作用,而不专讲"任天为治"。严复同时称赞两说,说明他的社会进化思想是兼重天演法则和人的能动作用的。

严复部分接受了赫胥黎关于人类社会不同于生物界的"任天为治",而主要是伦理进化过程的思想。他概括赫胥黎的思想,"尚力为天行,尚德为人治,争且乱则天胜,安且治则人胜"④,认为赫胥黎崇尚

① 严复:《〈天演论〉导言五》案语,参见王栻主编:《严复集》第五册,第1334页。
② 严复:《〈天演论〉论十五》案语,引自王栻主编:《严复集》第五册,第1392、1393页。
③ 严复:《〈天演论〉导言十七》案语,引自王栻主编:《严复集》第五册,第1356、1357页。
④ 严复:《〈天演论〉论十六》案语,引自王栻主编:《严复集》第五册,第1395页。

人的主体能动作用,强调"自强保种"①,这对于当时处于风雨飘摇之中的中国,有着强烈的社会实践意义。可以这样说,严复侧重强调物竞天择的天演规律在国家群体之间有着巨大作用;而在国家内部,通过物竞天择的自由竞争过程而后,起主导作用的是人们通过发挥"善相感通之德"而实现"合群进化",国家内不同群体和成员之间的竞争,是在这个前提下进行的,其会促进社会的发展。

严复对斯宾塞与赫胥黎的社会学思想各有取舍,从而形成自己的社会进化观,即"合群进化"②思想。他认为,社会的进化不同于生物进化的根本特点就在于,它是在合群道德制约下的进化,社会进化的迟速首先取决于国民合群之德的程度,然而这种进化并不是取消竞争,而是使人们在不危害社会,在符合道德规范的前提下的自由竞争。他认为,实现自由可以使民众成为自觉的道德主体,自动的进行道德选择,并承担道德责任;因此,实现自由、平等可极大促进社会的"合群进化";他认为,近代西方国家的快速发展的根本原因就是"以自由为体,以民主为用",在遵循保障社会共同利益的制度范围内,通过民众"各殚智虑"、"争驰并进"③的普遍竞争,从而实现社会日新月异的发展。

严复主张,人类应该发挥主体能动作用而促进社会进化。针对旧文人依据"物强者势死徒④,事穷者势反⑤"的思想传统而否定进取图强的观点。严复指责他们不懂得事物存在的界限和转化的原因,即"不悟物之极也,固有其所由极;故势之反也,亦有其所由反"。他提出:"善保其强,则强者正所以长存,不善用其柔,则柔者乃所以速死。"

---

① 严复:《译〈天演论〉自序》,引自石峻主编:《中国近代思想史参考资料简编》,第488页。

② "合群进化"是当时的时兴口号,如康有为就提出过这个命题;甚至光绪二十三年诏书中也要求臣民"各明忠君爱国之义,合群进化之理"(见《清史稿》志八十八)。

③ 严复:《原强》,引自石峻主编:《中国近代思想史参考资料简编》,第449页。

④ 此说本于《老子》。《老子》有"柔弱者生之徒,坚强者死之徒"的说法。

⑤ 《老子》有"反者道之动"之说;《周易》有否极泰来,物极必反的思想。

他辨析《周易》的否极泰来之说和老子知雄守雌思想的真实含义，指出这些思想是出于深刻哲学智慧的微妙应用权术，而绝不是"暧姝、偷惰、惮事"，逆来顺受地听任命运摆布。他说："彼《周易》否泰之数，老氏雄雌之言，固圣智之妙用微权，而非不事事，听其自至之谓也。"在他看来，物竞天择是无情的普遍法则，如果抱着"不事事而听其自至"的态度，而欲立足于当时列强争雄的世界，那可真是"自作孽不可逭"了。①

第六节　为"开明自营"和"背苦趋乐"作道德正名

中国思想界自儒家定于一尊以来，分裂义利而重义轻利遂成为思想界义利之辩的主导潮流，在道德具有超越一切功利（包括公利与私利）的绝对价值的声势下，主张义利统一者却也不乏其人，如汉之董仲舒②，宋之张载、陈亮、叶适，明清之际的王夫之，清代的颜元、李塨、戴震等，不过他们从社会公利的层面上论说义利统一时，都讲得堂堂皇皇；在涉及个体利益时，有人径直将之排除于道德之外，有人虽然想为谋求私利的行为正名，却由于传统的思想包袱过重，总是令人感觉难畅其言。如明代李贽那样公然为谋求私利张目正名的学者，非但稀如麟角，且生前身后背着累累骂名。承认谋求个人利益合理性而形成浩大社会声势，则是近代的事情，康有为、严复可以说是开风气之先。两人相比，严复由于对西学研究较深，而未如康有为那样因沉溺于经学而致力于牵强附会的以古论今，故而严复的表述更直截明快，并且其思想更

---

① 严复：《原强》，引自石峻主编：《中国近代思想史参考资料简编》，第450页。

② 有些人根据董仲舒的"正谊明道"思想误以为董仲舒在义利观上是重义轻利的。笔者认为，董仲舒所轻的是个体私利，而在维护社会公利的层面上肯定义利同一。详见拙作《中国古代人学史》董仲舒部分，中国人民大学2004年版。

具有近代功利主义精神。

严复看到，将义利对立起来，讳言谋求私利，是东西方古代思想的共同倾向。他说："自营一言，古今所讳，……大抵东西古人之说，皆以功利为与道义相反，若薰莸之必不同器。"然而，他认为，"自营"即谋求个体利益是生物维持生存的必然行为，一切生物"舍自营无以为存"①。这是生物学的基本道理，人类也不能外此而生存，因而，人的"自营"行为，在道德上原本无可非议。

他认为，人类的"自营"活动有着社会规范的制约，不同于其他生物无所忌惮的本能行为；而社会所认可的"自营"是在遵循道义前提下的正当自利行为，这就是西方人所谓的"开明自营"。他说："开明自营，于道义必不背也。"他将董仲舒的"正其谊（通"义"）不谋其利，明其道不计其功"的名言予以改造，即"非明道，则无以计功；非正谊，则无以谋利"；如此而谋求个体功利，"功利何足为病"！严复强调，这种合乎道义的功利行为即是"开明自营"，其不是"独利"自我，而是利己与利人的兼顾而行，即人我"两利"。② 他认为，自亚当·斯密以来，西方经济学说的"最大公例"，就是社会的"大利"是在兼顾己与人、上与下的利益中实现的，而非损一方以利一方；所以说"大利所存，必其两益"。③

严复主张，必须改变中国传统德育只讲"人道当然"，却不论证"所以必然之故"的教育方法。他主张："德育教授新法"应该从行为效果的角度来证明义利统一，要讲清楚是否践履道德行为，会产生有利或有害的效果。他以传统的"见利思义"的道德要求为例，肯定这个道德要求"无异自然之公例"，即对于人类具有普遍的意义和价值；道德教育

① 严复：《〈天演论〉论十六》案语，引自王栻主编：《严复集》第五册，第1395页。
② 同上。
③ 严复：《〈天演论〉导言十四》案语，引自王栻主编：《严复集》第五册，第1349页。

就是要说明"不义必无利"的道理,至于那些"见利忘义者",是由于没头脑和目光短浅。如窃取他人财物的反道德行为,同同"投身水火",结果是"必溺必焚","必害无利"①。于此,可明显看出严复颇受西方功利主义伦理观的影响,并力图从功利主义的角度进行道德教育,以改变传统德育中将义与利对立起来,偏重于道德的超功利性的说教。

从去苦求乐的角度审视人本质,是近代人学思想的一个特色。严复也从这个视角对人做了反思,他认为,"背苦趋乐"不但是为人道的常理,而且是判定善恶的道德标准。他说:"夫背苦而向乐者,人情之大常也;好善而恶恶者,人性所同具也。"②人类的性情中普遍具有"背苦而向乐"和"好善而恶恶"这两种自然要求。在他看来,"背苦而向乐"是一切生物共同具有的本能,人类不但具有这种本能,而且具有"好善而恶恶"先验道德倾向,后者则是人类所独具的。

严复看到,人们对于苦乐的感受"至为不齐",但是"背苦而趋乐"是人们社会行为的共同目的。他指出,除了许多人以自我利益的满足为快乐而外,还有"苦乐同体"的情况,如那些"摩顶放踵以利天下"的志士,他们所以自苦其身,是为了"天下缘此而乐者众也",从而得到了道德的快乐;又如慈母极尽劳苦地抚育儿子,表面上看,是"母苦而子乐",实则"母即苦以为乐,不见其苦也"。人们的苦乐观念虽然参差不齐,但是,"人道所为,皆背苦而趋乐"。③

将苦乐与善恶两个问题相比较,严复认为,"苦乐"问题较之"善恶"问题更为根本,即"以苦乐为究竟"。他又提出,"苦乐者所视以定善恶者也",将苦乐视为裁定善恶的尺度。然而,他认为,苦乐作为

---

① 严复:《论今日教育应以物理科学为当务之急》,见王栻主编:《严复集》第二册,第285页。

② 严复:《政治讲义·自叙》,引自王栻主编:《严复集》第五册,第1241页。

③ 严复:《〈天演论〉导言十八》案语,引自王栻主编:《严复集》第五册,第1359页。

道德尺度,是以所苦所乐范围的广狭为前提的,即"善恶则以苦乐之广狭为分",就是说,人的行为使乐的范围广大,则为善举;使苦的范围广大,则为恶行。在这个前提下,才可以说"乐者为善,苦者为恶"。若是没有苦乐的广狭范围作为裁定善恶前提的话,善恶的界限就会混淆起来。如大禹和墨子那样自苦其身以利天下的行为,就会以为"非";而夏桀、盗跖自乐其身体而害他人的行为,就会以为"是"。①

严复认为,在"非极盛之世",才会有以一部分人的苦换取另一部分人的乐的情况,因而,在这样的时代,以苦乐判定善恶会比较复杂;而在"极盛之世",人们的需求都可以满足,就不会有那样的"抱注"的现象了,于是,"乐即为善,苦即为恶",苦乐作为评价善恶的标准就会单纯明确起来了。②

结　语

严复晚年失却前期批判社会的那种锋芒毕露的锐气,走上了提倡尊孔读经的道路。他深感,中国生命的根基在于数千年以来的传统文化,尤其是儒家思想的延续;然而,他并没有完全放弃对于诸如平等、自由、博爱、人权等西方近代人文思想的价值认定,而是对这些思想及在中国传播的状况做了更深入的沉思。其晚年思想和政治态度趋于保守,不但是基于他一向力持的社会进化只能循序渐进而不可躐等的观点,也是出于对当时中国政局混乱、党争激烈的感愤。

康有为和梁启超对严复的西学功底和翻译之功都给予极高的评价,却没有高度赞扬严复作为思想家有如何高的造诣。这也从侧面说

---

① 严复:《〈天演论〉导言十八》案语,引自王栻主编:《严复集》第五册,第1359页。
② 同上。

明了严复的治学特点。与近代以来的大思想家相比,严复主要是通过扬弃某些西方近代社会学说而阐发其政治、文化和哲学见解的,虽然他的思想更富于近代的科学和人文精神,却未能建构起自己独出心抒的完整思想体系,因而没有形成独立的学派门户。然而,也正是由于他没有形成自成门户的学说系统,使得他的学术思想展现出一种开放性的风貌,而少自我封闭的弊病。因此也没有像诸如康有为、谭嗣同的学说那样昙花一现,如梦幻般地早早成为了历史的故物。

第五章　既闻海潮音　也作狮子吼[①]

——梁启超人学及文化哲学要义

梁启超,字卓如,号任公,又号饮冰室主人,广东新会人,生于 1873 年,卒于 1929 年。近代著名思想家、学问家、政治活动家。

若不遇康有为,梁启超或许终身不过是个博雅多才的旧式文人。他于 1889 年谒见康有为一事,注定对其人生有绝大的影响,这是他人生态度和学术方向的根本转捩点。当时少年科第得意,已获举人名分的梁启超初见还是生员身份的康有为,闻其震烁古今、超拔群伦的学术见解,震撼之极。他将康有为当时的一番力排旧学、独辟境界的议论比做"大海潮音,作狮子吼",自己闻之则如"冷水浇背,当头一棒",从此才知道什么是真学问,于是"决然舍去旧学"[②],而成为康有为的受业弟子。梁启超这种追求真理、漠视世俗科第名分的精神固然不是常人能及,而他受业于康有为,则使自己由旧式文人而转变为名噪当时、声垂后世的著名思想家和政治

---

① "海潮音"指康有为议论;"也作狮子吼",谓梁启超议论也如乃师那样惊世骇俗。出处见本章开篇部分。

② 梁启超:《三十自述》,见《梁启超哲学思想论文选》,北京大学出版社 1984 年版,第 498 页。

活动家。然而，与乃师不同的是，康有为自学术思想形成以后终身抱定不变，①而梁启超则力图不断超越自我，学术思想随时代发展而不断变迁。按照他自己的话说，就是"不惮以今日之我与昔日之我挑战"②。章士钊曾经以"知更鸟"比喻他的思想善于随时势而变迁。他与康有为的这种差别，按照他的话说，就是康有为"太有成见"，而自己"太无成见"③了。这自然是尊师自抑的谦辞，实则他学术思想的不断更新变化，体现了他力图不断超越自我，追求真理的热忱，不可轻易菲薄。

第一节　"新民"为中国救危图强之本

梁启超认为，人类是社会历史的主体，他们在情感、理智、意志所支配下的活动创造了人类历史；而不同国家群体的"心理"，则造就了彼此相异的社会形态和历史过程。他说："全世界者，全世界人类心理所造成；一社会者，一社会人之心理所造成。"④在他看来，各个国家的"民族心理"或"国民心理"不仅是形成它们具体社会状态的根本原因，而且是其历史进化的原动力。基于这种历史观，他提出："欲其国之安富尊荣，则新民之道不可不讲。"⑤就中国来说，普遍更新国人的心理素质，造就"新民"，这是中国进化的根本途径。

梁启超认为，中国的经济落后、政治体制陈腐的根本原因在于国民

①　康有为说："吾学三十岁已成，此后不复有进，亦不必有进。"（见梁启超《清代学术概论》第81页，东方出版社1996年版）这里所说的"学"，主要指其哲学、经学和社会学说观点，而非学问。

②　梁启超：《政治学大家伯伦知理之学说》，见《梁启超哲学思想论文选》，第183页。

③　梁启超：《清代学术概论》，东方出版社1996年版，第81页。又，"成见"为"主见"义。

④　梁启超：《余之生死观》，见《梁启超哲学思想论文选》，第209页。

⑤　梁启超：《新民说·叙论》见《梁启超文选》，中国广播电视出版社1992年版，第103页。

素质的普遍低下,因而,欲根本改造中国社会,就必须从改造国民素质入手。他所谓的"新民之道",其要旨就是开启民智,更新民德、发挥民力,塑造有时代精神和素质的新国民。

梁启超提出:"新民为今日中国第一急务"①的主张,并称自己"立论之根柢有二:一曰关于内治者,二曰关于外交者"。从"内治"方面讲,他认为,政府和官吏都来自民间,如果一国的民众是"群盲"、"群聋"、"群怯",则其政府、官吏必然有同样劣根性,"正所谓种瓜得瓜,种豆得豆";而如果民众为"新民",则"何患无新制度、无新政府、无新国家"!② 从外交方面讲,他认为,近代"欧洲所以发达,世界所以进步,皆由民族主义",而在"十九世纪之末,乃更进而为民族帝国主义","民族帝国主义"谋求对外的权力扩张不是出于几个政治大人物的主观野心,而是"不得不然"的客观必然趋势;因而,中国要抵御"列强之民族帝国主义",就不可凭一两个英雄、"鼓一时之血勇",而要靠"合吾民族全体之能力",靠"我行我民族主义";如果要在中国实行民族主义,只有"新民"一条道路。"新民"就是要使全国民众在民德、民智、民力方面与列强相当。这样,列强才不能为患中国。③ 在梁启超看来,"新民"所以为"中国第一急务",根本是出于改革内政、抵御外侮的迫切需要。

梁启超深感中国要自立自强,就必须对阻碍进步的旧势力发动自觉的破坏工夫,他将之也看做中国救危图强的当务之急。他说:"今日之中国,又积数千年之沉疴,合四百兆之痼疾,盘居膏肓,命在旦夕……"这种"沉疴"、"痼疾"主要积淀于国人精神意识之中,遍布于朝野上下,造成"满朝奴颜婢膝之官吏,举国醉生梦死之人民"的局面。他呼唤对之发动一场"人为之破坏",提出"破坏主义者,实冲破文明进步之阻力,扫荡魑魅魍魉之巢穴,而救国救种之第一著也";破坏对于

---

① 梁启超:《新民说·论新民为今日中国第一急务》,见《梁启超文选》,第103页。
② 同上书,第104页。
③ 同上书,第105、106页。

当时中国是"第一美德"。① 在他看来,这种破坏运动的对象首先是中国人民族心理中的劣根性,而破坏又是以新国民精神的"成立"为目的;"破坏"与"成立"是相反相成的两种德性。

梁启超认为,国人要学会自我检讨悔悟,痛悔诸如愚昧、怯弱、涣散、保守、无自主精神等丑陋的民族心理、污浊的旧习染,"新民"的前提就在于国人这种普遍的自我悔悟。他说"悔也者,进步之原动力也"。他发挥《大学》"作新民"之说,认为"战胜旧习"是改造、提高国人素质的"第一段工夫",其中个人自我改造"旧染之污"的是"自新";去除"社会旧染之污"的则是"新民"②。他认为"新民"就是国人的普遍"自新",从而实现全社会、整个国家的更新。所谓"新民云者,……在吾民之各自新而已"③,就是强调国人"自新"对造就"新民"的关键意义。

梁启超说:"新民云者,非欲吾民尽弃其旧以从人也。新之义有二:一曰淬厉其所本有而新之;二曰采补其所本无而新之。二者缺一,时乃无功。"④这就是说,"新民"并不是要抛开传统文化精神而全盘引入西方人格模式,而是从两方面入手:一是要保持并更新本国传统的优秀精神文化;一是要采撷中国所没有的西方先进文化以更新自身。

他认为,一个国家能立于世界,必然有国民历代传承的"独具之特质"、"独立之精神";这是"民族主义之根柢源泉"。因此,他主张对于中国"高尚完美"的独特人文精神,应该"保存之而勿失坠"。然而,这不是一成不变的保守,而是要不断的更新,"唯其日新",才能真正保全传统的人文精神。对于他国文化,则应该广泛考察"各国民族所以自立之道",进而"取人长以补我短"。他说:"今论者于政治、学术、技艺,

①　梁启超:《十种德性相反相成义》,见《梁启超哲学思想论文选》,第55页。
②　梁启超:《说悔》,见《梁启超文选》,第235页。
③　梁启超:《新民说·论新民为今日中国第一急务》,见《梁启超文选》,第105页。
④　梁启超:《新民说·释新民之义》,见《梁启超文选》,第107页。

皆莫不知取人长以补我短矣,而不知民德、民智、民力实为政治、学术、技艺之大原。"他指责这种只知效法西方的表层文化,而不知学习西方民众素质的做法,是"弃其本而摹其末"。①

第二节 "小我"与"大我"相扶助的新民精神

人格独立和有利群体是梁启超所大力倡导的两个重要人文精神。梁启超认为,"独立"与"合群"这两种看似对立的"德性",实际是相反相成的关系,具有内在的统一性。

人格独立是西方近代基本人文精神之一。梁启超认为,其含义就是《中庸》所谓"中立而不倚"人格精神。人格独立是"人所以异于禽兽","文明人所以异于野蛮者"的标志。他认为,中国所以任人欺凌而"不为独立之国",就在于"国民乏独立之德","今无独立之民";全国上下的人都倚赖成性,"各各放弃其责任而唯倚赖是务"。他提出,这种倚赖性是一种"奴性",这样的民族就是"奴种";中国落后腐败的根本原因就是国人普遍缺乏人格独立的精神。因而,对于中国的"救治之策","唯有提倡独立",使"人人各断绝倚赖,如孤军陷重围,以人自为战之心,作背城借一之举,庶可以扫拔以往数千年奴性之壁垒,可以脱离此后四百兆奴种之沉沦"②。

梁启超在论说"合群"之效时,运用西方的社会有机体理论以说明之,他说:"以物竞天择之公理衡之,则其合群之理愈坚而大者,愈能占优胜权于世界上。"中国虽然人口众多、历史悠久、地域广阔,其中"小群无数","然终不免一盘散沙之诮者,则以无合群之德故也"。所谓"合群之道",就是个人"常肯绌身而就群",小群"常肯绌小群而就大

①　梁启超:《新民说·释新民之义》,见《梁启超文选》,第109页。
②　梁启超:《十种德性相反相成义》,见《梁启超哲学思想论文选》,第49页。

群"①,以群体利益、大群利益为重。中国只有讲求这种"合群之道",国家才能形成有力的群体而抵御外侮。

梁启超指出,人们往往因"独"与"群"是对待之名辞,而以为"独立"与"合群"是两种"不能并存"的德性,因而产生了"误解者"与"托名者"两种偏向。"误解者"将"合群"理解为和光同尘、放弃人格独立,甚至"阉然以媚于世",这样的"合群"就成了"独立之贼";而"托名者"则为了避免"奴隶之徽号",则尽力排挤同类而以"唯我独尊为主义",这样的"独立"就成为了"合群之贼"。梁启超力辨此两种"德性"为相反相成关系,不可就"独"与"群"的语词相对意义来理解"独立"与"合群"的关系。他说:"独立之反面依赖也,非合群也;合群之反面营私也,非独立也。""独立"与"合群"的关系是"以独而扶其群","以群扶其独",即以独立人格的身份而利益群体,以群体的力量来保障个人的独立;"合群"并非泯灭个体独立人格的和光同尘,"独立"是"合群之独立"②,而非排斥群体的妄自尊大。

梁启超认为,"我"有"小我"与"大我"之别,二者相对而言,即个体相对于群体来说是"小我",而群体是"大我",小群体相对于包括自身的更大群体而言是"小我",而大群体是"大我";与这种情况相应,群体中就必然存在"为我与兼爱两异性",即自私与爱他人两种不同的性质。他认为,"有我见③而自私",这是人的自然心态,它不必然形成对群体的危害。因为"小我"包含于"大我"之中,因而在协调"小我"与"大我",即个人与群体、小群体与大群体的关系时,善于利己的人要优先顾及"大我"的利益,这样"小我"的利益才能得以实现。他说:"善利己者,必先利其群,而后己之利亦从而进焉。"④

①　梁启超:《十种德性相反相成义》,见《梁启超哲学思想论文选》,第49页。
②　同上书,第50页。
③　佛家语,指执著于自我存在的真实性。
④　梁启超:《十种德性相反相成义》,见《梁启超哲学思想论文选》,第54页。

近代西方人文精神中,利己主义和人道主义是相反相成的伦理思潮。它们均与人格独立精神密切相关。梁启超提出,这两种德性"异名同源"的思想,确定"利己"与"爱他"具有相反相成义。

梁启超论证"利己"与"爱他"貌似截然对立,实则相反相成的思想。他批判中国古代将"为我"、"利己"之"私"视为"恶德"的思想传统,从道德和社会发展的角度为"利己"正名,并将之与人的独立联系起来。他提出:"天下之道德法律,未有不自利己而立者也";认为"人类之所以能主宰世界",就在于能够自觉超越于禽兽而提倡人类的自尊自利;"国民之所以能进步繁荣",就在于相对于"他族而倡爱国保种"的群体利己态度。在他看来,没有"利己之思想"的人,必然会放弃自己的权利和责任,"而终至于无以自立";从物竞天择的角度看,"其能利己者必优而胜,其不能利己者必劣而败"。他提出:"人生之大患"莫过于不自助自利,而期望他人赐予自己。①

梁启超反省自己过去怀疑乃至厌恶"杨朱以'为我'立教"的态度,发现其与西方"哲学大家"的思想相吻合,这些西方哲学家功利主义的"理论之完备,实有足以助人群之发达,进国民之文明者"。他看到西方民主政治的基础是民权,"而民权之巩固由于国民竞争权利寸步不肯稍让,即以人人不拔一毫之心,以自利者利天下"。意即西方通过人人严格维护自我的人权而实现了社会的政治民主。他认为,由此可知"中国人号称利己心重者,实则非真利己也";因为当"他人剥夺己之权利,握制己之生命"的时候,却逆来顺受、浑不介意。这样的人生态度当然算不得"真利己"了。他提出,"今日不独发明墨翟之学足以救中国,即发明杨朱之学亦足以救中国。"②这是有意与传统儒家自孟子以来辟除杨朱、墨翟之说的做法唱反调。

---

① 梁启超:《十种德性相反相成义》,见《梁启超哲学思想论文选》,第53页。
② 同上书,第53、54页。

梁启超认为，"利己"与"爱他"这两种看似对立的德性，实际是"异名同源"、"一而二者也"。他说："近世哲学家谓人类皆有两种爱己之心：一本来之爱己心；二变相之爱己心。"这种"变相之爱己心者，即爱他心也"。然而，这种"爱他心"并非无功利的绝对道德命令，而是包含着"利己"的功利目的。"爱他心"体现于利惠自身所处的家庭、国家等群体，由于个人与其所处的群体祸福与共，故"真能爱己者"就不得不将爱己之心推广为"爱家"、"爱国"、"爱家人"、"爱国人"，统而言之，就是"爱他之义"。他说："故善能利己者，必先利其群，而后己之利亦从而进矣。"依据这般"利己"与"爱他"关系的辨证，他提出，人们无须推崇墨子的"兼爱"而鄙薄杨朱的"为我"，因为"但使举利己之实，自然成为爱他之行；充爱他之量，自然能收利己之效"①。于是，梁启超依据西方近代独立、博爱的人文思想和功利主义的伦理观，将孟子并斥为"禽兽"之道又截然相反的杨朱、墨翟思想融合一体。

第三节　辨证"新民"的公德与私德及相互关系

梁启超曾作《论公德》，在文中辨析私德与公德内涵之别，提出"人人独善其身者，谓之私德；人人相善其群者，谓之公德"。他提出"公德之大目的，既在利群"②；呼唤培植"利群"的"公德"，他认为，儒家的传统道德"偏于私德，而公德殆阙如也"。中国旧伦理所讲的五伦，侧重于私人与私人的事情，主要属于私德范围。然而，仅是私德完善，还不成其为"完全人格"。"新伦理之分类，曰家族伦理、社会伦理（梁启超自注：即人群）、国家伦理"，新伦理重视个人对团体之事，即"公德"问题。他认为，"夫人必备此三伦理之义务，然后人格乃成"。中国的五

---

① 梁启超：《十种德性相反相成义》，见《梁启超哲学思想论文选》，第54页。
② 梁启超：《新民说·论公德》，见《梁启超文选》，第114页。

伦中家庭伦理较完整，而社会伦理、国家伦理缺乏，"皆由重私德轻公德所生之结果也"①，因此，中国人的人格修养应该用新伦理来补充完善。

梁启超认为，那些继承中国道德传统而重视私德的"束身寡过主义者"，自以为虽然于群体无益，却也无害；但是，他们不懂得"无益即为害"的道理。他以为，"中国所以日即衰落"正是由于"束身寡过之善士太多，享权利而不尽义务"。他提出，国家对于国民，"其恩与父母同"，因此人人都有"报群报国之义务"，"苟放弃此责任者，无论其私德上为善人、为恶人，而皆为群与国之蟊贼"，都犯了与"私德上第一大义"——"不孝"同样的罪行；从公德的角度审判，就是"对于本群而犯大逆不道之罪"②。他将公德作为道德判断的根本标准，提出"有益于群者为善，无益于群者为恶"的思想。这样，那些只重视私德修养而不图贡献群体的"束身寡过之善士"，就被划归到反道德的圈子里去了。他甚至将中国的政治所以不进步、国家所以衰退的原因，都归结到清廉的官吏们"只知有私德，不知有公德"③。议论虽然有些过甚其辞，却体现了他呼唤普及公德以利群利国的热忱。

梁启超《论公德》中，更从道德起源和根本目的的角度来论说公德的重要。他提出："道德之立，所以利群也。"各个国家群体的文明程度和社会状态不同，因而具体的道德条目自然也会有所差别，甚至表面相反；但是，它们巩固、完善、发展群体的宗旨则是相同的，即都"以能固其群、善其群、进其群为归"；它们的"精神则一"，即都是"为一群之公益而已"。他甚至断定公德为道德的本体，是"诸德之源"；并认为，"有益于群"的公德原则"放诸四海而皆准，俟诸百世而不惑"④，具有普遍

---

① 梁启超：《新民说·论公德》，见《梁启超文选》，第110、111页。
② 同上书，第112页。
③ 同上书，第113页。
　　④ 同上。

而永恒的价值。

梁启超意识到具体道德要求有其历史相对性的问题。他在确定"利群"为"德之本原"而万古不变的前提下,认为具体的"德之条理"会随着文明的进化而改变。他提出了自以为惊世骇俗的思想——"德也者,非一成不变者也,非数千年前之古人所能立一定格式以范围天下万世者也"。① 原始儒家的道德主张理应随着时代的发展而重新审视,即便是孔子、孟子复活,他们对于自己的道德学说,也"不能不有所损益"。基于这种道德观,他提出了"道德革命"的呐喊,主张"发明一种新道德,以求所以固吾群、善吾群、进吾群之道"。儒学是重私德轻公德的片面道德学说;并且那些古旧的道德在当时已经不能起到凝聚国人、促进国家发展的作用了。在他看来,"新民"之"新",就在于具备利群的公德。他说:"知有公德,而新道德出焉矣,而新民出焉矣。"他指责当时主张维新的人士,"诸事皆敢言新,唯不敢言新道德"。其原因就在于"学界之奴心未去,爱群、爱国、爱真理之心未诚也"②。

梁启超提倡新民公德的主要目的,在于培植国人的爱国意识。因为在他看来,国家是最大的集合群体,国际竞争即是以各个国家为单位的竞争。若要使中国在国际的竞争中立足于不败之地,尤其是在当时能有效抵御外国列强的侵凌,那么,培养国人普遍的民族主义精神和爱国品德就是第一要务。他在晚期依然呼吁国人树立"吾心与国家为一体"的爱国精神,主张"爱国如爱未婚妻,以国之休戚利害为己之休戚利害"③。

在1902年发表的《论公德》中,梁启超偏重于公德与私德的区别,更强调公德教育是救治中国的当务之急。然而,时隔不久,在1903年发表的《论私德》文中,他又力图救补前文之偏。他深感尽管先进人士

---

① 梁启超:《新民说·论公德》,见《梁启超文选》,第113、114页。
② 同上书,第114页。
③ 梁启超:《王阳明的知行和一之教》,见《梁启超哲学思想论文选》,第480页。

大力提倡公德,而"利国进群事业"却全无成效,反而让那些假公济私的"末流"之人钻了空子,以致成了保守的"顽钝者"们攻击的口实,指斥"新思想之贼人子而毒天下"①。因此,他又作《论私德》,重新辩证公德与私德的关系,强调培养私德的重要社会意义。

他认为,如同个人是团体的基础一样,私德也是公德的基础;如果国民普遍缺乏私德,则"必不能成公有之德性"。例如一个人在私人交往中不诚实,却"欲其忠于团体",这明显是不可能的。在中国提倡公德而没有效果,必然是由于"国民之私德有大缺点"。他认为,私德修养是人格完善的出发点,公德则是私德的推演,即将道德施与的对象从私人推向群体。他说:"知私德而不知公德,所缺者只在一推。……故养成私德,而德育之事思过半焉矣。"因而,他又提出:要改良国民素质,"必以培养个人之私德为第一义"②。

梁启超列举了五个方面,以说明中国"私德之堕落"的历史和社会的根源。如长期的专制政体、思想禁锢政策、屡次战败的挫折、民生的穷困、学术研究脱离社会需要。他历数中国人心理上种种每况愈下的"遗传之恶性"③,认为,前四种情况是"养成国民大多数恶德之源泉也"④,而"学术匡救之无力"则是助因;尤其是清代学术盛行的"与二千年前地下僵尸为伍"的汉学,更是"率天下而心死者也",其"与八股同毒",造成了中国"不痛不痒"的麻木世界。⑤

他指出,虽然"海外之新思想"传入中国后,造成很大声势,但中国这个"久经腐败之社会",使新思想、新文明传入后全然变了味,"自由之说入,不以之增幸福,而以之破秩序;平等之说入,不以之荷义务,而

① 梁启超:《论私德》,见《梁启超哲学思想论文选》,第184页。又《论私德》也编入《新民说》。
② 同上书,第185页。
③ 同上书,第187页。
④ 同上书,第191页。
⑤ 同上书,第192页。

以之蔑制裁；竞争之说入，不以之敌外界，而以之散内团；权利之说入，不以之图公益，而以之文私见；破坏之说入，不以之箴膏肓，而以之灭国粹"。① 总之，西学中"最高尚醇美利群进俗之学说，一入中国，遂被其伟大之同化力所汩没而去也"，就如同"橘在江南则为橘，过江北则为枳"②一样。

梁启超认为，国家之间的竞争，实质是"一国民与他国民竞"即各国国民之间的竞争；而克敌制胜的根本，就在于国家内部"能团结一坚固有力之机体"。这个"必内固乃能外竞"的道理，是社会学的一个"公例"③。中国如果要在国际上具有竞争力，就必须有所破坏，有所建设。

梁启超对社会的"破坏"与"建设"的关系多有论说。他反对"一切破坏"的偏激主张，认为其"流弊千百，而收效卒不得一"；"破坏"的目的是去除妨碍中国发展的弊病，若主张"一切破坏"，则是破坏整个社会。他以治病为喻：为了社会发展而有所"破坏"，有如对症下药，"若无论其受病不受病之部位，而一切针灸之、攻泄之"，那简直就是自杀；并且，用猛药治病，必须依靠病人身体的"元神真火"④，以之为去病的根本。他强调：必须区别什么是阻碍社会发展而应该破坏的，什么是非但不能破坏，反而应该扶植的社会之"元神真火"，而中国的传统道德就是这样的"元神真火"。他认为，目前维持中国社会存在的，就是"吾祖宗遗传固有之旧道德而已"。如果"一切破坏论"兴盛起来，势必摧毁这种旧道德，那样就会遗祸无穷，使国人沦为野蛮民族。

为了说明中国传统道德的生命力，他对道德与伦理两个概念作了区分，认为伦理作为具体的道德要求是相对的，会因时代的原因而有不同的判断，而道德作为根本精神，则具有绝对的价值，其"放诸四海

---

① 梁启超：《论私德》，见《梁启超哲学思想论文选》，第192页。
② 同上书，第193页。
③ 同上书，第194页。
④ 同上。

117

而皆准,俟诸百世而不惑"。如从过去的伦理来看,要挟君主是犯罪,多妻现象不违反道德,这些伦理在现在看就不合适;而忠(笔者注:指诚恳待人、助人)、爱道德则是古今中西所一致的。因此,"谓中国言伦理有缺点则可,谓中国言道德有缺点则不可"①。他的这种划分显然受了道家将"道"与"德"高度抽象化的影响,而又将道德注入了儒家内涵。

梁启超认为,在"破坏"之前必当有所"建设",对于当时的中国来说,"破坏前之建设者"主要就是道德建设。他曾在《论公德》中"以为中国之旧道德,恐不足以范围今后之人心也,而渴望发明一新道德以补助之"。在《论私德》中,他检讨了这种想法,认为其是不切实际的理想。他提出,道德是行为实践,不同于道德学,道德的"本原出于良心之自由,无古无今无中无外,无不同一",因而,道德没有新旧可言。企图用西方新道德完全替代中国传统道德而改造中国,就像"磨砖为镜,炊沙求饭"一样荒唐。他肯定"德育"终究要引入西方新道德来补充国民教育,但那是"国民教育大兴"以后遥远的事,若主张立即施行,终"不过托诸空言"而已。②

第四节　论证去奴性的精神自由与
有制裁的行为自由

梁启超认为,人生来就有追求知识、独立自主、合于群体的天赋本性。他说:"天生人而使之有求智性也,有独立之性也,有合群之性也。"中国历代专制的"民贼"知道这些本性最不利于统治,因此,他们驯化民众的要领之一,就是"必先使人失其本性,而后能就我范

---

①　梁启超:《论私德》,见《梁启超哲学思想论文选》,第195页。
②　同上书,第194、195页。

围"①。他认为,更新国民素质,就是要恢复国人的这些久被压抑而萎缩的本性;使他们自知其本性而发扬之,自觉摆脱长期以来的思想桎梏。

对于西方近代提倡自由的人文精神,梁启超予以极高的评价。他认为,人类天赋的自由权利是社会权利平等的前提,而自由又是社会权利平等的体现。在他看来,自由是"权利之表证","精神界之生命"②,即自由既是人权的体现,又是人的生命本质;他说:"自由者,天下之公理,人生之要具,无往而不适用者也。"③并列表历数世界近代争取自由的大事记,以说明"数百年来世界之大事,何一非以自由二字为之原动力耶"④? 他由此推出:实现自由也是中国发展的根本途径。在《论自由》一文中,他将西方近代争取自由的活动概括为四个方面、六种结果。⑤ 在他看来,中国要解决的最急迫问题是民众的参政问题和"民族建国"⑥即国家独立的问题。然而,他的论说重点较多集中于精神自由问题。其原因在于:他认为"思想自由,为凡百自由之母"⑦,只有拔除国人的奴性心理,进而才能实现其他方面的自由。

西方近代之自由观有两个基本方面,一是属于个人意志方面的精神自由,旨在破除长期以来基督教神学权威的精神束缚;一是属于法律范畴方面的行为自由,旨在破除封建专制对天赋人权的压制。梁启超在提倡自由时,兼重这两种自由而更侧重精神自由,呼吁国人要摆脱对传统、世俗、境遇、物欲的奴隶心理,实现个体意志的独立自抉;并认为

① 梁启超:《中国积弱溯源论》,见《梁启超文选》,第83、84页。
② 梁启超:《十种德性相反相成义》,见《梁启超哲学思想论文选》,第51页。
③ 梁启超:《新民说·论自由》,见《梁启超文选》,第124页。
④ 同上书,第129页。
⑤ 四个方面即政治、宗教、民族、生计自由;六种结果即"四民平等问题"、"参政权问题"、"属地自治问题"、"信仰问题"、"民族建国问题"、"工群问题"。
⑥ 梁启超:《新民说·论自由》,见《梁启超文选》,第129页。
⑦ 梁启超:《十种德性相反相成义》,见《梁启超哲学思想论文选》,第51页。

这两种自由相互关联。行为自由必须以精神上的自由解放为内在根基，才是真正的自由。

梁启超强调社会主体的精神独立与自由。他认为，精神独立自主的自由人格是人之为人的本质规定，实现精神自由就获得了完整人格；而获得这种人格，就要排除奴性心理。这是获得"真自由"的关键所在。

梁启超提出，人人都有两个我，一个是"与众生对待之我"，其就个人的躯体与心灵合而言之；一个是"与七尺之躯对待之我"，其专指人的心灵或精神。他认为，"人之奴隶我，不足畏也，而莫痛于自奴隶于人；自奴隶于人，犹不足畏也，而莫惨于我奴隶于我"。不自愿地被他人强迫为奴隶，这种耻辱还可以奋起挣脱，而在精神上自愿成为他人的奴隶，乃至沦为自己物欲的奴隶，其耻辱则层层递增。他套用庄子"哀莫大于心死，而身死次之"的话，提出"辱莫大于心奴，而身奴斯为末也"；主张"若有欲求真自由者乎，其必自除心中之奴隶始"①。他认为，精神的自由既是人之为人本质，又是人格自尊、自信、自强的体现。

关于人的精神自由解放，梁启超着重提出了破除四种奴性心理。

一是"勿为古人之奴隶"。梁启超认为，对于古时的圣贤、豪杰，固然应该"爱而敬之"，孔子固然应该效法，但是，"古人所以能为圣贤、为豪杰"，在于他们能有独立的自我；如果没有这种独立精神而只知效法古人，他们就不成之为圣贤豪杰，历史就会是"有先圣无后圣，有一杰无再杰"的情景。他以孔子为例，强调人们应该懂得"孔子所以能为孔子"，就在于他"有立于尧舜之外"的独立精神，所以他才能超越尧舜而更有建树；若"使孔子而为尧舜之奴隶"，只知道效法尧舜，"则百世后必无复有孔子者存"。就当时来说，儒家经典"非一一可以适于今日之用"，所以不可拘泥包括孔子在内的古人旧说，而应该走出他们的思想

　　① 梁启超:《新民说·论自由》，见《梁启超文选》，第131、132页。

局限,树立独立自挟的主体意识去观察问题探索真理,排除文化奴性心理,在精神上以平等的态度对待古人。他说:"我有耳目,我物我格;我有心思,我理我穷。……其于古人也,吾时而师之,时而友之,时而敌之,……自由何如也。"①

二是"勿为世俗之奴隶"。梁启超指责"俯仰随人"而无独立意识的从俗心理,斥骂其如同耍猴戏时猴子学人举动,又如"一犬吠影,百犬吠声"。他认为,近代中国人时而举国倾慕西学,时而规避西学唯恐不远,随着时局变迁和社会舆论影响而变化无常,这就是"自污蔑以猴犬为伦"。他赞赏那种在社会上"狂澜滔滔"、"醉乡梦梦"的恶劣环境下,独能"一柱屹立"、"灵台昭然"的独立人格,标扬有自主精神而不为世俗左右的"丈夫"。②

三是"勿为境遇之奴隶"。梁启超认为,人处于生存竞争的世界里,如果不努力奋斗,却逆来顺受,任由境遇压迫,可名为"天行之奴隶"。在他看来,"天下善言命者",没有比得上中国人的;中国人不努力奋斗而只是迷信命运,全无自主精神,这样的人生有什么存在的意义和生活乐趣?他援引墨子"非命"的言论——"执有命者,是覆天下之义"③,以之表达对国人甘心做命运奴隶心理的愤慨。

四是"勿为情欲之奴隶"。梁启超感叹道:"甚矣,情欲之毒人深矣!古人有言:心为形役。形而为役,犹可愈也;心而为役,将奈之何?心役于他,犹可拔也;心役于形,将奈之何?"所谓"心为形役"即指人的精神被本能欲望(包括物欲和情欲)所役使,心灵成为了欲望的奴隶。他虽然反对人成为宗教的奴隶,却肯定宗教那种"使吾心不为顽躯浊壳之所困,然后有以独往独来"的精神。他认为,孔子"克己复礼为仁"之说,是指以精神的"己"克制生理的"己",即用道德来约束自己的物

---

① 梁启超:《新民说·论自由》,见《梁启超文选》,第132、133页。
② 同上书,第133、134页。
③ 同上书,第134页。

121

欲、情欲。他将这种"以己克己"称为"自胜",认为"自胜之谓强"①;达到了"自胜"之"强"的地步,就实现了精神自由。

梁启超所论的精神自由,与西方近代的自由观多有不同,其中反对传统权威思想束缚一说,与西方近代反对神学精神统治的思想有类似之处,却又多有心学尤其是王阳明学术精神的痕迹;而其余三说,则既有儒家人生论成分,也明显有庄子的人生精神。这体现了近代中国的先进学者在解读西方近代人文学术时,主观上不可避免地带有中国传统文化的框架。梁启超虽然对这种现象颇不以为然而时有批评,但是他自己也往往不自觉地走上这种思路。他对精神自由的这些诠释,显然不是在提倡全体国民的精神自由,而更多是向知识阶层提倡的学术思想的自由解放和传统味道甚浓的人格修养论。他关于精神自由的这些主张——主要是解放学术思想的独立思考精神和"不物于物"的人格独立精神,固然于今仍然有其思想价值,只是令人感到明显的文不对题,西方的精神自由之说变成了"中国料理"的味道。

梁启超认为,奴性心理不仅存在于社会下层的民众之中,而且弥漫于中国的全社会。人们往往在精神上沦为古人思想、世俗风气、个人境遇和情欲的奴隶而不自知;或者即便知道,也不愿自拔。他认为,知识界是社会的中坚,他们的思虑营为关系到整个社会状况和国家的命运,破除他们的奴性心理以实现精神自由,是改造中国的关键,因此,他谈论精神自由,在这方面用的笔墨尤多。对于当时的知识界在学术思想上倚赖于古人,在政治思想上倚赖于西学的情况,他深恶痛绝,曾经大力标榜培根和笛卡儿独立自由的治学精神,以之为中国知识界的榜样。他认为,中国知识界的"大患",就在于没有这种精神,成为了古人的思想奴隶。他说:"培氏笛氏之学派虽殊,至其所以有大功于世界者,则唯一而已,曰破学界之奴性是也"。对于"大圣鸿哲"的言论,培根"苟

① 梁启超:《新民说·论自由》,见《梁启超文选》,第135、136页。

非验诸实物而征者,吾弗屑从也",在治学上,体现了严谨的实证态度;笛卡儿则"苟非反诸本心而悉安者,吾不敢信也",体现了自由自主的学术精神。梁启超说自己所提倡的学术精神,就是"常有一种自由独立、不傍门户、不拾余唾的气概"。他认为,西方政治学术进步之速,其"大原"就是这种学术自由精神;中国所要学的,首先就是这个精神。学习此精神的落脚处有二:"第一,勿为中国旧学之奴隶;第二,勿为西人新学之奴隶。"①这就是说,国人不但要从孔子等古人的思想中解放出来,而且要从盲目崇拜西方文化的奴性心态中走出来。

关于行为自由,与其说梁启超侧重行为自由的理论根据——人权平等的理念,毋宁说他更强调行为自由与法律约束的相反相成关系。因为在他看来,中国自从两千多年前废除世卿制度以来,已经解决了人权平等的问题。他说:"四民平等问题,中国无有也。以吾自战国以来,即废世卿之制,而阶级②陋习,早已消灭也。"③因之,他不将人权问题作为论说的重点。

梁启超认为,与文明国家不同,中国是有行为自由而没有精神自由的国家。就行为自由而言,西方"各国宪法所定形式上之自由",中国几乎全都有,如"交通之自由"、"住居行动之自由"、"置理产业之自由"、"书信秘密之自由"、"集会言论之自由"等。然而,中国只是"有自由之俗,而无自由之德"④。中国政府所以不禁止这些自由,"非尊重人权而不敢禁也,不过其政术拙劣、其事务废弛,无暇及此"而已,这样的自由可以随时被禁止而消失。作为各种自由根本的"思想自由",即便政府不禁止,社会也会由于强大的习惯势力而自行禁止。他认为,这

---

① 梁启超:《近世文明初祖二大家之学说》,见《梁启超哲学思想论文选》,第93、94页。

② 梁启超所谓的"阶级"指由法律确定的政治等级。近代许多学者都将阶级和政治等级混淆,不理解阶级是就经济意义划分的。

③ 梁启超:《新民说·论自由》,见《梁启超文选》,第129页。

④ 梁启超:《十种德性相反相成义》,见《梁启超哲学思想论文选》,第50页。

是"奴隶之自由",中国人只有生理意义的生命,而没有精神意义的生命。因而,开启精神自由,是救国的必由之路。①

梁启超认为,"自由"(笔者注:指行为自由)与"制裁"(笔者注:即法律约束)也是相反相成关系。他说:自己观察了各个国家,发现"凡最尊自由之民族,恒即为最富于制裁力之民族"。因为,在那里,个人的自由是以不侵犯他人自由为界限的,法律约束和人们服从法律约束都是以此为界限。人们的自由以服从公理、法律和"多数之决议"为前提,这样的国民才是"真自由之国民"②。他提出,"文明人最自由,野蛮人亦最自由";文明与野蛮的区别,就在于是否有法律的约束。他说:"无制裁之自由,群之贼也;有制裁之自由,群之宝也。"从利群的角度说,文明人的自由理应取代野蛮人的自由。他认为,实现真正的行为自由,必须以法律的健全周密为前提,否则"自治之德不备,而徒漫言自由,是将欲急之反以缓之,将欲利之反以害之也"。他通过分析"自由"与"制裁"关系,断定二者"不唯不相悖而已,又乃相待而成,不可须臾离"③。

梁启超在后来的《论自由》中又提出,"自由"首先是"团体之自由,非个人之自由也"。在自由问题上,野蛮时代与文明时代的区别在于:"野蛮时代,个人之自由胜,而团体之自由亡;文明时代,团体之自由强,而个人之自由减"。他讥讽说,如果将自由理解为个人自由,当时中国则是享受这种自由之福的地方了,如男女可以随便把"官道"当做厕所,老人儿童可以随便吸鸦片,这"何其自由也"!然而这些行为在文明国家必然会受到法律制裁。可见"野蛮自由正文明自由之蟊贼也"。他认为"真自由者"必然能服从法律,法律有保护个人自由与限制个人自由两方面作用;中国人散漫的自由行为"实为中国前途之公

①　梁启超:《十种德性相反相成义》,见《梁启超哲学思想论文选》,第51页。
②　同上。
③　同上书,第51、52页。

敌也"。① 在该文中,他又辩解自己并不是否定个人自由,因为"团体自由"正是由个人自由积累而成的;自己所强调的是:团体是个人生存和自由的保障,如果"团体不保其自由",为外敌侵略、压迫、掠夺,那么"个人之自由更何有也"!②

第五节　教育宗旨在立"三达德",
玄学科学皆宜人生观

一、教育和求知的目的应该是实现智、仁、勇兼备的人格

梁启超在 1922 年年末为苏州学生联合会所作的讲演中,针对"为学"与"做人"的关系问题,发挥儒家"三达德"之论,重申"为学的目的是做人"的传统思想。这个思想既是梁启超的教育观,也是其人生观。他主张,学生入学"求学问"的目的,应该"为的是求做人";各种具体领域的知识都"不过是做人所需要的一种手段,不能说专靠这些便达到做人的目的"③。

梁启超认为,"人类心理有知、情、意三部分。这三部分完满发达的状态,我们先哲名之为三达德——智、仁、勇"。这三者所以称为"达德",是"因为这三件事是人类普通道德的标准,总要三件具备,才能成为一个人"。他根据孔子"知者不惑,仁者不忧,勇者不惧"之说,主张"教育应分为知育、情育、意育三方面",而不是"现在讲的智育、德育、体育"。他认为,"知育要教到人不惑,情育要教到人不忧,意育要教到人不惧",无论是教育家教学生,还是人的自我教育,都应该以这三方面为根本。④ 梁启超对这三方面做了具体的说明。

① 梁启超:《新民说·论自由》,见《梁启超文选》,第 129、130 页。
② 同上书,第 131 页。
③ 梁启超:《为学与做人》,见《梁启超哲学思想论文选》,第 408 页。
④ 同上书,第 408、409 页。

他认为,"知育"要达到"知者不惑"的地步,"最紧要是养成我们的判断力",知识有高低不同的层次,因而判断力也有不同层次。他认为:第一步,要具备"相当的常识",以形成应对日常事物的判断力;第二步,要有专门的知识,以形成解决专门领域问题的判断力,这样才能从事专门职业,再进一步,要养成"遇事能断的智慧"或称"总体的智慧",这"才能有根本的判断力"。培养这种"总体的智慧",就要克服浮躁心理和"昏浊"思维,使头脑变得周密、踏实、有条理、思路清晰。① 梁启超在文中对"总体的智慧"、"根本的判断力"标榜很高,但是,解释不甚清楚,其大概意思是指基于哲学智慧的沉静认识心态和周密的逻辑头脑。

关于"情育"要达到"仁者不忧"的地步,梁启超说:"想明白这个道理,先要知道中国先哲的人生观怎么样。"他认为,"'仁'之一字,儒家人生观的全体大用都包在里头。"他说:"'仁'到底是什么? 很难用言语说明,勉强下个解释,可以说是'普遍人格之实现'。"孔子所讲的"仁者人也"就是这个意思。他提出,个体人格的实现必须从人与人的关系中来体现,"要彼我交感互发,成为一体,然后我的人格才能实现"。之所以将之称为"普遍人格",他搬出了陆王心学"宇宙即是认识,人生即是宇宙"的思想,以说明"我们的人格与宇宙无二无别,体验得这个道理,就叫做'仁者'"。至于"仁者"为什么能"不忧",他认为,"大凡忧之所从来,不外两端,一曰忧成败,二曰忧得失"。"仁者"所以不忧成败,是由于他们懂得"宇宙和人生是永远不会圆满的"道理,故而认定"只有不做事才算失败,肯做事便不会失败"的信念。他们具备《易经》所主张的"君子以自强不息"②的精神,不把在宇宙进化长河中的小小进步看做成功。梁启超认为,具有如此宏大人生观的人,自然没有

① 梁启超:《为学与做人》,见《梁启超哲学思想论文选》,第409、410页。
② 见《易传》乾卦《象》辞。"易经"有二义,一是经部和传部的合称,一是专指经部。梁启超在此是用前一意义。

什么成败可忧了。"仁者"所以不忧得失,是因为他们没有狭隘的占有欲望。他很赞许老子"生而不有,为而不恃"的思想和庄子"天地与我并生,万物与我为一"的境界。认为达到这种无我的人生境界,自然不会患得患失了。他认为,这样的生活"纯然是趣味化艺术化,这是最高的情感教育"①。梁启超所提倡的这种精神境界固然值得嘉许,但以此诠释"仁者不忧",则有些牵强附会了。

关于"意育"要达到"勇者不惧"的地步,梁启超认为,如果要使意志坚强、具有勇气,"头一件须要心地光明,……须要从一切行为可以公开做起";"第二件要不为劣等欲望之所牵制,……一被物质上无聊的嗜欲东拉西扯,那么,百炼钢也会变成绕指柔了"。在他看来,意志薄弱是人的致命弱点,人如果被他人压制,还可以经过奋斗而恢复自由;若是没有了自主的勇气,"自己的意志做了自己情欲(笔者注:"情欲"在此兼指物欲和情欲)的奴隶,那么,真是万劫沉沦,永无恢复自由的余地"。这样的"可怜人"不但会一事无成,而且丧失了做人的资格。他主张人应该将意志磨炼到果断履践道义的大无畏勇气,认为"这样才算顶天立地做一世人,绝不会有藏头躲尾、左右支绌的丑态"②。

梁启超严厉批评当时的学校教育,指责其完全没有"情育"和"意育",而"知育"也有重大缺陷,即只传授"常识和知识",而由"总体智慧"所形成的"根本判断力"却一点儿也没有。这样进行教育的学校倒像个"贩卖智识杂货店"。他针对当时青年的怀疑、沉闷、悲哀、痛苦、不能抵抗外界压迫等心理状态,认为这些都是因为"不知"、"不仁"、"不勇"所造成的,都是由于"知、情、意未经过修养磨练"③。因而,无论从学校教育讲、还是从个人修养看,都应该从这三方面入手。

①　梁启超:《为学与做人》,见《梁启超哲学思想论文选》,第410、411页。
②　同上书,第411、412页。
③　同上书,第412页。

二、在人生观与科学关系问题上对玄学派与科学派的弃取

19 世纪 20 年代,有一场关于科学与人生观关系的论战,即所谓"科玄论战"。论战由被视为由玄学派的张君劢的一个以《人生观》为题的演讲所引起,科学派的代表丁文江继而进行反驳,进而引起思想界的广泛关注,形成有诸多学者参与的大论辩。论辩主题不但涉及科学与哲学(主要是中国传统的人生哲学)的界限问题,而且关系到中国传统哲学是否还有存在的价值与合理性,是该保存其精神而发扬之,还是该寿终正寝的问题。

梁启超也参与了这场论辩,他认为张君劢和丁文江的观点既各有其道理,又"各有偏宕之处"①。他对二人的观点均既有批判,又有肯定,力图提出持平之论。然而,由于他在人生观领域为哲学保留了存在的空间,以致被科学派和早期马克思主义者归入了玄学派阵营。笔者以为,这种非此即彼的偏颇思维方式大有弊病,甚不可取。

针对这场辩论,梁启超所提出的基本观点是:"人生问题,有大部分是可以——而且必要用科学方法来解决的;却有一小部分——或者还是最重要的部分是超科学的"②,具体说,即"人生关涉理智方面的事项,绝对要用科学方法来解决;关涉情感方面的事项,绝对的超科学"③。

梁启超在这场辩论之前发表《欧游心影录》中,他根据在欧洲的考察,深感以欧洲科学的发达和唯科学主义的盛行,非但并没有真正解决人生观和提高社会道德的问题,反而激发了人们弱肉强食的心理,丢掉

---

① 梁启超:《人生观与科学》,见《梁启超哲学思想论文选》,第 445 页。
② 同上。
③ 同上书,第 448 页。

了高尚的理想。按照科学万能的思路理解人生，则人生"独一无二的目的，就是抢面包吃"；欧洲社会所面临的道德问题，不是"道德标准应如何变迁"，反倒是道德能否存在的问题。梁启超认为，这是"现今思想界最大的危机"。他看到"欧洲人做了一场科学万能的大梦，到如今却叫起科学破产来。这便是最近思潮变迁的一个大关键了"。他说自己"绝不承认科学破产，不过也不承认科学万能"。① 他对科学与人生观关系的见解在参与这场辩论之前就有明确的表述了。

对于张君劢关于科学不能解决社会和人生问题的观点，梁启超主要从"当时此地"的条件论和有理智的自由观两方面予以批评。张君劢认为，社会和人生现象取决于人的"自由意志"和直觉，无客观规律可循，科学方法对之无能为力，因而科学的适用范围止步于社会和人生领域。梁启超则认为，人的精神生活无论达到什么程度，生活都不可能脱离物质世界而存在，都要受外在世界的种种客观法则所支配，因而，科学对于社会、人生问题大有用场。张君劢提出的君主制与民主制、自由贸易与贸易保护何优何劣等问题，不能用科学方法解答。梁启超则不以为然，认为这些问题"十有八九倒是要用科学方法解答"。他认为，"科学所推寻的公例"是有条件、相对的，不能离开具体的历史环境而"凭空说君主绝对好，民主绝对好，自由贸易绝对好，保护贸易绝对好"，而是要根据具体的社会环境来评价哪种政治体制适宜，根据具体的经济状况来确定哪种经济政策合适。对于这些问题要"绝对的尊重"科学方法。梁启超提出，对于人在社会生活中受"物的法则之所支配"的部分，"总应该根据'当时此地'之事实，用极严密的科学方法，求出一种'比较合理'的生活，这是可能而且必要的。就这点论，在君（笔者注：丁文江字）说：'人生观不能和科学分家。'我认为含有一

① 梁启超：《欧洲游心影录》，见《梁启超文选》，第409、411页。

部分真理"。①

梁启超对于张君劢的这些批评可以说是有见地的,只是他在此将人生与整体的社会生活(如以上政体和经济问题)、科学与科学方法(如论理方法)混为一谈,则有欠严密。然而,这种混淆本来出于张君劢,梁启超只是因其所混而混之而已,不可过于苛责。

梁启超对张君劢关于人生观依赖于"直觉"和"自由意志"的思想,既有所赞许,又"可惜他应用的范围太广泛,而且有错误"。针对张君劢所举的经过"有所观察"而产生"甲时以为善,乙时以为不善"的例子,梁启超指出,如果根据观察而产生希望要求,就"纯然不是直觉的范围",而是"理智产生的结果",观察离不开"科学程序"。至于"自由意志",梁启超认为,其适用范围"当然该有限制"。他以为,"自由意志"是"人类所以贵于万物","人类社会所以日进"的根本原因;然而"自由意志之所以可贵",全在于它在自主选择时,必须"要与理智相辅"。他指出,"若像君劢全抹杀客观以谈自由意志,这种盲目的自由,恐怕没有什么价值了。"他反对张君劢在演讲中关于"人生观为主观的,与客观的科学对立"之说,提出"人生观最少也要主观和客观结合才能成立"。② 梁启超的唯心史观固然有其不妥之处,但是他对直觉范围的限制和对"自由意志"的理性规定,则无疑有其思想价值。就梁启超对张君劢的这些批判而言,将二人同归一流,显然是不妥当的。

对于丁文江的惟科学主义观点,梁启超也有所弃取。就批判而言,他说:"在君信科学万能,正和张君劢轻蔑科学同一错误。"他针对丁文江关于"我们有求人生观统一的义务";"有科学方法……将来也许可以把人生观统一"等议论,提出:"人生观的统一,非唯不可能,而且不必要,非唯不必要,而且有害";认为制造人生观的统一,必然造成思想

专制，"除非中世的基督教徒，才有这种谬见"，其"不应该出于科学家之口"①。梁启超的这个批判不但是切中要害，而且大有见地。

梁启超说："人类生活固然离不了理智，但不能说理智包括尽人类生活的全内容。"他认为，"情感"是人类生活的"原动力"，在人类情感生活的诸多方面中，至少有两件的的确确带有神秘性，它们就是"爱"与"美"。他说："'科学帝国'的版图和威权无论扩大到什么程度，这位'爱先生'和那位'美先生'依然永远保持他们那种'上不臣天子，下不友诸侯'的身份。"对于这两种"玄之又玄"的情感生活，"科学功能"就施展不出身手了。许多为了某种道义或道德理想而辛劳、自残乃至殉身的行为，"若用理智解剖起来，都是很不合理的，却不能不说是极优美的人生观之一种"；至于宗教徒的"那种狂热情绪"，更是科学所无法解释的。他认为，活生生的人类历史，十中有九是从这类神秘情感生活中创造出来的。对于这类生活，张君劢用主观、直觉、综合等话头说明人生，倒派得上用场。②

第六节　求证儒家哲学的基本特征、精神主旨和恒久价值

一、判别中国哲学区别于西方哲学的基本特征

梁启超认为，中国哲学与西方哲学在出发点、研究对象、基本论题、努力方向、学术宗旨方面大不相同。因而，以西方对"哲学"的学科规定理解中国哲学，是不妥当的，而仅用"西方治哲学的方法"来研究中国哲学尤其是儒家哲学，就不能理解其中的"博大精深"③。

从学术出发点和对象范围的区别来看，梁启超说："哲学……原文

---

① 梁启超：《人生观与科学》，见《梁启超哲学思想论文选》，第447页。
② 同上书，第448页。
③ 梁启超：《儒家哲学是什么》，见《梁启超哲学思想论文选》，第490页。

是 philosophy，由希腊语变出，即爱智之意。……所以西方人解释哲学为求知的学问，求的是最高的知识、统一的知识。所以西方学者主张哲学的来历，起于人类的好奇心。"西方哲学的宇宙论、本体论、论理学（即逻辑学）、认识论"彻头彻尾都是为'求知'起见，所以他们这派学问称为'爱智学'，诚属恰当"。然而，中国哲学则不是这种"爱智学"，虽然"'哲学'二字是日本人从欧文翻译出来的名词，我国人沿用之，没有更改"，但实际上，并不恰当。他认为，"中国先哲虽不看轻知识，但不以求知识为出发点，亦不以求知识为归宿点。……若勉强借用，只能在上头加个形容词，称为人生哲学。中国哲学以研究人类为出发点，最主要的是之所以为人之道，怎样才算一个人，人与人相互有什么关系。"①

梁启超于此确定了中国哲学是人类自我反思的学说，其基本对象范围是规定人区别于他物的类本质、实现自身本质的途径、确立人生价值以及对人伦关系的哲学思考。与西方的古希腊和"现代欧洲"哲学"专注重人与物的关系"不同，"中国一切学问，无论哪一时代，哪一宗派"，其学术趋向都是"专注重人与人的关系"。他认为，就儒家来说，必须智、仁、勇"三德具备，人格才算完全"；而西方的"爱智"哲学，"不过是儒家三德之一，即智的部分"。他由此断定，"儒家哲学的范围比西方哲学的范围，阔大得多"②。

由中国哲学的出发点和对象范围所决定，中国哲学③"辩论得热闹的问题"即最基本的论题，"欧西古今学者皆未研究，或研究的路径不一样"，如"性之善恶"、"仁义之内外"、"理欲关系"、"知行分合"诸论题；而"西方哲学中最主要的问题，有许多项，中国学者认为不必研究……"，如"西方学者唯物、唯心，多元、一元的讨论，儒家很少提及；西方学者所谓有神无神，儒家亦看得很轻"。就儒家漠视本体论和"生

① 梁启超：《儒家哲学是什么》，见《梁启超哲学思想论文选》，第487、488页。
② 同上书，第488、489页。
③ 梁启超在此用"东方哲学"一词，根据其上下语境，实指中国哲学。

死神怪"的学术特色来看,"可以说与近代精神相近,与西方古代之空洞谈玄者不同"。①

与中国哲学以上独特性相关,中国哲学的致力方向和学说宗旨也与西方哲学颇不同。基于中国哲学的主体是儒家哲学的史实,并且在中国各学派中"儒家为最博深切明",梁启超说:"儒家哲学……用功所在,可以《论语》'修己安人'一语括之。其学问最高目的,可以《庄子》'内圣外王'一语括之。做修己的功夫,做到极处,就是内圣;做安人的功夫,做到极处,就是外王。"他依据《大学》"八目"之说,指出"修己"、"内圣"与"安人"、"外王",是以个人修养为出发点,而以社会功业为归宿的次第关系。对于《论语》"修己以安人"和《大学》"一是皆以修身为本"的思想,他作了通俗的解释:"一切以各人的自己为出发点,……即注重如何养成健全人格。人格锻炼到精纯,便是内圣;人格扩大到普遍,便是外王。儒家千言万语,各种法门,都不外归结到这一点。"②

梁启超根据他对中西哲学诸根本特点不同的辩证,认为对于中国哲学,用《庄子·天下》中的"道术"概念,要比用舶来的"哲学"一词更为恰切,"儒家道术"远比"儒家哲学"妥当,只是人们习惯了"儒家哲学"的称呼,自己只好从俗。不过,他强调,自己所说的"哲学"之"哲",是"圣哲之哲,表示人格极高尚,不是欧洲所谓 philosophy 范围那样窄"。③

二、对孔学自由学术精神的辩证和前景的展望

梁启超在 1902 年的《保教非所以尊孔论》一文中,自谓曾经是"保教党之骁将,今也为保教党的大敌"。然而,这不是批判或反对孔教,

---

①　梁启超:《儒家哲学是什么》,见《梁启超哲学思想论文选》,第 489 页。

②　同上书,第 488、489 页。

③　同上书,第 491 页。

而是反对"保教党"扭曲孔学的真面目,将孔学奉为宗教而力加保护。他认为,在当时的"保教党"诸多谬误中,最基本的两条就是"不知孔子之真相"与"不知宗教之界说"。①

梁启超指出,孔学是根本不同于宗教神文主义的人文学说,孔子"所教者,专在世界国家之事,伦理道德之原,无迷信、无礼拜、不禁怀疑、不仇外道"。这些是孔学区别于各种宗教的根本标志。孔子是哲学家、经世家、教育家,而绝不是宗教家。那些保教论者,欲模仿佛教、耶稣教的种种宗教方式来尊孔,其"诬孔子不已甚耶"?②

梁启超认为,社会文明进化的"总因"是思想自由。他列举西方的文艺复兴和中国的战国时期来证明这个思想,并提出:孔子学术精神的根本特点就是思想自由。他说:"孔子之所以为孔子,正以其思想之自由也。"然而,后世那些"自命为孔子之徒者,乃反其精神而用之",根本违背了孔子思想自由的学术精神。他们各自以为得到孔教真传,而指责他人为孔教异端,这种争论有如"群猿得一果,跳掷以相攫;如群妪得一钱,诟骂以相夺,其情状抑何可怜哉"!③ 孔学的范围被他们搞得越来越狭小,孔子自由博大的学术气象被弄得面目全非。

他认为,当时的保教者则"其道稍异于昔",其用心是要扩大孔教的范围,然而,他们的做法却是将近代的各种新知识追溯攀附于孔子,或是"孔子所已知",或是"孔子所曾言"。这实际是"重诬孔子而益阻思想自由之路也"。在这点上,他们与昔日儒家那些宗派之争并无二致。他提出,虽然"孔子生于二千年以前,其不能尽知二千年以后之事理学说",然而,这并无损于孔子形象。他认为,"以孔子之圣智,其所见于今日新学新理相暗合者必多多",但是,将"今日新学新理"统统比附于孔学而纳入孔学之中,则仅是只知尊孔的奴性心理,而非热爱真

① 梁启超:《保教非所以尊孔论》,见《梁启超哲学思想论文选》,第95页。
② 同上书,第96、97页。
③ 同上书,第100页。

理、追求真理的态度。他说：自己最厌恶那些动辄"以西学缘附中学"的"舞文贱儒"，他们的这种做法是"煽思想界之奴性而滋益之也"①。

梁启超讥笑保教党的初衷虽然可谅可敬，却只是忧天的"真杞人"。他对孔教的未来命运充满了乐观的态度，断定孔教非但"无可亡之理"，而且会走向世界。他预言：孔教必然会在"将来的世界德育之林，占一最重要之位置"。他所以如此乐观估计孔教的前途，是出于对孔学中恒久的真理因素和立论主旨、孔子的思想自由和博大能容的学术精神的肯定。他盛赞孔学因包含着永恒真理，所以是"悬日月，塞天地，而万古不能灭者也"。孔教的立论施教主旨是"人之何以为人也，人群之何以为人群也国家之何以为国也"。他认为，文明越进化，这些问题就越有研究的必要。他说："吾敢断言曰：世界若无政治、无教育、无哲学，则孔教亡；苟有此三者，孔教之光大，正未艾也。"②

梁启超虽然盛赞孔学，却并不认为孔学中全是超时代的永恒真理，其中也颇有受历史局限的过时成分。他说："孔子之立教，对二千年前之人而言之也，对一统闭关之中国人而言之也。"因而，孔教必然有其时代和地域的局限。总体看，孔学中，"其通义之万世不易者固多，其别义之与时推移者亦不少"。意即其中具有普遍意义的永恒真理成分固然多，而具有历史特殊意义有时代局限的成分也不少。他断定：如果"使孔子生于今日"，孔子也会修正自己的学说。梁启超提出"师孔子之意"的主张，即不但理解孔教中的"通义"，而且要知道孔教与各宗教唯我独尊的思想专制绝不同，"孔教之精神"是非专制的思想自由精神；"诚尊孔子"就应该"直接其精神"，而不要拘泥于孔子以往那些就事论事的具体"形迹"。他大声疾呼要发扬孔子思想自由和博大能容的精神，广泛接纳包容佛教、耶稣教中优秀的道德精神以及"古代希

① 梁启超：《保教非所以尊孔论》，见《梁启超哲学思想论文选》，第100页。
② 同上书，第101、102页。

腊、近世欧美诸哲之学说",这才是孔子的真面目,孔教因此才能长久。他说:"大哉孔子! ……以是尊孔,而孔之真乃见;以是演孔,而孔之统乃长。"①

三、对儒学性质及现代价值的辩护

梁启超在1915年撰文呼吁社会教育要特别重视孔子的人格修养思想。他认为,孔子是中国文明的代表,试将中西历史相比较,"苟使无孔子其人坐镇其间",则中国历史几乎"黯然无色"了。中国两千多年来所以能牢固维持成"一体","实赖孔子为无形之枢轴"。他提倡"今后社会教育之方针,必仍当以孔子教义为中坚"②。

梁启超从分析孔子的学说结构入手,发掘其永恒的文化价值。他认为:孔子之言虽多,可其大别之为三类。"其一,言天人相与之际,……属于哲学范围;其二,言治国平天下之大法,……属于政治学、社会学之范围;其三,言各人立身处世之道,教人以所以为人与所以待人者,……属于伦理学、道德学、教育学之范围。"他认为,孔子于前两者虽然高明,却有其时代局限性;"孔子所以能为百世师",能"裨益今日国民"之处,在于"教各人立身处世之道是已"③。他认为,"教养人格"是"孔子教义第一作用"④。

梁启超认为,在世界上,关于人格教养的纲目和程序的学说,孔学最为完备;对于人的身心关系,"孔子察之最明,而所以导之者最深切,故其言也,放诸四海而皆准,俟诸百世而不惑,岂唯我国,推之天下可也;岂唯今日,永诸来劫可也"⑤。即是说,孔子的人格修养学说具有普

① 梁启超:《保教非所以尊孔论》,见《梁启超哲学思想论文选》,第102、103页。
② 梁启超:《孔子教义实际裨益于今日国民者何在欲昌明之其道何由》,见《梁启超哲学思想论文选》,第235页。
③ 同上书,第238、239页。
④ 同上书,第240页。
⑤ 同上。

遍而永恒的绝对价值。他针对孔子有过于侧重个体教育而缺乏国家主义教育缺憾的问难解答说：国家的基础是个人，如果组成国家的个体"不纯良"，就不可能形成"健全之团体"；西方各国正是在长期尽心致力于"个人主义之教育（笔者注：指对个人道德教育），已收全效"的基础上，才得以进行"国家主义教育"。因而，中国也应该遵循这个程序，对个人道德教育予以特别的关注。他主张政府应该将之定为教育方针；如果能实现孔子"人人有士君子之行"的理想，那么中国就可以"雄视宇内"了。①

梁启超晚年在《儒家哲学》中，对于当时声势日炽的反对儒学和传统文化的思潮，对于"专打孔家店"、"线装书应当抛在茅坑三千年"等议论，他认为，其既有道理，又过于偏激。他承认，"无论怎样好的学说，经过若干时代以后，总会变质，搀杂许多凝滞腐败的成分在里头。"那些"新奇偏激的议论"，就像"大黄茫硝②"之类"剧烈性的药品"，有其"相当的功用"；但是"药到底是药，不能拿来当饭吃"，"若因为这种议论新奇可喜，便根本把儒家道术的价值抹煞，那便不是求真求善的态度了。"③为此，他特地对儒家哲学的真实底蕴和现代价值做了一番辩证功夫，提出了五个基本观点。

其一，儒家哲学代表了中国文化，否认它就是否认中国文化。

梁启超肯定，"儒家哲学不算中国文化全体"；儒家以外，还有其他的学派和学术，"如战国的老墨，六朝、唐的道佛，近代的耶回④以及最近代的科学与其他学术，凡此种种，都不能拿儒家范围包举他们；凡此种种，俱为形成吾人思想的一部分。"然而，从历史的"继续性"和传播

① 《孔子教义实际裨益于今日国民者何在欲昌明之其道何由》，见《梁启超哲学思想论文选》，第 241、242 页。

② 应为"芒硝"。

③ 梁启超：《为什么要研究儒家哲学》，见《梁启超哲学思想论文选》，第 492 页。

④ 指基督教和伊斯兰教。

的"普遍性"来看,"儒家势力最大",没有哪个学派或学术能与之比拟。在中国社会"无论识字的人与不识字的人",从士大夫以至台舆皂隶等下层民众,"都生长在儒家哲学空气之中"。他们普遍崇敬儒家,对"儒家信仰最深"。虽然儒家不是中国文化的全部,"但是,若把儒家抽去,中国文化恐怕没有多少东西了"。他基于民族文化是民族存在根据的考虑,认为"中国民族之所以存在,因为中国文化存在,而中国文化离不开儒家"。那些偏激的思潮和口号,实际是否定了中国在历史上经受过"文化的洗礼",是不顾历史真实的无稽之谈。他认为,现在人们应该认真研究"以儒家道术为中心"的中国文化所以流传"如此的久远与普遍"的原因所在,"从新估价"中国文化的优点和缺点,进而"有好处把他发扬,有缺点把他修正"①。

其二,儒家哲学大部分内容具有永恒而普遍的价值。

梁启超针对以为儒家哲学是旧学问而鄙薄它的人,提出能否以"古今新旧为定善恶的标准"的问题。他否定这样的善恶标准,认为"一切学说,都可以分为两类,一种含有时代性,一种不含有时代性"。这种考察学术思想的方法类似于现代解释学把学说分为深层结构和表层结构的方法。他提出:"有许多学说,常因时代之变迁而减少其价值",然而也"有许多学说,不因时代之变迁而减少其价值"。他以此思想考察儒学,提出"儒家道术'外王'的大部分,含有时代性的居多",然"'内圣'的全部,'外王'的一小部分,绝对不含时代性"。他列举了儒家的智仁勇"三达德"思想、知行关系思想、"不患寡而患不均,不患贫而患不安"②等思想以说明它们超时代、超地域的普遍适用性。于是,

---

① 梁启超:《为什么要研究儒家哲学》,见《梁启超哲学思想论文选》,第492、493页。

② 孔子原话为"不患寡而患不均,不患贫而患不安",见《论语·季氏》,杨伯峻认为原文有误,当做"不患贫而患不均,不患寡而患不安"(见《论语译注》)。笔者肯定这样的更正。

梁启超得出结论——"儒家道术大部分不含时代性,不可以为时代古、思想旧而抛弃之"①。

其三,否定儒学是贵族之学、个人之学的观点。

有人认为儒家哲学是"贵族的,非平民的;个人的,非社会的"。梁启超针对前一个非难,提出"文化这件东西,原不能以普及程度之难易定其价值之高低",如李白、杜甫的诗歌不如白居易的易于普及,白居易的诗歌不如盲女弹词易于普及,但是却不能因此而认为盲女弹词的文学价值最高。又如,"美国是最平民的国家,何尝离得了领袖制度(指总统制);俄国是劳农的国家,还不是一切事由少数委员会人物把持指导吗?"同理,不能因为儒学为少数人所修习,"便说是带有贵族色彩"。他进而提出,"哲学这个东西,本来是供少数人研究的,主张'平民哲学',这个名词是否能成立,我不能不怀疑"。对于儒家哲学是"个人的,非社会的"之非难,梁启超从英雄史观出发而予以否定。他认为,"儒家道术,偏重士大夫个人修养,表面看去,范围似窄,其实不然";因为,从历史上看,"天下事都是士大夫或领袖人才造出来的,士大夫的行为,关系全国的安危治乱及人民的幸福疾苦最大。……今日中国国事之败坏,那一件不是由在高位的少数个人造出来的?……假使穿长衫的、穿西服的先生们,真如儒家理想所谓'人人有君子之行',天下事有什么办不好的呢?"②这就是说社会领袖和知识阶层如果普遍讲求个人的道德修养,就会有宏大而良好的社会效果。故而,对儒学的"非社会"指责也是站不住脚的。

其四,断定儒学的主流是伸张民权而反压迫,并非奴辱人民的专制工具。

梁启超肯定"历代帝王假冒儒家招牌,实行专制"的历史事实。但

---

① 　梁启超:《为什么要研究儒家哲学》,《梁启超哲学思想论文选》,第494页。

② 　同上书,第494、495页。

是,他提出"几千年来,最有力的学派,不惟不受帝王的指使,而且常带反抗的精神"。他列举孔子、孟子、荀子,东汉的儒学大师乃至宋代的二程、朱熹,明代的王阳明,以说明"儒家哲学也可以说是伸张民权的学问,不是拥护专制的学问;是反抗压迫的学问,不是奴辱人民的学问"。因而要把专制君主们的"贼民之罪加在儒家身上,那真是冤透了"①。这样,他就把作为统治者叩开统治大门敲门砖的伪儒学与大儒本人的真实思想区别开来。

其五,肯定儒学与科学可以并行不悖。

针对当时的科学与玄学之争中,反对玄学的人将儒学归为玄学而加以攻击的情况,梁启超认为这是一个误解。他说:"玄学之应排斥与否,那是另一个问题。但是因为排斥玄学,于是排斥儒学,这就未免太冤。"因为"儒家本来不是玄学",即便"儒家的朱陆,有无极太极之辩,诚然带点玄学色彩,然这种学说,在儒家道术中的地位极其轻微,不能算是儒家的中心论点。自孔孟以至陆王,都把凭空虚构的本体论搁置在一边,那能说是玄学吗"?即便是宋代以来关于"无极"、"太极"的讨论,其不过是论证儒家人生哲学的方法,而不是目的。这与西方哲学大有不同。他说:"玄学色彩最浅最淡,在世界要算中国,要算儒家了。"②他对儒学学术特点的这种断定,是合乎儒学本来面目的。

对于儒学与科学的关系,梁启超认为,二者"不特两不相背,而且异常接近。因为儒家以人作本位,以自己环境作出发点,比较接近科学精神,……所以我们尽管在儒家哲学上力下工夫,仍然不算逆潮流,背时代"③。

梁启超认为儒学与科学精神相接近,是就儒学以人为本、重视生活实践,即是就儒学所侧重的内容而言的。并不是说,中国学术界素来重

---

① 梁启超:《为什么要研究儒家哲学》,《梁启超哲学思想论文选》,第496页。
② 同上。
③ 同上。

视科学,在学风、治学方式上从来具备科学精神。他在《科学精神与东西文化》的讲演中,反省了中国思想界轻视科学和缺乏科学精神的缺陷。他认为,中国近代以来所以科学不发达,从主观上说,有两个错误的认识:一是把科学看成是低层次的学问而轻视它,以为它远比不上中国学术的档次高,因而没有多少人愿意研究;二是"把科学看得太呆了、太窄了",前者是指国人只知道科学成果的价值,"不知道科学本身的价值";后者指国人以为科学只适用于研究自然,而不懂得科学也适用社会领域,"只要够得上一门学问的",如政治学、经济学、社会学等都是科学。① 中国学术界在学风、治学方式上,由于秦汉以后两千多年来缺乏科学精神,产生出笼统、武断、虚伪、因袭、散失种种病症。这些病症只有用科学精神的"良药"来救治。②

结　　语

　　梁启超师从康有为而有大作为,在近代的政坛与学界享有盛名。然而,梁启超并不恪守康有为思想门户。康有为经学的根本观点——"新学伪经"论,③梁启超则以为其过于武断而弃置不论;康有为坚守今文经学门户,梁启超虽然始为今文学"猛烈的宣传者"④,后则力求超越今古文之争;康有为坚持君主立宪而终身不渝,梁启超则在戊戌变法失败后,一度走上了排满共和的道路;康有为将孔学神秘化以至提倡将孔学宗教化,梁启超则力辨孔学与宗教有根本区别、反对"保教"运动,等等;梁启超学无常师,择善而从,不断超越自我,体现了他所大力倡导的

---

　　① 　梁启超:《科学精神与东西文化》,见《梁启超哲学思想论文选》,第385、386页。又,梁启超在此将"科学"和"学科"混为一谈了。

　　② 　同上书,第390页。

　　③ 　其思想主要见于康有为的《新学伪经考》。

　　④ 　梁启超:《清代学术概论》,第77页。

独立自主的学术精神,此梁启超所以为梁启超。

梁启超因政治主张和学术观点屡屡变迁,非但政治活动没有结果,而且在社会学说上也没有像乃师那样独立学术门户而成一家之言。然而,他很赞赏"但开风气不为师"之举,并常以之自勉;他应深感慰藉的是自己对中国近代的思想启蒙作出了重大贡献,这也算是"求仁得仁"了。

第六章　从转俗成真　到回真向俗①

——章太炎人学及文化哲学要义

　　章太炎,生于 1869 年,卒于 1936 年;初名学乘,字梅叔(又作枚叔),后改名炳麟;又因仰慕顾炎武道德人品,一度更名为绛,号太炎。浙江余杭人,近代著名的思想家、国学大师、政治活动家。

　　中国近代哲学思潮的基本论题不是诸如本体论、宇宙论、知识论等纯哲学问题,而是历史观、文化观和人学问题。哲学界的这个倾向根源于中国当时遭际的特殊历史环境。章太炎哲学思想就体现了这种时代特点。虽然他的哲学思想论域广泛,并且也曾经有建立完整哲学体系的设想和努力,但是思考社会(尤其是中国社会)的历史、文化和人性、人生的根本问题,则是他倾心关注的课题。

　　近现代持革命立场的文人或准文人,大都高度赞可章太炎早期的激进的民主思想和投身革命的政治活动,否定他后来的佛学思想和尊孔读经主张。冯友兰评价章太炎为"宣传民族革命的先锋,提倡传统国学的后殿"②。这个评价只是陈说了现象过程,未论及章太炎这种巨

———————————

　　① "转俗成真"和"回真向俗"是章太炎对自己学术历程的概括,详见本章开篇部分。

　　② 冯友兰:《中国现代哲学史》,广东人民出版社 1999 年版,第 22 页。

大转折的思想动因。章太炎则以为这种转变是自己思想的深化和升华。他转向佛学,可以说是有一个前提和两方面用意,即在肯定佛学本质为无神论①的前提下,一方面他希冀通过向社会宣传佛教追求真理的"自尊无畏"精神、信仰热忱和救世道德来培植国人的革命信仰和革命道德,而不是要当时的国人统统勘破玄机而一并皈依佛教;另一方面他力求运用佛学中的唯识论学说对世界、社会和人生的根本问题作出哲学的最终解释。尽管他前一个用心由于不切实际而落空,后一个用心又颇遭思想界非议而和者盖寡,然而,若不深究其中原委而将之全盘否定,则似觉草率。从他笼统地主张普及"国粹"教育,到将孔学儒经作为"国粹"教育的主要内容,"国粹"的内容虽然有所转变,但是,其意图始终是为了激励国人的"爱国热肠"和民族自尊心,以免国人沦为西方文化的精神奴隶。

章太炎在1916年对自己学术思想的转折过程有这样的概括,"自揣平生学术,始则转俗成真,终乃回真向俗"②。他所谓的"俗"是指形而下的具体学问,在此特指古文经学路数的国学;他所谓的"真"是指形而上的玄远哲学,在此主要指佛学唯识论,也兼含古今中外其他一些哲学思想。大致地说,他的学术历程分为三步:初则以"谨守朴学"起步,此期哲学及政治思想倾心于荀子、韩非学说而以之为评价其他学说的尺度;在上海租界监狱关押期间,③他深入研究大乘佛学尤其是唯识论的学说,转而笃信其学,并据之探索宇宙、社会和人生的根本理则,学术评价尺度也以之为准绳;而后他又渐次回到了以朴学方式研究国学的老路。他虽然也广泛涉猎西方和印度古往今来的诸种哲学学说,并

---

① 章太炎鄙视净土宗等将佛陀神化而搞偶像崇拜的佛教派别,以为它们背离了佛学的本来意旨。

② 朱维铮、姜义华编注:《章太炎选集》中《自述思想迁变之迹》,上海人民出版社1981年版,第593页。

③ 章太炎于1903年6月30日因"《苏报》案"入狱,1906年6月30日刑满出狱。

关注西方近代的科学知识,并有所汲取、有所批判,但这些不是他学术思想的主流。

需要辨别的是,作为章太炎学术起始之"俗"与其归宿之"俗"颇有不同:他起始之"俗",是沿承乾嘉学风而研治考据学,他仰慕西汉后期古文经学大家刘向、刘歆父子学术而以他们的私淑弟子自居。用他自己的话说,即此时的学术特点是"独求通训诂,知典礼","然终未窥大体"①。可以说,他此时的学术纯然是形而下学。而作为他后期学术归宿之"俗",则是学兼形而上下,他经过了佛教哲学和西方古今哲学长期浸润,形成了自己独立的哲学见解,并用之重新审视国学。他已经远远超越了乾嘉考据学相对狭隘的学术视野。可以说,他学术思想的前后这两个"俗",是同名而异实的。

章太炎所说的这个转折过程,虽然是就学术研究方向的转变而言,然而,他不是甘心默守书斋而忘怀世事的纯学者,无论他处于"转俗成真"还是"回真向俗"哪个阶段,都充盈着对中国社会深切关注和裨益国家人民的良苦用心。其"转俗成真"固然是为其社会和人文主张寻求终极的哲学根据和解释;而他的"回真向俗",表面上是淡出政治旋涡而致力于国学研究和传播,而基本目的依然是激励国人的自爱、自尊、自强之心,并从传统文化里寻求中国未来发展的独立道路。

第一节　善恶、苦乐并行的"俱分进化论"

章太炎早期接受了西方近代达尔文、拉马克的生物进化论思想,斯宾塞等人的社会有机体理论对他也有所影响,他曾经据之探索"历史

---

① 《太炎先生自定年谱》,引自徐立亭著:《章太炎》,哈尔滨出版社1996年版,第27页。

民族"自然演化进程的原因。① 然而,他在1906年发表的《俱分进化论》则扬弃西方的生物进化论和社会进化论学说,提出了他的进化学说,并名之为"俱分进化论"。

章太炎的"俱分进化论"并非全是独出胸臆的创造,其参酌了叔本华的相关思想,对此他并不讳言。在《俱分进化论》中,他提及叔本华思想有"世界……唯以求乐为目的,追求无已,乐不可得,而苦反因以愈多,……则厌世观始起而稍稍得望涅槃之门矣";他指出叔本华此说"略取佛家",并称赞其"持论固高"②。章太炎的"俱分进化论"是在叔本华这类思想基础上的进一步系统性发挥,不但论及生命感受的苦与乐,而且延伸到道德领域的善与恶。他所谓的"俱分进化"就是苦与乐、善与恶这两对矛盾现象内部双方同步的分别发展。

章太炎提出,进化并不是像人们所想象的"终极必能达于尽美醇善之区",善与恶、苦与乐不是此消彼长的单向进化,而是齐头并进的发展,此即所谓"俱分进化"。他说:"进化之所以为进化者,非由一方直进,而必须由双方并进。专举一方,唯言知识进化可尔,若以道德言,则善亦进化,恶亦进化;若以生计言,则乐亦进化,苦亦进化。双方并进,如影之随形,如网两(笔者注:即魍魉)之逐影,非有他也。"就是说,唯有知识的进化是绝对的,然而,知识进化带来的是善与恶、苦与乐均发生都由小而逐渐增大的变化。因此,对于"以求善求乐为目的者",就产生了进化到底是"最幸"还是"最不幸"的疑问。对之,章太炎得出

---

① 章太炎好谈西方近代哲学和科学以力求学术博雅通达,但是实际上了解得不够深入,有时好为臆断之辞。如他提出,进化论思想萌始于黑格尔哲学,而"达尔文、斯宾塞尔应用其说,一举生物现象为证,一举社会现象为证",即达尔文的生物进化论和斯宾塞的社会有机体理论都是将黑格尔哲学的具体应用于研究领域的成果,并分别从生物界和社会予以证实。

② 章太炎:《俱分进化论》,见姜玢编选:《章太炎文选》,上海远东出版社1996年版,第150页。

自己的结论——"进化之实不可非,而进化之用不可取"①,意即进化的事实无可非议,但是进化的效果则不值得肯定。"进化之用"所以"不可取",就在于大恶与大善相伴而生,大苦与大乐相偕而行,因而,"最幸"与"最不幸"也同样"双方并进"而彼此抵消。

在章太炎看来,知识的进化是善与恶、苦与乐"俱分进化"的缘由,人们"所以相亲和者,由其知识进化,故善亦进化能推其慈良之心也;其所以为仇敌者,由其知识进化,故恶亦进化,能增其怨憎之念也"②。生命中关于苦与乐并增共进的感受也是出于同样的原因。就此结果而言,对知识进化也未可轻率赞许。

章太炎将生物进化最高等级的人类与动物比较,以说明"善恶苦乐之并进"的道理。在他看来,"以道德言",人的大善大恶皆过于动物的小善小恶。动物虽然也有"父子兄弟之爱",却既不能持久,又不能扩展它;且动物又有无休止的"聚麀③之丑,争食之情"。人类则"于前者,能扩充之;于后者,能禁防之",即人类能够在道德上扬善抑恶,既"扩张"亲缘之爱于同类,又能"禁防"乱伦和争夺行为。就此而言,"人之为善"大于动物。然而,这并不意味人在恶的方面比动物要小,恰恰相反,"其为善进,其恶亦为进也",即人类的大恶同样超过动物的小恶。如"虎豹虽食人,犹不残其同类,而人有自残其同类者";并且,人类这种"自残其同类"的恶行随着文明的进化而扩大。在"国家未立,社会未形"的"太古草昧之世","其杀伤犹不能甚大也,既而团体成矣,浸为戈矛剑戟,浸为火器矣,一战而伏尸百万,蹀血千里,则杀伤已甚于太古";更有甚者,人类还发明了比"杀人以刃"更高明的"杀人以术"即以权谋心术杀人,致使"至于悲愤失望而死者"不但在数量上多于战

---

　　①　章太炎:《俱分进化论》,见姜玢编选:《章太炎文选》,第150、151页。
　　②　章太炎:《与人书》,见朱维铮、姜义化编注:《章太炎选集》,上海人民出版社1981年版,第422页。
　　③　麀即雌鹿,"聚麀"谓父代与子代的雄鹿共偶一只雌鹿,引申为乱伦行为。

争,而且其用心之残酷又甚于通过战争杀人。这种恶行是"虎豹所无,而人所独有也"①。就此而言,很难说在道德方面人与禽兽孰善孰恶。因而,人类没有理由在道德上傲睨禽兽。

章太炎又从"生计"的角度进行比较,认为进化的等级越高,对于乐的要求就越高,而苦的感受也就越强烈。人类在苦与乐两方面均过于动物。如阿米巴等"最初生物"只是"期于得食而止耳",进化等级高的"鱼亦期于得水而止,鸟亦期于得木而止耳",它们与人所追求的乐趣有霄壤之别。对于人来说,毛嫱、西施是绝美之色、"钧天"、"九韶"是极乐之音,然而以毛嫱、西施取悦于泥鳅,用钧天、九韶取悦于鹌鹑,"彼固无所于乐也",即用人的高级享受取悦于进化等级较低的动物,必然是徒劳之举。他进而提出,人还追求"出于形质以外"的快乐,如追求土地、钱帛、高官厚禄,尤其是"以名誉为乐",这些更不是其他动物"所敢望者"。然而,追求这些快乐必须要所付出的"含垢忍辱"的痛苦代价,这种苦处"盖一切生物所未有"。至于绞尽脑汁为"求道德、功业、学问之名",甚至"杀身灭种"也在所不惜,这种痛苦又更过于"含垢忍辱"。况且这些追求十有八九会落空;即便得到,也未必能享受;即便享受到了,却又出现了新的痛苦——死亡。死亡意味着舍弃生时获得的快乐,而生时所得到的快乐越多,舍弃这些快乐的痛苦感受就严重,即"受之愈乐,则舍之愈苦"。因此,对于死的痛苦感受,"富贵利达之士,易箦告终,其苦必甚于贫子;贫子之死,其苦必甚于牛马;牛马之死,其苦必甚于鱼鳖。下至腔肠、囊状、桑椹诸物,而死时受苦之剂量,亦愈减矣"。由此可见,"是不亦乐之愈进者,其苦亦愈进乎"②?

在《俱分进化论》中,章太炎依据佛学唯识论而发挥之,从生物本性方面分析了善与恶"俱分进化"的原因,并阐发了其人性论思想(详

---

① 章太炎:《俱分进化论》,见姜玢编选:《章太炎文选》,第151页。
② 同上书,第151—153页。

见"唯识论特色的人性论"部分）。概括地说，他认为，生物的本性是无善无恶的"阿赖耶识"，与外界接触而出现的"意识"，则是"兼有善恶"的"善恶种子"，除了阿米巴之类的低等生物，生物的"善恶种子"会"熏习"无善恶的本性，二者相"杂糅"。因而，人和动物的现实本性都是有善有恶的。从轮回来说，"善恶种子"会作为"业识"而带到来世；从生理来说，"善恶种子"会经过遗传而延续。他认为，"恶"来自生物的"我慢心"即好胜心。他认为，由执著于"自我"的"末那识"产生的"好胜心"则"纯是恶性"。无论是为了追求感性欲望、财产、权位、名誉等"有目的之好胜"，还是"天性喜斗"这样"无目的之好胜"，都是如此。因此，人类的行为"不能有善而无恶"。人类的善恶所以均过于动物而体现为大善大恶，就在于人类处于进化的最高层级，而"生物之程度愈进，而为善为恶之力，亦因以愈进"①。

在 1907 年发表的《五无论》中，章太炎进一步提出，指望通过进化而谋求幸福，是求神仙一样的糊涂思想，知识的进化相伴而生的是道德的退化，进化欲望变本加厉地激发了人的好胜心，致使人类残杀更为剧烈。他说："望进化者，其迷与求神仙无异。今自微生以至人类，进化唯在智识，而道德乃日见其反。张进化愈甚，好胜之心愈甚，而杀愈甚。"②这就是说，在知识进化中不但善与恶、苦与乐的"俱分进化"不相抵偿，而且恶与苦的程度又过于善与乐。

章太炎在 1908 年发表的《四惑论》中，进一步发挥了他的"俱分进化论"学说，更提出：进化与退化相伴而生，并没有单纯的进化可言；人们所认为的进化，不过是"根识"即主观感觉的"迷妄"而产生的误解、"幻象"，"而非实有此进"。他从多个角度对这个思想做哲理上的说明。如他从物质不灭的道理出发，说明"一切物质本自不增不减，有进

① 　章太炎：《俱分进化论》，见姜玢编选：《章太炎文选》，第 153—154 页。
② 　章太炎：《五无论》，见姜玢编选：《章太炎文选》，第 267 页。

149

于此,必有退于彼",因而"何进化之足言"? 再如,他认为,万物的运动
不过是"循环周转"而已,"方见其进,即见其退矣",故提出"安得所谓
进化者"的反诘。又如,他引证古希腊爱利亚派学者芝诺关于"飞矢不
动"的思想反驳进化论,等等。他认为,"有所进不得不先有所处",而
人类"最初所处之点,唯是兽性",因此,人类不断地进化,仅是"扩张兽
性"而已。人们所谓"求增进幸福",实际是给"贪冒"换了个名称,而
"进化之恶,有甚于未进化也";且人为了保养生命,"无可奈何而忍形
以就苦",然而,所得到的乐不能抵偿为追求快乐所受的苦,尤其近代
工业使这个现象更为明显。蒸汽机的使用迫使人钻到地洞里去挖煤
"以求后乐",这比起古代"樵苏(打柴草)耕获,鼓腹而游"的自然生活
要苦得多。他认为,若人们明白这个"乐与苦不相偿"的道理,即便是
"白痴"也不甘心做这种傻事;如果人的这种行为是为了"利益后人",
那么这种愚蠢就像被人役使而辛苦耕田的牛——牛本来需要的不过是
用野草填饱肚子,却"喘息流汗以服劳于陇上",又不能享受"稻粱"之
类的劳动成果。他明快提出:"后人生计,自有后人任之,安用前人尽
瘁于百年之上?"人们为了后人而"劳形自苦,不太多事耶"?[1] 在此文
中,他关于进化为"幻象"的论证并不具有很强的说服力,而他所表达
的苦乐观倒是平实得近乎人情。

第二节 解脱"俱分进化"的"五无"境界

章太炎的"俱分进化论"是对早期接受的进化论观点的修正,他不
否定生物进化和知识进化的现实必然性,而是否定人们关于进化结果
的道德和幸福预期,即所谓"进化之实不可非,而进化之用不可取"[2],

---

① 此段各条引文均引自姜玢编选:《章太炎文选》,第305、306页。
② 章太炎:《俱分进化论》,见姜玢编选:《章太炎文选》,第151页。

在《俱分进化论》中，他寻求使人类摆脱大恶与大善并生、大苦与大乐偕行的怪圈，提出了上下二策，上策是世间出现"勇猛大心之士"，以"真如平等"的精神泯灭自我与众生的差别，无功利的广行善事，最终普度众生而尽入涅槃境地；下策是在"无勇猛大心者"的情况下，实行"其法近于平等"的社会主义，"随顺进化"而在"进化诸事类中，亦惟择其最合者而倡行之"。他认为，这是"不得已而思其次"的路径。①

在1907年发表的《五无论》中，章太炎依据佛学空观更具体地设想了解脱"俱分进化"的方案，即依次施行的"无政府"、"无聚落"、"无人类"、"无众生"、"无世界"方案。其论域所及包括政治观、人生观乃至世界观等根本性问题。

就政治思想而言，章太炎从改良立场转向主张推翻满清政府之后，其政治思想经历了这样几个变化，即由民族复仇立场转到主张民主革命，再转到提出以民主政体为过渡而最终实现取消政府、聚落的理想，晚年又在保持民主立场的前提下倾向于从国粹②尤其是孔学儒经中索求具有中国独立特色的新出路。

章太炎前期热衷于夷夏之防，"觉得异种乱华，是我们心理第一恨事"③。他认为，满清政府不肯变法的根本原因是种族矛盾，欲行革命之事，必须首先推翻满清政府乃至驱除满族人。他区分汉族光复和民主革命二事，即"改制同族，谓之革命；驱除异族，谓之光复"。他认为，当时中国的第一要务是恢复汉族国家，民主革命则是其后的事情，提出"今中国既灭亡于逆胡（指满清），所当谋者光复也，非革命云尔"。④

---

① 章太炎：《俱分进化论》，见姜玢编选：《章太炎文选》，第158页。
② 章太炎早期即主张通过"国粹"教育增进国民的"爱国热肠"，但是此期的"国粹"主要指语言文字、典章制度、人物事迹，晚期所指的"国粹"则在内容上有所变化，即主要倾向于儒家经典。可以说，就其思想的前后转变来说，"国粹"之名虽一，而"国粹"之实则异。
③ 章太炎：《东京留学生欢迎会演说录》，见姜玢编选：《章太炎文选》，第140页。
④ 章太炎：《〈革命军〉序》，见姜玢编选：《章太炎文选》，第107页。

他在《驳康有为论革命书》中陈述了汉族复国和民主革命的次第关系。他将光绪帝视为"汉族之公仇",认为"载湉小丑"所以同意变法,目的不过是与西太后争权而已,并非真正赞同立宪政体。针对1907年清政府迫于压力而"预备立宪"的情况,章太炎指出,这不过是欲继续压迫汉族的政治骗局,因为"所谓立宪者,固将有上下两院",清政府搞的对下院有否决权的上院,其"法定议员"不过是那些亲王、贝子等"皇族";其中的"贵族"成员,"则八家(即八旗)与内外蒙古是已";其中的"高僧",则是"卫藏之达赖、班禅是已"。可见,组成议会的这些成分,"皆汉族之所无,而异种之所特有,是议权仍不在汉人也"①。他提出"今日固为民族主义之时代"②,"汉族之仇满洲,则当仇其全部"③,"满洲全部之蠢如鹿豕,而可以不革哉"④? 他断定,不首先光复汉族国家,中国就根本不会有民主政治。

章太炎清楚认识到,满清政府对汉族的高压国策是实现民主制度的最大障碍;清政府不仅是建立在民族压迫之上的执政集团,而且代表了一个行将就木的历史时代。这两种不良政治因素的组合,使得解决中国问题不可能通过改良,而必须以暴力方式推翻清政府的专制统治,才有建立民主社会之可能。他据此观点彻底否定康有为辈关于经过君主立宪的过渡阶段而间接进入民主社会的构想。章太炎当时的政治主张带有明确的民族复仇成分,而这种狭隘的汉族本位因素黯淡了其民主思想的光彩。这样不但于理欠通,即将满洲贵族保守派的账算到全体满族人的头上;而且于事无补,既不利于孤立保守的清政府,且忽视二百余年来满汉两族的文化融合,落于狭隘的汉族复国立场。

他这种单纯排满的大汉族情结受到了孙中山等民主主义者的批

①　章太炎:《驳康有为论革命书》,见姜玢编选:《章太炎文选》,第98页。
②　同上书,第94页。
③　同上书,第95页。
④　同上书,第98页。

评。他也意识到其主张的纰缪处而逐渐克服,重新提出"排满洲者"是排斥其皇室、官吏、士卒,即排斥"满人在汉之政府",而"非排一切满人"①,不是对一切满人复仇。1911 年他在《致留日满洲学生书》中说:"满人亦是中国人民",在"共和政体之中",可自由选择职业,与汉族的"选举之权,一切平等"。他此后的政治活动也以争取五族共和的民主体制为宗旨,此不赘述。

康有为以民主政体的"大同之世"为最高社会理想,与康有为是长期论敌的章太炎在社会理想也要比康有为"超越"。他在信奉了佛学唯识论之后,提出了超越民主共和政治的社会理想——"五无"理想。然而,这种超越是佛教出世法对世间法的超越,宗教理想对世俗社会在观念上的超越,其不过是思想对现实的超越而已,虽然他也设计了逐步实施的步骤,但是他的那些规划根本不具有现实可行性。

章太炎在《五无论》中提出了以民主制为过渡政治,进而使民族消亡,实现"无政府"、"无聚落"的社会状态。

他从破除执著差别的佛学思想出发,认为"国家与政府,其界域固狭隘",而其根源在于民族主义界域的狭隘。因为"国家者,如机关木人,有作用而无自性。如蛇毛马角,有名言而非实存";而"国家"这个虚幻的观念所以形成,原因在于"非民族之为而谁为之"。因此,人们"既执著国家矣,则亦不得不执著民族主义"。他以佛学因明学的三支式论证"民族主义是狭隘见,丁无界中强分界故";"国家主义是狭隘见,于无界中强分界故"。②

章太炎认为,要超越这些狭隘观念而广大眼界,就应该在思想上不分别"种族"(笔者注:即民族,章太炎未严格区别这两个概念)和国家。具体到中国,就是要超越仅仅维护汉族的狭隘观念,援救其他被侵凌、

① 章太炎:《排满平议》,见姜玢编选:《章太炎文选》,第 290 页。

② 章太炎:《五无论》,见姜玢编选:《章太炎文选》,第 254 页。

被征服的弱小民族,"推我赤心救彼同病",使它们"处于完全独立之地"。他认为,这就是墨家"爱无差等,施由亲始"的精神。①

章太炎认为,虽然民族、国家、政府的观念都是"狭隘见",但是,民族的现实存在使得国家和政府的存在成为必然。他出于诸害相权取其轻的考虑,认为与其他政体相比较,"共和政体于祸害为差轻,固不得已而取之矣"②。

章太炎认为,西方的议会制弊病甚重,议员"大抵出于豪门,名为代表人民,其实依附政党,与官吏相朋比,……则所计不在民生利病,惟便于私党之为";因之,西方以民主为名的议院,其功用不过是"国家所以诱惑愚民,而钳制其口者也",其实质是"受贿之奸府";而成为议员或以经济实力干预国家权力的"富民"们,简直就是"盗国之渠魁"。这样的议会制反而不如"专制政体之善也"。因此,他将共和制贬称为"共和伪政"。然而,他此时并不是主张专制而否定共和,而是认为现行的共和制必须采取措施克服其弊端。他所设想的补救措施有平均分配土地、国家管理工业、限制财产继承三个"分散财权"的经济措施以缩小贫富差距,并防止富人"与国家分权";同时建立平民对议院和议员的监督机制,并赋予平民解散议会的权力。他认为,这四项措施并非"尽善",而只是"初级苟偷之法"。然而欲进入理想的"五无之制",这种经过改造的"共和伪政"是必经的历史阶段。他预计这个阶段大约要经历百年的时间。③

需要提及的是,他在1908年发表《代议然否论》,又否定中国可以通过代议制而走上民主的道路。在他看来,代议制不是对等级制的铲除,而是等级制的弱化性延续。西方和日本距离封建制较近,社会成员还有贵贱之分,故可以实行代议制;而中国离封建制较远,长期以来

---

①　章太炎:《五无论》,见姜玢编选:《章太炎文选》,第255页。

②　同上。

③　同上书,第255、256页。

"民皆平等",没有印度和西方近代那种以"阶级限民"的情况,在中国实行代议制是"横于无阶级中增之阶级",是历史的倒退。他揭示代议制国家的政治弊端,以说明"民权不借代议以伸,反因之埽地";又提出代议制会"与民族、民生二主义相抵牾"①等多种理由,论证在中国不适宜实行此制。他认为,真正具有民主精神的政体是通过直接的民主选举而"建置大总统"②。他意识到自己的民主方案易于导致总统集权专制,然而,他认为,政治应当以使民众"平夷安隐"为目的,不必在斤斤计较于"共和"、"专制"的概念上做文章。甚至说:与其效法西方立宪而使社会有贵贱之分,"不如王者一人秉权于上"而更利于民生。③ 从该文看,章太炎并不真正理解民主体制代议制的人文价值。他以社会安定和民族、民生为理由而否定代议制乃至"共和政体",主张建立极易形成专制的"置大总统"体制,这实际是中国传统的政治价值观念的变相延续,是其政治思想的退步。

章太炎宣称,"五无"是对狭隘民族主义的超越。所谓"五无"即"无政府"、"无聚落"、"无人类"、"无众生"、"无世界"。他认为,"此五无者,非能于一时成就",要分阶段进行,即"无政府"与"无聚落"同时进行,是为第一期;"无人类"与"无众生"依次而行,为第二期;"无世界"则为最终阶段。④

章太炎在论说"无政府"、"无聚落"的宗旨时,提出了多方面的措施,包括政治上取消政府,破除"国界";经济上"以共产为生",且人们可以因经济愿望而自由迁徙;人伦关系上取消夫妇关系和"亲族相依之事";文化上统一语言文字等,⑤从而根本消灭种族、国家、政府、聚

① 章太炎:《代议然否论》,见姜玢编选:《章太炎文选》,第318、319页。
② 同上书,第317页。
③ 同上书,第313页。
④ 章太炎:《五无论》,见姜玢编选:《章太炎文选》,第260页。
⑤ 同上书,第256、257页。

落、家族、人际之间的嫉妒和争斗。他认为,消除这些嫉妒和争斗,"非以为幸福,幸福本无,唯少害故"①,意即这并不是为了增进人类幸福,只是为了减少患害,因为幸福本来是虚幻不实的东西。

至于章太炎"无人类"、"无众生"、"无世界"三论,则基本是子虚乌有的佛教理想。其"无人类"之说的基本思想是,被世人看做"众恶之源"的政府和"群污之府"的国家,实际都没有"自性",而是由人类所创造的;人类的世俗观念和生活必然造成彼此之间的争斗残杀,即便世界实现了"无政府、聚落,销兵共产之制得以实行",人类的"相杀毁伤"也不会断绝。他期待至时有一两个"大士"、"超人"出来,用佛法教诲人类"证无我而尽缘生"②,从而断绝人们的世俗欲望和繁殖活动。他认为,若经过长期努力,终究会有使全人类无一遗漏地皈依佛法之日。

其"无众生"之说,是出于生物进化必然性的考虑,认为只要最低等生物存在,就会逐渐进化到人类,于是"今之社会,今之国家又且复见"。因而,"大士"要在"三恶道"③中普遍教化,"令证无生,而断后有"④,即众生领悟佛法而不再托生世间,如此就可以杜绝出现人类之患。

他所谓"无世界"之说,主要是从大乘佛学"心生万法"的角度,论证世界万有皆是幻象,"由众生眼翳见病所成,都非实有"。他认为,从佛学看来,"空间尚无",因而具有空间广延性的存在,自然也不可以之为有。他实际是从佛学认识论而不是存在论的角度来否证现实世界实在性的,如他的论据之一是"众生既尽",众生眼中的世界必然也不存在了,这就像"病眼者死,而眼中所见之空华与之俱死"。正是在这个

---

① 章太炎:《五无论》,见姜玢编选:《章太炎文选》,第256页。
② 同上书,第258、259页。
③ 佛教关于因果轮回的教义,指众生依所造恶业而堕入三恶处,即地狱道、饿鬼道、畜生道。
④ 章太炎:《五无论》,见姜玢编选:《章太炎文选》,第259页。

意义上说,"世界本无,不待消灭而始无";"众生悉证法空,而世界为之消弭"。他认为,到了这个阶段,才是"最后圆满之期"①。

如前所述,章太炎所以提出"五无之制",是想使人类从"俱分进化"的怪圈中根本解脱出来,彻底规避大恶与大苦给人类带来的无穷灾难。所以他后来在《排满平议》中说:"言无政府主义不如言无生主义也。"②他这种以佛教理想为终极解决方案的思路,除了令人感到深为惋惜而外,实在说不得什么了。

第三节 宣扬"无神教"以期增进国民道德

增进国民道德是章太炎终生关注的大事。他早年曾接受西方近代的功利主义伦理观,肯定道德行为的个体功利内涵。他又力图揭示道德与客观因素的关系,在《訄书·原学》中提出,决定人的学术和道德水准的因素有"地齐"(地理环境)、"政俗"(政教风俗)、"材性"(个人天分)③。在后来的《革命之道德》中,他又提出,人们因职业不同,道德水准会有所差别。然而在他看来,这些都是影响道德的客观因素。他更强调道德升华的主体自觉,赞赏和提倡的是超越私利、如康德所谓"绝对律令"式的道德精神。他反省了民族品格的种种弊端,深感"方今中国之所短者,不在智谋而在贞信,不在权术而在公廉"④,即中国问题的病根在于道德的衰颓。他因之提倡超越个人功利而以拯救社会为己任的国民道德。

章太炎于《革命之道德》中言,"今之革命,非为一己而为中国",因

---

① 章太炎:《五无论》,见姜玢编选:《章太炎文选》,第259、260页。

② 章太炎:《排满平议》,见姜玢编选:《章太炎文选》,第284页。

③ 引自朱维铮、姜义化编注:《章太炎选集》,第188页。

④ 章太炎:《革命之道德》,见姜玢编选:《章太炎文选》,第187页。

而，国人应该具备"中国为人人所共有，则战死亦当人人所当有"①的道德信念。他深感"道德衰亡诚亡国灭种之根极也"②，他认为，戊戌变法的失败就是由于如谭嗣同、杨深秀这样的道德君子太少，"戊戌之变，戊戌党人之无道德致之也"；唐才常自立军的失败，则是由于"庚子党人不道德致之也"。他认为，"彼二事者，比于革命其易数倍"，尚且"以道德腐败之故犹不可久"③。推而论之，"无道德者之不能革命，较然明矣"④。

章太炎自称"深有味"于顾炎武"保天下者，匹夫之贱，与有责焉"⑤的思想，并从中体会到社会的最根本的问题在于"保持道德"，而不是政治、经济等问题。他将顾炎武这个人人应该担负拯救天下道德责任的主张称为"宁人之法"，认为集结贤人而改善风俗，"舍'宁人之法'无由"⑥。

顾炎武提出振兴道德需从三方面入手，即"知耻"、"重厚"、"耿介"。章太炎深加赞可，认为不具备这三种品格，"则必不能忘情于名利"，而"名利之念不忘"，就不会有为实现理想而"舍命不渝"的精神。⑦ 他又在这三者之外加上一条"必信"，认为"举此四者"，而恪守遵循，"则所谓确固坚厉，重然诺，轻生死者，于是乎在"。如此，舍生取义的坚定道德意志就可以培养起来了，实现光复华夏的理想就为期不远了；否则，中国就会被列强瓜分，作为"七十二代遗民"⑧的华

---

① 章太炎：《革命之道德》，见姜玢编选：《章太炎文选》，第188页。
② 同上书，第186页。
③ 同上书，第188、189页。
④ 同上书，第188页。
⑤ 顾炎武：《日知录》"正始"条。
⑥ 章太炎：《革命之道德》，见姜玢编选：《章太炎文选》，第194页。
⑦ 同上书，第195页。
⑧ 《史记·封禅书》："古者封泰山禅梁父者七十二家。""七十二代遗民"此指华夏子孙。

夏子孙将会永远沦为亡国奴。①

章太炎将国人尤其是文人的趋利避害的传统功利心理归咎于孔子和老子，并认为随着西方功利学说的东来，更增强了这种情况，致使国人将关于成败的效果判断与道德上的是非判断相混淆。他说："……明适利害、选择趋避之情，孔、老以来，以此习惯而成儒人之天性久矣。会功利说盛行(指西方功利学说)，其义乃益自固，则成败之见，常足以挠是非。"②儒家是国人功利心理的源头，章太炎前期所以大力反孔反儒，其意图在于克服国人的传统心理弊病，振作民族精神、提升国民道德，以此作为实现社会革命的精神力量。

章太炎前期虽然批判儒学热衷于功利而提倡革命道德，但是，他此时并没有刻意探索人生道德进取的思想根据和如何培养国人道德的路径的问题，而只是认为提倡革命道德，不需要讲太深的道理，重要的是激发国人舍身殉道的精神。他说："道德者，不必甚深言之，但使确固坚厉，重然诺，轻生死，则可矣。"③他后来似乎意识到这种仅仅出于意志自觉的道德主张不切实际，没有普遍可行性，于是转向提倡佛教舍身度人的道德精神，期冀国人以之为楷模而培养普遍的革命道德信仰，去除民族品格中热衷功利的弊病。

《菿汉微言》中载，章太炎说，自己以前虽然读过一些佛教典籍，但是领悟不深切，在囚禁于上海租界牢狱的三年时间里(1903年到1906年)，"专修慈氏，世亲④之书"，深感佛学尤其是唯识论"与平生朴学相似，易于契机"。他对佛学思想评价极高，认为其远远高于中国历史上诸学派。他说："私谓释迦玄言，出乎晚周诸子不可计数，程朱以下，尤

---

① 章太炎：《革命之道德》，见姜玢编选：《章太炎文选》，第196页。
② 章太炎：《社会通诠释商兑》，见姜玢编选：《章太炎文选》，第239、240页。又，章太炎认为孔子学说出于老子，故并称二人。
③ 章太炎：《革命之道德》，见姜玢编选：《章太炎文选》，第186页。
④ "慈氏"，梵语弥勒的意译。相传弥勒是瑜伽宗创始人无著的老师。"世亲"，无著之弟，与无著同为瑜伽宗的创始人。

不足论。"①此后,他在哲学思想上全面转向佛教(主要是唯识学)。佛教的信仰精神和宗教道德,则被他视为克服民族劣根性的利器。他力图以之来改变民族品格,激发国人追求真理的信心,并普遍增进其道德素质。

他1906年出狱赴日后,在东京留日学生欢迎会上的演说中就提出,做大事业,"第一要在感情,没有感情,凭你百千亿的拿破仑、华盛顿,总是人各一心,不能团结",而要培养国人的革命感情有两大要务:"第一,用宗教发起信心,增进国民的道德;第二,是用国粹激动种性,增进爱国的热肠。"②他认为,改造民族品格、提升国民道德和爱国热情是革命之本,而实现此目的所要奠定的思想基础,就是要普及宗教与国粹。

章太炎认为,国人的劣根性之一,就是易于随波逐流而缺乏追求理想、坚持原则的执著精神;而革命就要有宗教般的信仰热情和殉道精神。他在这次演说中说明,自己所以提倡佛教而非孔教、基督教,是因为虽然"孔教"比起中国的其他宗教来,没有掺杂那些"神秘难知"的成分,但是"也有极坏"的地方,即胆子极小而又"不脱富贵利禄的思想",因而断然不可用孔教来增进国民道德。基督教所以不可用,一方面在于流传于中国的基督教实际是崇拜西方的"伪基督教",中国信仰基督教的人或是以此"自命不凡"、或是"借此混日子"、或是为了"凭仗教会的势力,去鱼肉乡愚,凌轹同类";另一方面即便是"真基督教",由于其只适用于"野蛮人"进入文明,而已经进入文明的中国用了它,反而会"退入野蛮",并且其神创论"谬妄可笑","不合哲学",因而其"于中国也是有损无益"。他通过一番比较而断定:只有佛教才是"最可用的"③。

① 朱维铮、姜义化编注:《章太炎选集》中《自述思想迁变之迹》,第588页。
② 章太炎:《东京留学生欢迎会演说录》,见姜玢编选:《章太炎文选》,第142页。
③ 同上书,第142、143页。

章太炎所提倡的佛教是无神论的"本教"（笔者注：即本始佛教）意旨，而不是将古今各宗派的教义一股脑地包括进去。他在这次演说中指出，有些教派的教义与"本教不同"，如净土宗"最是愚夫愚妇所尊信的"，其将中国传统的迷信"与净土合为一气"，把内典所没有说的，都一概附会进去，搞出"种种可笑可丑的事"。这样似是而非的佛教信仰"只有那卑鄙恶劣的神情，并没有勇敢无畏的气概"。他在演说中尤其提倡华严宗的殉道精神和法相宗的深刻义理。他认为，"华严宗所说，要在普度众生，头目脑髓都可施舍与人，在道德上最为有益"；法相宗关于"万法唯心"的义理与"在世界上称为哲学之圣"的康德和叔本华思想相通。他认为，佛教的本来思想意旨是排斥有神论而主张自我觉悟真理的，"我所靠的佛祖仍是靠的自心"，这"比那基督教人依傍上帝"要强得多。他提出，要具有佛教这样的信仰精神"才得勇猛无畏，众志成城，方可干得事来"①。

　　章太炎这次演说中论证佛教之于当时中国所以是"最可用的"，不但在于它的道德精神和深刻哲理，而且还有两个重要理由，一是从文化心理来看，"我们中国，本称为佛教国"②，即中国具有传统的佛教文化心理，因而借助佛教来培养革命道德易于为国人接受；一是从价值取向上看，"佛教最重平等"、"最恨君权"，其符合近代的民权思想。③

　　章太炎在《答梦庵》中也提到，"与震旦④习俗相宜者，厥唯佛教"。他认为，有四种性情是革命事业的大碍，即"怯懦者"、"浮华者"、"猥贱者"、"诈伪者"；克服这四种性情，"其他宗教伦理之言亦能得其一二"，

　　——————————

　　①　章太炎：《东京留学生欢迎会演说录》，见姜玢编选：《章太炎文选》，第144页。
　　②　同上书，第143页。
　　③　同上书，第145页。
　　④　指中国。古印度称中国为 Cinisthana，佛经中译为"震旦"，或作"振旦"、"真丹"。

而佛教精神可以完全去除它们,即"以勇猛无畏治怯懦心,以头陀净行治浮华心,以唯我独尊治猥贱心,以离戒诳语治诈伪心"①。

章太炎在《建立宗教论》中提出了判别"宗教之高下胜劣"的基本标准,即"要以上不失真,下有益于生民之道德为其准的"。② 就教义内容是否"失真"问题上,他结合西方哲学创造性发挥佛教唯识论的宇宙观、知识论和人生哲理,以证明基督教等有神论的荒谬和佛学无神教的真理性。他认为,婆罗门教、伊斯兰教、基督教搞至上神崇拜,其理论谬误在于"执一实以为神者,……转而谓此神者,冒世界万有而为言,然则此所谓'有',特人心之概念耳";它们"取一实以概无边无量之实,终于不离于遍计矣"③即它们假设一个具体的存在,赋其予至上的神性,用以概括世界上无限的存在;不但将这个虚幻的概念确定为真实的存在,且视为宇宙本体,这不过是泥于世俗偏见而执著于"有",因之妄生分别的"遍计所执自性"④。人们描绘出至上神的"形质材性",赋予它"无不能成,无不能坏"的神性,"从而葆祠之、祈祷之,则其愚亦甚矣"⑤。他从佛学"三界唯心所现"的观点批判一神教将虚幻的至上神本体化、人格化。他说:"此心是真,此神是幻,执此幻者以为本体,是……倒见也。"⑥佛教则"于概念中立'真如'名,不立神名",即以非神化的"真如"而不以至上神为万物本体。他强调:区别"真如名"与"神名"不是"斤斤于符号之差殊",而是"无执"的真理与"有执"的谬误的区别。⑦ 就是说,这些一神教与佛教相比,有"失真"与"不失

① 汤志钧编:《章太炎政论选集》上册,中华书局1977年版,第395—396页。
② 章太炎:《建立宗教论》,见姜玢编选:《章太炎文选》,第202页。
③ 同上书,第203页。
④ 唯识论所谓"三自性"之一,指执著于事物实有及事物差别的世俗见解。唯识论认为其是偏离真理的偏见。
⑤ 章太炎:《建立宗教论》,见姜玢编选:《章太炎文选》,第203页。
⑥ 同上。

⑦ 同上书,第204页。

真"之判。从何者更"有益于生民之道德"来看,他认为,有神教是用至上神的最高裁判权胁迫人们遵循道德,利用的是人们趋利避害的自利心理而使之就范;而佛教则启发人们天然的善良心性而使人们自觉遵循道德。领悟佛教道理可以去掉人们的"畏死心"、"拜金心"、"奴隶心"、"推屈心"①等,显然佛教较之于有神教,更"有益于生民之道德"。

章太炎认为,佛教是没有偶像崇拜的宗教,因为作为万物本体的"真如",不是什么鬼神,"本非可以崇拜";佛教徒"尊仰而崇拜"释迦牟尼,不过是尊敬创教的祖师爷而已,"非尊其为鬼神",并不是将之视为能够裁判世间善恶的至上神。这就像"士人之拜孔子"、"匠人之拜鲁班"一样,不是为了"求福而事之",而只是尊礼创始学术、事业的"本师"。他认为,"此于诸崇拜中,最为清净"②。

章太炎所倾心的佛学主要是结构复杂、逻辑周密的唯识论,此学向称繁难,自唐代玄奘法师引入后,传不数代,即已门户萧条。章太炎欲靠它来振兴国人道德,自然会招人非议。铁铮就提出质疑,"佛家之学,非中国所常习,虽上智慧之士,犹穷年累月而不得,况于一般国民,处水深火热之中,乃望此迂缓之学,以收成效,何异待西江之水以救枯鱼。"③

章太炎辩解说,自己所以提倡佛学以"普教国人",并不是要向国人全盘灌输佛教思想,而是有所"简择"的介绍,即"不过斩截数语"而已。他自己所"简择"的是佛教的殉道精神和无神论的自尊意识,而这是需要长期培养的"治气定心之术"。他提倡佛教的要旨是要鼓励国民树立"不顾利害,蹈死如饴"的道德精神,提倡无神论"自尊无畏"、

---

① 章太炎:《建立宗教论》,见姜玢编选:《章太炎文选》,第210页。

② 同上书,第203页。

③ 章太炎:《答铁铮》,傅杰编校:《章太炎学术史论集》,中国社会科学出版社1997年版,第83页。

"依自不依他"①的独立信念。

他提出,有神教使人们在心灵上依附于至上神,取消人类的自信心;而佛教则是无神教,它要人们树立"厚自尊贵"、"依自不依他"的自信心。据此,他否认佛教不合于民族心理的说法,认为中国的"德教"派别虽多,"而根源所长,悉贵于一",这个共同的根本精神就是"依自不依他"。自先秦的孔子、孟子、荀子,宋明清的程朱、陆王、颜李学派等"虽各殊途,而自贵其心,不以鬼神为奥主,一也"。② 非但儒学,就是道家、名家、法家等学派"虽然变易万端,原其根极,唯'依自不依他'一语"。不但学术界如此,而且整个"汉族心理"也是以"不好依他"为"特长"③的。他断定,正是由于中国的民族文化心理有了这样的"特长",所以佛教能够"得机而入"。他甚至认为,佛教所以能在中国盛行,"元功"应该归于孔子的泛神论思想;若"世无孔子,即佛教亦不得盛行"。他认为,孔子虽然有"时诎时申"、"哗众取宠"的毛病;但是对于孔子破除"鬼神之说"的思想,自己则"景仰"孔子"当如岱宗北斗"。④

章太炎认为,佛教诸宗派中所以禅宗最昌盛,就在于其"自贵其心,不援鬼神,与中国心理相合"。章太炎并不是对佛教诸宗派全盘肯定,而是有所弃取,如他认为净土宗和密宗就不足取,因为它们崇拜偶像,"近于祈祷,猥自卑屈",背离佛教本来无神而自尊的"勇猛无畏之心"⑤。他尤其称赞法相宗(即唯识宗)和禅宗,认为它们虽然学风有别,法相宗精深缜密、禅宗简易直截,但是"其唯心一也",即它们"自贵其心,不依他力"的精神是一致的。因而都可以"用于艰难危急之

① 章太炎:《答铁铮》,傅杰编校:《章太炎学术史论集》,第83页。
② 同上。
③ 同上书,第86页。
④ 同上。
⑤ 同上书,第83页。

时"①以推行于当时的中国。

章太炎断定："所以维持道德者,纯在依自,不在依他。"他将这种基于意志自由的独立精神称为"自尊无畏"②。他认为,作为日本明治维新思想先导并在中国清末复兴的王阳明之学,其长处就在于"自尊无畏",而王学实际上暗中撷取了佛学思想,只是为了"敷衍门面",才表面上"不得不扬儒抑释"③的。他认为,"王学深者,往往涉及大乘";而其失误之处"或不免于我见,然我见者,是自信而非利己,犹有厚自尊贵之风"④。这种主体自尊自拔的独立精神,其前提在于排斥对鬼神的精神依附,体现了重人文反神文的学术风貌。

章太炎声称,他提倡佛教的用意在于使国民有所信仰而改变其无可无不可的精神面貌,是要使"姬汉遗民,趣于自觉",而不是为了在思想界"高树宗教为旌旗"而与其他宗教争夺地位。他认为,为了光复汉族国家,不必在宗教信仰上强求一致,要抛开这些分歧而共同奋斗,如"吾党亦有信基督者",虽然彼此"理有相伐",又怎么能强迫他们改变宗教信仰呢? 况且,"稍有信仰",即便是信仰其他宗教,也强过什么信仰都没有的"无执持"⑤。

总体看,章太炎提出了比较宗教高下有几个基本标准:一是真实无妄;二是有益于提高社会道德;三是使人树立自信心即"厚自尊贵"或谓"依自不依他";四是平等精神。他正是依据这些标准而推崇佛教、贬抑其他宗教的。

章太炎在佛学上陷得太深。虽然他自谓提倡佛教的初衷是以其"自尊无畏"和舍身济世的精神而激发国人投身革命,然而却落入了佛

---

① 章太炎:《答铁铮》,傅杰编校:《章太炎学术史论集》,第 84 页。
② 同上书,第 88 页。
③ 同上书,第 84 页。
④ 同上书,第 88、89 页。
⑤ 同上书,第 89 页。

教的空观而不知返。他在诸多关于历史观、人学、哲学的文论中所宣扬的佛教思想，并非只是选择其中关于道德精神或独立判断力的思想，并非只是选择华严宗倡导的殉道精神和禅宗的简捷学风，这些甚至不是他所宣扬的主要佛学思想。他所屡屡发挥的是最为烦琐的唯识论学说，并确定不疑地将之作为他建立人学、历史哲学乃至整个世界观哲学的根本理论依据。如他在《五无论》中提出包括"灭人类"、"灭众生"、"灭世界"在内的"五无"理想，而将人类的历史归宿设想为众生普度、人人涅槃的佛国；在《菿汉微言》中又在肯定佛教"心体不坏"和轮回思想的前提下，认为若证得"真如"本体，就可以"超脱轮回"等等，佛学思想几乎弥漫了他全部的哲学思想。如此议论显然非但不能激起国人的革命斗志，反而会误导国人最终遁入一切皆虚幻（包括革命、民权、共产主义等社会理想）的佛教空观。无怪乎1906年他在《民报》撰文宣扬佛学，改良派就讥讽《民报》变成了"佛报"，"不作民声作佛声"。这种对民众的思想误导，章太炎是难辞其咎的。

第四节　弘扬国粹以增进国民的"爱国热肠"

章太炎对于孔子和儒学的态度也走了一个螺旋式的过程，即早年笃信之，转向革命则予以严厉批判甚至诽谤，中年以后再度回到尊奉和提倡的过程。这段路程看似简单，却包含了章太炎不断深自反省和自我矫正的艰难历程。近现代以来，凡是根本否定中国文化传统的学者，无论其主张学欧美，还是主张学苏俄，大抵都肯定章太炎批孔批儒的立场，而否定其晚年尊孔读经的主张。

章太炎学术以研治古文经学起步，尊奉孔学自然是他的最初的思想本色。他关注政治而主张改良后，虽然广泛涉猎西学，仍然称赞孔子

"凌驾千圣人",远过于尧、舜和周公。① 他又致力反对宋代以来尊孟抑荀的思想传统,认为荀子才是真正继承孔学的"后圣",提出"同乎荀卿者与孔子同,异乎荀卿者与孔子异"②。他提出,荀子所赞誉的"后王"就是"素王"(笔者注:即孔子);荀子所主张的"法后王"就是效法《春秋》为新时代制定的"新法"。③ 他由改良转向民主革命立场后,尤其是在哲学思想上转向佛学以后,就屡屡批判孔子和儒学的涉世态度,认为其对民族品格有着严重而长久的不良影响,在民主革命时期提升国人道德绝不可用孔学。章太炎在《訄书·学变》中曾经称赞王充"有所发摘,不避孔氏"④的勇气,在《诸子学略说》等文章中则公然严厉批判孔子和儒家、甚至诋毁谩骂,颇有扬厉王充学术批判勇气之势。然而,王充毕竟以儒家学者自居,学术主旨在匡正汉代今文经学将孔学宗教化的谬误。章太炎这般作为,非但王充远远不敢望其项背,且说明此时的章太炎绝非王充的思想后劲,而是欲做开创中国新思想时代的报更鸟。

章太炎对孔子和儒家的批判,在1906年发表的《诸子学略说》中有集中的发挥。如他认为,"儒家之病,在以富贵利禄为心",又说"儒家湛心荣利"⑤。他将这个老账算到孔子头上,指责孔子不但开启了儒家"哗众取宠"之风气,而且开启了儒家见风使舵、重成败而轻是非的弊病。他说:"孔子之教,唯在趋时,其行义从事⑥而变。"他认为,孔子标榜"中庸",却"以乡愿为贼而讥之";然而"所谓中庸,实无异于乡愿",而且是"有甚于乡愿"的"国愿"。所谓"国愿"就是"矫言伪行,以

① 章太炎:《儒术真论》,见姜玢编选:《章太炎文选》,第48页。
② 章太炎:《后圣》,见傅杰编校:《章太炎学术史论集》,第217页。
③ 章太炎:《尊荀》,见傅杰编校:《章太炎学术史论集》,第214页。
④ 章太炎:《学变》,见姜玢编选:《章太炎文选》,第117页。又"不避孔氏"一句,有本作"不避上圣"。
⑤ 章太炎:《诸子学略说》,见姜玢编选:《章太炎文选》,第162页。
⑥ 有的版本"事"做"时"。

迷惑天下之主"的大伪君子。他推断道："孔子讥乡愿而不讥国愿,其湛心利禄可知也。"①他认为,儒家用与时诎伸的"时中"涉世态度,对于道德、理想都"不必求其是",而"唯期便于行事",用现在的话概括,这是典型的无原则的功利主义。他据之断定,"用儒家之道德,故艰苦卓厉者绝无,而冒没奔走者皆是"②。在他看来,基督教、伊斯兰教的害处在于"堵塞人之思想,而儒术之害,则在淆乱人之思想"。他肯定孔子有两个"复绝千古"的伟大历史功绩,即去除迷信而重视人事和向下层平民传播知识;然而,又提出它们只是"已属过去",孔学遗留到现在的只有"热中竞进"③于富贵利禄的弊病。因此,孔学显然不适宜作为激励革命理想、培植革命道德的思想依据。

非但如此,章太炎在文中又一反古文经学严谨求实的学风,引证一些莫须有的论据对孔子的人格进行攻击。如他引《庄子》、《墨子》中的议论作为证明孔子的"佞"和"诈伪";又揣度孔子"诈取"老子藏书,学成权术后,又忌刻老子,不愿意"崇奉以为本师",于是就向老子暗示要取他的老命,吓得老子"西出函谷",逃命去了。否则,老子也会像少正卯一样被孔子取了性命。他感叹道："呜呼,观其师徒之际,忌刻如此,其心术可知,其流毒之中人,亦可知已。"④他为了否定孔学,索性牵强附会、甚至凭空杜撰,把孔子的人品也骂了个狗血喷头。此期章太炎欲以过甚其辞的刻薄语言诋毁孔子而收惊世骇俗之效,其诋毁孔子有"哗众取宠"的毛病,自己却难脱此嫌。

章太炎在《诸子学略说》中将中国学术分为"客观之学"和"主观之学"。他将"要在考迹异同,而不在寻求义理"的学术称为"客观之学",所指即经学、考据学、历史学等。他继承清代学者章学诚"六经

---

①　章太炎:《诸子学略说》,见姜玢编选:《章太炎文选》,第163页。
②　同上。
③　同上书,第163、164页。
④　同上书,第165页。

168

皆史"的观点,认为"孔子删定六经,与太史公、班孟坚初无高下,其书既为记事之书,其学唯为客观之学"。他将"要在寻求义理,不在考迹异同"的学问称为"主观之学",诸子学术即是"主观之学"①。这实际上是取消了孔子的思想家地位,而仅将之定位为史学家。在他看来,不恪守师说门户而于"往复辩论"中"寻求义理"的周秦诸子,才是真正的思想家。

1906年章太炎在《东京留日学生欢迎会演说录》中反对康有为尊孔教,说:"孔教最大的污点,是使人不脱富贵利禄的思想。……我们今日想要实行革命,提倡民权,若夹杂一点富贵利禄的心,就像微虫霉菌,可以残害全身,所以孔教是断不可用的。"②同时,他又提出"用国粹激动种姓,增进爱国的热肠"③的主张。章太炎特地强调,他所以提倡"国粹","不是要人尊信孔教,只是要人爱惜我们汉种的历史",包括"语言文字"、"典章制度"、"人物事迹"三项。然而,若按其稍后发表的《诸子学略说》,这三项也属于"客观之学",照此推论,虽然孔教"断不可用",孔子的历史学却包含在国粹之内,不妨也用来作为"激动种姓,增进爱国的热肠"的成分,看来,如果提倡国粹教育,就不能完全排除孔子思想。

有学者在20世纪30年代就提出,章太炎早年的议论多有"志在光复,或矫枉以救时,或权说以动众。若《诸子学略说》之属,譬之刍狗④,用在一陈,本非定论"⑤。这种说法是中肯的。研究章太炎此期思想应该体味他为实现革命目的而有意采取矫枉过正或权宜说法的用心,况且其中还多有故意与康有为辈的今文经学对着干的门户意气,故而不

---

① 章太炎:《诸子学略说》,见姜玢编选:《章太炎文选》,第160页。
② 章太炎:《东京留日学生欢迎会演说录》,姜玢编选:《章太炎文选》,第143页。
③ 同上书,第142页。
④ "刍狗"指古时祈雨用草扎的狗献祭,用过后即丢弃。《老子》有"天地不仁,以万物为刍狗;圣人不仁,以百姓为刍狗"之说。
⑤ 《章先生学术述略》,引自傅杰编校:《章太炎学术史论集》,第404页。

可将这样的议论视为他最终的学术结论。

章太炎的民族主义立场从民族复仇思想转变为维护民族优秀的传统文化。他所以大力提倡学习"国粹",不但是出于强烈民族文化自尊感和深厚的爱国感情,也是出于理智的思考。他认为,中国文化有自己的长处,文化和政治上的欧化主义对于中国来说是一条走不通的路。他指出,"近来有一种欧化主义的人,总说中国人比西洋人所差甚远,所以自甘暴弃,说中国必定灭亡,黄种必定剿绝",原因就在于这些人"不晓得中国的长处"①。为此,章太炎从"语言文字"、"典章制度"、"人物事迹"三方面论说中国文化的长处。

就"典章制度"而言,章太炎认为,中国的君主专制政治"本没有什么可贵",但是"不好将专制政府所行的事一概抹杀","将来建设新政府"时,对传统的典章制度有的"须要改良",有的则"须要复古"。因为其中颇有合乎社会主义或近于社会主义之处。例如,他认为,魏、晋至唐代都施行的"均田制度"就是"中国特别优长的事,欧美各国所万不能及的",其使得贫富差距不甚悬殊,故"合于社会主义";而"其余中国一切典章制度,总是近于社会主义",即便是"极不好的事"如法律和科举制也是如此。就"刑名法律"而言,"中国的法律虽然近于酷烈,但是东汉定律,直至如今",除了个别特殊情况外,"没有罚钱赎罪的事";刑法平等处罚富人与穷人,即具有法律平等的精神。就"科场选举"而言,其长处在于穷人有了"做官的希望"可以"参预政权",政权不是由富人所垄断,即在参与政治方面,同样具有平等精神。他提出,"这两件事,本是极不好的,尚且带有几分社会主义性质",更何况那些好的制度了。他声称,自己所以"崇拜中国的典章制度,只是崇拜我的社会主义"②,而不是崇拜君主

---

① 章太炎:《东京留学生欢迎会演说录》,见姜玢编选:《章太炎文选》,第 145、146 页。

② 以上诸引文均引自章太炎:《东京留学生欢迎会演说录》,见姜玢编选:《章太炎文选》,第 147、148 页。

专制。

当时马克思主义思潮在中国尚未盛行,世界上也没有现成的社会主义模式,章太炎对"社会主义"的理解是肤浅的,只是局限于经济平等、法律平等、国民普遍有参政权利的层面上。然而,章太炎在否定"欧化主义"和君主专制的前提下,肯定中国传统政治的长处并发掘其中的"社会主义"因素,以备将来建立新制度之用,这说明他并不是持守盲目排外的文化保守主义立场,也不是将国粹教育的预期效果仅停留在培植爱国感情的层面——而是更有批判地继承传统典章制度的思考。尽管他的主张颇有可质疑之处,但是,至少这种辩证看待中国传统制度文化的思想方法,较之近代以来全盘否定中国传统制度文化而仅将之视为只具有史学价值的故纸堆的简单化观点,无疑是具有思想深度和理论价值的。

1908 年章太炎在《〈国粹学报〉祝辞》中,抨击当时的"新学"称道日本政治而欲效法的主张,认为这是中国的耻辱。他引用《左传》"部娄无松柏"①之说,认为日本小小岛国只是效法他人,而拥有博大文化的中国在政治体制上历来是独立自足的;中国先秦的儒、墨、道、名诸家乃至"汉宋诸明哲"的精深学术,绝非日本"岛人所能有也"。他指责欲效法日本政治的思想是"自弃其重,而倚于人,君子耻之"。他在文中列举顾炎武、黄宗羲等"六君子"的各种治国方略而标榜之,认为"此皆便于齐民",以此论证探求中国未来出路的根本方法在于采择优秀传统文化,即"反本以言国粹"②。

章太炎的学术以古文经学名世。他研治"国学"的理路主要是古文经学重视名物的实证学风。他深切体味到,了解民族传统文化是培养民族意识、爱国心的根本途径。他说:"民族主义如稼穑然,要以史

---

① 　语出《左传·襄公二十四年》。"部娄"即小山丘。
② 　姜玢编选:《章太炎文选》,第 282、283 页。

籍所载人物制度、地理风俗之类,为之灌溉,则蔚然以兴矣。不然,徒知主义之可贵,而不知民族之可爱,吾恐其渐就萎黄也。"①故而,他主张通过"国粹"教育来培植国人的爱国心和民族主义观念。然而,从思维逻辑上讲,主张"国粹"教育就不能不肯定两千多年来在中国文化中处于主导地位的儒家学说,因为,否定了儒家,也就去掉了"国粹"的主干,他弘扬"国粹"的主张就会大部分落空。

中年以后的章太炎非但不再诋毁孔子和儒家,而且逐渐走向提倡尊孔读经的道路上来了。这意味着他更侧重于从传统文化尤其是孔学中寻求培植国民道德和爱国心的思想根据。他的民族主义立场从前期的政治排满、排外,最终还原到在文化上坚持中国独特的传统"国性",即以儒学为主体的传统文化上来了。

1913 年章太炎针对康有为等提倡以孔学为国教,建立孔教的主张,撰文《驳建立孔教议》予以批驳。在文中,他不是从反孔贬孔的立场出发来反对建立孔教的,而是从历史传统和现实利弊考虑的,要点有二:一是"中国素无国教(笔者注:指以宗教为国教)",而"国民常性"在于注重世间的"政事日用"、"工商耕稼"等正常生活,不理会那些不可验证的鬼神之事,"不欲守死事鬼,以为真宰"。他认为,这是"华夏之民"的理智通达之处;②"自尊"而不尊神、重生而不重死是中国文化的长处。他指出,主张建立孔教的人,其动机是忧虑西方基督教的旧教、新教传入中国而危及本位文化,因而要将孔子宗教化,"欲建树孔教以相抗衡"。然而,这种刻意仿效有神论的做法之愚蠢"犹素无创痍,无故灼以成瘢"③。二是孔子本人"不语神怪,未能事鬼",将孔子神化直接背离了孔子的思想意旨;并且,后世的"孟荀之徒"所以"竭情称颂"孔子,是将孔子视为"百世之英,人伦之杰,与尧舜文武相伯仲"

①　章太炎:《答铁铮》,见傅杰编校:《章太炎学术史论集》,第 404 页。
②　姜玢编选:《章太炎文选》,第 493 页。
③　同上书,第 494 页。

的伟人,并没有将之宗教化;而学子文人们礼敬孔子,是出于"思慕反本"的尊师感情,"本不以神祇灵鬼事之"①。他指出,用"为孔子所弃"的宗教来尊孔,将孔学宗教化,这是对孔子的扭曲,其非但不能尊孔,反而是对孔子的玷污。他说:"今忘其所以当尊,而以不当尊者奉之,适足以玷阙里之堂,污泰山之迹耳!"②

　　章太炎在该文中提出,汉代将孔子神化是个大谬误,现在提倡建立孔教的人犯了同样的错误,都是"但知孔子当尊",而不懂得所以应该尊孔的缘故。章太炎列举了孔子对于中国社会和文化的四大功绩,即一是"制历史",使后人得以"识古"、"知前",虽然屡遭外族统治,终能复兴华夏国家和文化;二是"布文籍",打破官府垄断知识的局面,向民间广泛传播文化;三是"振学术",打破"九流"的狭隘学术门户,尤其是通过《周易》和《论语》"以寄深湛之思",开创了后来中国"大师接踵,宏儒郁兴"的文化昌盛的历史局面;四是"平阶级",孔子广泛传播文化,使得"民苟怀术,皆有卿相之资","寒素"平民也能够参与政权,从而废除了"世卿制",造就了长期以来"阶级荡平"的政治局面。③

　　他在文中盛赞孔子是"中国斗枓",即中国文化的引导者,"为保民开化之宗";并说"世无孔子,宪章不传,学术不振,则国沦戎狄而不复,民陷卑贱而不升"。他认为,孔子所以远高于"尧、舜、文、武",就在于正是由于他中国文化才"今之不坏"。他认为,鉴于孔子对中国文化和历史的巨大功绩,尊孔的适宜方式是"学校瞻礼,事在当行",而非"树为宗教杜智慧之门,乱清宁之纪"④。可见,章太炎此时已经将孔子视为中国文化的开创者和主要代表,将孔学看做"国粹"的核心内容,而不再是见风使舵的"乡愿"或善操权术的阴谋家了。这与他在《诸子学

①　姜玢编选:《章太炎文选》,第494页。
②　同上书,第496页。
③　同上书,第495页。
④　同上书,第496页。

说略》的说法截然背反。

《菿汉微言》中载,1916年章太炎在回顾自己学术思想变迁的过程时,说自己曾经发现《庄子》的"齐物"思想与佛学的瑜伽宗、华严宗思想相贯通,因而特别推重庄子,盛赞"千载之秘,睹于一曙"。那时他虽然也称赞"仲尼之功,贤于尧舜",但是认为孔学在"玄远"方面比不上老庄。然而在1913—1914年间,他重新研究《论语》和《周易》而大有体会,对孔子思想评价甚高,盛赞"仲尼大圣,本以菩萨利生",认为"赵普称半部(笔者注:指《论语》)治天下"的说法不是没根据的大话;并以庄子思想印证孔学,即"以庄证孔"①,认为《庄子》是孔子的"绪言遗教"②。可以说,章太炎在这一时期将孔学庄子化,将庄学佛学化,实际是在寻求孔学与佛学的契合点而欲融会二者。

五四以后,章太炎更深悔早年诋毁孔子的言论,在《致柳翼谋书》中说自己中年以后"诋孔则绝口不谈"。他在自编《章氏丛书》时,将以往非难孔子的文章一概删除。他晚年更是主张尊孔读经,倡导通过读经而增进国民的爱国心和道德情操,所撰《论读经有益而无弊》的演说辞集中体现了他此期的思想倾向。可以说,他以往关于通过"国粹"教育激发国人爱国心的主张,名未变而实已移,即他在《东京留学生欢迎会演说录》提出的"国粹",其内容主要指传统的语言文字、典章制度、人物事迹等表层文化,并明言"孔教断不可用",而晚年在《论读经有益而无弊》中则将"国粹"主要归结为儒家经典。虽然他仍然持章学诚所主张的"六经皆史"之说,但是他所注重的不再是表层文化,而是内在的人文精神,尤其是儒家的"修己之道"。

章太炎明白在当时的情况下提倡读经,会遭受"浅人之侮"。但是,他以一贯的反潮流精神和自我否定勇气,公然宣称:"余敢正告国

---

① 朱维铮、姜义化编注:《章太炎选集》,第589—590页。
② 章太炎:《菿汉微言》,转引自朱维铮、姜义化编注:《章太炎选集》,第591页注⑨。

人曰：于今读经，有千利而无一弊。"①他从三个方面予以论证。

其一，对"读经之利"的论证。

章太炎出于经书皆是史书的观点认为，读经（亦即读中国古代史书）能培植国人道德情操和"爱国之心"，而这种民族精神是立国的根本。在他看来，"儒家之学"和"经籍所载"都是"修己、治人之事"②，其中"修己之道"古今是一致的，"无论政体如何改易，时代如何不同，而修己之道，则亘古如斯"③。因而，孔子和后来儒家学者所提倡的"修己之道"，于古于今都有普遍的适用意义。

他强调说："夫读史之效，在发扬祖德，巩固国本，不读史则不知前人创业之艰难，后人守成之不易，爱国之心，何由而起？"他特别推重《春秋》，认为"《春秋》三传虽异，而内诸夏外夷狄则一，自有《春秋》，吾国民族之精神乃固"；中国虽然多次亡国，却"终能光复旧物，还我山河"，全在于"此一点爱国心"；此心"蟠天际地，旁礴郁积，隐然为一国之主宰"，那些爱国志士因之而"汤火虽烈，赴蹈不辞"。他认为，在目前的国际形势下，提倡读经的重要性"又过往昔"。因为以往的异族文化低于中国，即便"入主中原"，也会被中国所同化；但是，现在文化发达的外国列强如"封豕长蛇之逞其毒者，乃千百倍于往日"④。如果只知学习外国，不读传统的经史书籍，就会忘却民族大义，最终沦为外国的文化"奴虏"。

他归结道："要之，读经之利有二：一、修己；二、治人。"儒家所主张的"修己之道，古今无二"，应该继承发扬；"治人之道"虽然因古今时代和习俗的不同而要"斟酌损益"、有所"取舍"，但是"保持国性实为最

①　章太炎：《论读经有益而无弊》，见姜玢编选：《章太炎文选》，第559页。

②　同上。

③　同上。又，姜玢编选的《章太炎文选》做"互古如斯"，"互"字有误，笔者据他本改之。

④　同上书，第559、560页。

要"①。这就是说,不但在修身做人方面,而且在国家体制方面也务必要保持中国的优秀传统文化的特色。

其二,对"读经无顽固之弊"的论证。

章太炎认为,"经学本无所谓顽固也",诬指"经学以顽固",是出于那些"空疏不学辈之口",而浮躁少年们又"从而附和",竟然形成了普遍的社会定论②。他对这种情况深为"愤叹",并依据广博的史实驳斥"读经为顽固"之说,指斥这种对读经效果的理解毫无验证,而"无证验而必之者,非愚即诬"③,即不是愚蠢,就是有意诬陷。

其三,对读经可以挽救"今日一切顽固之弊"的论证。

章太炎抨击当时崇洋拜金、鄙薄民族文化的风气,斥责当时的人以"发展个性"为名而追求"声色货利","礼义廉耻一切可以不顾";以"打倒偶像"为名而否定政治、法律、道德等"一切有名无形"的东西。他认为,这种社会风气的危害极大,"世以是乱,国以是危,而种族亦将亦是而灭亡矣"。他提出"救之之道,舍读经末由",即读经是挽救当时社会风气的唯一通途。他列举了《论语》关于修身的三句话,④认为其"可陶溶百千万人","可以处社会,可以理国家,民族于以立,风气于以正"⑤。在此,他将通过读经而变革社会风气视为拯危救亡乃至民族自强的根本途径。

章太炎主张尊孔读经的意旨不但在于培养明辨夷夏的民族观念和爱国心,采择合理的制度文化以"保持国性",而且深入到孔学的人文伦理观念,尤其对"修己正天下"的思想予以充分的肯定。这在于他,是对孔学认识上的重大变化,算来是章太炎学术后辈的新儒家学者们,

---

① 章太炎:《论读经有益而无弊》,见姜玢编选:《章太炎文选》,第560页。
② 同上。
③ 同上书,第563页。
④ 此三句话即"君子忧道不忧贫"、"士志于道,而耻恶衣恶食者,不足与议"、"衣敝缊袍,与衣狐貉者立而不耻"。
⑤ 章太炎:《论读经有益而无弊》,见姜玢编选:《章太炎文选》,第564页。

在尊孔问题上多是与他晚年的这种思路有相互近之处,从孔子的人生观念方面入手探求儒学的精神底蕴和恒常生命力。

冯友兰认为:"章炳麟和康有为都是尊崇孔丘的,但他们所持的理由不同。康有为尊崇孔丘是因为其'托古改制',章炳麟尊崇孔丘是因为其'攘夷保种'。"①这段话可以做这样理解:康有为借尊孔之名而"托古改制",目的在于促成中国文化和社会的现代化,以赶上世界的时代潮流;章太炎为"攘夷保种"而尊孔,目的则是要在中国社会和文化向世界开放(虽然当时的开放包含了许多不得已而然的成分)而发生巨大动变之际,在精神文化以及制度文化上保持中国的文化精神、民族意识,不使国人沦为西洋文明的思想奴隶。因为,孔学是融注于中国文化方方面面的主导精神,离开了孔子和儒学而讲国学、国粹,这样的国学、国粹终究是不得要领的散沙;而提倡国学、国粹教育却要反孔反儒,必定是南辕北辙、给自己制造矛盾,注定搞不成功。他在中年以后愈来愈清楚地意识到这个道理,故而在晚年有此鲜明的尊孔读经主张。

周黎庵回忆访问晚年的章太炎时,章太炎曾谈到,"孔子,尊尊也不妨,他的东西,关于做人方面……绝是不错的",如孔子所提倡的"孝、悌、忠、信"道德就是谁都不能否定的。他同时也指出孔子思想中"封建的不好,要不得",但这是"时代的关系"②,不能算到孔子账上。可见,他是站在民主主义的立场上肯定尊孔的,其尊孔有特定的论域,即有选择地肯定孔子和儒家的伦理观和人学思想,而不是无条件地一概肯定,更不是像康有为那样以今篡古,将孔子说成民主革命家。这体现了他古文经学求真求实的治学态度。

在章太炎的晚年,体现最为突出的依然是他的民族主义观念。他反对在政治体制上学欧美、在自强道路上学日本,强调在新社会在制度

————————

① 冯友兰:《中国现代哲学史》,广东人民出版社1999年版,第20页。

② 周黎庵:《半小时访章记》,见《名人轶事录》,吉林人民出版社1996年版,第18页。

文化上也要保持"国性"。但是,这种具有中国传统文化特色,继承古代制度文化长处的民主社会到底是什么样子,他晚年并没有勾勒出一个具体的模式。或许由于天不假年,太炎先生有此心愿而未了;抑或他忙于研治和传播"国粹"而精力不及于此。然而,如此重要的大题目没有完成,以致颇有人将他四十岁以前提出的"五无论"视为他社会理想的定论,这毕竟是一大遗憾。

第五节　唯识论特色的人性学说

章太炎早年在《菌说》中也曾限于在孟子性善论和荀子性恶论的传统圈子里辨析人性问题。他认为,荀子之说"善恶皆具",较孟子全面而可验证,并反对以佛学"无善无恶"的"性海"界定人性,断定人性"必有善有恶"。在《菌说》修改稿中,他又参照英国近代哲学家培根关于道德起于自利思想和洛克的"白板说",提出人性"无善无恶"是就本来状态而言,"有善有恶"是就社会交往而言,欲折中二说而得出持平之论。在上海租界囚禁期间,章太炎潜心研究佛学唯识论思想而深有所获。唯识论对他此后的哲学思想产生了深刻而全面的影响,人性论就是其中一个突出的方面。他力图从唯识论哲学的视角超越儒家和近代西方关于人性论的思考层次,提出更为深刻、完善的解释。

在《俱分进化论》中,章太炎依据佛学唯识论而发挥之,从生物本性方面分析了善与恶"俱分进化"的原因,并阐发了其人性论思想。章太炎认为,善与恶并进的原因之一是"由熏习性"[1]。他说:"生物本性无善无恶,而其作用可以为善为恶。"无善无恶的"阿赖邪识"[2]是生物

---

[1]　"熏习"为佛学用语,指多次熏染。瑜伽行派和法相宗用以谓眼识、耳识、鼻识、舌识、身识、意识、末那识对阿赖耶识连续的熏染影响。

[2]　现一般译为"阿赖耶识",章太炎或称之为"阿赖邪识",或称之为"阿罗耶识",或称之为"阿赖耶识"。

的本性，其又称"本有种子"；由之产生的"末那识"虽然无善恶，却有思虑能力；至于"意识"则"始兼有善恶"，或者说"杂善恶"，其又称为"始起种子"、"善恶种子"。在生物的进化过程中，除了阿米巴这类的低等生物外，无善无恶的本性都"必有善恶种子与之杂糅"，或者说"种种善恶，渐现渐行，熏习本识，成为种子"①。因而，现实本性都是有善有恶的，人的现实品格也是如此。章太炎认为，从轮回来说，"善恶种子"会作为"业识"而带到来世；②从生理来说，"善恶种子"会经过遗传而延续，即"善恶种子则亦祖父遗传之业识已"。他用这个道理说明，既然"种子不能有善而无恶。故现行亦不能有善而无恶"。人类的善与恶所以都过于动物而体现为大善大恶，就在于人类处于进化的最高层级，而"生物之程度愈进，而为善为恶之力因以愈进"。③

　　他认为，善与恶"俱分进化"的又一个原因是"由我慢心"，即好胜心。他认为，"念念不舍"地执著于"自我"的"末那识"使人产生了"四种心"，即好真、好善、好美、好胜。前三者没有"恶性"，而"好胜心"则"纯是恶性"。章太炎所指的"好胜心"包括两种：一是"有目的之好胜"，即为了追求感性欲望、财产、权位、名誉"而起竞争者"；二是"无目的之好胜"，这是动物乃至人类都有的好斗的天性，其不是为了具体的利益或名誉，而是"唯欲得胜而止"。动物中如鸡、蟋蟀"天性喜斗"；人类"如好弈棋与角力，不必为求博赆，亦不必为求名誉"。他认为，人类的"真、善、美、胜四好，有兼善、恶、无记④三性"，因此，人类的行为"不能有善而无恶"⑤。

---

① 章太炎：《俱分进化论》，见姜玢编选：《章太炎文选》，第153页。
② 对"善恶种子"的轮回问题，章太炎以为"此不可与常人道者"，故未多论。但肯定轮回就必然要承认轮回的承担者——灵魂是不灭的，这与他早期批判谭嗣同灵魂不灭的思想是相背异的。
③ 章太炎：《俱分进化论》，见姜玢编选：《章太炎文选》，第153页。
④ "无记"即无善无恶。
⑤ 章太炎：《俱分进化论》，见姜玢编选：《章太炎文选》，第153、154页。

章太炎在《五无论》中又进一步发挥这种思想，提出"末那识"虽然无善恶却能思虑，"常执藏识（笔者注：即"阿赖耶识"）以为自我，以自我之见见于意识，而善恶之念生"。人们执著于自我真实性的观念，产生了"好胜之念"，争斗便由之而起。这种情况"非独人尔，一切动物皆然"①。他认为，因好胜而竞争是人类乃至一切动物的天性，竞争不仅仅是为了"利害得丧之事"，如鸡、鹌鹑、蟋蟀等动物"多以无事相争，而不必尽为利害得丧之事"；人类自幼年至壮年也多有不为"利害得丧之事"的意气之争，往往"杯酒失意，白刃相仇"；人类的彼此残杀，并不只是为了"生存竞争、牝牡竞争"，天然的好胜心是竞争的重要原因。他提出，"好胜是其天性，涉于利害得丧，则发之愈烈耳"②。据此，他认为，古希腊学者将"人心之所好"仅仅归结为真、善、美三项，而无视人的好胜天性，实在是"至陋之论"③。

在文中，章太炎不完全否定中外学者的性善论思想，肯定人有先验的"恻隐之心"。然而，他认为"彼恻隐之心者，亦与好胜之心同一根柢"，人们兼有这两种天性，"虽甚凶戾，无不怜弱者，虽甚仁慈，无不憎怨家"。至于哪种天性发生作用，是由于面临对象不同而转换的，如部落战争中，常屠杀敌方的"丁壮"而保留"妇女弱儿"，其心理原因是"诛其强者，本乎好胜心；全其弱者，本乎恻隐心"。即便对方不是仇敌，然而，如果是"体力智勇与我相若者"，彼此"一有小忿"，则自己就会"常存必杀之心"，虽然未必付诸行动，但是这种心理"必不能去也"④。

章太炎的这种观点近于中国历史上折中孟子性善论和荀子性恶论

---

① 章太炎：《五无论》，见姜玢编选：《章太炎文选》，第260页。
② 同上书，第260、261页。
③ 同上书，第260页。

④ 同上书，第262页。

的思想,①不过,他本于佛学而发明之,将人的恶性恶行归结为因执著自我真实性而产生的好胜观念这样的心理因素,而非仅限于现象的断定(如荀子的性恶论、汉唐流行的三品论等)或溯源于凭空杜撰的"气质之性"(如宋至清主要的人性论思想)。这应该说是章太炎在理论层次上较前人深刻之处,尽管他的这个思想本于佛学,然而毕竟有其独到的创见。

在《五无论》中,章太炎又指摘其早年奉为"后圣"的荀子,认为荀子的性恶论"其见非不卓绝",但是荀子又主张通过"礼法"制约人的恶性,这就使其说陷入了自相矛盾。即依照荀子的性恶论推论,则"礼法"由"恶人所制",又由恶人"把持",因此"以礼法治恶"实际是"以恶人治恶人"。这有如"使虎理熊,令枭将獍,熊与獍之恶未改,而适为虎为枭傅其爪牙"②,结果必然是以恶济恶,更增其恶而已。章太炎虽然长于运用逻辑技巧,并以之批判荀子之论"自语相违实甚"。但是他自己却在逻辑上犯了低级错误,即混淆了"性恶"和"恶人"两个概念,而将荀子关于礼法起于圣人的政治智慧而非先天恶性的思想、"积伪成圣"的思想弃置不顾。荀子性恶论虽然有其理论弱点,但并不在此逻辑错误上。

在章太炎看来,儒家辨析人性论不行,佛教则可以胜任其事。所以,他以唯识论为准绳来裁量儒家人性论。章太炎1910年发表《辨性》一文,系统阐述了他的人性论思想。总体看,在此文中,他的人性论虽然以佛教唯识论为理论根据,却又不限于唯识论的旧说而有所发挥和发展,其较之《俱分进化论》和《五无论》的人性论思想更为成熟、

---

① 自汉代以来,在人性论思想上折中孟子和荀子思想是主要趋势,虽然体系结构和范畴等各具特点,但基本思路大都不外于此,如汉代的性三品论、性善恶混论;唐代的性情三品论、性善情恶论;宋代以后的二性("天命之性"与"气质之性")、二心("道心"与"人心")的说法等均是如此。

② 章太炎:《五无论》,见姜玢编选:《章太炎文选》,第263页。

也更为系统。以下主要述评其《辨性》中的人性论思想。

其一，从唯识论观点重新审视和批判传统各种人性论。

章太炎依据唯识论的"八识"之论，以"如来藏"或"阿罗耶"（笔者注：即"阿赖耶识"）为人的终极本质，"谓之初种"；其所产生的"末那识"即"意根"通常执著于阿赖耶识而以个体自我为真实的存在，"我爱"的欲求心和"我慢"的好胜心因之而生；"意根"具有认识一切现象的思维的功能，于是产生"意识"，即"意根之动，谓之意识"；眼、耳、鼻、舌、身、意"六识"与事物接触而受习染，称为"受熏之种"。章太炎认为，各种人性论观点所论的人性，不外就"阿赖耶识"、"受熏之种"和"意根"三者而言其一。[①] 他依据佛学尤其是唯识论，剖析了中国传统哲学中有代表性的诸人性论观点的失误之处。

章太炎将"儒者"的人性论观点分为五类，即告子的性无善恶论[②]、孟子的性善论、荀子的性恶论、扬雄的性善恶混论以及漆雕开、王充、韩愈等人的人性因人而异而有善恶之别的观点。[③] 他认为，孟子、荀子虽然立论不同，然而，"二家皆以意根为性"即均是就"意根"而论人性的。因为，"我爱"、"我慢"之心"可以为善，可以为恶"，而孟子、荀子都只是说了其中的一个方面。具体说，孟子只说出了"意根"中出于"我爱"而"推我爱以爱他人"的天性，即"审善"；荀子只说出了"意根"中出于"我慢"而"求必胜人"的天性，即"审恶"。两家各执一端而不懂得"意根一实也，爱慢悉备"，兼有善恶的道理。所以说，孟子与荀子的人性论"悉蔽于一隅矣"[④]，即都是偏颇的。

---

① 章太炎：《辨性》，见姜玢编选：《章太炎文选》，第384、385页。又，以下关于《辨性》的引文概引自此书，然窃以为书中的句读标点不尽妥当，故依据自己的理解另行处理。又，本文所引的其他章太炎文字也做同样处理。

② 章太炎认为，"告子之兼学儒、墨"（《诸子学略说》）；又在《原儒》中提出，"儒"有达名、类名、私名之别，他将告子也列为"儒者"，或是从私名的角度讲的。

③ 章太炎：《辨性》，见姜玢编选：《章太炎文选》，第384页。

④ 同上书，第385、386页。

他认为,告子关于人性"无善无不善"之说已经隐约意识到"阿罗耶识"是人的本性,但是却"知其实,不能举其名",不能明确说出牛、犬与人相比虽然"智愚有异",而均以"阿罗耶"为本性,所以被孟子驳得理屈词穷。至于扬雄的人性"善恶混"之说、漆雕开等人的人性论以及后来性三品的思想,均是就"受熏之种"而讲的。① 然而,他们不懂得"阿罗耶"这个本体,因而只知其然而不知其所以然。在章太炎看来,这五种人性论思想都没有把握关于人性的真理。

其二,"审善恶"与"伪善恶"的判别及扬善去恶的途径。

在《辨性》中,章太炎将人的品格分为出自先天和后天形成的两个层次,二者各有善恶之分,其中源于"意根"的先天善与恶称为"审善"、"审恶";后天形成的善与恶称为"伪善"、"伪恶"。"审"即"真"义,其与"伪"相对待,"审善"、"审恶"即发自本心而不可断绝的先天善性和恶性;"伪"与荀子关于"伪"的含义相同,即后天人为造作而非出自本然心性之意。与荀子以善为"伪"之说②不同的是,他又提出"伪恶"的概念,强调"恶"的后天因素。

章太炎对人性层次的判别,也可理解为善性与恶性均有先天和后天之分。就善性而论,其有先天的"审善"与后天的"伪善"之别。所谓"审善",指"诚爱人者",即发自本性而真诚爱他人的心理。其"生心之所不能已,非求其报",即它不是出于思虑,而是出自本心而不能断绝,且不求回报的,此即"无所为"或"无以为"的。他认为,"伪善"有功利性和非功利性的不同,前者如打算通过"利人"的道德行为结交朋友、博取名誉、或欲往生天界、或欲成为圣贤;后者如"利人"行为仅是出于遵循社会的道德要求而不求回报。它们虽然不尽相同,但都是出于有

---

① 章太炎:《辨性》,见姜玢编选:《章太炎文选》,第386页。
② 荀子提出:"人之性恶,其善者伪也";强调探讨人性问题,首先应该明确"性伪之分"。见《荀子·性恶》。

意识地道德选择,因而是"有以为"的,而"有为而为善,谓之伪善"①。

就恶性而言,有先天的"审恶"与后天的"伪恶"之别。所谓"审恶"指人非功利目的的好胜心,如常人终日"弈棋者",并不是为了求得彩头或"善弈名"只是出于好胜心理;又如常人与人辩论,既没有借此"得官"或求"辩士之名",辩论的内容也与自己或"学术政治教"无关,然而辩论之激烈往往导致"妄言骂詈",这种无谓的争论仅仅是好胜而已。如此"无以为而为之"的行为,"故予之审恶之名"。所谓"伪恶"是指由于社会原因而做恶事,如由于"饥寒迫之"而使人为"盗、贼、奸、邪";由于性欲望不能宣泄而迫使人"为淫邪"、由于面临他人毁坏自己的名誉之势,而迫使自己"为残杀",这些恶行及其变本加厉地发展,则是"有以为"的"伪恶"②。

虽然章太炎认为孟子与荀子的人性论思想肤浅而片面,然而,明显的是,他的"审善"概念类同于孟子思想;而"审恶"、"伪善"思想则有荀子影响的痕迹;"伪恶"则是他所创造的概念。用语虽然新奇,内涵则未出前人的思想范围。

章太炎认为,在现实人格中,"审善恶"与"伪善恶"互相渗透,而后天的"伪善恶"又为天然"审善恶"的"增上缘"③即助长条件,其结果或者是善与恶共同增长,或者是互相抵消。他认为,后天形成的"伪善恶易去",而天然的"审善恶不易去"。因而,人们所期待他人的是对方"施伪善";群体的安定则有待于人们"去伪恶"④。这就是说,社会所关注的重点在"伪善恶"而不在"审善恶"。

他又提出善与恶及它们之间的关系不可简单看待,"审善"非绝对

① 章太炎:《辨性》,见姜玢编选:《章太炎文选》,第387页。

② 同上。

③ "增上缘"为佛教所谓"四缘"之一,指"因缘"、"等我间缘"、"所缘缘"之外各种有助于或无碍于现象发生的条件。

④ 章太炎:《辨性》,见姜玢编选:《章太炎文选》,第388页。

的善,"审恶"也非绝对的"恶",存在着"审恶且为善,审善又且为恶"的情况。因而,父子出于"审善"之心而相互维护,不宜一概以为是"仁";出于"审恶"的狭路相争,也不宜一概以为是"恶"。并且,有时"审恶"对于"伪恶"有抑制作用,"如自贵其身,则不肯苟取臧(笔者注:通"藏")私";然而,"审善"有时却能引起"伪恶",如穷人欲赡养自己的父母,会偷盗邻家的粮食。①

其三,破除"审恶"、"伪恶"途径的构想。

章太炎认为,出于"我慢"的天然好胜心——"审恶",不是"善"(包括"审善"、"伪善")所能根除的。尽管如此,"审善"、"伪善"对于"审恶"有抑制作用,使之不能成为现实行为。就"审善"对于"审恶"的抑制作用来看,如欲与朋友亲和,就必须压制自己的好胜心;就"伪善"对"审恶"的抑制作用来看,"如惧死亡之祸,则不敢犯分陵人"。然而,从根本上讲,"审善"只能抑制而不能根除"审恶";也不可以用"审恶对治伪恶",否则会"流变无穷"②。

章太炎认为,"审善恶"不能克服的"伪恶",可以通过"伪善"去除。他说:"伪恶可以伪善去之。伪之与伪,其势足以相灭。"他以影子可以遮盖其他影子(如树影可以遮盖人影)为例,说明后天形成的道德可以克服后天的恶性恶行。他认为,"伪善"虽然初时是本心的意愿与行为不一致,但是经过长期的"习",就会改变原来的意愿,而使得道德意愿与道德行为一致起来。他说:"且伪善者,谓其志与行不相应。行之习,能变其所志以应于行。"在这个意义上,他认为,"伪善"行之既久,又可以变为"审善",即经过长期有意识的道德自律,道德观念就会成为人自然的心理趋向。这就像"始学者,志以求衣食,习则自变其志以求真谛",因为追求"真谛"是人性的自然趋向,故而本来是为了谋求

①　章太炎:《辨性》,见姜玢编选:《章太炎文选》,第388页。
②　同上。

衣食而学习的人们,经过"习"而改变初衷,即便是"槁项食淡"也苦苦追求"真谛"而不息。故而即便是出世的佛教,其对于世间,也主张用"伪善"来劝导人。①

在他看来,"恶"所以难去除,在于人的"我慢"之心。如人的地位低下时就谄谀人,地位高时就盛气凌人,这其中既有天然好胜的"审恶"成分,也有计量他人地位处境而调节自己或谀或傲态度的"伪恶"因素。他认为,"恶与慢准",即二者类同,因此,去除"恶"的一个重要途径是从"我慢"入手,以向善的"我慢"之心克服向恶的"我慢"之心。他认为,这种"以我慢还灭我慢"就是老子所说的"上礼"②。所谓"上礼",表现为"不以尊卑贵贱异礼";其与"谄"的区别在于:"上礼"无论对于"强弱、贫富、贵贱"什么人,都一概恭敬谦卑,全没有出于强弱、贫富、贵贱计量而因人异礼的势利之心,它表面上虽然类似"谄",却可"谓之长德";行为出于势利之心抑还是出于道德之心,正是"谄"与"上礼"的区别所在。所以说"正势而行谓之谄,正节而行谓之上礼"。他认为,孔子所讲的"克己复礼",佛教所主张的"忍辱"都属于"上礼"。这种"上礼"也是出于"我慢",属于好胜心;但它不再是与他人争胜,而是对自我势利之心的克服,即"自胜"。③

章太炎认为,以向善的"我慢"之心克服向恶的"我慢"之心的"自胜",没有脱离执著于"有我"的偏颇,未达到最高的精神境界,这样的人只能算做"高士",还不是达到无生、无我境界的"大士"。然而,"大士"世所鲜有,这样的"高士"也算得上是一流人才了,所以说"世无大士,则高士为其甲"。他认为,"高士"之所以可贵,在于能"寡情欲";而执著于"有我"见解的人,必然爱惜自身及自己所有之物,对于"声色"、

---

① 章太炎:《辨性》,见姜玢编选:《章太炎文选》,第388、389页。

② 《老子》:"上礼为之而莫之应,乃攘臂而扔之。"章太炎关于"上礼"的解释本于《韩非子·解老》而发挥之,明显异于通常的理解。

③ 章太炎:《辨性》,见姜玢编选:《章太炎文选》,第389页。

"滋味"这些享受,"有之不肯去,无之而求给",甚至偷盗别人所爱的东西。这是"爱"与"慢"两种心理同时作怪。"高士"则能"以我慢伏我爱",即用道德的"自胜"心抑制世俗欲望。从量的比较上看,"我慢量少,伏我爱量多"。也就是说,虽然"我慢"与"我爱"都是执著于有我的偏执心理,但是少量用其中一种偏执心理即道德"自胜"心去抑制另一种大量的偏执心理即贪利之心,毕竟是可取的,这样的做法可以成为世人的"仪法",因此称之为"卓行"。这种"卓行"有排除恶行即"辟恶"作用,它虽然不是至善,却也可以称为"准善"。①

他认为,"我爱"与"我慢"均出于"意根","意根"是"生之所以然"即肯定自我生命真实存在的原因,而肯定自我生命的真实性必然有所欲求,于是有"我爱";必然区别彼此,因而有"我慢"。"我爱"与"我慢"的趋向有所不同,"我慢"使自己与他人相区别、相竞争,"我爱"使自己与他人相融合、相协调;然而,它们又彼此相依而并存,如项羽既有"意乌叱咤,千人俱废"的"我慢"之气,又有"见人慈爱妪妪,人有疾痛,为之涕泣和药"的"我爱"之心;并且"我爱"与"我慢"的根源是相同的——"自执有我",同源于"意根",所以说"我慢与我爱交相倚","爱慢异流而同柢"②。然而,"我爱"并不能克制"我慢",只有"我慢"能克制"我慢"。但是,这种实际是"以我胜我",仍然属于"我慢之见",不是上乘做法。只有"大士"才能知道"我之相胜"的偏颇,而体会万法没有自性及"我之本无"的真理,从而根本去除"审恶"、"我慢"。较之孟子、荀子在"意根"这样的低层次谈论人性,"最上者言无我性,亲证无我性",因而孟子所讲的"审善"、荀子所论的"审恶"都是"幻化",更不要说什么"伪善"、"伪恶"了。③ 章太炎尤其赞赏"诚爱人"的"审善",认为扩充这种爱心,则接近"伪善";如果达到"知万物为一体",并且爱

①　章太炎:《辨性》,见姜玢编选:《章太炎文选》,第390页。
②　同上书,第391页。
③　同上。

心发自内心而不可抑制的程度,就是"善之至也"。但是,如果达到"无生"的空观,不但"我慢"可灭,而且"善复灭矣"。①

章太炎推崇这种无我、无生、无性的"大士"境界,不是仅在哲学上标榜高远而终玄机,而是寄托了他的社会理想。他在此前发表的《五无论》中就提出,执著于"有我"的偏见,是人类相争执、相残杀的根源,即便"共产之制得以实行",也不能避免。他期望将来有一两个"大士、超人"出来,教诲众人断绝社会生活,求证"无我"的真理;如此长期的"展转相熏",人类最终必然会有"度尽之日",从而根除人类"自祸"而"祸他"的患害。②

其四,破除"我见"、"我痴"的人学知识论。

章太炎在《辨性上》所论说的主要是人性论问题,在《辨性下》则侧重于论说知识论的问题。在他那里,这两个问题是密切关联的,都属于"性"的范畴。

章太炎将孔子"生而知之者上也"、"唯上智与下愚不移"的思想与唯识论思想相比附,用唯识论修正孔说。他认为孔子这些议论即唯识论所谓的"受熏之种"③,是就杂有善恶的"意识"而言的。他认为,"人心"有四种偏执,即"我见"、"我痴"、"我爱"、"我慢";其中"我爱"使人有"好适之性",即喜好舒适的本性,其包括对于"生"、"安"、"美"、"同"(笔者注:即合群)的喜好,而好"同"是人"好善之念"的端倪;"我慢"使人有"好胜之性";"我见"使人有"好真之性",然而其往往是以"我爱"为条件的;"我痴"就是"无明",即执著于自我为实有,而不能自我认识"如来藏"即真理。他指出,"责善恶者于爱、慢;责智愚者于

---

① 章太炎:《辨性》,见姜玢编选:《章太炎文选》,第389、390页。

② 姜玢编选:《章太炎文选》,第258、259页。

③ "受熏之种"即"善恶种子",章太炎认为,作为本质的"阿赖耶识"本无善恶,而"意识"则有善有恶,"阿赖耶识"受"意识"熏习,二者相杂而成为人的本性。

见、痴"①,意即"我爱"、"我慢"属于道德论范畴;而"我见"、"我痴"属于知识论范畴。

章太炎认为,人们通常误以为"见"就是"智","痴"就是"愚",但是,"我见"与"我痴"只是在表面上相对待,而实际上"二者一根"且"俱生"。他说:"见与痴不相离,故智与愚亦不相离。"章太炎认为,唯有孔子所谓的"上智"没有"痴"而超脱了"我见",但是它不是与生俱来的;而孔子所谓的"下愚"之说则不确切,其不合佛学"一阐提"在于性恶而非性愚的意旨。他认为,智与愚都是后天影响的结果而非本性,即"彼则习也,非性"②。

章太炎进而破除文明发达的国家"其人智",处于野蛮状态的地区"其人愚"的一般见解。他提出,有"文教"的国家虽然"多智",但是实际上"又愚于蠕生之人(即野蛮人)"。因为在领悟最高真理方面,前者有"知名"和"知相"两重障碍,而后者只有"知相"一重障碍,因而"有文教者"较之"蠕生者"更偏离真理。③ 他从神灵崇拜、学术、法律、名位、礼俗、文字多方面论证了这个思想。从而,归纳出结论——"其见愈长,故其痴亦愈长"、"其智日益驰骋,……其愚日益驰骋"。这种"见"是指执著于万物都有自性的"假设"的"倒见";而非"知其假设而随顺之"的"正见"。④

这样,章太炎就否定了出于"我见"的"好真之性"。他说:"自心以外,万物固无真,鹜以求真,必与痴相应",因此"求真"的结果适得其反——"弥以获妄"⑤。可以看出,章太炎这种"我见"与"我痴"俱生共进的思想是其"俱分进化论"在知识论方面的延伸。然而需要注意的

---

① 此段引文均引自章太炎:《辨性》,见姜玢编选:《章太炎文选》,第391、392 页。

② 章太炎:《辨性》,见姜玢编选:《章太炎文选》,第391、392 页。

③ 同上书,第392 页。

④ 同上书,第396 页。

⑤ 同上书,第397 页。

是,章太炎在《辨性》中所谈论的"智"、"愚"与"见"、"痴"问题,不是一般意义上的认识论,而是着重从人生哲理上谈论对生命终极本质的把握,其立论意旨不是要探索具体真理之路,而是要超越对具体事物的认识而达到最高而唯一的哲学真谛。因此,他在此所谈论的知识论从属于其佛学化的人生哲学。

章太炎的人性论思想虽然本自佛学唯识论,但是并不玄虚难解,唯识论的学说特点就是思维精深、逻辑缜密而不像禅学末流那样故弄玄虚。至于唯识论所立的"根本识"——"阿赖耶识",也只是对于哲学性本体高度抽象化的理论预设,历史上堪称精微的唯心主义本体论无不有此预设。唯识论的理论特点直接影响到章太炎的哲学思想。就其本于唯识论而有所发挥创造的人性论思想而言,较之中国历史上的诸种人性论观点,无疑更具有深度,更富于逻辑性。然而,这并不意味着其更具有真理性。况且,其中颇有些武断而缺乏论证性的议论。如他关于"伪善"可以根除"伪恶"的论证就显得牵强附会,缺乏说服力;而他以主观臆想而不可验证的"阿赖耶识"作为其人性论的理论基点,本身就使得建立其上的整个人性论大厦根基不牢。至于他关于达到无我、无生、无性且泯灭一切善恶的"大士"境界,不过是一种没有现实可行性而只是在寻求哲学理想上的终极解决。它就像地平线那样,永远是可望而不可即的东西。

第六节　伸张个体价值,辟除以国家或社会　压抑个人的惑见

民族主义和人权观念是章太炎的社会政治学说和人文学说的两面相互辉映的旗帜。他对民主共和制度有条件地认可(即认为民主制是中国乃至世界必经的历史阶段,但不是终极的人类归宿),是以其从西方舶取的人权平等、个性解放等近代人文观念为基础的。舍

此,他就只是一个寻常的民族主义者,而不能成为众目所瞩的锐进思想家。

章太炎早年在《明独》一文中表达个性解放思想。他看到传统社会普遍将伸张个性的人格独立视为"大邮(笔者注:通"尤")"即大的过失,他将社会这种泯灭个性的价值观念斥为积习难改的"痼俗";提出:个人是社会的基础,"群必以独成"。在文中,虽然他所标榜的"独"主要是指能够领袖群伦的独立特异之人,即"大独必群"、"独而为群王"①式的人物,未能将个性解放作为普遍的社会号召,但是张扬个性解放、人格独立的意图是明显的。他在早期的《平等论》②中提出了人权平等的社会理想,批判中国封建的三纲伦常,抨击中国的门第传统和印度的种姓制度。然而,他将平等思想的源头追溯到释迦牟尼,从众生佛性平等来论证人权平等。可以说,此期他对个性解放和人权平等的理解还出于若明若昧的状态。

在其早期著作《菌说》中,章太炎继承发挥了荀子的"明分使群"思想,说:"彼人之自保则奈何?曰合群明分而已矣。"强调国人应该博爱同类,并有"亲亲"、"仁民"、"爱物"的差别,即"群而有分",从而实现国家的自立自强。他列举蜜蜂由于合群,故"虽细不败";狮子虽然庞大,却因为不合群而遭罗马人杀戮殆尽。③ 意在强调个体应该凝聚于国家、社会,才能依靠群体和谐形成的力量而自保。他在《原变》中也发挥荀子思想,强调"丧群"会有亡种之祸,"合群"才能白保白强。他比喻说,"知群之道,细若贞虫(笔者注:指蜜蜂),其动翙翙,有部曲进退而物不能害"④。但是需要说明的是,他将荀子本来视为人类社会本质特征的"明分使群"扩展到动物群体,这种发挥殊失荀子本意。荀子

① 章太炎:《明独》,引自朱维铮、姜义华编注:《章太炎选集》第1、2页。
② 《平等论》后收入《訄书》,更名为《平等难》。
③ 章太炎:《菌说》,见姜玢编选:《章太炎文选》,第44、45页。
④ 章太炎:《原变》,见姜玢编选:《章太炎文选》,第71、72页。

以为独人类能"明分使群",而最终根据在于人有道义;而动物没有道义,故而不能形成像人类社会那样既划分明确,又和谐统一的群体。他解析荀子思想虽然欠妥,但是强调群体和谐与个人理应亲和于国家的用意是明显的。

然而,章太炎在后来的诸多文论中,在辨析国家与个人的关系时,更侧重于强调个体的价值、个体的自由独立,批判尊奉国家和政治领袖而贬抑人民思想,以及当时流行的以社会压抑个人的所谓"公理"。

他在《五无论》中提出"国家者,如机关木人,有作用而无自性。如蛇毛马角,有名言而非实存";并以佛学因明学的三支式论证"国家主义是狭隘见,于无界中强分界故"。① 在《国家论》中,他专门论说了自己的国家观念,提出了迥异常见的三个思想,即"一、国家之自性,是假有者,非实有者;二、国家之作用,是势不得已而设之者,非理所当然而设之者;三、国家之事业,是最鄙贱者,非最神圣者"②。希冀以此破除人们对于国家本质的惯常误解。以下着重就第一个思想和第三个思想看他关于个体与国家关系的见解。

关于以上第一个思想,章太炎基本思路与《五无论》中的思想一致,而论说更为透彻。他从佛家"缘起性空"的思想出发,认为凡由众物"集合"而成的事物,都是"假有","非是实有";"国家既为人民所组合,故各各人民暂得说为实有,③而国家则无实有可言";非仅国家如此,如一切村落、集会等社会团体组织,皆"非实有自性",只有作为团体组合成分中的"各人为实有自性",他归结道:"要之,个人为真,团体为幻"。他论证这个思想的现实意义在于批驳"近世国家学者"以"国

---

① 章太炎:《五无论》,见姜玢编选:《章太炎文选》,第 254 页。

② 章太炎:《国家论》,见姜玢编选:《章太炎文选》,第 269 页。

③ 章太炎认为,从生理的角度上说,人为细胞的集合,因而,人相对于细胞,也是"伪物"、"假有";但是从社会的角度看,人相对于国家,是组合为团体、国家的"单纯之个体",则为"近真"(引自章太炎:《国家论》,见姜玢编选:《章太炎文选》,第 271 页。),所以此处说,个人"暂得说为实有"。

家为主体,人民为客体"①,将国家凌驾于众多个体人民之上的观点。在此,他明显类似于西方近代以个体本位的哲学思想。尽管他的论证工具是佛学"缘起性空"思想而非西方近代的个人主义哲学,然而也算得上是殊途同归了。

关于以上第三个思想,他论说的旨归在于批判将社会政治功绩归结于领袖或某个团体而大加赞誉的观点。他认为,由一个人独立成就的事业"乃得称为出类拔萃",如"学术、文艺、技巧"等事业就有这样的杰出人才;而"集合众力以成"的社会政治事业,"功虽煊赫",也应该归功于每个参与者,而"不得以元首居其名誉,亦不得以团体居其名誉";因为"元首"或"团体"只不过提出了口号而已,而事业是由众多的个体共同做的。如果将成就煊赫的政治事业的美名归结为"元首"或"团体",这种欺世盗名的行为之可耻"甚于穿窬发柜"的小偷。② 他认为,"国家事业",无论是"种族革命"、"政治革命"、"社会革命",都是由"众力集成"的,其中领袖的功绩"直无一可宝贵者",即便如尧、舜、亚历山大、华盛顿、拿破仑、俾斯麦等享有历史盛名的大人物,对于他们的功绩都应该这样看待。这些政治大人物所做的事,没有什么"神圣"可言。他们的成就还比不上"一术一艺之师",不过与"炊薪做饭相若",没有谁把做饭"视为神圣",因而也无须把领导"国家事业"的"元首"和"团体"神圣化,否则,就与"事火咒龙"的愚昧迷信相同了。③ 章太炎对政治领袖和团体无视群众作用而妄自尊大的习气深恶痛绝,指斥他们"毫毛未动,先有矜众自贵之心;事之既次,又群奉以为大长,斯最可忿嫉者"④。

章太炎强调,"世之期望有政府者",必须明白关于国家的这些根

① 章太炎:《国家论》,见姜玢编选:《章太炎文选》,第 269、270 页。
② 同上书,第 273 页。
③ 同上书,第 274 页。
④ 同上书,第 277 页。

本道理,举措才能没有"缪妄"①。他在 1907 年发表的这番议论是针对当时革命政治团体中出现的领袖崇拜倾向和诸团体争斗而发的,其意义之深远,显然不但在革命成功之前,更在革命成功建立新政权之后。

章太炎在 1908 年发表的《四惑论》中,对当时在先进思想界流行的几个重要观点进行了批判。他将当时人们"以为神圣不可干"的"公理"、"进化"、"唯物"、"自然"②四个流行观点称为"四惑",即四个思想误区,其涉及伦理价值观、历史观、认识论和宇宙论等领域。他所谓的"四惑",其中颇有些是他早期所直接或间接肯定的思想,因而他破除"四惑"也是对自己早期某些重要思想的批判和修正。以下就其对"公理"的辩驳来看他的个体本位的人本思想。

章太炎提出,当时人们所推崇的一个"神圣不可干"新的社会观念就是"公理",而当时流行的"公理"观念则是"以社会抑制个人"、"以众暴寡"、且"惨刻少恩"③的东西。他说:"公理者,犹云众所同认之界域。"即公理是社会成员所共同认可的社会规则。他认为,程朱学派所喜欢讲的"天理",实际也是这种"众所同认"的东西;然而"天理之名不如公理",因为"天理"概念"语有疵瑕,疑于本体自在",即容易使人误以为其是独立存在的宇宙本体;而"公理"一词就明确体现出其是人类的自我制约,即"可以见其制之自人也"。二者不同的是,宋儒的"天理"的极端发展会"锢情灭性",几乎要废弃正常的社会生活;而"公理"则"于男女饮食之事,放任无遮"。二者的相同之处主要是"陵藉个人之自主"、"束缚人"。④ 他断定:当时流行的"公理"对个人的束缚,更甚于宋代以来道学家所提倡的"天理"。

---

① 章太炎:《国家论》,见姜玢编选:《章太炎文选》,第 277 页。
② 章太炎:《四惑论》,见姜玢编选:《章太炎文选》,第 299 页。
③ 同上书,第 304 页。
④ 同上书,第 299 页。

章太炎列举了当时"言公理者"认为违背公理的三种行为方式,即"不与社会相互扶助者"、"隐遁者"、"自裁者"①,进而对之力加反驳。他接受西方近代个体本位人学的思路,确认个体天然具有的独立自由的权利,并以此为基本理论工具,批驳当时流行的"公理"观念。他认为:人是独立自生的,而不是为世界、社会、国家、他人而生的,"故人之对于世界、社会、国家与其对于他人,本无责任";责任是后来衍生的,是人际间对等的交换的报偿关系。他提出"人伦相处,以无害为其限界",超过这个界限而主动利益他人、贡献社会,则是"巨人长德所为",不应该将之作为社会行为的必须准则而责成一般人。如果有人愿意脱离社会而自谋生存或因"愤世厌生"而自杀,都是人的自主权利,社会都不应该苛责过问,广而言之,凡是"有害于己,无害于人"或者"有益于己,无益于人"的行为,社会都应该保持沉默;社会只有对"有害于人"的行为有指责的必要。他认为,这是与"公理"观念不同的"齐物"道理。②

章太炎认为,使个人服从社会、贡献社会的观念,与西方的普遍宗教信仰和脱离封建制度未久相关,是欧洲人传统的心理定势。近代自黑格尔以来所谈论的自由,是在"尊奖强权"的前提下,"张大社会以抑制个人",以人们的"互相牵制为自由";虽然"名为使人自由,其实一切不得自由"。他指责"强执国家万能之说"的人,强调人民对国家、社会的责任,用这种"虚矫之公理"裁判所有人的行为,而人类本来不为世界、他人而生;因而,从根本上说,个体对人类、对世界"绝无责任可言",不可用"公理当然"③责成于人类;正是由于"人类不为相助而生,故善亦非人之责任,则不得迫之使行"。他提出,"无记"即无善无恶是做人的一般标准,强迫人类都有必须帮助他人、都有行善的责任,

① 章太炎:《四惑论》,见姜玢编选:《章太炎文选》,第299页。
② 同上书,此段引文均引自第300页。
③ 同上书,第301页。

"而谓之曰公理,则束缚人亦甚也"。他认为,如果人对于他人、社会有所获取,才应该报偿以责任;若离群索居,无求于社会、无求于他人的"隐遁之士",虽然没有"利人"、无益于社会,却"不得以背违公理责之",因为,选择这样的生活方式是他的天然权利,而"非他人所能干预也"。①

章太炎又提出,以"公理"责备"自裁者"也是没有道理的,因为个体生命是完全属于个人所有、应该由个体自主自择。他认为,反对自杀是宗教神学的愚昧教义,"有神教者以为人禀精灵于帝,躯命非我有之也",因而不可擅自处理自己的生命;而"无神教"(指佛教)则认为"杀自身无有罪",因为"我身由我故",生命完全属于自我,个人可以出于"意志之自由"而选择生或死。佛教虽然也否定"自裁",但它是从真理的角度而非从道德公理的角度予以否定的。正如其也否定"求生"一样。佛教主张超越生死轮回,故认为"自裁与求生皆非"。他指责"今之持公理者"以"无上高权"而反对自杀,其表面上虽然反对"神教",但是"根柢实与神教同矣"。当时有人指责陈天华等革命志士为理想而愤激自杀,说什么"自裁者,求生天宫与极乐国土耳。不为社会增进福祉,唯一身就乐之为,故可鄙也"。章太炎指出,这些志士的慷慨自裁并非是追求往生"天宫"与"极乐国土"的幸福,而是希望用这种行为警醒世人,改变风俗,其具有普遍振奋国人而"悔悟改良者众"的宏大效果,因而"其为益于社会亦巨矣"②!退一步讲,他们"非世界之佣奴,而安得以公理检柙之"③?

章太炎认为,如果以"无益于社会者,悉为背违公理",以此类推,则虐待老人乃至杀害"不能斸力长财,为世补益"的老父,也是合乎公理的了。如此看来,"是则持公理者,乃豺狼之不若,狸貙所不为"。他

---

① 章太炎:《四惑论》,见姜玢编选:《章太炎文选》,第302页。
② 同上书,以上引文均引自第303页。
③ 同上书,第304页。

断定:"言公理者"以整个社会的力量压抑个人,是"以众暴寡";其较之"言天理者"以君父压制臣子的"以强凌弱"更为严酷。他提出,"公理之惨刻少恩,尤有过于天理"①。

章太炎所要否定的是当时思想界往往以一己私见冒充"公理"的倾向,而不是要取消人类公认的价值思想。在他看来,"人类所公认者,不可以个人故,陵轹社会;不可以社会故,陵轹个人",个体与社会两方面价值的相互协调才是为"人类所公认"的道理,即真正的"公理",不能仅单向度地以是否有益于社会作为"公理"标准而判断人的行为。他指出,谴责"不与社会相互扶助者"、"隐遁者"、"自裁者"这三种行为方式违背了"公理",不过是那些"言公理者"以自己的价值取向冒充"公理"而欲束缚人类,是"以己意律人,非人类所公认"②。章太炎的以上议论体现了他以个体本位的人本学倾向及反对以社会价值吞没个人价值的主张,这与近代西方人本主义主流思想既颇有类同之处,又有独立的思想特色。

章太炎在《读佛典杂记》中肯定卢梭关于权利与义务统一的思想。他认为,个体利益与社会整体利益在根本上是一致的,二者形成和谐而趋于统一,才是理想的状态。他说:"自利性与社会性,形势虽殊,究极则一。离社会性即无自利,离自利性即无社会。"③虽然他的人本学思想具有反封建的近代人本主义特色,但是自从他沉溺佛学以后,其据以发论的理论基础主要是佛教的唯识论哲学,终极理想是佛教性的"五无"境界,因而,人权、自由、民主、革命等等,在他那里不过是姑且顺应"俗谛"的世间法,终究是些"假有"、"假名"而已。虽然他也曾为之大力宣扬并努力奋斗,但是,这些在他眼中,只是相对的阶段性争取目的,而非最终的人生价值观念和最高的社会理想。

---

① 章太炎:《四惑论》,见姜玢编选:《章太炎文选》,第304页。

② 同上。

③ 引自《读佛典杂记》,《国粹学报》乙巳年第3号。

第七节　宇宙论的转变及与人学、
历史观点的关系

在章太炎的哲学体系中,宇宙论虽说不是他始终关注的主要论域,但却是他学说体系的基本构成部分,与其关于历史、文化和人生问题的哲学思考有着密切的结构关系。

随着章太炎哲学思想由前期唯物论向后期佛学唯心论的演变,他的宇宙论思想也经历了从"阿屯"或"以太"①本体论转向到佛学的"真如"本体论的过程。

他早期撰写《视天论》、《菌说》、《儒术真论》、《天论》等文,批判神创论和灵魂不灭思想。他这个时期立论的思想依据大体来自两个方面,一是继承发挥荀子的天人论、董无心的无神论、王充的元气论、范缜的神灭论等中国传统思想;一是广泛撷取西方近代科学知识和假说以及唯物论思想。他力图将这些思想杂糅为一而形成自成系统的宇宙论学说。

此期他受西方近代科学和哲学的影响,着重从物质的原始形态和基本结构的角度说明世界本原,如他提出:"盖凡物之初,只有'阿屯',而其中万殊。"②然而,他又接受"以太"假说,认为"以太"以"阿屯"为"实质",但比"阿屯"更微小,"以太亦有至微之形"。他肯定"各原质之成于以太,万物之成于各原质"的思想。③ 他试图用这些舶来的且尚不成熟的概念作为自己宇宙论的科学依据。他又赞可荷兰近代哲学家

---

① "阿屯"为英语"原子"atom 的音译。"以太"是英文 etherd 的音译。"以太"之名在古希腊哲学就已有之。近代西方科学将之作为假设的物质结构的范畴,而从物理学等学科解释种种自然现象。自20世纪爱因斯坦的相对论提出后,"以太"假说才销声匿迹。

② 章太炎:《菌说》,见姜玢编选:《章太炎文选》,第37页。

③ 同上书,第40页。

斯宾诺莎的泛神论,认为其哲学本质是无神论。他提出:"各原质皆有欲恶去就。欲就为爱力、吸力,恶就为离心力、驱力";不但"植物为有知",而且"空气、金铁虽顽,亦有极微之知"①。他以具有主观色彩的"欲恶"和"知"立论,类于斯宾诺莎以具有思维能力和广延性的"神"为物质实体代名的泛神论。

章太炎被囚禁于上海租界的监狱期间(1903—1906 年),潜心研究唯识论典籍而深为服膺,自言由此"乃达大乘深趣"②。其后他不再讲那些"阿屯"、"以太"为万物的本体的话头,而是发挥唯识宗的宇宙论学说,以"真如"(或称"唯识实性"、"阿赖耶识")为生命乃至现象世界的本体。章太炎依据唯识论,对自己早期的宇宙论深自反省,他在《建立宗教论》中认为:"说物质者,欧洲以为实有阿屯;印度以为实有钵罗摩怒,执为极细,而从此极细剖之,则其细至于无穷;名家所谓'一尺之棰,日取其半,万世不竭'者,彼不能辞其过矣。"③他在《五无论》中也说:"原子云者,徒为妄语,其他或立伊太(即"以太"),或立伊奈卢鸡(即"单子"),斯皆超出经验之外,但有假名。"④这些批判也是对自己以前的宇宙论的自我否定。他向佛学本体论的转变,不是从无神论转向有神论,而是从唯物论类属的无神论转向了唯心论类属的无神论。他所提倡的佛教是剥除了佛陀神化成分的无神论佛教哲学,这是佛教的本来面目。从思维层次上看,章太炎宇宙论思想的这种转变是从物质结构论,转向真正的哲学本体论。尽管在唯物论者看来,这种转变是理论的倒退。

不过,章太炎对于从物质基本结构说明世界的"唯物论"并不是绝对否定。他在 1906 年赴日后发表的《无神论》中提出,大乘佛教有时

---

① 章太炎:《菌说》,见姜玢编选:《章太炎文选》,第 37 页。
② 引自朱维铮、姜义化编注的《章太炎选集》中《自述思想迁变之迹》,第 588 页。
③ 章太炎:《建立宗教论》,见姜玢编选:《章太炎文选》,第 200 页。
④ 章太炎:《五无论》,见姜玢编选:《章太炎文选》,第 259 页。

为了方便说教也采用"唯物论"①的说法,以说明物体由"极微"要素和合而成的道理,②因为"唯物论""不立一元,而以万物互为其元"的思想接近于《华严经》的"无尽缘起之义"③;但是,大乘佛教"不以神为方便"④,即不借助"唯神论"为方便说教的方法,原因在于"唯神论"以一元的至上神为万物的创造者和主宰,扭曲了宇宙的本来面貌。这就是说,在宇宙论问题上,"唯物论"远比"唯神论"要来得正确。用近代人文观念的尺度评判,章太炎认为"唯物论"也远胜于"唯神论"。他说:"唯物之说,犹近平等;唯神一说,崇奉一尊,则与平等绝远也。欲使众生平等,不得不先破神教。"⑤由此可见,章太炎之所以有保留地认可物质构成论而排斥有神论,除却他持守的佛教哲学立场而外,也是由于他以近代人权平等观念作为评价和取舍标准。不过,章太炎力图从佛学的角度来论证近代的人权平等思想,于有意或无意地抹杀了佛学的佛性平等和近代的人权平等这两个思想在内涵上的重大区别。

章太炎后来在《四惑论》将休谟的感觉论视为"真持唯物论者"⑥,认为其近于佛学而对之颇加赞可,并加以唯识论的修正和补充,以期破除人们把科学混同于唯物论的观念。他所理解的这种唯物论是只认可主观感触,而不认可因果律和事物本质客观性的思想。他也认为,感觉和因果联想属于"心界"的范畴。章太炎意识到休谟的感觉论虽然被他名之为"唯物论",但实际倾向于唯心论。于是,他提出"真唯物论乃即真唯心论之一部"⑦的思想,将唯物论判别为唯心论的一个分支。于

① 章太炎在此所说的"唯物论",指物质构成论,非后来在《辨性》中所指的休谟式的感觉论。

② 章太炎:《无神论》,见姜玢编选:《章太炎文选》,第 177 页。

③ 同上书,第 182 页。

④ 同上书,第 178 页。

⑤ 同上书,第 178 页。

⑥ 章太炎:《四惑论》,见姜玢编选:《章太炎文选》,第 307 页。

⑦ 同上书,第 309 页。

此，他刻意混淆唯物论和主观唯心论的界限。他又提出，古印度的胜论学者和一些近代西方哲学家试图从物质的最基本结构单位来求证世界的"本根"，然而他们关于"本根"的断定超出了感觉经验的范围，同样具有主观想象因素，因而，他们的学说并不是真正的唯物论，而是"心物二元"论。[1]

章太炎在1910年发表的《辨性》中也提到，最好的哲学是唯识论，其体味到了最高真理"圆成实性"，其次是"唯物论"。在他看来，"唯物者，虽不知圆成实性，犹据依他起性"[2]，即懂得万物是缘起而成的道理，这比唯理论以假象为真实而执著于事物差别的"遍计所执性"要高明些。

章太炎的宇宙论思想与其人文社会学说连带一气，有着理论基础的作用。如他提出"五无"理想以解决人类"俱分进化"的矛盾，以超越善恶而证得"无性"、"无我"为精神的最高境界等思想，均与他的宇宙论思想相一致。然而，他虽然在理论上大力破除执著于国家、政府、民族、自我等"假有"、"假名"的俗谛，但是在他的政治和学术实践中依然坚持民族主义和民主主义立场，致力于变革社会制度、弘扬民族文化、提高国人的道德品质、激发国人的道德精神和爱国意识。这从他早期投身革命和后期致力于传播国粹的种种作为均有鲜明的体现。可以说，章太炎将遥远的佛教理想和现实的社会目的区分得很清楚，并不是自以为看破红尘，便了断尘缘唯求自救的小根器佛徒，而是要成为他常加盛赞的以世间法逐渐引导社会，最终普度众生的"大士"。

结　语

宣传佛教而增进国民道德，施行国粹教育以激励爱国精神，二者并

---

① 章太炎：《四惑论》，见姜玢编选：《章太炎文选》，第307、308页。
② 章太炎：《辨性》，见姜玢编选：《章太炎文选》，第393页。

用是章太炎曾经开出的救国方剂。然而,此二者有着不可克服的深刻矛盾,一方面,自佛教传入后,就对中国的主体文化构成威胁,中国主体文化往往要通过排斥佛教来维护自身的主体地位,就是说"国粹"与佛教有着积不相能的历史宿怨。这种宿怨是由彼此根本的思想宗旨差异造成的,不可仅视为门户之斗、华夷之争;在思想界,它们的融合仅是支流而已。另一方面,若按照唯识论的思路来推导,所谓"国粹"不过是些执著于假名的俗谛,即"遍计所执自性";即便是中国传统的阴阳五行为特色的物质构成论,至多也不过是下乘的"依他起自性",此二者均是唯识论的最高真理——"圆成实自性"所扬弃的。章太炎将这两个互不相下的文化并列为救国之方,自然会招人非议。

章太炎后来找到了调和中国传统文化与佛教,乃至融通诸多思想宗派差异的路径,这就是庄子的"齐物"和"天倪"的思想。他在后期特别推重《庄子》的这类思想,并以之重新评价古今中外的政治和学术,力图破除自己以往学术思想的偏执。如他认为,程朱理学、陆王心学均有"外能利物,内以谴忧"之长,而不再像前期那样对它们取单纯的排斥态度;再如,他认为汉学与宋学都有劝导"四民(笔者注:指士、农、工、商)各勤其业"的作用,因而它们之间的长期争执与近代以来的调和均属无谓;又如,他认为,基督教也有短长两方面,而非一无是处,即其误在以上帝为"造物主",搞偶像崇拜,至于"其由果寻因,固未误也",等等,"诸如此类,不可尽说"。他认为,各种学说和思潮均有其存在的天然理由,即"执著之见,不离天倪";如果采取庄子"和之天倪"的博大胸襟,具有超越差别而体味万物自然合一的见识,"则妄自破而纷自解"。他认为,秦汉以来思想界恪守学派门户,"依违于彼是之间,局促于一曲之内",就是不理解庄子"齐物"和"天倪"的精神境界;①而他

①　此段引文都引自朱维铮、姜义化编注的《章太炎选集》中《自述思想迁变之迹》,第589—590页。

标榜这种精神境界也是对自己以往广泛攻讦做法的反思和修正。

鲁迅说自己所以曾经崇拜章太炎,盛赞他早期投身革命是"先哲的精神,后生的楷范";认为"先生的业绩,留在革命史上的,实在比在学术史上还要大";并提出"战斗的文章,乃是先生一生中最大、最久的业绩"。鲁迅慨叹章太炎晚年未能继续投身革命,"既离民众,渐入颓唐","身衣学术的华衮,粹然成为儒宗"。章太炎晚年自编文集《章氏丛书》时,"为昭示后世计,自藏其锋芒",特意去掉了前期的"斗争的文章",鲁迅对此也很不以为然。① 这些评价常为现代的大陆学者论说章太炎思想时所引证,几成为盖棺之论。然而,这种评价与章太炎晚年的自我评价深不相契。

经过"回真向俗"转变的章太炎,依然是坚持民主主义立场,但不再现身于中国政治的风口浪尖上去搏击呐喊、崭露头角,章太炎晚年在《〈制言〉发刊宣言》中说:"余自民国二十一年返自旧都,知当世无可为,讲学吴中三年矣。"②"知当世无可为"一语包含无限。他深感无力回天而不欲在纷乱的政治旋涡中做徒然搏杀,而是想从更根本处入手,即广泛传播国学以增进国人的爱国心、在文化上保留优秀国性而不沦为西方文化的思想奴隶,以期对中国未来前途有所裨益。这也是教育救国的一途。他所以着重提倡"国粹"教育,而非西化教育,并非否定西化教育,而是意识到在当时知识界鄙视传统文化、提倡全面西化成风的情况下,当务之急是保存和弘扬优秀传统文化,不在学习西方的风潮下迷失民族文化的自我。他声言,自己致力于国学研究的目的在于利国利民,而非"若昔人所消,专志精微,反致陆沉(笔者注:即亡国),穷研训诂,遂成无用者"③。他并不是要做无补于时艰民瘼的章句之儒,

① 此段引文均引自鲁迅《关于太炎先生二三事》,见曾煜编:《名人轶事录》,吉林人民出版社1996年版。

② 见姜玢编选:《章太炎文选》,第565页。

③ 引自朱维铮、姜义化编注的《章太炎选集》中《自述思想迁变之迹》,第593页。

而是要发掘并弘扬优秀的国性以昭示国人。这不但在于激励国人的"爱国热肠",而且是要探索中国如何在保持民族文化特色(包括继承优秀的精神文化,扬弃传统的制度文化)的前提下,建立符合世界大趋势的新型社会的问题,亦即如何建立保有"国性"(即今所谓"中国特色")的现代社会模式问题。

第七章 奉西方三大发明 斥旧学粪中毒药①
——陈独秀人学及文化哲学要义

　　陈独秀,字仲甫,号实庵,安徽怀宁人,生于 1879 年,卒于 1942 年,近代著名思想家和政治活动家。

　　陈独秀思想可依据他接受唯物史观为界,而分为前后两个时期。在五四运动以前,他是个激进的民主主义者和西化论者,崇拜以民主和科学为代表的西方近代文明,全面痛诋中国传统文化,否定其具有任何现代价值,认为中国社会现代化的出路在于西方化,因而务须以西方近代出世的"德先生"和"赛先生"②为师。民主与科学是陈独秀此期高擎的两面大旗。他认为,此二者是世界进步的共同轨道,也是中国救危图强的两大利器。他说:"只有这两位先生,可以救治中国政治上、道德上、学术上、思想上一切的黑暗";要拥护它们,就必须反对孔教以及中国的旧伦理、旧政治、旧宗教、旧艺术、旧文学等等。③ 陈独秀提倡科

---

　　① 陈独秀将科学、民主制、社会主义称为"三大天才的发明";认为探索中国传统文化与现代生活接轨,想在传统文化中寻求立国之本的做法,有如"在粪秽中寻找毒药"。见吴晓明编:《陈独秀文选》,上海远东出版社 1994 年版,第 248 页。

　　② "德先生"指民主,是"德谟克拉西"(英文"Democracy"的音译)的简称;"赛先生"指科学,是"赛因斯"(英文"Science"的音译)的简称。

　　③ 陈独秀:《〈新青年〉罪案之答辩》,引自吴晓明编:《陈独秀文选》,第 97、98 页。

学的意旨,不但在于使中国在经济上发展为现代国家,而且在于解决国人的人生观问题;他主张以科学对抗宗教乃至最终取消宗教。他提倡民主的意旨在于以欧美模式的民主文化和社会体制取代中国的旧文化和旧社会体制,儒家的纲常礼教成为他批判的主要对象。可以说,此期他的政治和文化思想基本与胡适同流,至于他们彼此的歧见,借用汉儒扬雄的话说,不过是"同门异户"①的差别。总体上看,他此期观点明确、主张激进,然而有强史就论及简单化之嫌。

五四运动以后,陈独秀接受唯物史观,成为中国著名的马克思主义者。他提出:"科学、近代民主制、社会主义,乃是近代人类社会三大天才的发明。"②他认为社会主义才是中国的出路。他的哲学历史观点在转向马克思主义的初期,明显带有苏俄主体意识形态的倾向;他在晚年指斥当时苏联政治体制存在着非马克思主义的严重弊端,因而对之采取否定的态度而多有激烈的抨击。但是,他自认为是从真正马克思主义者的角度进行批判的。此期他依然全盘否定以孔学为代表的中国传统文化,虽然批判的武器与前期有所不同,即逐渐从西方流行的社会进化论和民主主义学说转向了马克思主义的唯物史观,但是否定儒学和传统文化的彻底程度是相同的。

第一节　判别中西文化及对中国文化
建设模式的构想

近代中国因西方文化的东来,对本土文化构成了严重的挑战,思想界出现了比较东西文化的热潮。陈独秀积极介入这个学术潮流,提出了自己的文化哲学思想。他对于东方与西方文化差异的判别,经历了

---

① 扬雄曾说自己与荀子的见解的差别是"同门异户"之异。见扬雄《法言·君子》。

　② 陈独秀:《给西流的信》,引自吴晓明编:《陈独秀文选》,第397页。

从以民族心理为判别角度到以经济结构的时代性为判别角度的转变过程。

陈独秀早期也曾就中西文化的差别做现象的归纳罗列，如他在《东西民族根本思想之差异》中，将两者差异归结为三方面：

其一，陈独秀从东西方不同的社会心理特点进行比较，断定"西洋民族以战争为本位，东洋民族以安息为本位"；"西洋诸民族，好战健斗，根诸天性，成为风俗。……欧罗巴之全部文明史，无一字非鲜血所书"，而在中国，儒家和道家都不尚战争，"中土自西汉以来，黩武穷兵，国之大戒"。他说："西洋民族性，恶侮辱，宁斗死；东洋民族性，恶斗死，宁忍辱。民族而具如斯卑劣之根性，尚有何颜面高谈礼教文明而不羞愧！"[①]陈独秀的这个见解脱离时代和具体的社会状况，孤立地比较东西方民族心理的差异，并将这种差异归结为"天性"。这不免给人以议论笼统，且强史就论、情胜于理的印象。

其二，他从东西方不同的人文观念进行比较，认为"西洋民族以个人为本位，东洋民族以家族为本位"。他认为，个人主义是西方社会古今同然的精神传统。他说："西洋民族，自古迄今，个人主义之民族也。"西方的个人主义精神传统在近代得到了充分实现，"个人之自由权利与幸福"是国家与社会的"一切伦理、道德、政治、法律"的目标；西方自由平等的人权观念是"纯粹个人主义之大精神"，人权由"宪章国法"所保障而成为不得剥夺的法律权利。他认为，在西方"国家利益、社会利益，名与个人主义相冲突，实与巩固个人利益为本因"[②]。就是说，在西方，基于个人主义的个人利益的人权平等自由，不但是社会普遍认可的人文观念，而且是国家精神，维护它们是国家的本质。然而东洋民族，至今依然停留在宗法社会、封建政治之中。宗法社会的特点是

① 陈独秀：《东西民族根本思想之差异》，引自吴晓明编：《陈独秀文选》，第25、26页。

② 同上书，第26、27页。

"以家族为本位,而个人无权利","尊家长、重阶级"。家族伦理的"孝"及推演与政治伦理的"忠"是根本道德。他认为,"忠孝者,宗法社会封建时代之道德,半开化东洋民族一贯之精神也。"对于当代,宗法制度的恶果有四:"一曰损坏个人独立自尊之人格;一曰窒碍个人意思之自由;一曰剥夺个人法律上平等之权利;一曰养成依赖性戕贼个人之生产力。"他认为,此四者造成了东方社会的种种卑劣不法残酷衰微现象;东方社会要想改变这些现象,就要用个人本位主义取代家族本位主义。陈独秀于此力图从社会结构即个人本位和家族本位来区别西方与东方社会,是有见地的,然而这并非他的独创之见。至于他将个人主义视为西方自古至今的主导精神,则是脱离经济结构和历史真实的凭空揣度。他此时还没有形成后来的西方就曾经历过封建宗法时代的观点,依然是从精神现象的层面说明东西方文化差别。

其三,他认为西洋民族以法治为本位,实利为本位;东洋民族以感情为本位,以虚文为本位。西方国家重视法治,既体现于国家制度,又体现于社会交往和家庭关系;不但其国为"法治国",而且其家庭也为"法治家庭"。家庭成员之间,各自权利和义务分得清清楚楚,重视个人利益而疏于亲子之情。没有东方社会"血统家族之观念"和重视亲慈子孝的家庭伦理。在东方社会,血缘的延续是头等大事,婚姻关系附属于子嗣问题,特别是亲慈子孝的伦理感情和赡养义务,若"不孝不慈,皆以为刻薄非人情"。家庭关系主要是靠道德而非法律维系,并且,"西俗成家之子,恒离亲而别居,绝经济之关系";而东方风俗则以大家族的累代同居为佳话,然而家族成员之间多有纷争,依赖成性,依附于家族经济的成员"习为游惰",不但家庭经济混乱,而且"社会经济,因之大乱"。他又从人际交往关系进行比较,认为东方社会的"种种恶风,皆以伪饰虚文、任用感情之故"。社会交往中"以君子始,以小人终",这样的社会习俗,反不如西方的重视法治和实际利益的社会习俗。虽然其有"刻薄寡恩之嫌",然而从结果上看,彼此的人格和经济独立,不但使人们"各守分际,不相侵渔",人际关系有"以小人始,以君子终"的效果,而且"社会经济,亦因以厘然有叙"。① 陈独秀关于西方以法律维系社会优于东方以道德感情维系社会的观点,如果就东西方同处于农业社会时代而言,则只是他的主观评价标准而已,并没有绝对优劣的客观评价尺度;如果就工商业社会而言,则可以说,法制方式自然要比主要用道德感情方式更具有秩序化效果。

从陈独秀以上议论可以看出,他不但赞扬西方近代的人权和民主,而且赞扬西方自古以来的民族心理和人文观念,诸如"西洋诸民族,好战健斗,根诸天性,成为风俗"、"西洋民族,自古迄今,个人主义之民族也"等议论。这其中虽然多有凭空揣度的无根之谈(尤其是依据西方近代的社会心理、人文观念,推想西方古代社会必定同然),然而他充分肯定"西洋民族性",彻底贬抑"东洋民族性"的价值态度是明显的。他对东西文化的比较本不仅是从近代的角度,而是从全部历史的比较,通体地尊崇西方而贬低东方,这是当时西化论者的共同基调。并且,他此时侧重从社会心理观念的差异来比较中西文化,而尚未深入考虑一种文化心理类型产生的深层经济根源。

此时陈独秀对东西方文化的判别并未止步于辨析社会心理的差异,他初步提出了近代东西方文化差异是根本性质的差异的思想。他在1916年发表的《吾人最后之觉悟》中提出:自明代中叶以来,"欧洲输入之文化,与吾国固有之文化,其根本性质极端相反。数百年来,吾国扰攘不安之象,由此两种文化相触接、相冲突者,盖十居八九"②。其前是科学与非科学的冲突,清末民初以来,更加之民主与专制的冲突。他认为,"今兹之役,可谓新旧思潮之大激战"③。这样,他就初步将近

---

① 陈独秀:《东西民族根本思想之差异》,引自吴晓明编:《陈独秀文选》,第27、28页。

② 吴晓明编:《陈独秀文选》,第30页。

③ 同上书,第32页。

代中西文化判别为代表新旧不同时代的两种文化。他在同文中提出，儒家的三纲是中国"伦理政治之大原"，而"三纲之根本义，阶级制度①是也。所谓名教，所谓礼教，皆以拥护此别尊卑、明贵贱制度者也"；西方近代民主政治"乃以自由、平等、独立之说为大原"，与中国传统的"阶级制度"极端相反。他认为，"此东西文明之一大分水岭也"②。就是说，中西文明所以"根本性质极端相反"，就在于它们一是主要体现为"三纲"的不平等制度，一是基于人权自由平等理念而体现为民主政治的社会平等制度。于此，他又从社会政治制度性质的角度来辨别中西文化的本质差别，这比泛泛归纳现象差别的做法来得深刻。并且，他提出，当时中国思想界的冲突"可谓新旧思潮之大激战"③。这样，他就初步将近代中西文化判别为代表新旧不同时代的两种文化。此后，他越来越多的从时代差别的角度比较中西文化。

基于中西文化是代表新旧不同时代文化的思想，陈独秀认为，中国文化必须来一番弃旧图新的根本变革，而这种改革必须有激烈的主张和举措，而不可人为地提倡新旧调和论。他认为，新的思想文化与旧的思想文化虽然性质根本不同，但是在现实中，总是出现新旧调和而缓慢进步的现象，二者无论在时间上，还是在空间上都"无明显的界线可以截然分离"。他将现实中新旧调和现象的产生根源归结为人类本能上的一种恶德——惰性。他断定，所以会出现如此"万有不齐，新旧杂糅的社会现象"，是由于"人类惰性"所造成的。他认为，"惰性也是人类本能上的一种恶德，是人类文明进化上一种障碍。新旧杂糅调和的现象，正是这种恶德、这种障碍造成的；所以新旧调和只可说是人类惰性上自然发生的一种不幸现象"。根据这种理解，他主张："我们抱着改

---

① 陈独秀在此所谓的"阶级制度"指下文的"别尊卑明贵贱制度者也"，即泛指社会的不平等制度。

② 吴晓明编：《陈独秀文选》，第34页。

③ 同上书，第32页。

良社会志愿的人",应该肯定这种新旧调和的"不幸事实",将之视为"客观是自然现象",而不应该"主观的故意主张"去提倡新旧调和。因为那样做,社会就不能有大的进步。也就是说社会变革的主张理应激烈,突出强调新旧思想文化的不可调和,这样才有可能使社会有重大进步。他用生意场上的讨价还价说明这个道理,卖主讨价高,成交价就高;讨价低,成交价就会低。意思是说,调和论就是讨价低了,因而,社会进化上的损失,"岂不是调和论的罪过吗"①? 他之所以主张社会变革必须采取激烈的口号和行为,就是希冀用矫枉过正的方式来抵消人类的惰性本能,使中国社会有较大的进步。

五四前后的陈独秀与胡适如思想同胞,学术观点往往大同小异。他的这个思想也可在胡适那里找到共鸣。如胡适说:"我是主张全盘西化的,但我同时指出,文化自有一种'惰性',全盘西化的结果自然会有一种折衷的倾向。……现在的人说折衷,说中国本位,都是空谈。此时没有别的路可走,只有努力全盘接受这个新世界的新文明。全盘接受了,旧文化的惰性,自然会使他成为一个折衷调和的中国本位新文化。若我们自命做领袖的人也空谈折衷选择,结果只有抱残守缺而已。古人说:'取法乎上,仅得其中;取法乎中,风斯下矣。'这是最可玩味的真理。"②只是胡适没有将"文化惰性"诉诸"人类本能"。就此而言,显得陈不如胡。

在接受唯物史观以后,陈独秀更从新的角度分析东西文化、批判中国传统文化,比以前的思想要深刻。不过,批判的武器虽然更换,否定的彻底程度则没有什么改变。从时代差别和经济结构的角度评判中西文化,是他此期文化哲学的思想特色。他说:"其实人类文化是整个的,只有时间上进化迟速,没有空间上地域异同。东方现有的农业文

---

① 吴晓明编:《陈独秀文选》,第119、120页。
② 《冯友兰学术论著自选集》,北京师范学院出版社1992年版,第432页。

化,家庭手工业的文化,宗法封建的文化,拜物教多神教的文化,以及这些文化所产生之一切思想、道德、教育、礼俗、文字不解放的文化,西方一切也曾经历过,并不是东方所特有的什么好东西。"此时,他强调人类文化的共性因素,认为各种文化具有统一的历史进程,应该将特殊的文化类型放在人类共同的历史进程中进行考察。他认为,中国乃至东方文化与西方文化的差异根本上是时代的差异,而不是民族性、地域上的不同。他所谓"东方文化在人类文化中比欧洲文化更为幼稚"①,即指东方文化在时代上落后于西方文化。他基本将其文化哲学思想建立在唯物史观的基础上,运用唯物史观关于社会存在和社会意识关系的原理和历史发展基本历程的思想,大量地论证中西文化类型和社会类型的差别在于经济结构的时代差别。因为其说与当今国内主流观点大致相同,故不赘述。

陈独秀根本反对当时儒学现代化的思潮。他批判张君劢、梁启超、梁漱溟等人的民族文化本位的主张,认为这种文化主张的害处比祸国殃民的北洋军阀还大。他说:"他们提倡那些祸国殃民亡国灭种的议论,要把国人囚在幽谷里。我们不得不大声疾呼地反对。看他们比曹锟、吴佩孚更为可恶,因为他们的害处大过曹、吴。"②他认为,中国传统文化不过是"古董学问",可以将之作为"历史的材料"来研究;然而若将中国旧学术称为"国学",就会给人以错觉,使人以为它是中国之为中国的学术;其流弊之一,是"东方文化圣人之徒的嫌疑犯",而探索中国传统文化与现代生活接轨,想在传统文化中寻求立国之本的做法,有如"在粪秽中寻找毒药"③,主张儒学现代化的学者梁漱溟曾经说自己与陈独秀是同志,两人走的是一条路。陈独秀对此表示"绝对不能承认",因为"他要拉国人向幽谷走,我要拉国人向康庄大道走,如何是一

①　陈独秀:《寸铁》,引自吴晓明编:《陈独秀文选》,第246、247页。

②　同上书,第247页。

212　③　同上书,第248页。

条路,又如何是同志"?① 陈独秀晚年在《孔子与中国》文中,重申"儒家的独特主张"除了"三纲的礼教"而外,更无其他。他认为,无论是进步党人所号召的"贤人政治"、"东方文化",还是袁世凯、徐世昌之流所提倡的"特别国情"、"固有道德",都是孔子的礼教在作祟,都是和人权民主运动的历史大潮流背道而驰的。②

陈独秀所以主张完全彻底地抛弃以儒家思想为主的旧文化,既有其理论分析视角的原因,也有现实的政治和文化原因。就前者言,他是从社会性质的角度为儒学定性,即认为儒家思想的核心是维护社会不平等的纲常礼教,儒学是代表封建宗法社会的旧时代的思想意识,因而对之应该彻底否定、全盘抛弃;从后者来说,他针对政界、教育界的尊孔倾向和思想界的儒学现代化思潮而大力抨击,抨击的理由也自然是出于他对儒学乃至整个中国传统文化的定性。陈独秀对儒学和中国传统文化的时代性和历史性质的断定是有见解的,但是仅从一种文化的时代性和历史性出发就对之全盘否定,这就忽略了文化的结构性、民族性和历史延续性问题,这使得他的观点显得犀利有余而厚重不足。

其一,从一种思想体系的结构来看,有其表层结构和深层结构。儒学及中国传统文化的许多具体观念,自然属于受历史局限而丧失了现实生命力的表层结构层次,但是其中所包含的丰富的辩证思维,关于人的本质、社会关系、人生价值以及对于社会管理方法论原则的诸多哲学思考,其中颇多具有恒久价值的成分,应视为它的深层结构层次。陈独秀对儒学和中国文化的批判明显是以偏概全的做法。

其二,从文化类型的结构来看,任何具体的文化类型都包括时代性与民族性两个基本方面。中国传统文化的民族特殊性是不证自明的事实,陈独秀领悟到文化的时代性,较之当时夸大中国文化特殊性而抹杀

① 陈独秀:《寸铁》,引自吴晓明编:《陈独秀文选》,第 247 页。
② 陈独秀:《孔子与中国》,引自吴晓明编:《陈独秀文选》,第 374 页。

中西文化时代差别的见解,固然给人登高远眺之感,然而他以文化的时代性否定文化的民族性,则无疑是理论的纰漏。

其三,从文化的延续性来看,文化发展的历史延续性在今天来说,是个理论常识,任何新文化都不可能与传统文化一斩而绝,然而陈独秀变革中国社会的主张中,却基本不谈这种基本常识。近代中国对于本民族文化的虚无主义观点是一大潮流,这是西化论者的招牌思想。陈独秀的思想虽然前后不同,却也始终未能摆脱这种观点。陈独秀本不缺乏这种常识,如前所言,文化发展中现实的新旧调和是客观的存在,是由"人类惰性"这种"恶德"所造成的不幸现象;他用生意场上卖主叫高价而成交价会偏高的道理,来说明自己所以提出新旧彻底决绝的主张而反对新旧调和论,就是要克服人类的惰性本能,而使中国进步的跨度更大些。这明显是出于因事权变的策略做法,然而,这样的权宜之论或许有效,却毕竟不能将新旧彻底决绝的思想当做真理看待,当然也不能使那些认真探讨如何融合中西文化的学者们信服。

第二节　对于"孔教"的理论定性和彻底否定

陈独秀认为,孔子思想与后来的儒家学说的根本性质相同,故而他沿用了起于魏晋南北朝而在当时流行的称谓,将孔子思想与后来的儒家学说并称为"孔教"。他对"孔教"的根本性质作了明确的定性,即"孔教"是产生于封建宗法社会的礼教,其核心是维系尊卑贵贱关系的"三纲"。根据这种盖棺定论,他断定:发端于孔子而以"三纲"为主要内容的礼教,是中国人诸种恶德和悲惨不安现象的总根源。他不否认孔学和儒家学说曾经有其存在的历史原因,但是就中国所处的近现代社会来看,"孔教本失灵之偶像,过去之化石",全然没有任何可资继承、借鉴的现实价值。针对当时的政界、学界、教育界的尊孔风潮,陈独秀极力贬低儒学,认为外来的佛教、基督教以及本土的阴阳家、法家、名家、墨家、农家都优于孔教；如果当时以民主共和为名的政府将尊孔祀孔列入宪法，"则学术思想之专制，其湮塞人智，为祸之烈，远在政界帝王之上"①。他屡屡申明"孔教与共和乃绝对两不相容之物，存其一必废其一"②，强调中国要进入现代社会，就必须在两者之间作出果断抉择，万不可持骑墙调和的态度。

陈独秀认为，要使国人实现彻底的政治觉悟乃至中国社会的现代化转型，全依赖于国人的最根本觉悟——"伦理觉悟"；国人必须从孔教所代表的封建纲常伦理的思想枷锁中解脱出来，树立人权平等的时代精神；这样才会真正具备政治民主的意识，才可能造就民主共和的社会体制。陈独秀在《宪法与孔教》文中着重辩驳"孔教是否适宜民国教育精神"这个有关"伦理觉悟"的根本问题。他断言，民主国家的教育精神与孔教截然不可相容，"共和国民之教育，其应发挥人权平等之精神"③；而作为中国历来伦理关系和政治制度根本的礼教④，其核心内容的"三纲"之说，实质就是臣对于君、子对于父、妻对于夫的"片面之义务，不平等之道德，阶级尊卑之制度"⑤。可见这两种文化和教育精神的本质截然相反。

陈独秀认为，"三纲"之名虽然起自汉代，其源头则是孔子。为了论证孔子思想就是以"三纲"为根本内容的礼教，他在先后许多文章中做了大量的引证，以指证"三纲"就是"孔教之根本教义"。⑥ 至于儒家所提倡的"温、良、恭、俭、让、信、义、廉、耻诸德"，在他看来，这些是"世

---

① 陈独秀：《宪法与孔教》，引自吴晓明编：《陈独秀文选》，第50、51页。

② 陈独秀：《复辟与尊孔》，引自吴晓明编：《陈独秀文选》，第79页。

③ 陈独秀：《宪法与孔教》，引自吴晓明编：《陈独秀文选》，第52页。

④ 陈独秀说："孔教之精华曰礼教，为吾国伦理政治之根本。"引自吴晓明编：《陈独秀文选》，第50页。

⑤ 陈独秀：《宪法与孔教》，引自吴晓明编：《陈独秀文选》，第53页。又，陈独秀在此所说的"阶级尊卑之制度"，是指尊君卑臣抑民的政治等级制度，"阶级"此指等级，属政治范畴，而非经济范畴。

⑥ 陈独秀：《宪法与孔教》，引自吴晓明编：《陈独秀文选》，第53页。

界实践道德家所同尊"，并不是儒家的独有特色。他提出，如果中国要建立西洋式的新国家、新社会，根本问题就是必须"首先输入西洋式社会国家之基础"即"平等人权之新信仰"；对于与之绝不相容的孔教，"不可不有彻底之觉悟"，从而以"猛勇之决心"摆脱中国"宗法社会封建时代"的主导观念——孔教的思想束缚。① 在陈独秀看来，中国向新社会的转型就是全面学习西方近代文化，中国的现代化就是西方化。他在接受唯物史观以前，与胡适之流的西化论大体上并无二致。

陈独秀在《调和论与旧道德》中也提出，中国封建社会提倡的主要道德有三，即为臣下之忠、子女之孝、女人之贞，其他种种社会法则和规范都是由它们所派生的。他说："忠、孝、贞三样，却是中国固有的旧道德，中国的礼教、纲常、风俗、政治、法律都是从这三样道德演绎出来的；中国人的虚伪、利己、缺乏公共心、平等观，就是这三样道德助长成功的。……一方无理压制，一方盲目服从的社会也都是这三样道德教训出来的；中国历史上、现社会上种种悲惨不安的状况，也都是这三样道德在那里作怪。"②他将中国的制度类型与风俗文化以及中国人的劣根性和种种社会罪恶，都归本于"三纲"及其所派生的三种根本道德。

陈独秀在《复辟于尊孔》文中，特别提出忠与孝两种道德是儒家的根本道德，忠与孝的一致性是孔学伦理政治的核心。他说："孔子之道，以伦理政治忠孝一贯为其大本，其他则枝叶也。"③孔学的根本意旨就是维护封建宗法社会的抑民尊君制度。陈独秀又取汉代以来孔子作《易传》的说法④，列举《易传》文辞，提出"孔氏视上下尊卑贵贱之义，

---

① 陈独秀：《宪法与孔教》，引自吴晓明编：《陈独秀文选》，第54、55页。
② 陈独秀：《调和论与旧道德》，引自吴晓明编：《陈独秀文选》，第121页。
③ 引自吴晓明编：《陈独秀文选》，第79页。
④ 司马迁、班固均持此说。清代以来，学者大多否定此说。陈独秀在前期似乎没有留意清代学者在这方面的考据成果。不过在晚年，他认可了《易传》为汉初所作的学术观点。见陈独秀：《孔子与中国》。

不独民生之彝伦,政治之原则,且推本于天地,盖以为宇宙之大法也矣"①。虽然陈独秀对孔子与《易传》的关系未作认真考证,显得论据力度不足,但是他将孔学归结为现代社会理应全盘抛弃的封建学说,用意是鲜明的。

陈独秀又从一种思想体系是出世还是入世的角度,论证"孔子之道"有其适应生长的历史时段,在现代社会是往而步复的历史陈迹。他认为,"宗教属出世法,其根本教义不易随世间差别相而变迁,故其支配人心也较久。其他世法诸宗,则不得不以社会组织生活状态之变迁为兴废。"针对当时的尊孔风潮,他提出,对于世间法而言,"其欲独尊一说,以为空间上人人必由之道,时间上万代不易之宗,此于理论上决为必不可能之妄想。"②他认为,孔教不是出世养魂的宗教,而属于见诸于人伦日用的世间法,主要是关于"世法道德"的学说,而"道德之为物,……其必以社会组织生活状态为变迁,非所谓一成而万世不易者也"③。故而,孔子之道当然也会随着社会状态的变化而有兴有废。

陈独秀认为,从"孔教"的施行范围和没有个人独立意识来看,其也绝不适宜于现代社会。他认为,孔子生长于封建宗法时代,所提倡的道德、所垂示的礼教、所主张的政治都是封建宗法时代的东西;"其范围不越少数君主贵族之权利与名誉,于多数国民之幸福无与焉";孔子所讲的人伦日用,即便在当时的封建宗法时代,"亦只行于公卿大夫之人伦日用,而不行于庶人"。因而,"孔教"不可行于"今日共和时代、国家时代",不可行于"今日民政民权发张之世界",④这是不争的道理。并且,现代生活即西方生活以个人独立为特点,而个人独立"兼伦理、经济二者而言",即伦理上的个人人格独立和经济上的个人财产独立,

---

① 陈独秀:《复辟与尊孔》,引自吴晓明编:《陈独秀文选》,第80、81页。
② 陈独秀:《孔子之道与现代生活》,引自吴晓明编:《陈独秀文选》,第57页。
③ 同上书,第62页。
④ 同上书,第61页。

其中"尤以经济上的个人独立主义为之根本也";但是"中土儒者,以纲常立教,为人子、为人妻者,既失个人独立之人格,复无个人独立之财产"。① 由此可见,孔教与现代生活格格不入。陈独秀申明他攻讦孔子的用意在于当时欲把孔子之道强加于近代中国的潮流。他说:"愚之非难孔子之动机,非因孔子之道不适于今世,乃以今之妄人强欲以不适今世之孔道,支配今世之社会国家,将为文明进化之大阻力也。"②

陈独秀晚年在《孔子与中国》中提出,孔子思想有两个价值:第一个价值是"非宗教迷信的态度","重人事而远鬼神"是孔子区别于墨家之处。孔子虽然也提"天命",然而,孔子讲"天命",只是为生命实践设立一个至高无上的道德目标,并不是"天地之始、万物之母",这是孔子异于道家之处。孟子和荀子继承了孔子的这个思想传统,至于将孔子思想与道家、阴阳家,乃至谶纬迷信思想的结合,则是后人改窜的结果,不是孔子的本来面目。第二个价值是"建立君、父、夫三权一体的礼教"。他承认,孔子的伦理政治学说在当时有其存在的理由,然而又认为,它"在二千年后的今天固然一钱不值,并且在历史上造成了无穷的罪恶"③。他斥责现代的"孔子之徒"极力掩蔽孔子的本来面目,力图将孔子教义现代化,这是对孔子的"诬罔"。他说:"科学与民主是人类社会进步之两大主要动力。孔子不言神怪,是近于科学的;孔子的礼教,是反民主的。人们把不言神怪的孔子打入了冷宫,把建立了礼教的孔子尊为万世师表,中国人活该倒霉!"④他认为,"历代民贼"即历代帝王所以尊奉孔子,将孔子捧为万世师表,就在于"孔子尊君的礼教"⑤利于他们的封建专制统治,如果国人不懂得这个道理,而以为"孔子永

① 陈独秀:《孔子之道与现代生活》,引自吴晓明编:《陈独秀文选》,第58、59页。
② 陈独秀:《复辟与尊孔》,引自吴晓明编:《陈独秀文选》,第82页。
③ 陈独秀:《孔子与中国》,引自吴晓明编:《陈独秀文选》,第364、365页。
④ 同上书,第372页。
⑤ 同上书,第370页。

久是万世师表,中国民族将不免于万世倒霉"①。

陈独秀为了论证孔子思想就是以三纲为根本内容的礼教,前后做了大量的引证。然而他引证文献最多的是《礼记》,次为《论语》、《孝经》、《易传》等著作。《礼记》、《孝经》、《易传》等著作所引的诸多孔子言论,大多是后学者的传闻甚至假托,真实程度不尽可靠。这种引证显得他治学态度或者不够认真,或者中国学术史(尤其是史料学)功底不够深厚,对于了解中国思想史的人,他批判孔学的史料论据对于他的结论明显缺乏支持力度。

陈独秀似乎不懂得对一种学术理论做结构性的研究,体现于他对孔学的批判,仅见孔子之"礼",而将孔学归结为礼教,却漠视孔子的"礼后于仁",以"仁"为其学说"一以贯之"的思想。他没有分析在孔学中什么是受时代社会环境影响并有时代局限性的表层结构,什么是其中有恒常价值的深层结构,这是陈独秀的偏颇处与肤浅处。虽然他的政治用心始终是积极的,但是他对孔子思想如此分析,使得他的思想在知识界缺乏说服力。

陈独秀初步提出文化是一个整体的思想,苦心从文化哲学的角度探索中国文化建设的梁漱溟曾经因此而称赞他的聪明。但是,陈独秀在分析中国传统学术尤其是儒学的时候,并没有把儒学所提倡的诸道德作为整体来看,他既说三纲之德派生了中国的各种道德,同时又说三纲以外的其他道德是古今中外道德实践家都提倡的,不是儒家的独特之处。这样的议论显然在逻辑上不甚自恰,如此看待儒家的伦理思想显然不是从文化整体观来予以剖析的。

陈独秀并没有像当时有些思想家那样将孔子和历代孔家店,或者说将孔子本人和后来统治者所塑造、儒家学者所理解的孔子严格区分开来。陈独秀晚年在《孔子与中国》中也曾提出:孔子学说"重人事而

---

① 陈独秀:《孔子与中国》,引自吴晓明编:《陈独秀文选》,第374页。

远鬼神"的面目至汉末经历四变,逐渐掺入鬼神之说和谶纬迷信。① 不过,他只是就此止步。至于孔子思想与后世儒学的政治定性,他则认为,它们均一统于提倡社会不平等的封建礼教,而漠视其间的诸多重大差异。

陈独秀在《孔子与中国》中还提出了一个耸动听闻的史学论断,即孔子的真正继承者是韩非和李斯。他认为,孔子创立了君权、父权、夫权这"三权一体的礼教",实行者是韩非和李斯;而"法家本是儒家的支流,法家的法即儒家的礼。名虽然不同,其君尊臣卑、父尊子卑、男尊女卑之义则同"。他嘲笑"司马迁谓韩非'归本黄老',真是牛头不对马嘴的胡说",断定孔子是韩非和李斯的先驱,"世人尊孔子而薄韩非、李斯,真是二千年来一大冤案"。② 陈独秀的这个说法既缺乏史学常识,又有悖逻辑。以下略举其误:其一,儒家与法家主张主张的区别不在于"君尊臣卑、父尊子卑、男尊女卑之义"方面,而在于治理国家的基本原则是以德治为主还是以法治为主。其二,"礼"与"法"在先秦都是多义的。"礼"有广义、狭义之别,广义的"礼"指社会的整个典章制度,略同于现在所说的"政治结构",其中包含法律制度,然而不能归结为法律制度;狭义的"礼"指礼仪、礼节规范。儒家论及的"礼"兼广狭二义,其在推崇广义的"礼"时,所侧重的是社会典章制度的德治精神,主张轻刑宽刑。"法"在先秦也有广义、狭义之别,广义的"法"指治理国家的制度和基本方法,如荀子"有治人无治法"之"法",就是在广义上使用的;而法家之"法"侧重于狭义的"法",即法律制度。因而不可如陈独秀那样简单说"法家的法即儒家的礼",这种说法是在逻辑上混淆概念。其三,法家诸子虽然侧重以法律法令为治理国家的主要手段,但是持轻刑宽刑主张且不排除德治的也颇有人在,如法家先驱公孙侨就是

---

① 陈独秀:《孔子与中国》,引自吴晓明编:《陈独秀文选》,第364、365页。
② 同上书,第370页。

例证。熊十力曾经提出商鞅、韩非的严刑峻法主张不是法家的正统，而是法家的末流。熊十力的这个见解是有一定历史根据的。陈独秀断定主张以严刑峻法治国的韩非、李斯是孔子的真正继承者，实是无稽之谈。此外，陈独秀多有武断之论，如他断言：外来的佛教、基督教以及本土的阴阳家、法家、名家、墨家、农家都优于孔教，这种评价的尺度恐怕只能是他但举一隅而不论其他的主观臆断了。

第三节　呼唤伦理觉悟与提倡新道德建设

陈独秀早期主张改变中国社会的性质，必须从精神文化入手，以启发国人的思想觉悟为首要之务，其中包括政治觉悟和伦理觉悟，而以伦理觉悟为根本。他在1916年发表的《吾人之最后觉悟》文中，将政治觉悟分为三步，第一步是去除长期专制统治所造成的国人对国家和政治普遍的淡漠态度，要使国人明白"国家为人民公产，人类为政治动物"①，进而积极关注、参与政治。第二步是要使国人认识到，由专制体制到民主立宪是世界各国政体发展的共同轨道，即"由专制政治趋于自由政治；由个人政治趋于国民政治，由官僚政治趋于自治政治，此所谓立宪制之潮流，此所谓世界系之轨道"。中国既然不能闭关自守，就"万无越此轨道、逆此潮流之理"，②而中国为求在世界上生存，就理应自觉遵循此世界大势，实现政治体制的根本变革。第三步是多数国民必须具有"自觉其居于主人的主动地位"的意识，这是民主政体能否在中国实现的"唯一根本之条件"。如果立宪政治的主动地位属于政府而不属于人民，那么不仅民主宪法是一纸空文，而且人民也不会重视并用生命去拥护宪法所规定的自由权利，这样"立宪政治之精神已完全

---

① 吴晓明编：《陈独秀文选》，第32页。

② 陈独秀：《吾人之最后觉悟》，引自吴晓明编：《陈独秀文选》，第32页。

丧失矣"。他认为,共和立宪如果不是出于多数国民的自觉自动,"皆伪共和、伪立宪、政治之装饰品也"①。

陈独秀基于西方新文明与中国旧礼教根本性质截然相反的判断,指斥那种既要在政治上采用西方的共和立宪制,又想保留中国传统的纲常伦理的观点。他认为,此二者是"绝对不可相容之物,存其一必废其一"。因此,中国人在伦理上的觉悟,才是最根本的觉悟。陈独秀认为,西方文明输入中国,最初国人觉悟到学术不如西方,而后是觉悟到政治不如西方,今后则必然是伦理问题;如果国人不能产生伦理的觉悟,则以上所说的政治觉悟,就不是彻底觉悟。他断定:"伦理的觉悟,为吾人最后觉悟之最后觉悟。"②它是实现彻底的政治觉悟、学术进步乃至根本变革中国社会的前提。与伦理觉悟相比,政治和学术都是枝叶问题。③陈独秀所说的伦理觉悟,要义就是从思想上彻底根除儒学的影响,全面接受西方近代的人文道德观念。

陈独秀将彻底变革国人的道德面貌视为救危图强的头等大事。他寄希望于青年,大力提倡"新青年"在心理和生理上的自我塑造,以区别于"旧青年"。就"新青年"的心理塑造而言,陈独秀提倡青年人应该建立新的人生信仰和幸福观,这是他所主张的"伦理觉悟"和道德建设的重要方面。他认为,自古以来,中国人的神经和骨髓都充斥着"做官发财"四个大字;以此为人生目的,就会抛弃一切善行,奉行一切罪恶。"此等卑劣思维,乃远祖以来历世遗传之缺点,与夫社会之恶习,相演而日深"。他号召:"新青年"必须斩尽涤绝使人腐败堕落的做官发财的旧思想,在精神上另外建立"真实而新鲜之信仰";这样,"始得谓新青年而非旧青年,始得谓真青年而非伪青年"。④

① 陈独秀:《吾人之最后觉悟》,引自吴晓明编:《陈独秀文选》,第32页。
② 同上书,第34页。
③ 陈独秀:《宪法与孔教》,引自吴晓明编:《陈独秀文选》,第50页。
④ 陈独秀:《新青年》,引自吴晓明编:《陈独秀文选》,第36页。

陈独秀认为,"青年之精神界欲求此除旧布新之大革命",就要解决两个问题:第一是要明确人生的归宿,新青年要有"内图个性之发展,外图贡献于其群"的志向,要明确"一切未来之责任,毕生之光荣"都在青年时代"植其大本",从而爱惜青年时代,故"自不应仅以做官求荣为归宿也"。第二是要明确什么是真正的人生幸福。他提出:"金钱虽有万能之现象,而幸福与财富绝不可视为一物"。以发财为幸福,"是不知幸福为何物也"。他认为,关于人生幸福应该有五种观念:一是毕生幸福全在于青年时代创造基础;二是有"强健之身体、正当之职业、称实之名誉";三是不以个人幸福损害国家、社会;四是自我创造幸福,而不依赖他人;五是不为了贪图暂时幸福而造成"将来永久之痛苦"。他认为,具备了这五种观念,才会有追求幸福的正当信仰;而若将幸福与发财混为一谈,"则异日立身处世,奢以贼己,贪以贼人",必然会为害自己和社会、国家。他认为,做官发财本来不是恶事,追求个人幸福更不是恶事,但是,中国人将此三者结合为"一贯之精神",即以做官发财为个人幸福的内容,那么,中国就"国将由此灭,种将由此削"①。

陈独秀从国人道德的角度反省中国内外交困的原因。他提出,当时中国所以陷于"外迫于强敌,内逼于独夫"的危局,根本原因在于民族道德的堕落。他说:中国"所以迫于独夫强敌者,乃民族之公德私德之堕落有以召之耳";"亡之者虽将为强敌、为独夫,而所以亡之者,乃其国民之行为与性质"。他列举了国人的种种恶德,如好利无耻、贿赂公行、黄金崇拜、工于诈伪、服权力不服公理等等,认为"凡此种种,尢一而非亡国灭种之资格";国民道德如此堕落,自然会招致强敌独夫的逼迫,故"其国家无时不在灭亡之数";即便灭亡了,也是自灭自亡。为此,他提出了培植国人道德来从根本上挽救危亡的"拔本塞源之计",

①　陈独秀:《新青年》,引自吴晓明编:《陈独秀文选》,第36页。

即全面改善国民的道德品质和行为,普遍培养能够自觉地"为国家惜名誉、为国家弭乱源,为国家增实力"的"笃行自好之士"。至于为国捐躯的烈士,固然值得服膺崇拜,但"此种爱国行为,乃一时而非持续的,乃治标而非治本的";普遍培养"笃行自好之士",才是"吾之所谓持续的、治本的爱国主义者"。① 他在文章中列出的诸如勤、俭、廉、洁、诚、信等道德条目,作为真正的爱国主义者所应恪守的规范。

陈独秀的人学思想有两个重要的观点,一个是西方近代的独立、自由、平等的人权思想,这是他批判中国社会和儒学思想的立足点和利器。他起初仅从东西方传统民族心理的差异上解释西方个人本位观念和东方家庭本位观念的成因,后来逐渐意识到经济状况是人文观念形成的深层原因。他认为,西方近代人权平等的根本原因是个人独立占有财产现象取代了家族占有财产的状况,而法律则对人权平等给予了制度方面的体现和保障;中国要走向现代社会,就要在取法西方近代的个人财产独立的经济制度,并接受西方人格独立、人权平等的观念。一个是他从人类本能中寻求现实善恶的心理根源,对人类本能兼含善恶两种因素的估计。他认为,人类既有种种善的本能,如相爱、互助、同情心、利他心、公共心;又有种种恶的本能,如侵略、独占、利己、忌妒、争杀、虚伪、欺诈、惰性等等。这个估计是他阐发社会观和文化观的基本理论根据之一。即便在他接受唯物史观以后,他依然时而从人类本能解释道德状态,只是本能的因素从解释社会现象的主因变为辅因了。

陈独秀早期将社会的种种问题大抵溯因于道德水平。他曾将西方的民主政治称为"近世西洋之道德政治"②,提倡用西方近代以人权平等为核心的新道德,来取代中国以三纲为主的旧道德。然而,他渐次认识到西方社会的实际道德水平,并不像西方的典章文籍那样美好,他也

---

① 陈独秀:《我之爱国主义》,引自吴晓明编:《陈独秀文选》,第39、40页。
② 吴晓明编:《陈独秀文选》,第34页。

认同了当时西方的道德水平跟不上经济和科学进步的观点。对此,他又从"人类本能"上寻求答案。他认为,"现在人类社会种种不幸的现象,大半因为道德不进步。这是一种普遍的现象却不限于西洋、东洋。近几百年,西洋物质的科学进步很快,而道德的进步却跟他不上,这不是因为西洋人只重科学不重道德,乃因为道德是人类本能和情感上的作用,不能像知识那样容易进步。"他断定:人类道德所以不易进步,是由于人类善的本能为恶的本能所牵制。他说:"根于人类本能上光明方面的相爱、互助、同情心、利他心、公共心等道德,不容易发达,乃是因为受了本能上黑暗方面的虚伪、忌妒、侵夺、争杀、独占心、利己心、私有心等不道德难以减少的牵制。这是人类的普遍现象……"①

在五四前后,陈独秀开始将经济制度方面来与社会道德现象联系起来思考。他认为,不但中国,而且西方种种悲惨不安的社会现象,都是"私有制度下的旧道德造成的"。然而,他又主张西方人在当时私有制存在的情况下,应该"抛弃私有制度之下的一个人、一阶级、一国家利己主义的旧道德,开发那公有、互助、富于同情心、利他心的新道德,才可望将战争、罢工、好利、卖淫等等悲惨不安的事止住"②。他设想在资本主义经济的环境中超越私有制,而凭空抛弃私有心理,普及博爱无私的"新道德",显然他此时还没有形成将私有制作为利己主义的经济原因的思想。

陈独秀批判当时中国一种流行的观点,即新的物质科学是西洋的好,而道德则是中国的旧道德好。他认为,中国和西方的旧道德在现在非但不彻底、不足取,"而且有助长人类本能不道德的黑暗方面的部分"。陈独秀所提倡的新道德,也是从人类本能方面来扬善抑恶。他说:"我们主张的新道德,正是要彻底发达人类本能上光明方面,彻底

---

① 吴晓明编:《陈独秀文选》,第120页。

② 陈独秀:《调和论与旧道德》,引自吴晓明编:《陈独秀文选》,第121、122页。

消灭本能上黑暗方面,来救济全社会悲惨不安的状态。"①

　　陈独秀虽然力辟儒家思想,但是由于他早年长期浸润于儒家文化,儒学的积淀对于他是深刻的,他即便全盘否定儒家的人文社会学说,然而在相当程度上依然受儒家的思维方式的影响,他关于人类本能兼含善恶因素的思想,就明显是传统儒家人性论思想的延续。汉代以来出现了种种折中性善论和性恶论的学说,陈独秀所延续的正是这个思想传统,尽管他讳言这种思想沿承关系,而用"人类本能"等新名词替代传统的心性论诸范畴。就是他接受马列主义以后,直至晚年,他依然坚持从"人类本能"解释社会现象的思想。其实,陈独秀所扬弃儒家的并不止人性论思想,他所提倡的诸种新道德如勤、俭、廉、洁、诚、信等条目也多与儒家传统道德主张雷同,只是在他看来,这些道德并不是儒家所独具的特色。

第四节　从科学万能和唯物史观
辩证"科学的人生观"

　　陈独秀提倡科学的意旨,不但在于使中国在经济上发展为现代国家,而且在于从根本上解决中国人的人生观问题。他主张以科学对抗宗教乃至最终取代宗教对人生观的控制。他说:"余之信仰,人类将来真实之信解行证,必以科学为正轨,一切宗教,皆在废弃之列。"他认为,宗教所谓的解脱,实际是"必先自欺,始克自解"。这种通过自我欺骗而达到的自我解脱,当然不是"真解";只有科学,才"真能决疑"。针对那种以为"宇宙人生之秘密,非科学所可解,决疑释忧,厥惟宗教"的观点,陈独秀认为,"科学之进步,前途尚远",随着科学的日渐发达,最终能实现宇宙与人生的真正契合。他说:"故余主张以科学代宗教,开

────────────────

　　① 吴晓明编:《陈独秀文选》,第120、121页。

拓吾人真实之信仰,虽缓终达。若迷信宗教以求解脱,直'欲速不达'而已。"①他提出:人们对于科学的信仰,是"将来人类达于觉悟、获享幸福必由之正轨"②。

其实,陈独秀只看到了宗教本体论思想的荒谬,却没有意识到宗教存在尚有其重要的道德伦理功能、文化认同作用、对人生的终极关怀意义。他以为,只要根本否定了宗教的宇宙论,也就全部打倒了宗教,就可以完全消灭宗教。这种想法过于简单了。

陈独秀也参与了 20 世纪 20 年代的科学与玄学的论战。他对于这场"科玄之争",采取了一种鄙夷争论双方的批判态度。他认为,科学与人生观的关系问题,对于"稍懂得一点社会科学门径的人来说,都不会有这种无常识的讨论"③。意即从"社会科学"的角度看,这是不成问题的问题。对于丁文江以所谓"存疑的唯心论"批驳张君劢的"唯心观",陈独秀嘲讽这是五十步笑百步,没能举出一个足以证明"科学何以能支配人生观"的证据,"并未攻破敌人的大本营";科学派"表面上好像是得了胜利",其实非但不可言胜,"而且几乎是弃甲丢盔的大败战"。④ 所以如此,在于丁文江在"思想之根底"上,"仍然和张君劢走的是一条道路"。⑤

鉴于丁文江从现有自然科学知识的基础上解决科学与人生观关系问题的失误,陈独秀转而选择了从"社会科学"的角度来批判张君劢等"玄学派"的观点。他所谓的"社会科学"中包括了"实验主义的及唯物史观的人生哲学"。⑥ 实际上他的批判武器不止于人生哲学,更主要的是唯物史观的经济结构决定论。不过,陈独秀在参与"科玄论战"时的

---

① 陈独秀:《再论孔教问题》,引自吴晓明编:《陈独秀文选》,第 63 页。

② 同上书,第 65 页。

③ 陈独秀:《〈科学与人生观〉序》,引自吴晓明编:《陈独秀文选》,第 222 页。

④ 同上。

⑤ 同上书,第 228 页。

⑥ 同上书,第 223 页。

历史观①还不纯粹是马克思主义的,因此,他批判的哲学武器也不全是唯物史观。如他盛赞法国实证主义哲学家孔德的社会进化论观点,认为孔德将人类知识和社会的进化历史分为神学、形而上学②、科学三个时代的思想是"社会科学上的一种定律";依照这个定律,中国要"由迷信时代进步到科学时代,自然要经过玄学先生的狂吠",当时的"科玄论战"就是这个过程在思想界的反映。陈独秀认为,孔德的这个历史进化定律足以说明不同时代、社会、个人的人生观的差异。③ 陈独秀自认为是站在科学尤其是社会科学(他认为唯物史观属于社会科学的范畴)的立场上批判过时的玄学思维的。

张君劢提出,人生观是主观的、单一的,"起于直觉的、综合的、自由意志的","而不为客观的、论理④(即逻辑)的、分析的、因果律的科学所支配"。陈独秀主要依据唯物史观对之作了批判,他从社会的经济根源和与之相应的社会形态、历史环境出发,来解释人生观中的"私有财产观念"、"公有财产观念"产生的原因,以及"悲观乐观见解之不同"、"宗教思想之变迁"等人生观问题的原因,以说明"种种不同的人生观都为种种不同的客观因果所支配",都可以用社会科学加以"分析的、论理的说明",没有哪种人生观是"由于个人主观的、直觉的自由意志凭空发生的"。⑤

在"科玄论战"中,梁启超提出:人生中属于理智方面的问题必须用科学来解决,而属于情感方面的问题则是超科学的(详见梁启超节),并举出中国古代一些关于道德情谊的著名例子为证。陈独秀则

---

① 陈独秀参与"科玄论战"的首篇代表性文章《〈科学与人生观〉序》,发表于1923年。

② 陈独秀将孔德所说的神学时代称为"宗教迷信时代",将孔德所说的形而上学称为"玄学"。

③ 陈独秀:《〈科学与人生观〉序》,引自吴晓明编:《陈独秀文选》,第224页。

④ 论理即逻辑,西方逻辑学初传中国时,曾经意译为"论理学"。

⑤ 陈独秀:《〈科学与人生观〉序》,引自吴晓明编:《陈独秀文选》,第226页。

认为,"情感如何而起"等问题,是"极普通的心理学"问题,即科学完全可以解决的问题。而梁启超所举的事例,"不过乃是农业的宗法社会封建时代所应有之人生观。这种人生观乃是农业的宗法社会封建时代之道德传说即一切社会的暗示所铸而成",在"工业的资本主义社会",就不会有这样的举动、情感、自由意志。①

陈独秀说:"我们相信,只有客观的物质原因可以变动社会,可以解释历史,可以支配人生观,这便是'唯物的历史观'。"②他认为,"社会现象变迁之动因及大多数个人对此变迁之态度即社会心理,推求其最初原因,都是物质的,而为因果律所支配。……个人不同的历史和环境遂造成个人不同的态度,即不同的人生观,……个人的意志自由是为社会现象的因果律并心理现象的因果律支配,而非支配因果律者"。③

陈独秀依据唯物史观的社会存在决定社会意识这个第一原理,对玄学派提出有力的批判。诸如人生观和包括情感、良心、直觉在内的社会心理是受经济本因、受因果律支配的,即便个人的"自由意志"也是如此,并非绝对自由;人生观因时代不同而异,主要是因不同时代的物质原因而异;任何思想和行为都是有因果的,因而它们就可以成为科学的对象,可以用科学来解释;欧洲文明的破产根本原因应该从经济上寻找,而不是像丁文江那样归结为主观因素。陈独秀的这些见解也是对自己的超越,此前他也认为,欧洲道德文明跟不上经济发展的原因是由于主观上忽视精神文化建设,是人类的惰性本能在起负面作用。

陈独秀将当时"科玄之争"归纳为两个基本论题:一是"科学的人生观是否错误",一是"科学能否支配一切人生观"。他认为,以张君劢、梁启超为代表的玄学派的第一个观念是"人生观超于科学之上","科学决不能支配人生",进而才质疑"科学的人生观是否错误"的问

---

① 陈独秀:《〈科学与人生观〉序》,引自吴晓明编:《陈独秀文选》,第 226、227 页。

② 同上书,第 228 页。

③ 陈独秀:《答张君劢及梁任公》,引自吴晓明编:《陈独秀文选》,第 259 页。

题。陈独秀以为梁启超的说法更聪明，因为梁启超有"我绝不承认科学破产，不过也不承认科学万能"之论。陈独秀认为，两派争论的真正焦点是"科学是否万能"的问题。在这场论战中，陈独秀与胡适基本立场一致，然又各有独立主张，他们可以说是"同门异户"。胡适主张：只须证明科学人生观，而不必力争科学可否解决人生观问题。陈独秀对此主张很不以为然，认为胡适这种"只立不破的辩论法，不是纵敌，便是收兵"①，给玄学派的思想留下了余地。他责备胡适"只说明了科学的人生观自身的美满，未说明科学对于一切人生观之威权，不能证明科学万能，使玄学鬼尚有四出的余地"。陈独秀主张要采取主动出击、有立有破的态势，不但要"在主观上建设科学人生观之信仰，而更须在客观上对于一切超科学的人生观加以科学的解释"，也就是要公然证明"科学万能"，这样"方能使玄学鬼无路可走，无缝可钻"②。于是，陈独秀以唯物史观为名，走向了中西方近代流行的"科学万能"观点。

陈独秀力求将历史唯物论与"自然科学的唯物论"划清界限。他认为，梁启超对于他们这些马克思主义者的误会之一，是认为他们是"机械的人生观"。陈独秀辨解说：近代唯物论有两派，"一派是自然科学的唯物论，一派是历史的唯物论；机械的人生观属于前一派，而后一派无此说。历史的唯物论者以为，人是物质造成的，历史是人造成的，如何说他是机械的人生观"？③ 陈独秀当时的重要贡献是他肯定人的主观努力和精神文化活动虽然是社会进步所必需，对社会进步有重要作用，但是这些是在社会的经济物质基础上产生并发挥作用的。他以此否定了对于梁启超关于"机械的人生观"的指责。

陈独秀虽然认为，科学与人生观的关系问题是不成问题的问题。然而，他并没有在理论上完满解决这个问题。

① 陈独秀：《答适之》，引自吴晓明编：《陈独秀文选》，第241页。
② 同上书，第242页。
③ 陈独秀：《答张君劢及梁任公》，引自吴晓明编：《陈独秀文选》，第262页。

其一，陈独秀所说的"社会科学"和唯物史观能够解释诸多类型的人生观形成的原因，但是，它们并不直接就是人生观。人生观实际是人生价值观，是主体自觉选择的人生价值取向、人生目的的观念，由之产生了他的社会行为方式。它虽然与对宇宙、社会、人生的理解有密切关联，但并不是由这种理解直接产生的。对于宇宙、社会、人生有同样的理解的人，人生价值观却往往不同。如近代至今中外持"科学万能"观点的人不胜枚举，然而，他们的人生价值观却绝非一个类型，即便当时反对"玄学鬼"的诸科学万能者们也是如此，这不仅是对"科学"的理解有所不同（如对科学的内涵和外延的理解、科学修养的深浅、对某些学说是否科学的认定等），而且是个人对人生的意义、价值、目的自主选择的问题。又如同样熟谙马克思主义而在人生观上却不尽是马克思主义的人，因而不能说非马克思主义者都是没有深入理解马克思主义的人，事实上很有些非马克思主义者的知识分子，他们对于马克思主义的了解要比许多文化不高的马克思主义者深刻许多。只是他们或者对之不以为然，或者虽以为然却没有选择将实现它作为自己的生活方向和目的。人们可以科学地解释古今中外种种为道德信仰或社会理想的殉节行为，但是却大多不愿意选择这样的人生观。因为他们虽然具有科学理性，却往往在人生价值选择上将自我生命和利益看得比道德信仰和社会理想更为要紧。

以人生价值观为研究对象的哲学或社会学说，即便能够对人生观提出合理解释，其本身并不就是一种人生价值观。以价值哲学为例，其固然以价值观念为研究对象，但并不等同于其所研究的各种价值观念，这如同伦理学不等同所研究的各种道德观念，美学不等同于所研究的各种审美观念，宗教学不等同于所研究的各种宗教信仰。况且，价值哲学属于社会科学的范畴，所陈述的是事实判断，而不是价值判断。

张君劢的观点虽然受到陈独秀等马克思主义者、胡适这样的实用主义者、丁文江等"科学派"的群起批判，但是，他始终不肯买账。对于陈独秀关于用唯物史观和社会科学能够解释各种人生观的说法,他强调,科学能够依据"因果公例"解释各种人生观的前因后果,这是不待赘言的事实;自己所主张的是人生观的动因起于人类的自由意志,而不是科学所能解决的;但是"顾我所举者,非曰社会学家之说明是否可能也,乃问人类对此九项目之态度之变迁之动因何自而来也"。他认为,陈独秀等批判者"不究九端之动因,而但言科学的解释",这样的批判对于"吾之根本主张,仍是一丝一毫不能动摇"①。张君劢所以始终不肯买账的原因之一,就是他认为陈独秀等人不是在同一个问题上与他争辩的,出现了论题的转换。

胡适也曾认为,陈独秀用唯物史观的思想参与当时的论战,有转移论题之嫌,即以历史观来代替人生观。陈独秀则辩驳说:"唯物史观……名为历史观,其实不限于历史,并应用于人生观和社会观。"②陈独秀运用唯物史观提出了许多有价值的见解,然而,即便唯物史观能分析一切人生观,能够为马克思主义者的人生观提供思想基础,但是它毕竟不能直接产生马克思主义者的人生观——马克思主义者的人生观同样是主体对于人生价值自由选择的结果。因而,陈独秀的辩解不能否定胡适在思维逻辑方面对他的指责。他对张君劢的批判也不能避转移论题之嫌。

其二,张君劢所指的科学不能代替哲学解决人生观问题,其科学本来是指自然科学,然而陈独秀以"社会科学"(他所说的"社会科学"主要是"唯物史观的人生哲学",有时他将唯物史观也包括在内)批判张君劢,也有转移概念之嫌。因为,将"唯物史观的人生哲学"和唯物史观视为社会科学,就是以哲学为科学,这实际是取消了科学与玄学(玄学也属于哲学范畴)的争论,变成了不同哲学观点之间的争论了。陈

①　陈独秀:《答张君劢及梁任公》,引自吴晓明编:《陈独秀文选》,第 256、257 页。

②　陈独秀:《答适之》,引自吴晓明编:《陈独秀文选》,第 242 页。

独秀将人生哲学列入社会科学,又往往将唯物史观也视为社会科学,这在学科分类上是欠妥当的。似乎陈独秀没有搞清楚"科学"与"科学的"两个词语之间的区别。张君劢未意识到这个问题,也跟着转移论题,结果他与陈独秀的争论实际变成了不同哲学观点之间的争论,而非科学与玄学的争论。并且,陈独秀转移论题和概念的做法,使得他与张君劢辩论双方各自论题不完全构成逻辑上的矛盾命题。

陈独秀运用唯物史观驳斥张君劢与梁启超,引发了张君劢对唯物史观和当时苏俄制度的攻讦,于是,陈独秀转向对苏俄新制度所出现的问题辩解。陈独秀在1924年发表的《答张君劢及梁任公》就是为反驳张君劢的这种责难,文章的内容主要是为唯物史观和当时苏俄制度辩护。这样将这场论战的焦点就偏离了原来抽象的人生观论题变成了不同历史观和具体政治见解的争论,主要是变成了批评和维护苏维埃制度的争论。

其三,"科学的人生观"的提法本身存在混淆事实判断和价值判断的问题。人生观属于精神价值范畴,是基于对生命本质、生活意义的理解,体现为人生价值取向,主体意愿具有主导的意义,而不仅仅是对人生价值的客观解释——如人生哲学那样。它当然可以、并且应该建立在科学知识的基础上,但它所具有的强烈主观选择性使它毕竟与强调客观性而忽视主观性的科学不是同类东西。

结　语

陈独秀在晚年依然坚持他的文化和政治主张,他将科学、近代民主制度与社会主义视为近代的"三大天才的发明";并提出"民主"是自古至今"每个时代被压迫的大众反抗少数特权阶层的旗帜",而不是某个特殊历史阶段的暂时现象,并不仅仅是资产阶级的统治形式;他认为,苏联"把民主与议会制度当做一件东西,排斥议会制度,同时便排斥民主,这正是苏俄堕落之最大原因"①。他依然坚持孔教与民主绝不相容,是中国社会进步的巨大障碍,主张彻底扫荡孔教对于国人的影响,而为人权民主运动开路。他对自己在接受马列主义初期的观点有所扬弃(主要是对于受苏联主体意识形态影响的部分),对苏俄的社会主义实践和中共的政治主张和举措也多有否定,但是,在他自己看来,这些否定是从历史唯物主义者的立场上作出的。

陈独秀在晚年认为苏俄的政治体制存在着种种严重弊端,在将苏联与欧美的政治制度比较后,他又回归到肯定欧美的现实民主模式去了。不过,这并不意味着他否定"社会主义民主"或"无产阶级民主"的合理性与实现的可能。如他说:"政治上民主主义和经济上的社会主义,是相成而非相反的东西。"②然而,他认为当时的苏俄政治违背了社会主义的原则,根本没有实现政治上的民主主义。他认为,"资产阶级的民主与无产阶级的民主,其内容大致相同,只是实施的范围有广狭而已。"③在他看来,"'无产阶级民主'不是一个空洞名词,其具体内容也和资产阶级民主同样,要求一切公民都有集会、结社、言论、出版、罢工之自由,特别重要的是反对党派之自由。没有这些,议会或苏维埃同样一钱不值。"④他说:"以大众民主代替资产阶级的民主的进步的,以德、俄的独裁代替英、法、美的民主是退步。直接或间接、有意或无意地助成这一退步的人们都是反动的,不管他口中说得如何左。"⑤他认为,苏俄制度不是真正的"大众政权"、"无产阶级民主",而是反民主的"独裁制"。在那里,"民主的基本内容被推翻,所谓'无产阶级民主'、'大众民主'只是一些无实际内容的空洞名词,一种抵制资产阶级民主的门

① 陈独秀:《给西流的信》,引自吴晓明编:《陈独秀文选》,第396、397页。
② 陈独秀:《我的根本意见》,引自吴晓明编:《陈独秀文选》,第402页。
③ 陈独秀:《给西流的信》,引自吴晓明编:《陈独秀文选》,第395页。
④ 陈独秀:《我的根本意见》,引自吴晓明编:《陈独秀文选》,第402页。
⑤ 陈独秀:《给西流的信》,引自吴晓明编:《陈独秀文选》,第395页。

面语而已"①。陈独秀晚年又在《我的根本意见》中提出:民主制是官僚政治的"消毒剂"。他说:"所谓'无产阶级独裁',根本没有这样的东西。即党的独裁,结果也只能是领袖独裁,任何独裁都和残暴、蒙蔽、欺骗、贪污、腐化的官僚政治是不能分离的。"②

陈独秀在政治上是失败的,或许以他充满激情和才气的文人气质来说,他更适宜于作为思想家而非政治活动家。然而,陈独秀并不认为自己的学说会和自己的政治生命一样短暂。他认为,五四运动所提出的要求③并没有过时,"整个民主革命运动时代之各个事变",参加运动的社会广度和运动要求的深度虽然有所不同,但是同样处于五四运动所代表的民主革命时代;并且这个时代还会持续到"近的将来",民主革命依然是中国革命的主题。④ 他虽然也批判当时中共的政治主张,称其为"闹出'山上马克思主义'的笑话"⑤,但是,他依然将社会主义当做自己的政治理想。

---

① 陈独秀:《给西流的信》,引自吴晓明编:《陈独秀文选》,第397页。

② 陈独秀:《我的根本意见》,引自吴晓明编:《陈独秀文选》,第402页。

③ 陈独秀将五四运动的要求归纳为五点,即"反对日本帝国主义的侵略及卖国贼;反对旧礼教的束缚,提倡思想解放、妇女解放,以扫荡封建残余;提倡科学,破除迷信,建设工业;反对古典文,提倡语体文,以为普及教育和文化的工具;提倡民权,反对官僚政治"。陈独秀:《五四运动时代过去了吗》,引自吴晓明编:《陈独秀文选》,第387页。

④ 陈独秀认为,"民族独立运动也是民主运动的要求之一"。陈独秀:《五四运动时代过去了吗》,引自吴晓明编:《陈独秀文选》,第388页。

⑤ 陈独秀:《五四运动时代过去了吗》,引自吴晓明编:《陈独秀文选》,第388页。

第八章　张西化大纛　蕴会通本相

——胡适人学及文化哲学要义

胡适字适之,安徽绩溪人,生于 1891 年,卒于 1962 年。中国近代著名的思想家和文史学者。

在中国近代的三大代表性思潮中,胡适被公认为西化论思潮的挂帅人物。他对于中国文化的现代化无疑有着重大的开创作用。然而,胡适并没有像熊十力那样提出了高深奥妙的哲学体系,也没有像梁漱溟那样提出独树一帜别开生面的文化历史观。他并没有独创什么哲学,他所运用和宣扬的哲理主要是从美国舶来的最平实简捷不过、但又最富于功利性的实验主义(或称实用主义);他的文化历史观大致是当时流行于中国的社会进化论和唯物史观的混合。胡适对于中国文化现代化的贡献,不但体现在他的社会和文化变革主张以及在诸学术领域提出的那些开创性的见解,而且在于他自觉引入并积极推广西方近代实证主义的学术精神和研究方法,身体力行并大力提倡用这样的精神和方法评判中国文化。他的这种努力对中国近代的人文学术和社会科学有着深刻而广泛的影响。

胡适是一个国学根基深厚的文史学者,他与那些对历史哲学、人文学术和国学都不甚了了的西化论学者相比,虽然他们的思想有相通或相同之处,但是也大有差异。他们的差别不但在于认识程度的深浅,而且对中国文化建设和社会变革思想也多有重大歧见。胡适对于1917年以来"新思潮运动"的领导者们的历史地位予以极高的估量,认为他们的领导作用决定了这场运动的性质和前途,而他们所以能有这样重要的力量,关键在于他们是一批既懂得现代理论思维和评判方法,又有深湛国学素养的学者。胡适实际自诩为这批学者中的佼佼一员。这并没有自视过高之嫌,而是毋庸置疑的历史事实。

第一节　探索东西方文化差异及"唯物文明"、　　　"唯心文明"之辨

从哲学层面来思考文化问题,尤其是比较中西文化,这是近代中国哲学史的一个重要论域。诸如马克思主义、新儒学、西化论这些有头有脸的大思想派别,它们所以能在如百鸟噪林的思想界声势煊赫、各领风骚,一个重要原因就是:它们都对于以中西文化比较为轴心的那些重大的文化哲学课题有着自己的断定,并以之为理论支点而构想建设中国文化模式的合理方案。他们因各具特色的文化哲学观点和文化建设方案而使中国近代思想界形成三种鼎足而立的势力。这其中,胡适与梁漱溟分别是西化论和新儒学中的领军人物,他们关于中西文化差异和中国文化发展方向的重大歧见,在当时思想界很具有代表性,且有着深刻的历史意义——现在中国文化建设所面临的最大问题,依然是如何协调民族文化与现代化关系的问题,至于其他一些事情(如姓社姓资的主义之争等),看起来似乎大得不得了,终究不过是枝节末事,过眼云烟而已。

胡适与梁漱溟的文化哲学思想的分歧虽然很大,主要不在于对"文化"这个初始概念内涵的诠释上。胡适基本接受梁漱溟关于"文化是人的生活样式"界定,也对文化作出这样的广义理解。如他说:"文

化是民族生活的样法"①或者"文化是一种文明所形成的生活的方式"②。他们的根本分歧在于社会历史观和文化评判标准上面。据此，他们分别提出了各异其趣的文化哲学观点和中国文化模式的建设方案。

胡适驳难梁漱溟的三个文化路向说③，指责其说笼统、武断，将历史和文化问题简单化，且多有自相矛盾处。胡适说："我们的出发点只是：文化是民族生活的样法，而民族生活的样法根本上是大同小异的。"他认为，不同的文化所以会大同小异，是因为人类的生理构造和基本生存需要大致相同，因而人类解决饥饿、御寒、居住等物质生活方式、婚姻、家庭、政治组织等社会生活方式，以及宗教、哲学、语言等精神生活方式，都不外乎几种可能，他将这个道理称为"有限的可能"④。也就是说，人类各种文化样式是在基本生存需要相同这个前提的制约下，而进行的有限选择；要解决的根本问题和解决问题的方式这二者有主次之别，所以说各种文化是大同小异的。

胡适关于各种文化大同小异的理解有一个重要的推论，即不同民族的文化虽然各有特征，但是人类历史及其文化却有着共同的历程；东方文化与西方文化并非截然不同的文化路向，而是同一文化路向的不同阶段。他说："我们拿历史的眼光去观察文化，只看见各民族都在那'生活本来的路'上走，不过环境有难易，问题有缓急，所以走的路有迟速的不同，到的有先后的不同。"⑤他所谓"生活本来的路"，就是指不

① 胡适：《读梁漱溟先生〈东西方文化及其哲学〉》，引自胡明主编：《胡适精品集》第三册，光明日报出版社 1998 年版，第 240 页。

② 胡适对"文明"的定义是"文明是一个民族应付他的环境的总成绩"。胡适：《我们对西洋近代文明的态度》，引自胡明主编：《胡适精品集》第五册，第 5 页。

③ 关于梁漱溟的三个文化路向的思想，详见梁漱溟节。

④ 胡适：《读梁漱溟先生〈东西方文化及其哲学〉》，引自胡明主编：《胡适精品集》第三册，第 240、241 页。

⑤ 同上书，第 243 页。

同民族都必然经历的历史过程,各民族文化都在同一路向行进,只有先进与落后之别,没有如梁漱溟所说的有截然不同的路向之分。于此,胡适明确提出东西方文化的差别实际是时代的差别,他认为,西方的现状就是东方国家的未来,在世界大同的情况下,"将来中国和印度的科学化与民治化是无可疑的"①。胡适申明,以科学精神、工业化、民主政治为基本特点的近代西方文化,并不是完全独特的文化路向;西方同样经历过上千年的中古时代,也曾有过宗教迷信、手工劳动、君主专制的状态;只是近三百年来,由于环境的逼迫,才从中古文化的羁绊中解脱出来了。② 胡适强调在东西文化的种种差异中,先进与落后的时代差异是最根本的。

在近代兴起的东西文化比较中,有一种西方文明是"唯物的文明"或物质文明,东方文明是"唯心的文明"或精神文明的说法。这种观点在 20 世纪 20 年代颇为流行。胡适在 1926 年发表的《我们对西洋近代文明的态度》中着重批驳这种观点。他斥责此说是"今日最没有根据而最有毒害的妖言"。他认为近代东方人因受西方压迫,"往往用这种见解来解嘲,来安慰自己",这反映了"东方民族的夸大狂"心理;而有些西方学者崇拜东方的精神文明,则"本来只是一时的病态的心理"。③胡适后来在《介绍我的思想》中也说:"这是有夸大狂的妄人捏造出来的谣言。"④

胡适反对用"精神文明"和"物质文明"或"唯心的文明"和"唯物的文明"来区分不同的文化。他提出,"凡一种文明的创成,必有两个因子:一是物质的(material),包括自然界的势力和质料,一是精神的

① 胡适:《读梁漱溟先生〈东西方文化及其哲学〉》,引自胡明主编:《胡适精品集》第三册,第 243 页。
② 同上。
③ 胡适:《我们对西洋近代文明的态度》,引自胡明主编:《胡适精品集》第五册,第 4 页。
④ 胡适:《介绍我的思想》,引自胡明主编:《胡适精品集》第八册,第 325 页。

（spiritual），包括一个民族的聪明才智感情和理性。……没有一种文明是精神的，也没有一种文明单是物质的。"①他认为，精神文明和物质文明统一在一种具体的民族文明之中，并且"精神的文明必须建筑在物质的基础之上"。针对当时崇拜东方"精神文明"的人将西洋近代文明贬称为"唯物的文明"，即"偏重于物质上和肉体上的享受，而略视心灵上与精神上的要求"，胡适指责此论是"错误的成见"。② 他进而以矫枉过正的方式提出，若是依照以上对"唯物的文明"的理解，则理应反过来说，西方文明是真正"唯心的文明"，而东方文明恰恰是"唯物的文明"。

胡适从西方近代的科学和所谓"新宗教"、"新道德"等精神生活方面来说明西方文明是真正"唯心的文明"。他认为，西洋近代文明的特色的确是强调物质享受的重要，这个特色是建立在三个基本观念上的，即"第一，人生的目的是求幸福。第二，所以贫穷是一桩罪恶。第三，所以衰病是一桩罪恶"③。然而，并不能因之就将它说成只知追求物欲的所谓"唯物的文明"；事实上西方近代精神文明的所达到的高度远非东方文明所能企及的。他说："西洋近代文明决不轻视人类的精神上的要求"；并且"西洋近代文明能够满足人类心灵上的要求程度，远非东洋文明所能梦见的"。他认为"西洋近代文明的精神方面的第一个特色是科学，科学的根本精神在于求真理"；西方人追求真理所达到的"心灵上的快乐是东方的懒圣人所梦想不到的"。④

从道德与宗教来看，胡适认为西方近代文明建立了新宗教、新道德。新宗教有三个重要特色，即"理智化"、"人化"、"社会化"。所谓

① 胡适：《我们对西洋近代文明的态度》，引自胡明主编：《胡适精品集》第五册，第5页。

② 同上书，第6页。

③ 同上书，第7页。

④ 同上书，第6页。又，他在文中所列举的"东方的懒圣人"主要指老子和庄子。

"理智化",指实证的科学精神而非盲目的信仰;所谓"人化"指人意识到自己"已成了世界的主人翁",相信"人格是神圣的,人权是神圣的";所谓"社会化",指近代西方生产能力和物质文明的发展,人的同情心有了在现实世界中扩大的实际能力①,而"这种扩大的同情心是新宗教、新道德的基础"。②　并且,人们在为自己争自由、求幸福的同时,也想到帮助绝大多数人争取自由和幸福,于是就"产生了一个空前的社会化的新道德"。他提出:"十八世纪的新宗教教条是自由、平等、博爱;十九世纪中叶以后的新宗教教条是社会主义③。……这是东方民族不曾有过的精神文明。"④

　　胡适所以将东方文明贬抑为"唯物的文明",是因为在他看来,东方的"先知先觉"者们"轻蔑人类的基本欲望",漠视人民的悲惨生活;非但"不能设法增进他们的幸福,却把'乐天'、'安命'、'知足'、'安贫'种种催眠药给他们吃,叫他们自己欺骗自己,安慰自己"。这必然造成"懒惰的社会","多数人不肯努力以求人生基本欲望的满足,也就不肯进一步以求心灵与精神上的发展了"。他引用《管子》中"衣食足而后知荣辱,仓廪实而后知礼节"⑤的话,来说明物质生活是精神生活的基础。在他看来,像中国这样衣食不敷、生存艰难的"懒惰社会",没有西方近代那样发展精神文明的物质基础,当然也没有自我吹嘘精神文明的资格。

---

　　①　胡适承认古代社会也有"自命普度众生的宗教"和"自命兼济天下的道德",但是它们却"终苦于无法下手,无力实行",只好注重"个人的拯救"或"个人的修养"。见胡适:《我们对西洋近代文明的态度》,引自《胡适精品集》第五册,第11页。

　　②　胡适:《我们对西洋近代文明的态度》,引自胡明主编:《胡适精品集》第五册,第12页。

　　③　胡适在早期曾经对社会主义运动和苏联的社会主义制度持赞赏态度,后来逐渐放弃了这种态度,转向批判社会主义。

　　④　胡适:《我们对西洋近代文明的态度》,引自胡明主编:《胡适精品集》第五册,第9页。

　　⑤　同上书,第6页。

胡适又从社会心理方面来判别东方文明与西方近代文明。他认为，"东方的文明最大特色是知足，西洋近代文明的最大特色是不知足"。东方人的知足使他们安于简陋的生活、安于愚昧、安于现状和命运，不想用心思智力征服自然、改造环境、改革制度；如此"懒惰而不求长进的民族的文明"，才是"真正唯物的文明"，而"这种文明只可以遏抑而决不能满足人类精神上的要求"；"西方人大不然，他们说不知足是神圣的。物质上的不知足产生了今日的钢铁世界、汽机世界、电力世界。理智上的不知足产生了今日的科学世界。社会政治制度上的不知足产生了今日的民权世界，自由政体"等等。胡适提出："神圣的不知足是一切革新、一切进化的动力"。胡适认为，这样的文明才是精神文明，"是真正理想主义的文明，决不是唯物文明"。①

　　胡适在《我们对西洋近代文明的态度》中提出了不少有价值的思想，如精神文明与物质文明相统一，精神文明必然有其物质基础，科学也属于精神文明的范畴等等。然而，近代那些认为东方文明是精神文明的人，他们所称赞的东方精神文明主要是指东方的天人观念、人文道德和礼仪文明，而并不包括科学理性和科学知识；胡适将科学也纳入精神文明的范畴，虽然从丰富"精神文明"这个概念内涵的方面有所见地，然而就争论问题而言，却是转移了论题，不大合逻辑。并且，胡适为突出西方近代文明全面优胜于东方文明，特意强调前者的道德文明也远过于后者。对此他多有不切实际的溢美之辞，如他说：近代西方人"争的不仅仅是个人的私利，他们奋斗的结果是人类绝大多数人的福利，最大多数人的最大幸福"②等等。对于西方近代道德文明的这种理想化诠释，胡适在后来有所省悟，并在议论中有所修正。

　　在20世纪20年代的文化哲学论争中，与梁漱溟强调不同文化的

---

　　① 胡适：《我们对西洋近代文明的态度》，引自胡明主编：《胡适精品集》第五册，第15、16页。
　　② 同上书，第14页。

"意欲"内涵相比,胡适更重视文化的物质基础,从生产资料的差异来划分不同文化的时代性。胡适在《东西方文化之比较》曾经认为,生产工具是文化的主要内容和基础,生产工具的不同是判别东西文化即新旧文化的根本标准。他说:"文化之进步就基于器具之进步。所谓石器时代、铜器时代、钢铁时代、机电时代等,都是说明文化发展的各个时期。近二百年来西方之进步远胜于东方,其原因就在于西方能发明新的工具……;至于东方……仍在落后的手工时代,而西方老早就利用了电机和电气了。这才是东西文化真正的区别,东方文明是建筑在人力上面的;而西方文明是建筑在机械力上面的,这是东西文化不同之处。……它们原不过是进步程度不同。"①这样,他将中西文化的差别最终归结为经济原因——生产工具进化程度的差别。由此可以看出,胡适明显受了唯物史观的影响。

然而,在20世纪30年代以后,胡适力图超越仅从物质工具层面区别文化的见解,进一步发掘东西方文化差别的深层精神原因。他认为,东西文化的差别早在文明初起的远古时代就已然发端和预定,后来各自演变为不同的文化类型。他在1933年的《中国的文艺复兴》中提出,"近代东西文明的巨大差异就是知识追求和努力的早期差异所决定或预定的";东西方文明存在着"巨大"而"根本"的差异,"这些差异可以追溯到这些民族文化生活的最初开端,并且贯穿到其文化发展的各个阶段"。②他认为,东西方文明的差异在"知识成熟最初阶段",表现为知识突出重点的程度不同,"但这种程度上的不同,随着时间的推移会演变成种类的差异性"。③以中国和欧洲而论,"甚至在远古时代,

---

①　胡适:《东西方文化之比较》,引自罗荣渠主编:《从西化到现代化》,北京大学出版社1990年版,第204、205页。

②　胡适:《中国的文艺复兴》,引自耿云志主编:《胡适论争集》中卷,中国社会科学出版社1998年版,第1638页。

③　同上。

中国学者与希腊学者的知识发展就已经呈背道而驰的趋势——中国学者几乎无一例外地陷入伦理与政治理论研究,而希腊学者却在从事动植物、数学与几何学、工具与机械的研究。"①胡适列举多个例证说明中国与西方在"知识兴趣与追求上的差异"体现于各个历史时期,终于使它们形成了迥然不同的文化类型。

胡适肯定不同民族文化具有"种类"差异的思想,既是对其前所吸收的某些唯物史观思想的修正,也是对其前仅将东西文化的差异简单归结为时代性差异思想的修正。这种修正在他是文化哲学思想的自我完善和深化。不过在东西文化的时代差异性与"种类差异性"中,胡适始终以前者为判别东西文化的主要分界。他提倡的中国文化建设方案——西化论方案,正是以时代差异判别中西文化的思想为主要根据的。

第二节　中国文化发展模式的真实构想和权宜的宣传口号

一、文化建设方向的西化论口号的变换及理论考量

要了解胡适对于中国文化建设模式的思想,必须搞清楚他的中西文化合璧的真实构想与权变性宣传方式——西化论相异的原因,进而理解胡适欲折中于严肃的学者和新文化领导者这两种身份之间的良苦用心。因为在胡适看来,在当时特殊的历史条件下,这两种身份的言论不必定一致。具体说,前一种身份所发言论的对象是极少数学者,而后一种身份所发的言论是对社会的普遍宣传。

在近代以来关于中国文化建设模式的问题上,胡适长期以西化论阵营主将的身份蜚声于思想界,但是他的思想和宣传主张也经历了多

---

① 胡适:《中国的文艺复兴》,引自耿云志主编:《胡适论争集》中卷,第 1639 页。胡适在同篇文章提到中国也有如墨翟之类对数学几何学感兴趣的思想家,希腊学者同样也对道德和政治进行哲学思考。

次转变的历程。他少年时震撼于西方文化对本土文化的严重挑战,也曾一度以捍卫中国文化为己任;成年后,他起初主张中国文化的建设方向应该是合理整合中西文化精华,而后深感思想界的文化保守主义和新旧文化调和论阻碍了中国文化的现代化,因而在宣传上转向愈发赞颂西方近代文明,乃至赞成陈序经的"全盘西化"主张;旋而他又敏锐地发觉"全盘西化"的口号不但颇有语病,而且会因树敌过多而显得极不策略,于是他放弃这个提法,代之以"充分的世界化"的口号。然而,他在晚年(尤其是临终前)又有向协调中西文化思路上回归的倾向。

胡适在20世纪初,在中国文化建设中如何处理中西文化关系的问题上,主张将中西文化的精华合理整合起来,创造既有中国特色又现代化的中国文化新模式。如胡适在1917年撰写完成的《先秦名学史》①中提出,新中国必须正视的一个根本性的重大问题就是"我们应怎样才能以最有效的方式吸收现代文化,使它同我们的固有文化相一致、协调和继续发展";或者说这是"成功地把现代文化的精华与中国自己的文化精华联结起来"的问题。胡适肯定中国文化建设发展方向是中西文化精华的合理整合,而不是断然抛弃中国文化传统而全盘接受西方文化。相反,他认为,"如果对新文化的接受不是有组织的吸收形式,而是采取突然替换的形式,因而引起旧文化的消亡,这确实是全人类的一个重大损失"。并且,胡适肯定一种文化的发展有着前后不可截然分裂的历史延续性,提出"新中国知识界领导人物"应该具有这种"历史连续性的意识"②,担负起使中西文化精华成功结合的历史责任。胡适在1919年2月出版的《中国哲学史大纲》(卷上)③中又进一步提出:

---

① 《先秦名学史》是胡适留学美国哥伦比亚大学时用英文撰写的博士论文,1983年始出版中文版。

② 姜义华主编:《胡适学术文集·中国哲学史》下册,《先秦名学史》,中华书局1991年版,第772页。

③ 《中国哲学史大纲》(卷上)后改名为《中国古代哲学史》。

代表东方文化的中国近世哲学和代表西方文化的欧洲近世哲学,两者的互相接触和互相影响,很可能产生一种新的"世界哲学"。① 这些思想明确体现出他此时关于中国文化发展建设方向的主张,与后来大力鼓吹的西化论主张颇不相同。

然而,胡适在 1919 年 11 月撰写的《新思潮的意义》一文中,既肯定中国传统文化中"国粹"和"国渣"并存,"真价值"和思想糟粕同在;又反对当时流行的调和新旧文化的思潮。一方面他提出"整理国故"的主张,强调应该用"评判的态度"、科学的精神和方法,对于向来"没有条理、没有头绪、没有系统"的中国旧学术,来一番"条理系统的整理",找出有因果联系的脉络来,进而从以往的"胡说谬解"、"武断迷信"中寻找出"真意义"、"真价值"来。这样才能摒除糊涂懵懂的"国粹党"关于"保存国粹"的空谈,真正分清楚中国古代学术中,什么是"国粹",什么是"国渣"。② 另一方面,他在文中又明确反对有些人调和新旧文化的主张,并说明自己反对新旧调和论的原因。他认为,"调和是社会的一种天然趋势",或者说"是人类懒病的天然趋势","人类社会有一种守旧的惰性,少数人只管趋向极端的革新,大多数人至多只能跟你走半程路。这就是调和。……革新家的责任只是认定'是'的一个方向走去,不要回头讲调和,社会上自然有无数懒人懦夫出来调和"。他实际肯定文化进步中的新旧调和是客观自然之势,不必人为地倡导,人所应该做的是以激烈的主张、矫枉过正的方式最大程度地抵消"人类懒病"或称"守旧的惰性",使得社会有较大的进步。

可以说,此时胡适对于中国文化建设实际有两套主张:一套是整合中西文化精华的主张;一套是宣传上的西化论主张。前者可以说是他的"内学",因为作为一个有清醒哲学头脑的学者,他深切知道文化有

---

① 姜义华主编:《胡适学术文集·中国哲学史》上册,《中国哲学史大纲》(卷上),第 772 页。

② 胡适:《新思潮的意义》,引自胡明主编:《胡适精品集》第二册,第 294、295 页。

其内在的"历史连续性",一种有长期传统的民族文化绝不会被另一种文化所完全取代,中国文化现代化的前途必然是中西文化精华的合理整合。这体现了他求实求是的学术态度。后者则可以说是他的"外学",他力图以矫枉过正的激烈方式最大程度地推动中国社会制度和文化类型的现代化,克服社会上守旧的惰性心理。他的许多西化论主张在很大程度体现了新文化鼓吹者的宣传权谋。

20世纪20年代以后,胡适在对国内的宣传上基本放弃了以前关于如何有系统地结合中西文化精华的主张,转向全面推崇西方近代文明、根本否定中国文化的道路上来,由此成为西化论的真正主将。他的这种转变主要是针对当时国人的错误心态,即因中国旧文化在西方新文化冲击下的大溃败局面而产生的责人不责己的社会心态;自然其中也有出于克服所谓"文化惰性"现象的因素。

胡适在1928年的《请大家来照照镜子》文中提示国人,要摆脱中国的落后状态,固然要革命、要建设,但是"必须先有一番心理的建设",使国人在对待中西文化上有"一种新觉悟"、"一种新心理"。这种"新觉悟"或"新心理",就是"我们必须承认我们自己百事不如人"。他认为,中国所以"百事不如人","跌倒了便爬不起来",就在于"我们从不曾悔过,从不曾彻底痛责自己,从不曾彻底认错"。他所谓的"悔过"、"认错",就是指国人要"大彻大悟地承认我们自己百不如人"。胡适提出,"不要尽说是帝国主义害了我们,那是我们自己欺骗自己的话。"他认为,日本就是与中国相反的例子。他说:"我们要睁开眼睛看看日本近六十年的历史,试想想何以帝国主义的侵略压不住日本的发愤自强? 何以不平等条约捆不住日本的自由发展?"他认为,"现在中国全部弥漫着一股夸大狂的空气;义和团都成了应该崇拜的英雄志士,而西洋文明只须'帝国主义'四个字便可以轻轻抹杀!"国人至今还迷信口号标语可以打倒帝国主义,用"打倒文化侵略"来抵制西学东来。有了这样的心理,于是"便事事责人,而不肯责己",自然"不肯低头去学人家治人富国的组织和方法"。他提出,中国"今日之第一要务是要造一种新的心理:要肯认错,要大彻大悟地承认我们自己百不如人。第二步便是死心塌地的学人家"①。

胡适在1930年发表的《介绍我的思想》中也提出这样的思想,他说:东方人在过去的时代,也曾经有一点"利用厚生"的物质文明,"但后世的懒惰子孙得过且过",不肯与物质环境抗争,因而被物质环境所征服,沦落为"又愚又懒的民族",甚至是"一分像人九分像鬼的不长进民族"。②胡适在文中又强调,"我们必须承认我们自己百事不如人,不但物质机械不如人,不但政治制度不如人,并且道德不如人,知识不如人,文学不如人,音乐不如人,艺术不如人,身体不如人。"他认为,中国人肯承认自己在文化上百事不如西方,"方才肯死心塌地的去学人家"。他号召"少年人"不要怕模仿西方,"因为模仿是创造的必要预备工夫";也"不要怕丧失我们自己的民族文化,因为绝大多数人的惰性已尽够保守那旧文化了。你们的职务在进取,不在保守"。③

尽管胡适如此推崇西方文化,贬抑中国文化,然而,当时典型的西化论者陈序经和主张折中中西文化的吴景超仍然将胡适视为折中派。胡适则认为这是对他的误解而力加澄清。他于1935年特地在《独立评论》142号上声明:"我是完全赞成陈序经先生的全盘西化论的。"他申辩自己在几年前就发表文章④,就"很明白地指出文化折中论的不可能,我是主张全盘西化的。但我同时指出,文化自有一种'惰性',全盘西化的结果自然会有一种折中的倾向"。他举中国的基督教徒因之与西方基督教徒不同,陈独秀的共产主义因之与莫斯科共产党的不同,以

①　胡适:《请大家来照照镜子》,引自胡明主编:《胡适精品集》第五册,第32、33页。

②　引自胡明主编:《胡适精品集》第八册,第325页。

③　同上。

④　指胡适在1919年发表的《新思潮的意义》,他在文中提出反对新旧调和论主张,并说明自己反对调和论的原因,见前文。

说明文化的折中是客观的必然现象。他说："……现在的人说折中,说中国本位,都是空谈。此时没有别的路可走,只有努力全盘接受这个新世界的新文明。全盘接受了,旧文化的惰性,自然会使他成为一个折中调和的中国本位新文化。若我们自命做领袖的人也空谈折中选择,结果只有抱残守缺而已。古人说'取法乎上,仅得其中;取法乎中,风斯下矣'。这是最可玩味的真理。我们不妨拼命走极端,文化的惰性自然会把我们拖向折中调和上去的。"①这段话透露出胡适所以极力鼓吹西化论的深层动机。于此可以看出,与陈序经简单化、单色调的全盘西化论不同,胡适之所以主张全盘西化,是想以"拼命走极端"的方式最大程度地克制"旧文化的惰性",使中国现代化的步子迈得更大一些;是出于"取法乎上"的效果优于"取法乎中"的矫枉过正之论。由此看来,陈序经、吴景超辈将他视为折中派,是不无道理的。

胡适虽然公然声明自己完全赞同陈序经的"全盘西化论",实际上也与陈序经的"全盘西化论"有所不同。胡适所以如此主张,是从最大程度地抵消"文化的惰性"上考虑而有矫枉过正用心的权宜性口号,比陈序经的思想要来得深刻。并且,胡适比陈序经更具有策略头脑,他在公开声明自己完全赞成陈序经先生的全盘西化论后不久,就敏锐觉察到"全盘西化"的口号过于直白,易招致许多无谓的争辩而树敌过多。于是他将"全盘西化"改为"充分的世界化"这个笼统的口号。其实,这两个名词之于胡适并没有实质的区别,只有表述的不同而已。他所谓的"世界化"也就是"西化"。如他说:"我主张全盘的西化,一心一意的走上世界化的路。"②胡适此前曾经用两个语词表达他的主张,一是"wholesale westemization",可译为"全盘西化";一是"wholehearted

---

①　引自耿云志主编:《胡适论争集》中卷,中国社会科学院出版社 1998 年版,第 1492 页。

②　胡适:《充分世界化与全盘西化》,引自胡明主编:《胡适精品集》第八册,第 247 页。

modemization"，可译为"全力的现代化"。潘光旦曾经指出这两个语词意义的差别，并表示赞成后者。胡适承认"全盘西化"所以引起不少批评和辩论，"恐怕还是因为这个名词的确不免有一点语病"，即"全盘有百分之一百的意义"。① 而"数量上的严格'全盘西化'是不容易成立的"，并且西方文化中有不少历史因袭的成分（如基督教各宗派），对于这些成分，"我们不但理智上不愿采取，事实上也决不会全盘采取"。② 胡适申明自己以前主张的"全盘"的原意，不过强调"充分"而已，不可拘泥于数量的解释。他承认自己用词不慎，因而提出用"充分世界化"一词取代"全盘西化"。他解释说："'充分'在数量上即是'尽量'的意思，在精神上即是'用全力'的意思。"③他又说明自己所以做这样的更正，一是为了"免除一切琐碎的争论"；二是为了"容易得着同情的赞助"，通过"抛弃那文字上的'全盘'，来包罗一切在精神上或原则上赞成'充分西化'或'根本西化'的人们"，从而将原来的"论敌"化为"同志"。④

胡适反对新旧文化调和论重要根据之一的"文化惰性"说与陈独秀的"惰性本能"说二者基本同调。陈独秀曾经用生意场上卖主叫高价而成交价会偏高的道理，来说明自己所以主张新旧文化彻底决绝，而反对新旧调和论，就是要克服人类的惰性本能，而使中国进步的跨度更大些（详见陈独秀部分）。胡适与陈独秀在对待中国传统文化的态度上又有不同处，即胡适并没有将传统文化一概否定。这从胡适对当时"十教授宣言"的批判中见其一斑。萨孟武、何炳松等十教授在1935年初发表的《中国本位的文化建设宣言》，胡适认为，他们的"中国本位

---

① 胡适：《充分世界化与全盘西化》，引自胡明主编：《胡适精品集》第八册，第247页。

② 同上书，第248、249页。

③ 同上书，第247页。

④ 同上书，第248页。

的文化建设"主张,实际是洋务时期和维新时期"中学为体,西学为用"主张的"最新式的化装";指斥"他们的宣言也正是今日一般反动空气的一种最时髦的表现"。然而,胡适认为,十教授"中国本位文化"主张在理论上的根本错误,在于不懂得"文化的变动的性质"。①

为批判十教授的理论错误,胡适提出自己对文化变动性质的观点,概括地说,即一个国家或民族的本位文化即便变动再大,也只会得到改造,而不会根本丧失。胡适的主要论据是:第一,民族文化有其"绝大的保守性","对内能抵抗新奇风气的起来,对外能抵抗新奇方式的侵入"。他认为,"这是一切文化所公有的惰性",因而,一种民族的本位文化无须"用人力去培养保护",就会因其"惰性"或"绝大的保守性"而自然存在。第二,在两种文化相接触而彼此较量时,其中某种文化在某方面被摧毁的程度与其"自身的适用价值成比例",即"最不适用的,抵抗力最弱,被淘汰的也最快,被摧毁的成分也最多",然而摧毁的只是民族文化的某些方面,而非全部民族文化。第三,文化变动是个优胜劣汰的自然历程,"没有一种完全可靠的标准可以指导整个文化的各方面的选择去取";即便"政府无论如何圣明,终不配做文化的裁判官"。第四,"文化各方面的激烈变动,终有一个大限度,就是终不能根本扫灭那个固有文化的根本保守性",因而也就不能去除一个国家或民族的本位文化。他认为,本位文化的真正文化"本位",就是以某种固有文化为生活习惯的人民;人民在,"那个本位是没有毁灭的危险的"。因此,"在今日有先见远识的领袖们,不应该焦虑那个中国本位的动摇,而应该焦虑那固有文化的惰性太大",从而虚心接受新兴的世界文化和它的精神文明,"借它的朝气锐气来打掉一点我们的老文化的惰性和暮气"。他提出:中国"将来文化大变动的结晶品,当然是一

---

① 胡适:《试评所谓"中国本位的文化建设"》,引自耿云志主编:《胡适论争集》中卷,第1604页。

个中国本位的文化，那是毫无可疑的。如果我们的老文化里真有无价之宝，禁得起外来势力的洗涤冲击，那一部分不可磨灭的文化将来自然会因这一番科学文化的淘汰而格外发挥光大"①。因而，十教授对中国本位文化若不人为地保护就会消亡的担忧完全是杞人忧天。

从胡适在1935年的这番煌煌大论中，我们可以深切体味出他对于中国文化发展模式的真实思想和在宣传方式上矫枉过正的权宜用心；完全可以断定：胡适是宣传上的西化论者，实际上的中西文化折中论者。

二、"中国文艺复兴"的本质和文化反应类型的特殊性

胡适在国内宣传其西化论主张，批判中国文化弊端和民族劣根性时，多有矫枉过正的激烈言辞，甚至有"一分像人九分像鬼的不长进民族"这样的谩骂。② 然而，这如同关起门来骂家里人不长进，以激励家里人知耻而悔改；当他向外国人讲述自己关于在中国文化变革的性质和应该如何处理中西文化关系观点时，措辞就郑重谨慎起来，基本没有那类激烈得近乎恶毒的语言了。这其中颇有些"家丑不可外扬"的味道，很能体现他的民族心理；并且，阅读他的这类文章，有助于更清楚地理解他关于中国文化变革的真实思想。如他1933年在美国芝加哥大学做了一组题目为《中国的文艺复兴》③的演讲，他并没有把中国传统文化说得一无是处，骂得狗血喷头，而是明确肯定中国文化变革的方向必然是西方近代新文明与中国传统文明中有价值成分的结合，而形成新的文化平衡。

---

① 胡适：《试评所谓"中国本位的文化建设"》，引自耿云志主编：《胡适论争集》中卷，第1604、1605页。

② 胡明主编：《胡适精品集》第八册，第325页。

③ 这个演讲稿本是英文。笔者所引的译文是当代人翻译成中文的，其中遣词时有现在时尚用语，不甚合胡适的文风。

胡适在这次演讲中提出,"中国的问题,无论初看起来怎样错综复杂,其本质是文化冲突和文化调整的问题"。所谓"文化冲突"的问题,即中国的"古老文明"与"西方新文明"的冲突;所谓"文化调整"的问题,就是中国将西方新文明"嫁接"在中国传统文明上,而"造成一个全国性的文化平衡"。他认为,中国的"古老文明已被强制性地纳入了与西方新文明的经常而密切的接触之中,而这一古老文明已明白显示出它完全无力解决民族生存、经济压力、社会与政治的无序,以及思想界的混乱等急迫问题"①。因而,西方新文明对中国的渗入是不可抗拒的必然之势。

　　胡适断定,中国当时的文化大变革是一种文艺复兴,"中国的文艺复兴正在变成一种现实"。他断定,中国文艺复兴的"结晶"在表面上带着"西方色彩";但是剥开表层,就可以看出"构成这个结晶的材料在本质上正是……中国的根底——正是那个因为接触新世界的科学、民主、文明而复活起来的人文主义与理智主义的中国"②。即中国的文艺复兴在本质上是中国原有的人文主义与理智主义的复兴,西方近代文明对中国的冲击,则是激发这种复兴的助因。这实际是肯定中国的文化变革是以固有文化为根底的,是传统优秀文化的在新文化环境下的"复活"。他在国内发表的有些文章中虽然也有类似的表述,却大多含糊其辞,鲜有如此明确的言论。有人认为,胡适在美国的这番言论体现了他的民族感情、民族自尊;但实际并非如此简单,其中更多、更清楚地反映出他对中西文化冲突和中国文化发展本质的真实观点。

　　胡适提出,不同文明的现代冲突起源于欧洲新文明对世界的征服,而"新文明征服世界的完成将取决于这两个帝国(指中国和日本)的最终西化"③。胡适从传统的社会结构方面将近代的中国与日本做了比

————————

①　胡适:《中国的文艺复兴》,引自耿云志编:《胡适论争集》中卷,第1610、1611页。

②　同上书,第1610页。

③　同上书,第1611页。

较。他提出中国和日本不同的社会结构决定了它们各自具有不同的文化反应类型，这是它们对于欧洲新文明的接受在时间上有迟有速、在文化调适方式上彼此相异的深层原因。

胡适断定："日本西化的成功，有三个因素起了最重要的作用"[①]，一是强有力的统治阶层，二是有特权地位并受社会尊敬的军事等级，三是独特的政治方式所形成的稳定的政府。他认为，日本所以能迅速实现西化或现代化，在于它由于以上三个因素而形成的"独特的类型"，他称之为"中央控制型"；而中国所以不能像日本那样迅速接受西方的近代文明，恰恰是缺乏这三个因素，因而"中国的文化反应属另一种不同的类型"，他称之为"发散渗透型"或"发散吸收型"。[②]

就第一个因素来看，胡适认为，由于中国没有像日本那样的有效能的领导阶层，政治上尚武的封建制度；中国早在两千多年前就终结了这样的制度。他说：中国"社会平等化的进程已经历了很长时间，中国的社会结构几乎就是彻底民主化的了"。他的论据是：中国在结束封建时代以后，"没有长期存在而又不降为平民的世袭贵族"；家庭财产因"多子均分"而不能长期聚集；有着面向全社会而不分贵贱的科举选官制度，管理国家的是"通过公平竞争的科举制而从民众中选拔出来的"的文官，而这种文官只是一种"公务员"，并不是世袭贵族。[③] 这种平等化的社会结构妨碍了强有力领导阶层的形成，使得中国在遭受西方新文明冲击时，不能自上而下地贯彻西化进程。

就第二个因素来看，中国没有日本那样的有特权地位并受社会尊敬的军事等级，中国"两千年一统的帝国、敌国的缺乏、王朝更替间隔相对较长的和平统治"，加之最有影响力的儒家学说和道家学说都强调和平与秩序，"反对战争技术的发展"，而长期普遍流行的佛教"又强

---

① 胡适：《中国的文艺复兴》，引自耿云志编：《胡适论争集》中卷，第1613页。

② 同上书，第1621页。

③ 同上书，第1614页。

化了这个业已过分平和的民族的和平主义倾向";这些都抑制了"尚武风气的形成",造成了一个和平主义的民族和文化。① 他引证一个学者的话,"中国学西方之文明易,学其野蛮难,而中国要在这种新文明中得心应手,又得先学其野蛮"。胡适认为,这种"野蛮"不是西方先进的军事装备和组织,而首先是西方的"尚武精神";这种"尚武精神包括喜爱冒险、乐于争强斗胜、本能地仰慕并崇拜勇士、艰苦地磨炼体能、服从的习惯、随时准备为公共事业去战斗甚至捐躯"②;而日本由于有受社会尊敬并享有特权地位的军事等级,因而富于这种中国所缺乏的"尚武精神"。

就第三个因素来看,日本有着"为长期传统所神圣化"的天皇制,并在近代成功地转化为立宪君主制的国家。胡适认为,它"必将能够成为世上根基最为牢固的君主制";而中国近代由于出现了"太平天国叛乱"和义和团运动,政治解体趋势不可阻挡地发展着,以致清王朝归于覆灭;③而中华民国建立的二十多年又忙于"反对强大的地方主义和离心倾向,重建中央权威",无力顾及中西"文化调适"的问题。他认为,"中国八十年的政治改革几乎就是枉费心血,迄今都不曾成功建立一个强大而稳固的政府"。这就决定了中国不会有"日本的那种稳步而有序的文化调适进程",中国的文化调适注定是"缓慢的、阵发性的、不连贯的、费时费力的"④。

基于以上对中国政治状况和社会结构特点的断定,胡适认为,中国文化反应类型的一个特点是:它对于西方新文明的接受是自下而上的,是以民众自愿的方式实现的。他说:中国"由于缺乏一个强有力的统治阶级,文化控制就不可能有任何集中的领导。……文化转变总是从

---

① 胡适:《中国的文艺复兴》,引自耿云志编:《胡适论争集》中卷,第1617页。
② 同上书,第1616页。
③ 同上书,第1618、1619页。
④ 同上书,第1620页。

人民开始，……即便是那些自觉的改革，领导者也总是来自民间的个人，他们起初是少数几个倡导者，尔后逐步赢得更大一批追随者。因此，即便是自觉的改革也总是采取劝说和普及的形式"。胡适认为，这样的文化反应类型固然有缓慢、不连贯、盲目、费时费力等缺点，但是它也有不可否认的优点，即这种文化调适是以人民"自愿"的形式进行的；"一个新观念或新习惯，必须首先使人民相信它十分有用、十分方便，具有明显的优越性，才会被广为接受。"在这样自由而缓慢的文化调适过程中，对于旧有文化的保存和抛弃和与之相应的保守与变革行为，不但都出于自愿，而且"可能是可行的合理的"。①

胡适提出，中国这种文化反应类型决定了它的"文化调适"是循序渐进、新旧融合的过程。这可以说是所谓"发散渗透型"的又一个特点。他说："中国的文化调适采取的形式，要么是通过与西方文明的长期接触而实现不自觉的调适，要么是通过由鼓吹西方文明的民间人士领导的、借劝导和教育而实现的自觉改革。"在"不自觉的调适"的情形下，人们自然而然、心平气和地接受了新文化，"而旧习惯、旧法律等也就悄无声息地被修正和取代"；"它们（笔者注：指新观念、新习惯）是循序渐进的，变化总是以新事物悄无声息地取代或修正旧事物的形式发生"；至于"自觉的改革运动"，虽然"在削弱和摧毁旧有的障碍与既得利益"的时候"等于是一场革命"，但"改革可以是和平的、不与过去严重决裂的形式实现"，而是经过长期的劝导与宣传来实现。这样的文化调适并不是将中国的旧有文化扫荡一空，有些旧有文化如"旧有的观念、习俗、制度等可经由西方文明的启发、影响而获得再生"②。他强调：旧文化的"再生"并不是全面复活，而只是其中优秀成分如人文主义和理智主义的再生；其中有些东西必然会崩溃、会被永久淘汰。他

---

① 胡适：《中国的文艺复兴》，引自耿云志编：《胡适论争集》中卷，第1621、1622页。

② 同上书，第1622页。

说:"中国文明之崩溃的东西,正是必要的破坏和腐蚀,没有它,就不会有一个古老文明的再生。"①

胡适认为,中国的文化反应类型"是一种通过'长期暴露'和'缓慢渗透'而实现了文化变革的类型";虽然与日本相比,中国的文化转型"是痛苦的、缓慢的、零碎的,而且经常缺乏协调与一致";但是中国毕竟以这种方式成功地实现了文化转型。胡适乐观地展望中国文化的未来,说:"我们最终仍能解决我们生活与文化的紧迫而基本的问题,并创建一个与新世界的精神并非不相容的新文化。"②

胡适提出,自1917年以来的新思潮运动,不但是新文学取代古文学的运动,而且是一场自觉地反对传统文化,自觉地把个人从传统力量的束缚中解放出来的运动,"它是理性对传统,自由对权威,张扬生命和人的价值对压制生命和人的价值的运动"。胡适强调,这场运动领导人的优秀学术素质对于运动的性质和发展方向具有重大作用;他说:"这场运动是由既了解他们自己的文化遗产,又力图用新的批判与探索的现代历史方法论去研究他们的文化遗产的人领导的"。因而,"它又是一场人文主义的运动","是预示着并表明了一个古老民族和一个古老文明的新生的运动"。③在这场伟大运动领导者中,胡适作为既深谙国学,又富于现代思维方法论的学者,当然占有一个重要的位置。

从胡适的这组演讲稿以及在国外发表的其他文章中可以看出,胡适不是像在国内发表的许多文章那样,为最大程度抵消所谓"文化的惰性"或文化的"绝大保守性"而提出激烈得近乎偏激的主张,而是冷静审视中国文化的类型和转型过程的特点,力求态度客观严肃,议论持平允当。这样的文章理应比他在国内发表的论题相同或相近的文章更能反映他对中国文化类型和发展前途的真实观点。

---

① 胡适:《中国的文艺复兴》,引自耿云志编:《胡适论争集》中卷,第1610页。
② 同上书,第1622页。
③ 同上书,第1629页。

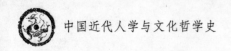

第三节 立足科学而闯入玄学的人生论思想

胡适所标榜的人生境界,其"大我"论虽然用词时髦,实际不脱中国儒家传统的道德境界,其具有时代特色的是强调"小我"人格的独立性,而"小我"和"大我"关系之辨则展现了他独立的思想特色。

胡适曾经说:他撰写的《科学与人生观序》、《不朽》、《易卜生主义》这三篇文章,"代表了我的人生观,代表了我的宗教"①。以下以这三篇文章的思想内容为主来述评胡适的人学思想。

胡适在1918年撰写的《易卜生主义》文中,提倡"健全的个人主义的人生观"。他所谓"健全的个人主义",是指"自由独立的人格";这种人格非但不排斥社会和国家,而且是有益于社会和国家的。在文章中,胡适盛赞《娜拉》中斯铎曼医生的一句话——"世上最强有力的人就是那最孤立的人",并断定这是"健全的个人主义的真精神"。他认为,易卜生在《娜拉》中所提倡的个人主义的人生观,"一面教我们学娜拉,要努力把自己铸造成个人;一面教我们学斯铎曼医生,要特立独行,敢说老实话,敢向恶势力作战"②。胡适所称赞的这种个人主义,不是无益于他人、无益于社会的自私鬼,他说:"真实的为我,便是最有益的为人。"胡适更提出争取个人的自由独立是争取国家自由、社会平等的根基。他说:"争你们个人的自由,便是为国家争自由! 争你们自己的人格,便是为国家争人格! 自由平等的国家不是一群奴才建造得起来的!"胡适以此抵制当时有人提出的"牺牲你们个人的自由,去求国家的自由"③的宣传主张,因为这种宣传口号割裂了个人自由和国家自由的内在联系。

---

① 胡适:《介绍我自己的思想》,引自胡明主编:《胡适精品集》第八册,第321页。
② 同上书,第322页。
③ 同上书,第321、322页。

关于"个人主义"的含义,胡适在《非个人主义的新生活》文中认为有三种个人主义。前两种他沿袭美国哲学家杜威的说法,即一种是"假的个人主义",即自私自利的"为我主义";一种是"真的个人主义",即"个性主义",后者有两个特性,即"独立思想"和"对于自己思想信仰要负完全责任"。胡适又提出第三种个人主义,即"独善的个人主义"。其是由于对挽救社会现状丧失信心,而想在现实社会之外寻找独善其身的理想生活。胡适所提倡的是"真的个人主义",即有社会责任感的"个性主义"。他认为,"自私自利的个人主义"害处明显,"究竟逃不了公论的怨恨,究竟不会受多数有志青年的崇拜",因而危险不大;而"独善的个人主义"很受人崇敬,因而也就"格外危险"。①

　　"独善的个人主义"所以"格外危险"就在于它没有社会责任感,是在消极避世,是对社会黑暗势力的让步。胡适认为,"个人是社会无数势力所造成的",不可"把个人提到社会之外"去自我完善;"改造个人"和"改造社会"不可分为两件事。他提出"改造社会即是改造个人"。依据这种观点,他也反对周作人关于"改造社会还要从改造个人做起"的思想。他主张的"社会的新生活",就是"站在现社会里奋斗的生活,是霸占住这个社会来改造这个社会的生活";这与"避世的独善主义"那种"与人无忤,与世无争"的生活态度迥然不同。②

　　胡适在1919年发表的《不朽》一文中,提出了所谓"社会的不朽论"的人生观。他将以往关于人生不朽的说法概括为两种,一种"不朽"是灵魂不朽;一种是《左传》所说的"三不朽",即立德、立功、立言。③他断定,对人类有重大贡献的"三不朽"比起个人渺小而不可知

---

　　①　胡适:《非个人主义的新生活》,引自耿云志主编:《胡适论争集》上卷,第423页。

　　②　同上书,第426、427页。

　　③　胡适:《不朽》,引自耿云志主编:《胡适论争集》上卷,第408、409页。

的灵魂和灵魂不灭,要宝贵得多,也实在得多。然而,他又指摘"三不朽"的说法有所不足,如只限于极少数人的范围,且对德、功、言的界定含糊不清等。胡适因之提出了自己的所谓"第三种不朽论"即"社会不朽论"。其基本思想是:个人的"小我"不是孤立存在的,而"是和无数量'小我'有直接或间接的交互关系的;是和社会的全体和世界的全体都有互为影响的关系的;是和社会、世界的过去和未来都有因果关系的"。无数有生死的"小我"汇集成永远不死、不朽的人类"大我";"小我"一切作为,无论大小、是非、善恶,都会永久留存在人类这个"大我"之中。"'大我'是永远不朽的",因而"小我"的一切"也都永远是不朽的"。① 他认为,这样的不朽论克服了"三不朽"的缺点,实现了最广泛的不朽。胡适说:"这种'社会不朽'观念很可以做我的宗教了。"其"教旨"大意是:"小我"对"大我"的过去和未来"负有重大的责任","我须时时想着,我一个如何努力利用现在的'小我',方才可以不辜负那'大我'的无穷过去,方才可以不遗害那'大我'的无穷未来"。② 显然,胡适虽然说以这种信念为自己的宗教,实则希望它能够成为人类普遍的生活信仰。

在 20 世纪 20 年代初期的那场科学与人生观的论战中,胡适基本是站在科学派立场上的。但是,他又强调自己与丁文江等科学派的观点和视角有所不同,并且除了吴稚晖的观点以外,他对其他参与论战的各种观点都有所批判(包括对丁文江等科学派观点的批判)。

陈独秀认为,科学与人生观的问题是早已解决而不值得讨论的问题。③ 胡适则不以为然,而是认为这个问题大有讨论的必要。他指出,自梁启超的《欧游心影录》发表以后,文中提到了有些欧洲学者对西方

---

① 胡适:《不朽》,引自耿云志主编:《胡适论争集》上卷,第 411 页。
② 同上书,第 413 页。

③ 详见本书陈独秀部分。

文明的失望;提出欧洲人"科学万能的大梦"已然破灭;批评欧洲人"纯物质的纯机械的人生观"所造成的社会弱肉强食的现象等等,①这些话"在国内确曾替反科学的势力助长了不少的威风"。胡适认为,近代欧洲的文化背景与中国不同,因而讨论评判科学与人生和社会问题的意义也很不相同。他说:"欧洲的科学已到了根深蒂固的地位",其中有"几个反动的哲学家,平素饱餍了科学的滋味,偶尔对科学发几句牢骚话,就像富贵人家吃厌了鱼肉,常想尝尝咸菜豆腐的味道";然而,科学在欧洲的崇高地位,"决不是这几个玄学鬼摇撼得动的"。中国的文化环境则不同,"中国此时还不曾享科学的赐福,更谈不上科学带来的'灾难'";以中国落后的状况来说,"我们哪里配排斥科学"? 至于人生观,中国历来"只有做官发财的人生观"、"靠天吃饭的人生观"和种种迷信的人生观。总之,"中国人的人生观还不曾和科学行见面礼呢"! 中国人此时"正苦于科学提倡不够,正苦于科学的教育不发达,正苦于科学的势力还不能扫除那弥漫全国的乌烟瘴气",因而"信仰科学的人"对于那种将欧洲文化破产归罪科学的观点,对于菲薄科学、反对科学对人生观发生影响的观点,当然要"大声疾呼出来替科学辩护"了。由此可以"明白这次大论战在中国思想史上占的地位"。②

胡适在 1923 年所作的《科学与人生观序》一文,更系统表述了他对于人生问题的哲学思考。他在文章中对当时的科学与人生观的争论从总体上作了一番审视。他认为,对于张君劢的人生观排斥科学的观点,"为科学作战的人——除了吴稚晖先生,——都有一个共同的错误,就是不曾具体地说明科学的人生观是什么,却去抽象地力争科学可以解决人生观的问题"。他认为,所以出现这样的"共同错

①　详见本书梁启超部分。
②　胡适:《〈科学与人生观〉序》,引自胡明主编:《胡适精品集》第三册,第191页。

误"，其原因之一，是张君劢没有像梁启超那样明确指斥科学家的人生观，而"只是笼统地说科学对于人生观不能为力"，"因此，驳论与反驳论的文章也都走上那'可能与不可能'的笼统讨论上去了"。①他认为，如此笼统地争论下去，终究是个不了之局。他援引吴稚晖的话，"张丁之战，便延长了一百年，也不会得到究竟。"②其原因之二，是拥护科学的人"终不愿公然承认那具体的'纯物质、纯机械的人生观'（梁启超语）为科学的人生观"，所以如此，是因为"他们对于那科学家的人生观还不能像吴稚晖先生那样明显坚决的信仰，所以还不能出来公然主张"。胡适认为，"这一点确是这一次大论争的一个绝大弱点"。③

基于对科学派这两个思想疏漏的辨析，胡适因而主张："我们应该先叙述'科学的人生观'是什么，然后讨论这种人生观是否可以成立，是否可以解决人生观的问题"。④ 这才是展开论辩思想的合逻辑程序。他强调，只有提出"科学的人生观"的具体内容，才能使论战有个"具体的争点"；⑤否则，就"不能评判科学能不能解决人生观问题"⑥。他称赞吴稚晖大胆而老实地提出了"漆黑一团"的宇宙观和"人欲横流"的人生观，⑦指出吴稚晖所提出的"新信仰"正是张君劢所谓的"机械主义"、梁启超所谓的"纯物质的、纯机械的人生观"。他认为，拥护科学的人只有提出像吴稚晖这样的论题，才是"真正的挑战"、"真正的开

---

① 胡适：《〈科学与人生观〉序》，引自胡明主编：《胡适精品集》，第三册，第193页。

② 同上书，第197页。

③ 同上书，第195页。

④ 同上书，第193页。

⑤ 同上书，第197页。

⑥ 同上书，第195页。

⑦ 同上书，第198页。又，吴稚晖的宇宙观"开除了上帝的名额，放逐了精神元素的灵魂"；他的人生观将情感、思想、意志、爱情都归结为物质的生理原因，人不过是"用手用脑的一种动物"（同上书，第199页）。

火"；"这样的讨论，才是切题的、具体的讨论"。① 吴稚晖的论题之好
并不在于它多么完美无瑕，好就好在它明确清晰而毫无笼统之嫌，因而
可作为论战的"具体的争点"。

胡适并不像丁文江所代表的科学派那样在人生观问题上排斥
"玄学"。他称赞吴稚晖将宇宙观和人生观联系起来的做法，认为吴
稚晖的这种做法"给我们做下一个好榜样"。他说："他老先生宁可
冒'玄学鬼'的恶名，偏要冲到那'不可知的区域'（笔者注：此指科学
尚未认识的领域即玄学的领域）里去打一阵。他希望'不可知的区
域'里的假设，责成玄学鬼有带着论理（笔者注：即逻辑思维）色彩去
假设着。这个态度是对的。我们信仰科学的人，正不妨做一番大规
模的假设。只要我们的假设处处建筑在已知的事实上，只要我们认
为我们的建筑不过是一种最满意的假设，可以跟着新证据修正的——
我们带着这种科学的态度，不妨冲进那不可知的区域里，正如姜子牙展
开杏黄旗，也不妨冲进十绝阵去试试。"②胡适也仿效吴稚晖的做法，运
用当时的科学知识，从宇宙观的角度提出他的"科学的人生观"。他
并不断言自己提出的与宇宙观统一的人生观绝对正确，而只是认为
它是建立在已知事实基础上的"一种最满意的假设"，它可以用新证
据不断得到修正。

胡适所要说明的"科学的人生观"或称"科学家的人生观"，是指将
"科学应用到人生观上去"而产生的人生观。③ 胡适申明，他并不是想
用这种人生观去完全统一人类的认识，而只是要为人类选择正确的人
生观时确定一个最基本的底线或最大的共识。他认为，"人类的人生
观总应该有一个最低限度的一致的可能"，而"科学的人生观"理应"做

①　胡适：《〈科学与人生观〉序》，引自胡明主编：《胡适精品集》第三册，第200页。
②　同上书，第196、197页。
③　同上书，第195页。

人类人生观的最低限度的一致"。①

　　胡适声明,他的新人生观也像吴稚晖那样包括宇宙观,并且"大旨"与吴稚晖相同,而"加上一点扩充和补充"。他依据近代以来的诸门科学常识提出了十条思想,来勾勒"这个新人生观的轮廓"。前九条大意是举出种种科学知识来让人们知道:空间和时间是无限的;宇宙和万物的运行是自然过程,没有"超自然的主宰";生物界生存竞争的残酷;人和别种动物只有程度的差异,并无种类的区别;生物界和社会"演进的历史和演进的原因";"一切心理的现象都是有因的";"道德礼教是变迁的,而变迁的原因都是可以用科学方法寻求出来的";"物质不是死的,是活的";"不是静的,是动的"。②

　　胡适提出这九条,旨在为他的新人生观提供思想基础。这九条的内容大多是世界观和历史观的问题③,并不直接是伦理学意义的人生观问题;虽然也涉及了人生,却并不直接涉及选择人生的价值、目的、理想以及人生态度这些人生观的基本问题。胡适提出这些思想作为他的人生观思想的基础,要旨在于他力求依据近代的科学常识来判定人生的本质:即在无限时空的宇宙中,人不过是"一个藐乎小哉的微生物",自然的"因果的大法"支配着人的一切生活,"生存竞争的惨剧鞭策着他的一切行为","这个两手动物的自由真是很有限的"。④ 然而,若由这样宇宙观和历史观来演绎的类同动物生存的人生观,那么它显然没有什么高尚可言;非但不高尚,简直是逆反人类精神文明的退化。胡适自然不甘就此止步,也势必不能将这样的动物本能式人生态度称为"新人生观"——尽管他提出各门科学来支持这种对于人生本质的

----

　　① 胡适:《〈科学与人生观〉序》,引自胡明主编:《胡适精品集》第三册,第202页。

　　② 同上书,第203、204页。

　　③ 其中"一切心理的现象都是有因的"一条,是他迁就当时的科学派的观点而加进去的,他并不认为,科学能够解释心理现象、解释各种人生观,就是"科学的人生观"。见上文。

　　④ 胡适:《〈科学与人生观〉序》,引自胡明主编:《胡适精品集》第三册,第205页。

认定。

于是胡适在第十条中，提出了他的人生价值观，即人应该有超越个体的"小我"而贡献于人类的"大我"的观念，并认为这种人生观远比谋求个人解脱的宗教人生观高尚。他说："根据于生物学及社会学的知识，叫人知道个人——'小我'——是要死灭的，而人类——'大我'——是不死的，不朽的；叫人知道'为全种万世而生活'就是宗教，就是最高的宗教；而那些替个人谋死后的天堂净土的宗教乃是自私自利的宗教。"①他在此力图尽量脱离种种宇宙法则对人生的约束，为人生的一种高尚的意义。他用了许多"不见得"、"也许"、"未尝"等或然之词，以试图说明这种人生意义有超越必然法则的可能，这样他又不得不借助"意志自由"。如他说："这个渺小的两手动物却也有他的相当的地位和相当的价值。……甚至于因果律的笼罩一切，也并不见得束缚他的自由，……甚至于生存竞争的观念也并不见得就使他成为冷酷无情的畜生，也许还可以格外增加他对于同类的同情心，格外使他深信互助的重要，格外使他注重人为的努力以减免天然竞争的残酷和浪费。——总而言之，这个自然主义的人生观里，未尝没有美，未尝没有诗意，未尝没有道德责任，未尝没有充分运用'创造的智慧'的机会。"②

这一系列或然之词，使得胡适从前九条得出关于人生的必然性断定大打折扣。依据他提出的前九条，只能得出宇宙间"因果的大法"支配了人的"一切生活"、生存竞争"鞭策"着人的"一切行为"这样的结论，而根本不可能推出人会有超越个体之"小我"，"为全种万世而生活"的高尚人生价值观。他这种议论的自相矛盾，在于混淆了科学判

① 胡适：《〈科学与人生观〉序》，引自胡明主编：《胡适精品集》第三册，第204、205页。又，胡适在此所以将这种贡献于"大我"、对"大我"负责的人生观念和态度称为"宗教"，是强调其道德境界的高尚类于宗教的伦理精神，而非宗教的本体论意义。

② 同上书，第205、206页。

断和价值判断,对行为自由和意志自由没有划分清楚,使人感到他起始口气大,视点高,尖锐地提出了问题的关键;后来却才力不足,解决不了自己提出的问题。

在当时的科玄论辩中,胡适有他独到的贡献。他不但将"科学的人生观"规定为可成为争论焦点的明确论题,在思辨逻辑上揭示了这场争论的论题笼统的弊病并力图克服它;而且将人生观问题向科学派所鄙夷的"玄学"领域开放,在立论角度上超越了科学派局限于有限实证性论据的狭隘眼界。此外,胡适用可以不断修正的科学假设代替科学派所赖以立论的科学实证;他宣称自己不是追求成色十足的真理,而是追求科学假设的"最满意"境界;这样的思辨方法也显然比科学派要科学得多,也聪明灵活得多。这些都是胡适比丁文江高明的地方。然而,胡适并没有在近代科学知识和他所标榜的人生境界之间架起一条通达顺畅的桥梁;可以说,他在这方面的努力是不那么成功的。

胡适声称:"这种人生观是建筑在二三百年的科学常识之上的一个大假设,我们也许可以给他加上'科学的人生观'的尊号。但为避免无谓的争论起见,我主张叫他做'自然主义的人生观'。"①然而,他所提倡的人生价值观和人生境界并不"自然",而是超自然的"人为"境界,是人自觉克服自身动物性本能而选择贡献于人类的人生目的之结果。并且,他声称他提出的人生观是建立在科学常识上的"一种最满意的假设",然而,他实际上并没有为他在第十条所标榜的人生价值观提出相应的科学常识作为基础。这样的人生价值观只能出于人的自由选择,它古已有之,并不起源于近代科学产生之后。这在中外历史上都大有人在。可以说,胡适在第十条提出的高尚人生观并不是他所罗列的诸门科学知识的逻辑结果,也根本不是真正科学意义上的"科学假

　　　① 胡适:《〈科学与人生观〉序》,引自胡明主编:《胡适精品集》第三册,第205页。

设"。因此,他有时索性不避混淆科学和宗教界限的嫌疑,用"最高的宗教"这样的语汇来形容其"科学人生观"的崇高道德境界。

姑且不论胡适关于"人类不死"这样的结论是否能依据科学得出来——实则没有什么科学能证明这个论点,胡适提出了一种不受科学知识支配的人生价值观和人生态度,这种观念固然高尚,却算不上"新人生观"、"新信仰",它和儒家两千多年来的"公私之辨"中提倡的道德精神并没有本质的区别。① 至于他所提出的"人不过是一个藐乎小哉的微生物"这样的思想,在中国也不是新鲜的思想,东汉的王充、北宋的张载等学者都明确表述过。② 胡适的用他的人生观用来扫荡那些"做官发财的人生观"、"靠天吃饭的人生观"和种种迷信的人生观的确是思想利器;然而若用来抗衡近乎无神论且重公利轻私欲的儒家人生观,则是无的放矢。

尽管胡适对于他"自然主义人生观"的论证不严谨,但毕竟有其积极的社会意义。他在后来《介绍我自己的思想》中,单单将他在《〈科学与人生观〉序》中提出的"自然主义人生观"的第十条再拿出来教诲当时中国的"少年朋友"③,期望他们树立高尚的人生理想。为强调个人应该有对于社会和人类的责任感,胡适以种种夸大的言辞说明个人的一切言谈举止,无论大小、善恶、是非,"都在那'大我'上留下不能磨灭的结果和影响",因而个人务必要注意自己一言一行对于社会的影响。

---

① 冯友兰先生认为,儒家的义利之辨、理欲之辨、道心人心之辨等,归根到底都是公私之辨。

② 王充提出:"天至高大,人至卑下";"人在天地间,犹蚤(跳蚤)虱之在衣裳之内,蝼蚁之在穴隙之中。"(见《论衡·变动》)张载曾经说:"乾称父,坤称母,予兹藐焉,乃混然中处。"(《西铭》,见《张载集》)王充、张载虽然没有使用"小我"、"大我"这样的字眼,但是他们的道德理想都是主张"小我"贡献于"大我",这种道德理想并不限于他们二人,而是儒家人生观的最基本主张。

③ 胡适:《介绍我自己的思想》一文是为《胡适文选》作的序。他出版《胡适文选》的一个目的,是"预备给国内的少年朋友们作一种课外读物"。引自胡明主编:《胡适精品集》第八册,第316页。

他认为,这样的生活态度才是对人类这个"大我"负起责任;"能如此做,便是道德,便是宗教"①。胡适又借用宗教用语如"积德"、"造孽"来强调个人对人类的责任,他说:"今日的世界便是我们的祖宗积的德,造的孽。未来的世界全看我们自己积什么德或造什么孽。世界的关键全在我们手里,真如古人说的'任重而道远',我们岂可错过这绝好的机会,放下这绝重大的担子。"②无论反对胡适的人们怎样批判他的思想,胡适对当时中国的"少年朋友"这番人生观教诲,其积极意义是不可抹杀的。

在科玄论战中,胡适与陈独秀虽同以玄学派为主要论敌,然而他二人也颇有颉颃之见,以对人生观的理解而言,陈独秀提出"唯物史观的人生哲学"之说,有以历史观涵括人生观的倾向,而胡适则批评陈独秀转移了论题,即把人生观问题的讨论转移到历史观上去了。在胡适看来,"人生观是一个人对于宇宙万物和人类的见解;历史观……是一个人对于历史的见解,历史观只是人生观的一部分"③。这样,胡适就把人生观和宇宙观等同起来,这样的人生观定义同样是不严格的。由之也可以看出,他只强调人生观内容结构中的客观判断方面,而忽视了人生观具有主观价值取向的方面,而他提出的"小我"贡献于"大我"的人生观恰恰出于一种主观意志的价值选择。对于宇宙和人类的认识即便再正确、再科学,也不足以使人形成这样的人生价值观,这是个真真切切的事实和道理。

胡适在1933年《中国的文艺复兴》的演讲中回顾了20世纪20年代的这场论战,他依然盛赞吴稚晖的观点,认为吴稚晖所撰写的《一个

---

① 胡适:《介绍我自己的思想》,引自胡明主编:《胡适精品集》第八册,第 322、323页。又,胡适在此所以将这种贡献于"大我"、对"大我"负责的人生观念和态度称为"宗教",是强调其精神境界的高尚,而非宗教的本来意义。

② 同上书,第 323、324 页。

③ 胡适:《答陈独秀先生》,引自耿云志主编:《胡适论争集》中卷,第 1455 页。

新信仰的宇宙观和人生观》是"这次论战最有意义"的文章。吴稚晖"毫无保留地接受了机械的宇宙观",认为人不过是能"制造工具的动物",道德生活随着科技的进步而发展,科学而非宗教"才能使人类更美好、更道德";"在旧的宗教体系和道德哲学中的一切道德情感只不过是空话,并无在实际生活中实现它们的工具与能力",科学不仅给了人类以新的同情,而且赋予人类以新的行善能力等等。对于这些思想,胡适都予以称赞,并提出这是"知识化和理性主义的哲学"。然而,他又认为,"这并不单纯是来自西方的科学影响的结果,也是中国人民整个自然主义和理性主义传统影响的幸运结合。"①就是说,这样的哲学精神并不全然是取之于西方的舶来品,而是中国传统人文精神的现代延续,近代科学则是促发它再生的契机,它是中西文化合璧的产物。

如前所言,胡适对外国人评论中国文化时颇能实事求是,且保持民族尊严,而不是像对国人评论中国文化时那样严厉批判乃至谩骂。他在《中国的文艺复兴》这篇英文演讲稿中,称赞中国道家和儒家的宇宙论和人生哲学,认为它们体现了中国理智主义和人文主义的优秀思想传统。他将老子称为中国古代早期的"第一个大哲学家",认为他创立的自然主义宇宙观,"在后来始终作为反迷信、反人格化宗教的有力武器",对于中国人近乎无神论的人生观有巨大意义。他将孔子称为"第二个大哲学家"②,认为"孔子是一个人文主义者和不可知论者"③;孔子的这种人生观念直接影响后来儒家学者对于佛教的排斥,以宋代新儒学而论,其提倡"中国的人文主义传统",建立起具有普遍道德约束力的"世俗哲学","当这种哲学获得官方认可,并在所有的中国学校中进行教育后,中世纪的宗教已开始衰退,逐渐消亡",以至取得了"对印

---

① 　胡适:《中国的文艺复兴》,引自耿云志主编:《胡适论争集》中卷,第1650页。
② 　胡适关于"第一"、"第二"的排序是就时间而非影响而言的。
③ 　胡适说孔子是不可知论者是对鬼神而言,不是一般哲学意义的不可知论。

度宗教的反抗胜利"。① 胡适在演讲中强调了这样的思想：中国本土的哲学的人文主义精神和理性主义本来就具有反神文主义、反宗教迷信的自然主义传统，它与近代西方的科学精神相通，因而中西文化精华的结合不仅可能，而且正在转化为现实。

胡适为争取中国人的思想从传统的桎梏中挣脱出来，获得解放，对于长期占据统治地位的儒家多有严厉批判的言论。然而，其中许多言论也是时势宣传的需要使然，不可据之断定胡适的全部真实思想，以人生观问题而论，胡适实际上在儒家那里找到了他那"小我"贡献于"大我"人生观的古代同道。他认识到，对于儒家学者来说，"个人的完善从来就不是结果，也并不是单纯地为了个体的救度（解脱），这一点中国的哲学家们是从不感兴趣的。个体的完善只是治国、齐家、平天下的必要步骤，总体目标应该是社会的改革，理想应该成为社会的理想。"② 胡适如此评价儒家，就是承认儒家兼善天下的人生价值理想和他所批判"独善的个人主义"，提倡"社会不朽论"的人生观念是一致的。

第四节　近代实证哲学方法在文化
批判中的推广之功

如前所述，胡适对中国文化现代化的重要历史作用，很大程度上在于他大力将西方富有实证和实用精神的新哲学贯彻于他所涉猎的诸学术领域，并向全社会宣传推广，从而对中国文化的现代转型发挥了巨大的促进之功。在评价胡适对于中国近代文化的重要历史作用时，应该提及的是胡适所运用和提倡的文化研究的方法论原则，即存疑主义的学术精神和实验主义（又称实用主义）的研究方法。他以此来评判古

① 胡适：《中国的文艺复兴》，引自耿云志编：《胡适论争集》中卷，第1648页。
② 同上。

今中外的文化现象、研究各种社会和学术问题,也把它作为与新儒学、马克思主义等思潮论战的利器。

　　胡适曾经说,有两个人对他的学术态度影响最大:一个是提倡"存疑主义"的赫胥黎,一个是实验主义哲学家杜威。关于赫胥黎对他的影响,他说:"赫胥黎教我怎样怀疑,教我不信任一切没有充分证据的东西。"① 胡适认为,赫胥黎强调实证的怀疑精神直接就是一种研究方法。他说:"赫胥黎的存疑主义是一种思想方法。他的要点在于重证据。对于一切迷信,一切传说,他只有一个作战的武器,是'拿证据来'。"②胡适把这个无征不信的武器称为"科学的唯一武器"、"无敌的武器"③;他认为,赫胥黎"拿证据来"的呐喊传播开来以后,就引发了世界哲学的根本革命——"哲学方法上的大革命"④。赫胥黎对于缺乏实据的思想只存疑而不信仰的精神,对胡适影响极深,胡适依据它以批判的态度审视古往今来的各种文化现象,并向"古典主义"(主要指中国传统思想)和"新典主义"(主要指中国当时的马克思主义思潮)挑战。

　　然而,胡适认为,赫胥黎的存疑主义不是科学方法的"完全涵义",而只是其中的"消极的破坏的方面";皮耳士以来的"实验主义"(即实用主义)才将科学方法的"积极"和"消极"两方面的含义发挥出来,实现了科学方法的"完全自觉",并"成为一种哲学方法论"。⑤ 胡适在美国哥伦比亚大学读书时受业于实用主义学者杜威门下,从此,实用主义(他称之为实验主义)成为了他的生活、思想的向导和哲学基础。

----

① 胡适:《介绍我自己的思想》,引自胡明主编:《胡适精品集》第八册,第317页。
② 胡适:《五十年来的世界哲学》,引自胡明主编:《胡适精品集》第三册,第350页。
③ 同上书,第345页。
④ 同上书,第346页。
⑤ 同上书,第350、351页。关于科学方法的"完全涵义",胡适说:"在积极的方面,皮耳士指出'试验'作标准,'一个观念的意义完全在于那观念在人生行为上发生的效果,承认他时,有什么效果? 不承认他时,有什么效果? ……'在消极的方面,他指出凡试验不出什么效果的都没有意义。"

胡适这样谈到杜威对他学术方法的影响,他说:不但杜威教他"把一切学说、理想都看作待证的假设",而且教他"处处顾到当前的问题","处处顾到思想的结果"。① 赫胥黎教他以批判的态度,而杜威则不止于此,更教他在批判的基础上如何建设。可以说,胡适关于中国社会和文化建设的种种观点和构想,主要依据的就是实验主义方法。

　　杜威的实用主义哲学对胡适的影响不但在于以实证为依据、以效果为价值标准的方法论方面,而且在于以人生实际问题为哲学存在意义的元哲学观方面。这两点也是实用主义哲学的根本立足点。在元哲学观上,他接受了杜威将哲学存在的意义归结为解决人生价值、人生目的问题,并为实现人生价值、人生目的而设计合理的方法问题。由于接受了实用主义,胡适对那些玄之又玄的形上学不大感兴趣,而将人本学视为他所应当关注的论域。

　　赫胥黎和杜威共同的学术态度就是体现了近代科学的实证主义精神,这种精神看似简单,却是和自古以来中外种种哲学完全不同的哲学精神。以往哲学的最大特点就是不可充分验证的猜想性,哲学依据这种神秘主义特点建立了它在思想界数千年的至上威权。近代哲学中的实证主义思潮就是要从方法论上革传统哲学的老命。近代人本主义哲学思潮所代表的哲学论题的转移实际是古今哲学在元哲学观的重大变化。虽然自古以来哲学并不与人生问题分离,却总要使人生论成为哲学体系的一个部分,而且是从宇宙哲学推演出来的思想层次。近代人本哲学元哲学观的一个重要特征,就是将人生问题作为独立而完整的哲学领域,将研究解决人生问题视为哲学存在的根本立足之地。

　　胡适否定了辩证法可以作为科学方法的资格。陈独秀曾经有将实验主义方法和辩证法结合起来的设想,胡适认为,陈独秀的这个希望大

　　① 　胡适:《介绍我自己的思想》,引自胡明主编:《胡适精品集》第八册,第317页。

大错了。在胡适看来,辩证法出于黑格尔,"是生物进化论成立以前的玄学方法";而"实验主义是生物进化论出世以后的科学方法"。他断定,这两种方法是"根本不相容"的。① 胡适所以批评辩证法,还有其现实的理论目的,即否定当时中国共产主义者的政治主张和社会历史观。他认为,当时中国的共产主义者关于通过阶级斗争方法来一蹴而就地实现"共产共有的理想境界"的思想,是"十足的达尔文以前的武断思想,比那顽固的海格尔更顽固了"。②

胡适不平于哲学史研究忽视赫胥黎的情况,这又说明胡适本身的哲学造诣并不高,他所信奉的杜威的实用主义,只是年轻的美国成型未久的哲学派别,讲实证、重实用固然是它的优点,不过与欧洲哲学相比,因过于强调哲学的工具化功能而缺乏哲学博大精深气象,显得有些粗疏浅陋。胡适的哲学造诣不高与此有很大关系。胡适只是将哲学作为研究问题的工具,并不刻意构造哲学体系。可以说他是中国的文史专家,乃至思想家,却不可以说他是哲学家。

胡适信奉并刻意输入实证哲学方法的一个例证是他对中国近代新思潮意义的诠释。他将新文化运动到五四运动的各种"新思潮"之根本精神或"共同意义"归结为存疑的、独立思想的"评判的态度",并期望它成为中国思想界的主导思想方法和研究精神。

胡适在 1919 年的《新思潮的意义》中认为,当时人们对"新思潮"总体性质或"共同意义"的解释或者过于琐碎、或者过于笼统,即便他当时的思想同道陈独秀以"德先生"与"赛先生"(即民主和科学)概括之,"虽然很简明,但还嫌太笼统了一点"。胡适提出,"新思潮的根本意义只是一种新态度,这种新态度可叫做'评判的态度'"。③ 这种"评判的态度"就是以怀疑精神和独立思考看待问题的批判态度。也就是

①　胡适:《介绍我自己的思想》,引自胡明主编:《胡适精品集》第八册,第 317 页。
②　同上书,第 318 页。
③　胡适:《新思潮的意义》,引自胡明主编:《胡适精品集》第二册,第 287、288 页。

说，"新思潮"的共性不宜归结为某些具体共同主张而招笼统之嫌，而应归结为一种迥异于以往的学术精神或学术态度。他说："我以为现在所谓'新思潮'，无论怎样不一致，根本上同有这共同的一点——评判的态度。"①这种态度就是"新思潮的精神"②。这说明胡适把输入的新哲学方法论看做当时中国学术界思想界的头等大事。

胡适提倡以"评判的态度"来看待各种社会问题，他借用尼采"重新估定一切价值"的话，认为这是对"评判的态度"的最好解释。他强调"评判的态度"所应关注的主要对象：一是"习俗相传下来的制度风俗"，二是"古代遗传下来的圣贤教训"，三是"社会上公认的行为与信仰"。③ 对于这些传统或公认的权威，他主张重新估定它们的价值与合理性。

胡适认为，"评判的态度"在当时中国表现为两种趋势，即研究各领域的问题和介绍西方的新文化，他将之概括为"研究问题"和"输入学理"，认为"这两项是新思潮的手段"。④ 关于"研究问题"，他主张多研究"社会人生的切要问题"以引起广泛的关注，这样最容易消除平常人对学理的抗拒，使人们于不知不觉之中受学理的影响，并且"可以不知不觉地养成一班研究的、评判的、独立思想的革新人才"。他强调："研究问题最能使读者渐渐地养成一种批评的态度、研究的兴趣、独立思想的习惯"，这比高深的学理更为重要。关于"输入学理"，他主张不要把一切学理看做是天经地义的，而应该"看作研究问题的参考材料"⑤。胡适认为，"研究问题"和"输入学理"要紧密联系起来。他说："新思潮的将来趋势，……应该是注重研究社会人生的切要问题，应该

---

① 胡适：《新思潮的意义》，引自胡明主编《胡适精品集》第二册，第289页。
② 同上书，第295页。
③ 同上书，第288页。
④ 同上书，第290页。
⑤ 同上书，第292、293页。

于研究问题之中做介绍学理的事业。"①

胡适提出,新思潮在"评判的态度"这个根本精神下,有四个基本方面,即"研究问题、输入学理、整理国故、再造文明"②。前两者是新思潮的手段;所谓"整理国故"是对旧学术的态度,即反对盲从与调和,用科学精神和方法整理旧学术,发现其中的"真价值";至于"再造文明",则是"新思潮的唯一目的"。

胡适力图从方法论上否定中国早期的马克思主义思潮。认为当时马克思主义者所运用的辩证法是前达尔文主义的玄学方法,是非科学的、过时的思维路数;而中国的马克思主义者是"'目的热'而'方法盲',迷信抽象名词,把主义用作蒙蔽聪明,停止思想的绝对真理"。③他认为当时中国的马克思主义者对于西来的社会主义一味地盲目崇拜,缺乏严肃治学的"评判的态度"和怀疑精神。他在《我的歧路》中说:当时的中国,"孔丘、朱熹的奴隶少了,却添上了一班马克思、克鲁泡特金的奴隶;陈腐的古典主义打倒了,却换上了种种浅薄的新典主义"。④他提倡用实验主义(即实用主义)的大胆假设、细心求证的方法克服这种现象,强调应该将一切主义和学理都看做"参考的材料"、"待证的假设",而绝不可看做"天经地义的教条"。⑤胡适强调,在中国实现"再造文明"这个"唯一目的"的方式,绝不是如李大钊主张的那种对中国问题的"根本解决",而必须是具体研究和解决一个个问题的渐进过程。他断定:文明、进化、解放、改造都必然是"一点一滴"的渐进过程;都不是笼统对待所能成功的。⑥胡适基于实用主义哲学的这种对于中国社会和文化改造的思想态度,将他自己永远地置于中国马

①　胡适:《新思潮的意义》,引自胡明主编:《胡适精品集》第二册,第296页。

②　同上书,第287页。

③　胡适:《介绍我自己的思想》,引自胡明主编:《胡适精品集》第八册,第320页。

④　胡适:《我的歧路》,引自胡明主编:《胡适精品集》第二册,第64页。

⑤　同上书,第63页。

⑥　胡适:《新思潮的意义》,引自胡明主编:《胡适精品集》第二册,第296页。

列主义者的对立面。虽然他的历史观与文化哲学思想与中国马列主义者的思想都源于西方,虽然他曾经肯定并部分接受马克思主义的历史哲学,并曾经与中国早期的马克思主义者是暂时的同路人。

结 语

近代以来,在许多人眼中,胡适是彻里彻外的全盘西化者,这似乎早就是板上钉钉的盖棺之论了。于是,当时和后来的许多西化论者推之为领军人物,而批判西化论者又常常以他为攻讦的首要标的。然而,这些追随者和批判者,均非深知胡适者也。前者着实背离了适之先生的遗训,未得其哲学思想之真传;后者则或犯有逻辑学所谓的"稻草人谬误",或有人云亦云的从俗之嫌。

胡适关于中国文化建设的主张和人生论主张,就明显体现出他的中西文化会通思想。就人生观而言,胡适实际上在传统儒家那里找到了他那"小我"贡献于"大我"人生观念的古代同道,或者径直说是思想先驱。他认识到,对于儒家学者来说,"个人的完善从来就不是结果,也并不是单纯地为了个体的救度(解脱),这一点中国的哲学家们是从不感兴趣的。个体的完善只是治国、齐家、平天下的必要步骤,总体目标应该是社会的改革,理想应该成为社会的理想。"胡适如此评价儒家,就是承认儒家兼善天下的人生价值理想和他所批判"独善的个人主义"大不相同,而与他提倡"社会不朽论"的人生理念是一致的。胡适力图打入玄学领域的科学人生观,其玄学味道不但在于他那出于实证哲学思维的"最令人满意的假设",而且契合于中国古代哲学中反对神文和兼善天下的精神主旨——虽然胡适往往对此讳莫如深。

西化论是中国近代以来愈演愈烈的强大思潮,无论是思想讨伐抑或暴力禁忌,都不能使之销声匿迹。在此思潮中,比胡适思想主张激烈者大有人在。然而他们的影响之巨都不远如胡适,这主要并不在于他们的文化地位或学术成就不如胡适高(虽然胡适在这些方面的优势是重要原因),胡适所以能够成为西化论思潮的主要代表,倒在于他的思想主张不那么偏激,而是能折中于西化论和文化本位观点之间,既极力强调中国文化的充分现代化,又不否认现代化了的中国文化依然是以本来文化为本位的。他清醒地知道,任何民族的文化变革,其结果都不可避免地是新旧文化的调和;同理,中国文化向现代转型的过程,即便全盘西化论主张再激烈,声势再浩大,文化改革的结果也必然是中西文化的融通中和。这样的结果并不依偎于任何人的主观意愿,而是中国文化必然的历史宿命。胡适所以特别提倡西化论,并不是要完全否定中国文化,而是要最大程度地克服"文化的惰性"。在他看来,对极古老而惰性极大的中国文化的艰巨改造工程必须用这种矫枉过正的方法;而所以使用矫枉过正的方法,目的还是要铺垫一条中国文化建设的中西精华合璧、新旧文化衔接的"中道",用他的话说,就是"文化平衡"。看来,貌似激烈的西化论主将,骨子里依然讲究中国传统中最具权威方法论——中庸之道。或者正因如此,他的文化主张才在西化论诸人中最具思想价值和实践意义。

表面上看,胡适的西化论与坚持文化本位的新儒学思潮似乎在思想上处于绝难通融的不两立之势。实际上,新儒学诸子并不排斥中国文化的现代化;相反,中国文化必须且必然现代化是他们的基本思想前提;他们侧重强调在中国现代化的过程中,如何坚持本土文化的主体地位。胡适也不反对在中国文化改造模式中本位文化依然是中国文化——在他看来,这是历史之必然趋势;他所要着重强调的是:在未来中西合璧的文化模式中,如何最大程度地实现现代化或者西方化的问题。虽然胡适与新儒学的代表人物(如梁漱溟)多有论争,但是他们在如何建设中国合理的文化模式的见解上并非截然背反,且在根本点上有其相通之处,即他们都肯定这个模式必然是中西文化精华的结合,而绝非单色调的文化类型。

第九章　认取自家精神　寻取自家路走[①]

——梁漱溟人学及文化哲学要义

　　梁漱溟原名焕鼎,字寿铭,后以漱溟为名[②];生于 1893 年,卒于 1988 年,中国近代重要思想家与"社会改造运动者"[③],新儒学思潮的开创者之一。

　　"何为真孔学"或者说"何为儒学真精神"? 这是历代儒家学者所要解决的大题目。儒家的诸思想巨匠和诸大学派主要是依凭对这个问题的独立解释而在中国思想史上占据一席之地的。不过从总体上看,历代的儒学诸子诸派立说虽多,门户虽众,但是若深究其学术差异,则

---

　　① "认取自家精神,寻取自家的路走"为梁漱溟语,见《梁漱溟全集》第五卷,山东人民出版社,第 108 页。意即中国自有立国之道,不可盲目效法欧美或苏俄。这方面思想详见本章第二、三节。另外,需要说明的是:与同代的许多思想家不同,梁漱溟在 1949 年以后在哲学思想上仍然有丰富的创造。笔者出于本书写作的时代论域之考虑,故以述评他此前的思想为主。只是在关于他的文化心理学,出于介绍其学说整体性的需要,并虑及他这方面的思想虽然在此前即已成熟,不过此后的表述更为精练和系统,故引文突破以上所说的时间限制。

　　② 梁漱溟在做《民国报》记者时,笔名常用寿民或瘦民,总编孙炳文曾为他题扇面,以"漱溟"称之,此后他便以之为名。

　　③ 梁漱溟曾经说,对他最"恰如其分"的评价就是"他是一个有思想又且本着他的思想而行动的人";而如果说"他是一个思想家,同时又是一社会改造运动者","那便是十分恭维了"(见梁漱溟《中国文化要义·自序》,学林出版社 1987 年版,第 5 页)。实则他至少无愧于后一种评价。

主要在于论证方式的不同①及非关主旨的次要观点有异；他们做的大都是儒学体系的修正和完善工夫，对于儒学的根本意旨鲜有重大的突破性的改新。然而时至近代，西学与列强乘不可抗拒之势而一并东来，全面挑战着中国传统文化，首当其冲而陷入危地的便是作为中国传统文化主体精神的儒学。于是，辨析孔学或儒学的终极本质和真实底蕴，便成为思想界天大的问题了，因为它关系到中国本土文化的前途和生命。在近代，解决这个问题的迫切程度是以往任何时代所不能比伦的。

西方近代政治和人文理念首先冲击的是与儒家相互为用的君主体制和儒家所倡导纲常伦理观念，儒学因之而陷入空前的困境。然而在当时的中国，拒绝西学就意味着拒绝融入时代潮流，那无疑是一条在文化上，甚至在政治地理上的自我灭绝之路——有头脑的思想家们断不出此拙策。剩下的问题就是在什么程度上接受西学，于是就出现了"中体西用"、"西体中用"、"全盘西化"诸思潮的分歧和对立。

主张坚持民族文化本位的有洋务派、维新派乃至后来的新儒学，这三个派别中的许多学者树起"中体西用"的大旗。不过，他们"中体西用"主张的名称虽同，却对"体""用"范畴内涵的诠释和"体""用"关系的具体设想颇异其趣，分别体现了三种不同的思路：一是以张之洞为代表的洋务派的"中体西用"②主张。虽然该派诸人见解有偏全深浅之别，但大抵都以儒学表层结构的纲常伦理为"体"，于儒学则有舍本逐末之嫌，于时势则有不能通权达变之弊。故而其用力虽多，却终不能成

---

① 以孟子与荀子而论，他们的学术差异似乎颇大，但他们根本思想意旨相同——均以儒家道德为治国修身之本，而只是论证方式有别，如孟子从性善论出发论证道德修身和道德政治出于天然，荀子从性善论出发论证道德修身和道德政治出于必要。又如汉儒以近乎宗教的天人感应方式论证儒学的权威性，而宋明道学则从无神论哲学的角度论证儒学的天然合理性。

② "中体西用"主张由洋务派人物冯桂芬首先提出。

功。另一个是以康有为为代表的思路,其"中体西用"模式有意将西方的民主人权学说与原始儒学意旨混淆,希图用这种偷梁换柱的方式更新儒学。这虽然是对儒学精神意旨做了空前的根本改造,但是其学说内容过于怪诞离奇、论说方法过于牵强附会,因而难以服众;加之社会形势的急遽发展,尤其是民主派的崛起,致使这种思路终成昙花一现。又一个思路就是新儒学学者的思路,他们抛开传统儒学的典章制度和纲常伦理这些表层的规范体系,也不效法康有为那样的生拉硬扯学风,而是直接从原始儒学的人生精神入手来发掘儒学与现代学术的契合点。① 这个理论思路的首创之功,应该归功于梁漱溟。

中国近代全面的社会危机,不但体现在军事、政治、经济、科技、教育等方面,而且体现在生活信念上人生价值观念的严重迷误。在梁漱溟看来,"人生空虚无意义之感"②成为当时中国的时代病。他所以特别重视重新发现儒学真精神并弘扬"真儒学"的人生价值观念,其现实意旨就在于医治国人这种精神上的时代病。

近代中国的人生意义危机的出现,其导因是由于中国在与西方近代文化的对决中的大败亏输,许多学者将中国的全面失败归结为文化的失败,在中国文化中向来最具权威的儒学连同它的人生价值体系,渐次丧失了以往的威严而受到了普遍的质疑和责难。儒学危机明显是引发社会普遍人生观危机的直接原因。与儒学危机相伴而起的西化论思潮声势日张,且大有将此危机推向极致——彻底断送儒家生路之势。在西化论者那里,长期以来主导中国人思虑营为的儒学被指斥为文化失败的总根源而痛遭挞伐。在他们掀起的全面彻底否定儒学的浩大声浪中,无论是原始孔学还是后来形形色色的孔家店、无论是儒学的内在精神还是制度化的纲常规范,儒学从深层结构到表层结构,一概在被沙

---

① 尽管有些新儒学学者不用或避讳"中体西用"的提法,以免被人误解而混同于以前的洋务派和维新派,但他们的学说依然是实质性的"中体西用"论。

② 梁漱溟:《东西方文化及其哲学》,《梁漱溟全集》第一卷,第425页。

汰、被打倒之列。在西化论者眼中,以儒学为代表的中国传统的精神文化不过是丧失了生命力的旧时代遗存,其于现实的社会和人生,已经全然失去了引导意义甚至存在价值。这种思潮的影响所及超越出学术界而蔓延到全社会。儒学旧日的光环在国人的心目中被剥落殆尽;国人传统的生活样式被判定为大错特错,而西方人先进生活样式又没有真正学到手甚至不大知道,于是中国人在"怎样活才对"的问题上大惑特惑,走入了人生观念混乱彷徨的时期。

　　梁漱溟看到,在这个强大思潮的冲击下,文人们对儒学和传统精神文明的存在价值,或盲从于这个潮流而落井下石,或慑于这个潮流的声势而耻于倡言,或虽然敢言却议论浅薄而不足与这个潮流抗衡,或为了回避激烈的文化冲突而跑到佛教中去讨生活。在20世纪20年代初期,梁漱溟痛陈:"今天之中国,西学有人提倡,佛学有人提倡,只有谈到孔子羞涩不能出口。"在他看来,实际人们并不知晓孔子的真精神、真价值。他提出,在人生观念上,与浅薄的西学和被错解的佛教等"种种怪秘的东西"相比,只有孔子的人生观念才是"至善至美"的,才体现了"人生的真味"。他感慨自己"总没有遇到一个人同意于我的见解;既或有,也没有如我这样的真知灼见"。基于这种学术思想的自负和对国家民族的责任感,他以引导国人走上孔子之路为自己无可推卸的使命,声称:"孔子之真若非我出头倡导,可有哪个出头?"①

　　梁漱溟多次谈到他一生的主要精力用于探讨两个问题,一个是关于人生的意义问题,一个是关于中国社会的出路问题。如他在1942年的家书中曾说自己多年来对这两个问题潜心研究已臻于成熟。对于前者,他自谓:"基于对人类生命的认识,而对孔孟之学和中国文化有所

————————

　　①　此段几处引文引自梁漱溟:《东西方文化及其哲学》,《梁漱溟全集》第一卷,第543—544页。

领会,并自信能为之说明";对于后者,他自谓"基于中国社会的认识而对解决当前大问题,以至复兴民族的途径,确有所见"。他认为自己对孔孟之学和中国文化的"领会"和"说明",不只是"能明白其旨趣"而已,而是"深见其基于人类生命的认识而来,并为之建立他的心理学而后乃阐明其伦理学",并"判明中国文化在人类文化史上的位置,而指证其得失"。他当时声称:这两件事除自己而外,当世无人能作。他引张载"为往圣继绝学,为来世开太平"①之语,声明完成这两件事是自己"一生的使命"②。梁漱溟虽然将人生问题和中国社会问题分别论说,但是他认为两者互相关联,不能截然分开。从理论关系上看,文化问题根本就是人生的社会生活方式问题,因而对人生价值的评价也就是文化评价,这是人学和文化哲学的贯通处;从实践归宿上看,他终生研究这两个问题的落脚点都是要解决中国问题,具体说,主要都是为了解决中国人的生活方式问题。

梁漱溟从人学和文化哲学的角度辨析儒家真精神、真价值而大力提倡之。他认为,儒学具有恒常的价值和宽广的兼容性,因而仍然有着强盛的生命力,并能够在中国社会的现代转型中包容西方文化的长处;不仅以儒学为主的中国精神文化理应在中国的文化建设中保持主体地位,而且它必然取代西方文化而成为未来世界精神文化的皈依。梁漱溟的这种观点,不可简单视之为囿于民族情结而采取的文化保守主义立场或文化自大心理,它是基于梁漱溟对人类文化诸根本问题的深邃哲学思考;其固然体现了梁漱溟经过文化比较而作出的价值论断,而更重要的是他提出了系统的文化历史观作为此观点的理论根据;他力图把自己对中国文化命运的预期证明为实然的客观历史进程。

---

① 应为"为万世开太平",梁漱溟所引有误。

② 梁漱溟:《香港脱险寄宽恕两儿》,转引自郑大华:《梁漱溟学术思想评传》,北京图书馆出版社 1999 年版,第 280、281 页。

第一节　三大文化路向及文化三期重现的学说

一、以"意欲"为本因的三大文化路向之说

在近代中国学术界,因中西方文化的强烈碰撞而使得比较东西文化成为热门论域。梁漱溟明确提出,搞清楚"如何是东方化",尤其要搞清楚"如何是西方化"?这是比较东西文化的首要问题。遍观当时学界运用的诸种文化比较方法,他认为,列举种种具体差别的比较方法愈是勉为其难地追求"周备",就愈不能扼要明确,愈不得要领。他肯定从根本差异上来判别东西文化的方法,即把种种现象归结为"一句两句话",表述为"很有意思的一个东西"①。然而,比较方法合格并不意味着结论正确。在他看来,虽然东方和西方的学者、教授们运用这样归纳比较方法的不乏其人,但是结论都不怎么高明,甚至"实在没有看见哪一个人说得对"!②

在东西文化差别的诸种见解上,梁漱溟列举了王壬秋将西方化归结为工商业之说,曾国藩和李鸿章等以西方化为"坚甲利兵"的观念,光绪宣统年间一般人专门以政治制度为西方化特征的看法,认为这些观点"无论如何不对",但在比较方法上是"最合格、最对"③的,即他们以扼要的方式回答了问题。梁漱溟特别对一些国外学者和国内新学者在东西文化比较上的见解做了一番臧否评价,如对于日本学者金子马治等人以为东西差别是融洽于自然与征服自然之判的观点,④梁漱溟指出,此说不能包括东西方社会生活的差别,并且"'征服

<hr />

① 梁漱溟:《东西方文化及其哲学》,《梁漱溟全集》第一卷,第345页。
② 同上书,第346页。
③ 同上书,第345、346页。
④ 梁漱溟指出这种观点并非金子马治所创,而是"原有定论的,在欧美是一种很普遍的见解"。见梁漱溟:《东西方文化及其哲学》,《梁漱溟全集》第一卷,第347页。

自然'一件事原是一切文化的通性",所以此说不能"表出西方文化特别的精神"。① 梁漱溟肯定另一个日本学者北聆吉"不专去看那物质方面",而是进一步从"哲学主义伦理观念"区别东西文化的方法;但是他又指出:北聆吉把东方文化归结为"与自然融合与游乐"的说法有"很大的忽略",因为"最重要的印度民族并不如此",故而此说也"还是不周全正确"。② 对于陈独秀用"德赛两位先生"即民主和科学来概括西方文化精神,梁漱溟很是称赞,认为它"比那'征服自然'说精彩得多";然而此说也未臻圆满,其缺点之一就是没有找到这两个精神的"共同一本的源泉"。③ 对于李大钊提出的"东洋文明主静,西洋文明主动"的思想,梁漱溟肯定此说没有陈独秀"双举两精神的毛病",称赞"李君这话真可谓'一语破的'了";此说的缺点在于"太浑括",且李大钊又平列出许多因果不相属的差异点。梁漱溟认为,李大钊在这方面是"有显豁的指点,没有深刻的探讨"。④ 至于"平常人"以精神文明和物质文明区别东西方文化的说法,梁漱溟从两个文明不可分的思想出发,直斥此说"很浅薄"。⑤

梁漱溟认为,以上诸种见解虽然有深浅之别,但都有严重的理论失误,而文化比较方法的缺陷是导致结论出差错的重要原因。为纠偏补缺,梁漱溟提出了他独特的文化观和文化比较方法。

"文化"是个似乎极易说清却又难衷一是的范畴。梁漱溟为陈说他的文化哲学思想,自然要将这个基础范畴分说清楚。他分别对"文化"做狭义和广义的界说,即"狭义地讲,是单指社会意识形态说;广义地讲,则一个社会的经济、宗教、政治、法律,乃至言语、衣食、家庭生活

---

① 梁漱溟:《东西方文化及其哲学》,《梁漱溟全集》第一卷,第347、348页。
② 同上书,第349页。
③ 同上书,第350、351页。
④ 同上书,第352页。
⑤ 同上书,第395页。

等等,通统包括在内"。他又作了通俗易懂的说明,"所谓文化,就是一个社会过日子的方法"①;一个民族的文化就是"那一民族生活的样法"②;人类文化就是"人类生活的样法"③。梁漱溟又将"文明"和"文化"也作了区分,认为"文明"是指实物和制度状态的文化,这相当于现代所说的物质文化和制度文化;而"文化"则是"生活上抽象的样法"④,即其是对物质、制度和精神文化的概括性范畴,亦即广义的文化概念。

梁漱溟进而提出了从"意欲"入手探求文化"根本或源泉"的方法。他认为,了解不同文化类型的关键在于把握它们各自内在的"意欲"趋向。他从文化就是"生活的样法"的思想出发,认为"生活就是没尽的意欲";不同的民族所以会有不同的"生活样法",就是由于作为"生活样法最初本因的意欲"发生了分化;不同的意欲表现为不同的"生活样法",即文化类型。他提出,要了解一种文化的根本特征和成因,关键在于从这种文化外在的"特异采色"推导作为其"文化的根原"或称"原出发点"的"意欲",如此就"不难一目了然"了。梁漱溟声称这就是他比较文化的"求答案的方法"⑤。"意欲"说是理解梁漱溟人学及文化哲学思想的肯綮所在。梁漱溟肯定"此所谓的'意欲',与叔本华所谓'意欲'略相近——和那不断的满足不满足罢了"。⑥ 可以看出,梁漱溟在文化比较问题上,努力排除不顾表里而罗列外在特征的肤浅套路,采取从内在"意欲"溯因的方法,发掘不同文化各自内蕴的根本精神。他将之作为划分不同文化类型和路向的内在根据,并由此出发解释各类文化的不同特征和成因。

---

① 　梁漱溟:《乡村建设大意》,《梁漱溟全集》第一卷,第611页。
② 　梁漱溟:《东西方文化及其哲学》,《梁漱溟全集》第一卷,第352页。
③ 　同上书,第380页。
④ 　同上书,第380、381页。
⑤ 　同上书,第352页。
⑥ 　同上。

在梁漱溟看来,人类文化所以分化为不同的类型,是由于"意欲"不同而带来的"生活中解决问题的方法之不同"①。他所谓的"解决问题的方法"也就是"生活的样法",即文化路向。他将之划分为三:其一是"奋斗的态度",即积极地"改造局面"以"满足我们的需要"。这样的"意欲"体现为以"向前面要求"为特征的文化路向。他认为,这符合人"生活的本性",是"生活本来的路向"。其二是"随遇而安"的态度,只是调和自己的"意欲"以顺应环境而不求"改造局面",其体现为以"调和持中"为特征的文化路向。其三是取消问题的态度,即"遇到问题他就想根本取消这种问题或要求"。他认为,这是"最违背生活本性"的方法,它体现为"转身向后要求"的文化路向。梁漱溟强调:"这三个不同的路向,非常重要,所有我们观察文化的说法都以此为根据。"②

梁漱溟提出,这三个文化路向分别解决人类所面临的三大问题:第一个文化路向解决的是"人对物质的问题",即人与自然的关系问题;第二个文化路向解决的是"人对人的问题",即处理人际社会关系的问题;而第三个文化路向解决的是"个人自己对自己的问题"③,即自我心灵的解脱问题。

梁漱溟把西方近代文化、中国以儒学为主体的文化、印度的佛教文化视为人类文化的三个代表性类型,认为它们分别基于不同的"意欲"而展现为三种不同的生活路向:即"西方化是以意欲向前要求为根本精神的";"中国文化是以意欲自为、调和、持中为其根本精神的";而"印度文化是以意欲反身向后要求为其根本精神的"④。近代西方走的是第一个文化路向,对待自然和人际关系一概采取向前要求、改造局面

① 梁漱溟:《东西方文化及其哲学》,《梁漱溟全集》第一卷,第381页。
② 同上书,第381、382页。
③ 同上书,第494页。
④ 同上书,第383页。

的态度,因崇尚理智而在学术上产生出科学的方法;因个性和社会性发达而产生出民主体制;中国走上了第二个文化路向,理智不发达而理性早熟,①安分知足,随遇而安,既不纵欲也不禁欲,以调和持中的生活态度对待自然和人际关系;印度走上了第三个文化路向,即寻求解脱的宗教禁欲的出世道路。他们既不像西方人那样以"向前"的态度"要求幸福",也不像中国人那样以"持中"的态度"安遇知足",而是采取"翻转向后"即取消问题的态度,致力于从苦难的现实生活解脱出来。② 梁漱溟曾经列了一个图表以具体说明西洋、中国、印度三种文化类型在宗教、哲学(包括"形而上"、"知识"、"人生"三方面的)等精神生活方面的重大区别。其中西方文化的特色是以知识论为最盛,中国文化以人生哲学"最盛且微妙"见长,印度文化则以宗教"占思想之全部"为特色。③

如前所述,梁漱溟将"意欲"视为人类生活的"最初本因"或者说是"文化的根原"。因而,他顺理成章地认为,由"意欲"入手探索不同文化路向的成因和特征的方法,较之其他文化比较方法更为深刻、也更为合理。以对"西方化"的解释为例,他虽然称赞陈独秀将之归纳为民主和科学两精神的做法很精彩,却又指摘其有未能发现二者共同本原的重大缺憾;而若用他的"意欲"分析方法来考察,答案就显而易见了。他说:"如何是西方化? 西方化是以意欲向前要求为其根本精神的。或说:西方化是由意欲向前要求的精神产生'赛恩斯'(即科学)和'德谟克拉西'(即民主)两大异彩的文化。"④

梁漱溟提出独出胸臆的文化哲学观和追溯精神底蕴差异的文化比

---

① 梁漱溟从所谓文化心理学的角度对"理智"和"理性"作了不同的规定,他所谓"理性"主要是指富于伦理情谊的人生观念。详见本章第四节。

② 梁漱溟:《东西方文化及其哲学》,《梁漱溟全集》第一卷,第394页。

③ 同上书,第396页。

④ 同上书,第353页。

较方法,其落脚点是要解决在理论上如何比较近代西方文化和中国传统文化、在文化建设实践中如何处理二者关系的问题。梁漱溟所以致力的两个有连带关系的研究主题,也正是当时中国思想界最为关注,并且争论最激烈的两大焦点问题,即一个是中西文化的性质界定的问题;一个是由之而产生的中国文化的出路问题。就中国文化与西方文化性质界定问题的争论而言,基本有两种相互对立的观点,一种是西化论者和早期马克思主义者所持的古今时代之别的观点,一种是许多坚持中国文化本位的学者们所持的文化类型相异的观点。

梁漱溟反对西化论者以西方文化为衡量尺度而对中西文化做线形的时代划分。当时以陈独秀①和胡适为代表的西化思潮,接受了近代西方的社会进化论思想,以西方文化为比较不同文化的标准。他们认为,不同文化有着共同的发展历程,中国文化与西方文化的区别在于因发展速度的迟速不同而分别处于高低不等的历史阶段,即分别代表着古代文明和现代文明。因此,中国的现代化的出路就是全盘西化。梁漱溟把这种观点比喻为将"人类文化可以看做一条直线,西方人走了八九十里,中国人只到二三十里"②,他认为,这种文化历史观实际是把人类文化看做单一路向;他指斥西化论者基于这种社会进化论而断定中国一切落后、处处不如人的观点是"流俗浅见"③。

梁漱溟认为,中国与西方的文化差异在于各自所走的路向根本不同而形成了彼此相异的文化类型;如果中国始终处在不与西方文化接触的封闭情况下,那么即便再走多久也不会产生西方近代的科技和民主。④ 他承认中国文化在科学方法和民主体制方面的确不如西方,但是以为这不意味着中国文化整体落后;因为中国文化有诸多西方文化

① 陈独秀早期曾经是激烈的西化论者。详见陈独秀部分。
② 梁漱溟:《东西方文化及其哲学》,《梁漱溟全集》第一卷,第392页。
③ 梁漱溟:《中国民族自救运动之最后觉悟》,《梁漱溟全集》第五卷,第67页。
④ 梁漱溟:《东西方文化及其哲学》,《梁漱溟全集》第一卷,第392页。

所远不能及之处,如富于道德理性、敦于人伦情谊、深悟生命本质、协调人与自然关系等等。他明确否定西化论关于中西文化是"古今之别"的观点,断定中西文化是由于文化路向不同而形成的"中外之异";①中西文化各有短长,不可仅用是否产生科学与民主的西方文化尺度来断定何者先进、何者落后。

中国 20 世纪早期的西化论者直接继承了孔德的社会进化论观点来判别中西文化,而梁漱溟的文化哲学观点却与西方的文化相对主义颇有相合之处,②如批判直线的文化进化观点、反对以西方文化为绝对尺度来比较不同文化类型、强调文化路向的多元性等。不过文化相对主义较为侧重价值评价的角度,而梁漱溟的文化哲学则不局限于价值论而是形成了一种哲学历史观,其中既有对于文化历史进程的实然断定,也有文化比较的绝对标准。如他认为,中国以儒家人文精神为核心的文化路向不但高于西方,而且终将取代西方文化而成为未来的全人类文明——这体现了他对历史进程的实然断定;而如他以"理性"能否充分开启(即人的本质特征能否充分实现)来评价和比较文化高下时,就体现了其文化比较的绝对标准。梁漱溟文化比较的绝对尺度不是某种具体的文化类型,而是他那以"理性"为人本质的文化心理学思想以及三期进化的文化史观(详见后文)。

梁漱溟对西化思潮的批判当然会招致西化论者强烈的反击,胡适与梁漱溟就很有些笔墨官司。胡适直斥梁漱溟的文化哲学观是"闭眼瞎说";认为其三大文化路向说是用"整齐好玩的公式"概括成分繁多、

---

① 梁漱溟:《东西方文化及其哲学》,《梁漱溟全集》第一卷,第 272 页。

② 中国 20 世纪早期西化论思潮的文化比较思想,其基本理论依据是由孔德创立并为主要代表社会进化论。这个学说从动态的角度肯定不同社会和文化历程具有共同的规律,其以直截明快的特点,克服了文化比较中易流于烦琐无头绪的毛病。但是,它偏重于进化的直线性和以西方文化为比较尺度的倾向,忽略了文化的多元性和特殊性。后来西方出现的文化相对主义理论就是对它的逆反思潮,其认为各种类型的文化都有自己的价值评价体系,没有普遍通用的绝对价值标准。

原因复杂的文化现象;指责其以向前、持中、向后三种精神分别概括西方、中国、印度三种文化是笼统武断之极。胡适认为,这三种精神在西方、中国、印度文化都存在,绝不限于一个民族一个国家。① 虽说胡适在文哲学化观上基本做的是照西方葫芦画中国之瓢的工夫,缺乏梁漱溟那样的思想独创性和理论深度,并且胡适自己也常发些"笼统之至"的议论;如胡适将三种精神各文化都有的笼统说法作为反驳梁漱溟的论据,这实际是以"笼统"反驳"笼统",不足以否定梁说——因为梁漱溟是就主流文化或文化的主导倾向而言的。但是,就梁漱溟文化哲学的主观构想性而言,胡适的批评毕竟有其不易的道理。三大文化路向的说法实在有其笼统不确切之处。如梁漱溟以儒家思想概括中国文化大致还过得去,而以佛教概括整个印度文化,就显然不合适了。他所以用佛教代表印度文化的主要理由是:"唯佛教是把印度那条路走到好处的,其他都不对"②;或者说,印度除了佛教以外,其他方面如物质文明没有成就,社会不进化,因此"无甚可说"③。用"不对"或"无甚可说"这样含糊其辞的说法而对印度的其他文化或佛教以后的印度文化略而不谈,仅以佛教代表全部印度文化,如此了结问题显然有强史就论之嫌,因而受到以偏概全的非议也就是势之必然了。

传入中国不久的唯物史观也成了梁漱溟的批判对象。唯物史观当然与孔德的社会进化论大有区别。它以社会生产方式为根本原因来说明社会形态的发展历程,而不是像孔德那样用精神文化、尤其是思维方式的变迁(即宗教迷信——玄学幻想——科学实证)来描述社会进化。不过在肯定社会发展有其普遍规律,不同社会都依循普遍规律而经历由低向高发展的历史进程方面,两者有着一致之处。研究唯物史观成

---

① 胡适:《读梁漱溟先生〈东西方文化及其哲学〉》,引自胡明主编:《胡适精品集》第三卷,光明日报出版社 1998 年版。

② 梁漱溟:《东西方文化及其哲学》,《梁漱溟全集》第一卷,第 394 页。

③ 同上书,第 393 页。

为当时中国思想界的时尚,李大钊信仰唯物史观,曾撰文主张从客观经济原因出发比较东西文化。梁漱溟说:李大钊曾经劝告自己"讨论东西文化应当注意他客观的因";胡适对他也有"同样的告诫"①。然而,梁漱溟自谓已有"成竹在胸"的见解,因此对这些劝告敬谢不敏。② 梁漱溟在 20 世纪 20 年代初就提出,当时流行于中国的唯物史观,完全抹杀了人的能动创造力,无视于人的精神欲求对社会的巨大作用,"当人类只是被动的,人类的文化只被动于环境的反射,全不认创造的活动,意志的趋往"③。他肯定唯物史观关于"意识(笔者注:指"社会意识形态")是被决定的"思想;但是又认为唯物史观把"精神"和"意识"这两个不同的概念混同了,即把人类的"精神"等同于受动于经济的法律、道德思想等"意识"。在他看来,"精神"的范围远大于"意识",并且"精神"具有决定性的"完全力量"。他认为,生产力不是外在于人而自行发展的,"生产力的发展是由于人的物质生活的欲求",而这种欲求就是出于人的精神。所以,尽管意识不能决定经济现象而为经济现象所左右,但是"人的精神是能决定经济现象的"④。他断定:"生产力不是什么最高的动因",而"生产力发展可利可钝"的根本原因在"人类的精神方面。"⑤他认为,唯物史观对于不同文化的社会没有普遍适用性,其至多只能解释西方民主精神产生的部分原因而非全部原因。

梁漱溟在二十余年后又提出,唯物史观的错误在于"不自觉地假定了"生产力可以离开人而自行发展。他认为,生产力作为人对自然界的控制和利用,得力于人"对自然界之观察实验。生产力的发展,当然便是人类意识直接间接作用于生产活动之结果";西方的产业革命

---

① 胡适早期也曾深受唯物史观的影响。详见胡适部分。
② 梁漱溟:《东西方文化及其哲学》,《梁漱溟全集》第一卷,第 372 页。
③ 同上。
④ 同上书,第 375 页。
⑤ 同上书,第 374 页。

和"今天之物质文明"就是"人们意识密切结合于生产"的产物。所以如此,根本在于西方近代的人生观念发生了重大转变,即从中世纪的宗教人生观转变为或回归到向前进取的人生态度。因此,经济固然会对文化有所影响,但并非决定作用。① 可以看出,此时梁漱溟对"意识"范畴作了调整,即"意识"不仅包括社会意识形态,更重要的是他将科学技术活动及其成果即非意识形态的意识成分一并纳入"意识"范畴。而根本决定意识趋向和经济变迁,或者说决定文化的则是以"意欲"为根源的人生态度。

20世纪早期流传于中国的唯物史观确有其幼稚浅陋之处,如忽视人作为社会主体的巨大能动作用,对生产力的最终决定作用作绝对化的诠释,对生产力作外化于人的理解等;并且唯物史观只是从历史哲学的角度宏观说明生产方式状况决定各种社会形态的基本性质和所处的历史阶段,没有具体说明不同民族文化各自的重大特征及其成因——这本是其他相关学科的研究领域。各种文化中诸多不同的重大特征,仅用生产力水平或经济结构状况远不足以说明的。梁漱溟批判当时流行的有庸俗经济决定论倾向唯物史观,指责其"当人类只是被动的,人类的文化只被动于环境的反射,全不认创造的活动,意志的趋往"。这种批判是有见地的,未可全予抹杀,而如他突出历史人物对社会生活、对不同类型文化成因的重大作用,分析不同文化的深层精神意蕴而非罗列外部表层特征,②其结论虽然未必令人信服,但是在研究方法和方向上却也不无可取之处。

二、三期进化的文化史观

梁漱溟不但勾勒了三大文化路向的文化分类学说,而且进一步将

---

① 梁漱溟:《中国文化要义》,学林出版社1987年版,第235页。
② 如前所述,梁漱溟曾经批评李大钊文化比较思想有罗列表面差异的毛病。

三大文化类型作了历时性的排序,提出了三期进化的文化史观。他一方面批判西化论所信奉的一元的社会进化公式和按历史阶段排列不同文化的比较方法,强调不同文化类型具有内在的根本差异和人类文化的多元性;另一方面,他又提出了自己匠心独构的文化三期重现的历史进化观点,似乎在逻辑上给自己制造了难以解决的麻烦。

在梁漱溟看来,西方、中国和印度各自所走的三个文化路向虽然是共时存在于现实世界,代表了现实人类文化的三种基本的文化类型,但是从正常的历史发展逻辑看它们理应是依次出现的三个历时性阶段,只是由于诸多偶然因素的影响而各自或多或少地偏离了历史发展的正常轨迹。

梁漱溟提出文化三期进化观点的大意是:人类社会历程本来应该由第一文化路向到第二文化路向,再到第三文化路向循序而进的过程。他认为,这是"社会发展史的阶段升进"所有的"自然之势"①。他论证人类文化必然会三期进化的根据是基于对人类解决人生三大问题过程的考虑。其基本思路是:人类因解决生存问题而走上了第一文化路向;待这个路向走到尽头之后,就会进而"从人对物的问题之时代而转入人对人的问题之时代",即走上第二文化路向;待这个问题解决以后,人类就要转而进入着重解决"个人自己对自己问题之时代",即走上了第三文化路向。②

在梁漱溟看来,文化三期进化的核心是人生态度的根本转变,解决生存问题使人产生了"向前面要求"的生活态度,于自然界体现为改造和征服;于社会体现为"人与人之间的生存竞争",主要是"经济竞争"和对社会权威的挑战。结果是"征服了自然,战胜了威权,器物也日新,制度也日新",生存问题得到了根本的解决,于是,"这条路便走到

① 梁漱溟:《人心与人生》,《梁漱溟全集》第三卷,第653页。
② 梁漱溟:《东西方文化及其哲学》,《梁漱溟全集》第一卷,第494页。

了尽头处";而这种一味向前征服、竞争的人生态度也将随着生存问题的根本解决而消逝。他认为,西方近代以来的物质文化和制度文化的巨大成就正是这种人生态度充分发展的结果,其"改造环境以求满足"发展到现在这种程度已经"无可更改造"了;①西方文化"走到今日,病痛百生,今世人都想抛弃他"②,它已经将第一文化路向走到尽头了。他预料"人类文化要有一根本变革,由第一路向改变为第二路向",其核心是人生态度"由西洋态度改变为中国态度"。转变的深层原因是人类关注的主要问题"由第一种问题转入第二种问题"③,即随着生存问题的解决而将关注的焦点转向处理社会的人际关系问题,而儒家的人生态度是处理人际关系的最合理的方式。他认为,西方文化以"对物的态度对人"④,即用征服自然的态度处理人际关系,逐渐为人类所不能接受。第一路向那种"求诸外而不求诸内,求诸人而不求诸己"的态度,必然会为"求诸内,求诸己"⑤的中国式的人生态度所取代,这样才能造就人与人关系的真正融洽和谐的合理社会。不过,中国式的文化也只是三期进化的一个阶段,待这个文化也走到尽头时,就会转入更高层级的文化——印度佛教文化为代表的宗教文化阶段,他逆料"中国化复兴之后将继之以印度化复兴"。梁漱溟展望世界未来的文化进程,提出"古文明之希腊(笔者注:他认为近代西方所走的是古希腊的道路)、中国、印度三派竟于三期间次第重现一遭"。梁漱溟申辩说,自己不是为了标新立异而杜撰"这般齐整好玩"的公式;文化的三期重现是人类文化的必然行程。因为人类生活问题不外乎以上"三个层次",它们的依次出现和解决决定了"文化的路径就有这么三转折"。⑥

---

① 梁漱溟:《东西方文化及其哲学》,《梁漱溟全集》第一卷,第494页。
② 同上书,第526页。
③ 同上书,第493页。
④ 同上书,第495页。
⑤ 同上书,第494页。
⑥ 同上书,第527页。

在梁漱溟看来,本来应该三种文化相继出现的正常历史行程,却在各民族文化的途程中出现了不同的曲折。西方、中国和印度三种文化类型本初都处于第一种文化路向,但是西方文化一度从第一个路向跳跃到第三个路向(笔者注:即中世纪宗教神学时代),近代又因文艺复兴和宗教改革而复归到第一个路向,产生出了科学与民主;中国文化则出现了文化早熟,第一个路向尚未发达,就走上了第二个路向,对自然不讲征服改造而与之"融洽游乐",对权威"容忍礼让"而不求个性解放;①印度文化则跨越的更大,更为早熟,"他是不待第一路第二条路走完而径直拐到第三条路上去的"。②

　　不同民族的意欲趋向和表现出来的文化类型所以有如此差异,或者说人类文化的实际历程所以没有按照他所设想的历史逻辑走,个中的根本原因,梁漱溟溯因于天才们偶然的主观创造。他说:"文化这样东西点点俱是天才的创作,偶然的奇想";③又说:"文化的创造没有不是出于天才的。"④中国和印度所以在文化层次上高于西方,是因为东方的古圣先贤的天分高于西方圣贤,对宇宙就人生有更深刻的理解和更高明的创造。就中国而论,中国文化所以"早熟"而提前走上了第二路向,就因为创造中国文化的黄帝、周公、孔子等"古圣人"都是"非常大天才","中国文化全出于古初的几个非常天才之创造";而创造西方文化的只是"平常的天才",他们的"天分"远不如中国的古代圣人们,所以西方至今仍然在第一个文化路向上徘徊。他甚至从不同文化是停滞还是积累发展的状态来反溯创造这些文化的天才们"天分"的高低,提出"如果只是平常的天才,那么,道理可以一点一点地接续逐渐发明,其文明可以为积累的进步不已;若开头是个非常大天才,其思想太

①　梁漱溟:《东西方文化及其哲学》,《梁漱溟全集》第一卷,第393页。
②　同上书,第526页。
③　同上书,第372页。
④　同上书,第481页。

玄深而致密,后来的天才不能出其上,就不能另外有所发明,而盘旋于其范围之中。西洋文化是前一个样子,中国是后一个样子"。也就是说,从西洋文化的不断积累发展,可以推知西洋古初创造文化的天才不够聪明,所以后来的天才可以超越他们;而从中国文化长期处于停滞状态,可以推知"中国自黄帝至周公孔子几个人太聪明"①。

不过,在梁漱溟看来,文化早熟并非全是好事,它实际是文化的畸形发展,因而必然带有严重的弊病。正是由于中国古代的天才"太聪明"了,致使"从此以后无论多少聪明人转来转去,总出不了他的圈",因此,中国的文化就此定型而不能再变化了;而西方倒是拜托古代"平常天才"之平常,所以文化反倒得以长足发展,将第一文化路向走到尽头。早熟的东方文化与西方文化相比的不足之处在于:由于它们未走完第一路向,未充分发展理智而改造自然以满足生存问题,就分别转向协调人伦和精神解脱的文化路向上来了;结果弄得在物质生活上"每见厄于自然",在社会生活上个性为权威束缚而不得伸展,在精神生活上"不待理智条达,就去崇尚那非论理的精神",致使"思想不清明,学术无眉目……根本停滞了进步"。② 梁漱溟肯定,虽然在协调人伦关系和领悟生命本质上,东方文化高于西方;但是若从适合人类生存生活需要来看,则可以说,当时西方文化是胜利的,而中国文化和印度文化失败了。

西化派所信奉的孔德的社会进化学说,从社会意识的角度将人类历史发展依次划分为神学、哲学、科学三时代。其虽然没有深入发掘社会意识演化的深层历史动因,但毕竟是比较客观地概括了西方文化的历史进程。梁漱溟的文化三期重现说,则基本是孔德进化模式的倒置,即第一期文化充分发展而产生科学,第二期文化产生了集中关注人类

① 梁漱溟:《东西方文化及其哲学》,《梁漱溟全集》第一卷,第481页。
② 同上书,第529页。

生活和人伦关系的哲学,第三期文化则回归于关注自我身心关系,寻求心灵解脱的宗教,概括说,人类文化的历程就是由科学而玄学而宗教。

对梁漱溟的文化三期进化之说,笔者深敬他文化哲学的独创精神,就此精神而言,梁漱溟在中国是近代文化哲学上罕有其匹。虽然他的学说也博征古今中外,但是其文化哲学的主干思想则基本是不假外求、无所依傍的独创之作。近代以来许多在文化哲学上有建树的思想家在这方面多有不及。不过,笔者又以为梁漱溟文化观思想很有几处纰漏。

其一,首先感受的是梁漱溟学说的内在逻辑矛盾。他一方面反对西化派根据的"直线"社会进化观而对东西文化做时代差别的判定;另一方面却又认为由于三大文化路向各自解决的问题明显有依次而第进的逻辑顺序,因而文化层次有高下之分,历史顺序有先后之异——文化三期重现是人类文化的必然行程。他显然把自己主观设想的三大问题依次解决的逻辑顺序夸大为客观的历史进程。虽然他在强调世界不同文化的特殊性和复杂性方面,在批判一元社会进化论在文化分析问题上流于简单化的做法有所见解,但是自己的学说体系在逻辑上难以自恰,无疑是个"硬伤"。

其二,梁漱溟对人类的物质生活要求和发展趋势的估计不甚合理。人类的物质生活欲望的提高和物质生活的发展必然与人类的存在相始终,即他所说的第一文化路向是没有尽头的,并不像会由于调和人际关系而止步或放慢速度;同样人寻求人际和谐的努力也不会哪一天走到尽头,进而出现人人万法皆空、追求灭寂的佛国。实际上,他所提出的人类面临的三大问题是共时存在,而非历时依次出现的。梁漱溟虽然肯定在主要解决某一问题和某一种文化倾向为主的情况下,其他问题和文化也居于次要地位而同时存在。但是这样的补充说明并不能改变人们对其三期重现说的多于主观揣想而少于客观历史依据的印象。

其三,近代中国有一股夸大了西方精神文化危机的思潮,梁漱溟受其影响而加以发挥,断定西方不但物质文明发展到了尽头,而且人生态度和建立其上的精神文化也已经穷途末路了，只有儒家文化或类似于儒家的文化才能挽救西方的精神危机；并认为类似于儒家的文化已然在欧洲产生，如以柏格森为代表生命哲学、以克鲁泡特金为代表的社会学互助论、心理学对无意识的情感因素的重视等等。他认为，这些思潮与儒家学说有某些根本的相通之处，有助于克服西方唯科学主义的作用，并以此证明西方正在走向儒家文化道路即第二文化路向。他忽略了每一种文化都有自我调节的能力，西方文化不必待中国儒家文化来拯救而自有克服之道，现代西方社会的状况就是明证。

其四，人类历史的行程显然没有依照梁漱溟所勾勒的文化三期重现的公式发展。但是从梁漱溟文化哲学的思维逻辑来看，不是他的文化三期重现的历史哲学错了，而是各种文化的不同历史行程由于创造不同文化的天才们天分不同而出现了反常。他设想的文化进化公式与他确定为三大代表性文化的历史进程如此不相符合，其主观揣度成分过多而自然令人质疑他的三期进化思想到底有多少真理成分。梁漱溟批判否认人类历史主体地位和创造活动的庸俗经济决定论是有见地的；但是，他将文化类型形成的终极原因归结为天才们的偶然迸发的奇思妙想，将不同文化类型的差别溯因于远古天才们天分的高低，明显忽略形成文化的综合原因尤其是经济根源。如此单薄且类乎逻辑学所谓"预期理由"的论据非但不足以证实其说，反而降低了其说的说服力和可信度。

其五，此说有将人类历史进程主观化和我化之嫌。人生态度由进取于物质而折中于人伦，而皈依于宗教，这种顺序发生于某些个体的精神历程倒还可能，即经过发奋努力圆了发财梦，转而讲求起人伦情谊、谦和揖让来了，后来又明白了一切世间法皆虚妄不实，于是就皈依佛门去拯救自我灵魂去了。似乎他将可能在某些个体发生的思想中温饱而后知廉耻，而后求超脱的精神过程扩张为人类历史的必然趋势。他的这种构想虽然独特而大胆，但是给人一种多于主观揣想而少于客观历史依据的印象。

梁漱溟的三期进化思想中很有他个人以儒家精神应世、以佛家精神养心的影子。似乎可以说是他自我精神境界向历史观的投射和扩展。他以宗教为社会最高阶段,或者与他在个人生活上终生持守佛家的思想和生活方式有关。他早期深入研究并信仰佛学,后来所以力倡孔学是出于救国强国的使命感。他是以佛家精神修养自我心性,而以儒家的救世精神应时涉世,或者说佛学为修身之本,儒学为应世之方。① 对此他曾屡有表白。他在晚年撰写的《儒佛异同论》中,侧重强调佛教与儒学的相互贯通之处,可证明他对自己从佛家转向儒家的历程并不是实质的自我否定,而是为救世而采取的变通。

第二节　中国文化和社会的特殊性及民族复兴之路

一、中国文化和社会结构的特殊性

思想家们探索一种文化的本质并评估它的生命力,首先要选择一个自以为恰当的考察角度。梁漱溟提出,应该从精神生命的角度来审视具体文化的本质和生命力,对于以儒学为主导的中国文化的评估,尤其要坚持这个原则。虽然梁漱溟后来对于自己早期作为新儒学家学者的成名之作——《东西方文化及其哲学》多有检讨,不将之视为他的成熟作品;但是他自以为在该著中提出的关于东西文化的主题思想则有百世不易的"不可毁灭之点",对于这些"不可毁灭之点",他终生持守而不动摇。其中之一就是从精神生命的角度来审视文化的思想——这

----

① 有人搞不通这个问题,以为佛教和儒学是非此即彼,因而梁漱溟或儒或佛不可得兼,这是僵化的理解。关于这点他早年就说过:他所以主张中国在当时要排除佛教,是因为佛教不合中国的时宜,"假使佛教大兴,中国之乱便无已"(《东西方文化及其哲学》,《梁漱溟全集》第一卷,第495页),虽然他认为佛教是人类解脱的最终归宿。直至晚年,他多次提到自己持守这种内佛外儒的生活方式的原因。

也是新儒学家们对待中国文化的基本态度。具体说,这个思想就是:看待一种文化,不要看它的"呆面目",即那些外在的形式化、规范化的东西(如中国的纲常伦理),而要关注它内蕴的"根本精神"①;前者随着历史的迁移会成为往而不复的故物,而它的"根本精神"则具有永恒的生命力而存在于人心。中国文化就是如此,它虽然有许多落后于时代的成分而必遭历史淘汰,但是它的"根本精神"具有普遍而永恒的价值。梁漱溟断定,这个"根本精神"就是儒家的人生态度,亦即中国人传统的道德理性和伦理情谊。梁漱溟认为,这种人生态度的生命力依然存留在当代中国人的心灵之中,因此,国人对于它应该有心灵的同情和敬意;而不可将之视为已经失去生机的陈旧古董或死材料。他晚年在强大的政治压力下依然坚持认为,自五四和新文化运动以来,忽视儒学的精神价值,而仅将之看做研究古代学术的资料,这是自五四和新文化运动以来思想界的重大偏向。

对于中国文化和社会性质予以定性,是确定中国复兴之路的理论出发点,因而也是中国近代诸大思潮争论的焦点问题,诸大思潮关于解决中国问题的方向和手段等都是由此而来的。西化论认定中国是过时的封建宗法社会而主张全盘西化,马克思主义者则认为中国是半殖民地半封建社会而以苏俄化为社会理想。此二者虽然大异其趣,但是他们的历史哲学根据都是由欧洲舶来的。梁漱溟则独辟见解,认为用西方的国家类型和社会结构为标准来理解中国文化和社会性质的方法并不可取,以西方的社会学说(无论是马克思主义还是社会进化论等其他学说)来解决中国问题是行不通的。他认为,中国的精神文化、人伦关系、社会结构、国家类型,有着全然不同于西方的特殊性,因而解决中国问题的出路也应该是非欧非俄的第三条道路。

在梁漱溟眼中,中国所走的第二文化路向,其精神生活和社会结构

---

　　① 梁漱溟:《东西方文化及其哲学》,《梁漱溟全集》第一卷,第524页。

有着异于西方的特殊性。综合梁漱溟前后诸说，基本要点大致可归纳为——在精神生活方面:中国的人生观念主要依据世俗道德的自律作用而非宗教,以孝为首德的家庭伦理是生活重心,隐士文化对民族心理有所影响,由于在与自然和人伦关系上持调和持中而非征服的态度,因此没有形成科学和民主观念。在社会结构方面:社会生活是"伦理本位"而非个人本位,社会分化体现为"职业分途"而非阶级和阶级对立,中国人生活的单位是家族而非社会组织。故而,国家在职能和结构上不同于一般阶级统治的国家类型。他将中国社会的基本特征概括为"伦理本位"和"职业分途",以此根本区别于西方的个体本位和阶级对立的精神文化和社会结构。

梁漱溟认为,中国社会的这两个基本特征在政治、经济和精神生活都有着深刻的影响。

其一,关于"伦理本位"。梁漱溟认为,"伦理本位"是中国自古而然的文化传统,家族组织是国人生活的主要单位。中国人不但敦于家族伦理,而且将这种伦理情谊扩展为广泛的人际关系;中国人侧重于自己对家族、对他人的义务和责任,而不像西方人那样偏重于个体生活和个人权利。由于中国人厚重的家庭观念和伦理情谊的社会化,使得社会关系伦理化。中国的经济生活和政治生活都深受"伦理本位"的影响,见之于经济,体现为家庭和家族内部的"共财",家庭以外家族内的"分财",亲朋之间的"通财"等经济现象,这与西方个体本位的经济不同;见之于政治,表现为上下行政关系的伦理化,"但有君臣间、官民间之伦理的义务……举国家政治而亦家庭情谊化之"①。社会秩序正是依靠这种情谊得以维系,这与西方靠法律强权维持社会秩序的情况大有不同。

其二,关于"职业分途"。梁漱溟认为,中国社会历来只有士、农、

---

① 梁漱溟:《乡村建设理论》,《梁漱溟全集》第二卷,第169页。

工、商这"四民"的行业差别。这种"职业分途"的社会结构迥异于西方阶级对立的社会结构。从经济原因上说,他认为,西方社会因生产资料为一部分人垄断而造成了阶级对立;在中国,由于土地自由买卖制度和遗产均分的分配传统,使得农村没有出现严重的土地垄断,也就没有形成地主和农民两大对立阶级;就工商业来说,遗产均分的传统使得财产不易集中,只能形成"小工小商",加之没有发明动力机械,因此不能产生如西方近代那样的资本垄断。农业、手工业和商业既然都没有形成生产资料的垄断。统而言之,西方那些造成阶级分化的经济因素(如欧洲中世纪的土地领主所有制、长子继承制、近代的大机器生产)在中国概不存在,这是中国在经济结构上没有形成"剥削与被剥削"的"两面对立的阶级"①的根本原因。梁漱溟认为,中国未能形成阶级社会还有独特政治原因,即中国有以文化考核为标准的选官制度。西方在步入近代以前,"贵族和官吏只是一个观念",贵族垄断并世袭着政权,因而形成政治上的统治阶级;而在中国,科举制使得政治权利向全社会开放,中国的官吏并不是贵族,"所有官吏大抵是士人通过考试制度而来的",而士人只是中国"职业社会"的四民之一。官与民地位上下流动不定,"政权实有开放给众人,让大家都得参与的机会"。中国社会结构"显然是有职业性而无阶级性"②,这与西方壁垒分明的阶级社会大为不同。

梁漱溟根据他对中国社会结构的特殊性理解,又对中国的政治状况提出独特的论断:如在政治结构问题上,他认为,中国的国家在结构和职能上不同于一般阶级统治的国家类型。西方国家是"一个阶级在上,一个阶级在下";而中国不存在阶级分化,统治者不是一个阶级,而只是一个皇帝;中国是"一人在上,万人在下"的政治结构,③统治主要

---

① 梁漱溟:《乡村建设理论》,《梁漱溟全集》第二卷,第 170 页、171 页。
② 同上书,第 171 页。
③ 梁漱溟:《乡村建设大意》,《梁漱溟全集》第一卷,第 673 页。

靠道德教化和轻徭薄赋为手段,社会秩序主要靠体现为伦理情谊的礼俗来维持,而不是向西方国家那样必须借助武力。再如,从政局的历史演变上看,他提出,中国以伦理本位为传统的生活方式,缺乏非血缘的社会团体生活,而政治是以团体生活为社会基础的,革命则是团体政治生活的产物。就此而言,中国是个缺乏政治组织和政治意识的民族,中国也因此而没有发生西方那样的革命,历史过程只有治与乱的交替循环。

梁漱溟审视文化角度的思想和对于中国文化和社会结构的辨析是独特而深入的。人们可以批评乃至否定其说,但绝不会认为它浅俗。他承认在西方文化挑战下中国文化全面的失败,也接受唯物史观的方法而从经济根源上分析中国社会结构的特殊性。但是,他不以当时西化论和庸俗经济决定论的文化观为然,既反对全盘肯定或否定某种文化的肤浅思路,也反对将文化状况完全溯因于经济原因,且更反对以不同文化对垒的一时胜负来断定不同文化类型的优劣。他对于中国文化和社会结构特殊性的思想观点虽然借助了唯物史观的方法,结论却不依傍他人;他关于中国社会有所谓"伦理本位"与"职业分途"两个基本特征的思想,虽然长期以来被主体意识形态所否定,但是毕竟揭示了中国传统文化和社会结构的一些不容忽视的重要特点。梁漱溟从精神生命的角度分析文化现象也是有见地的。他力求超越当时西化论者和早期唯物论者的思路(梁漱溟很了解他们的思路)而走得更远,希冀能够探测到文化的更深层结构,而不为某些过时或"不合时宜"(梁漱溟语)的因素否定整个文化。但是,他强调以"根本精神"为文化评判尺度,而这个评判尺度本身就是个见仁见智、难衷一是的东西。如梁漱溟以为永恒的东西——儒家的人生态度,西化论和早期马克思主义则以为其不过是"死魂灵"而已。文化史发展在延续,这样的争论就永无休止、永无真正的盖棺论定。

二、中国面临的根本问题及文化弊病

梁漱溟以为,解决中国的问题,不但要理解历史上中国所走的文化路向和社会结构的特殊性,而且要搞清楚中国所面临的问题中哪些是根本性的。他认为,中国当前面临的根本问题有两个:一是人生价值观念危机的问题,一是传统的社会组织结构被破坏的问题。

就前一个问题而言,梁漱溟认为,中国传统的道德理性和人生价值观念濒临瓦解,原本重伦理情谊、重责任义务、重和睦谦让的人文观念被西方的重个人权利、尚争好斗的观念严重破坏,伦理本位的精神文化被个体本位的潮流所摧垮。[①] 但是,由于中西文化背景和社会结构全然不同,西方的个体本位文化并未被国人真正接受而普遍流行,这就造成了中国目前破旧而未立新、不中不西的思想状态。国人对自我、对各种社会的关系没有明确的观念,行为没有准则可依,新与旧、中与外各种人文和社会观念的流行,"使得中国陷于左右来回的双重矛盾中。左一条理,右一条理,不但理与理矛盾,还有理与事矛盾"[②],整个社会由此陷入不能彼此相安,无所适从的状态。就后一个问题而言,传统"伦理本位"和"职业分途"的社会结构被破坏。原来国人获得教育、名誉、权力和财富的机会是分配均匀,但是这种状况却由于出现了社会垄断的趋势而瓦解。社会垄断不仅因新生产技术为少数工商业者垄断而出现在经济领域,而且出现在教育和政治领域。新式学校的高额费用使受教育的机会为少数人垄断,而政治权力则被少数人垄断,以前那种参政机会均等的考试制度实际已不复存在。[③]

梁漱溟以为,中国当时所面临的问题和危机是由外来文化冲击而引发的,而不是中国社会内部自然产生的;为解决精神文化和社会结构

---

① 梁漱溟:《乡村建设理论》,《梁漱溟全集》第二卷,第204页。
② 同上书,第207页。
③ 同上书,第210、211页。

这两个根本问题,中国就需要创造新文化以摆脱弥漫于全社会的人生意义危机;重建新的社会组织结构以克服当下诸多领域的垄断和无秩序的现象。

梁漱溟提出,近代以来中国面临着两股强大力量的夹击,一是"被动地为外力所破坏",即在国际上的外交、军事和经济竞争的失败;一是国人"自觉地破坏",其指"为外力破坏所引起之几十年来的民族自救运动。这里面包含对于西洋的模仿追趋和对固有文化的厌弃反抗"。在这两股强大力量的夹击下,中国优秀的文化传统、民族精神和原本巧妙而富于理性的社会结构被严重破坏。梁漱溟称前者为"他毁",后者为"自毁";并认为后者的破坏作用更甚于前者。① 所以如此,是因为中国的西化论者和俄化论者不理解中国文化和社会结构的特殊性而病重乱投医的盲目举措。梁漱溟认为,由于"他毁"和"自毁"的双重破坏,中国原来富于理性的民族精神和社会结构趋于瓦解,而西方样式的文化和社会结构又没学成,"遂陷于东不成、西不就的状态中"②;中国变成了无秩序、无规则、无确定价值标准的乱世。梁漱溟将那些向西方寻求民族"自救之道"的人称为"仁人志士";认为他们的初衷原本是好的,但是道路却选择错了。从洋务运动、维新变法、辛亥革命,到后来的种种社会改革运动,虽然先后所学有深浅的不同,但是向来都有一个共同的"大错误",就是"抛开自家根本固有精神,向外以逐求自家前途",结果不但"屡试无效",而且"愈弄愈糟"。③ 梁漱溟认为,自鸦片战争以来,中国八十多年来是受西洋文化和西洋人欺凌、侵略、颠倒、迷扰的"痛苦史";④而"近二三十年间"的维新运动和革命运

---

① 梁漱溟:《乡村建设理论》,《梁漱溟全集》第二卷,第197、198页。
② 同上书,第213页。
③ 梁漱溟:《中国民族自救运动之最后觉悟》,《梁漱溟全集》第五卷,第105、106页。
④ 同上。

动则不过是"自己捣乱,自己否认之一部滑稽史"。①

梁漱溟虽然对中国文化中的根本精神予以充分的褒扬,但是他不是固守文化保守主义立场的遗老,而是既尊重优秀文化传统,又富有近现代人文观念与科学批判精神的文化建设者。他从其独具特色的文化哲学出发,审视中国文化在近代失败之因,检讨中国文化存在的缺陷和弊病。

在梁漱溟看来,发轫于孔子的非宗教的理性主义是中国文化的显著特征,社会组织以伦理情谊为重,养成宽厚容物的民族品格,这有利于人际关系的融洽和整个社会的和谐;然而其又有着相伴而生的消极处,即社会生产不发达,长期停留在自然经济状态中;国家管理则内以消极相安为治,外以防守为主,因而在当时重利尚力的强权世界极缺乏国际竞争力。梁漱溟承认,在西方的全面冲击下,中国的失败首先是文化的失败。但是他反对依据文化较量的一时胜负来判定不同文化的优劣。他认为,中国文化的失败不是像西化派所断定那样,是由于中国文化落后于西方而造成的;而是因为中国文化的早熟即"理性"早启而"理智"②却没能充分发展起来,由此造成了"极严重的文化失调"③;其所带来的不可避免的弊端,才是中国文化失败的根子;并不是出于有些人所归结的如帝国主义、军阀或贫穷、愚昧、懦弱、自私等原因。④

梁漱溟早期在《东西方文化及其哲学》中就批驳了东西文化比较中认为中国在精神生活方面长于西方的观点。他指出,中国人在与自然融合而"从容享乐"物质生活态度,在融合人伦关系而"敦厚礼让"的社会生活态度,的确高于西方;但是,全面地看,中国人精神生活上"实在是失败的"。他列举中国在宗教、文学、艺术、科学、哲学等方面远逊

---

① 梁漱溟:《中国民族自救运动之最后觉悟》,《梁漱溟全集》第五卷,第107页。

② 理性和理智的含义详见第四节。

③ 梁漱溟:《乡村建设理论》,《梁漱溟全集》第二卷,第164页。

④ 同上书,第161页。

于西方。他认为,孔子提倡的精神生活虽然很好,却"没有能够流行到一般社会上"①;即便是学术界,也长期而普遍存在着对孔学真精神的严重误解。因此,中国的文化和人生态度中的根本精神虽好,却也有诸多偏失。他指出:中国在"人生上一个最大的不及西方之处"就是呆板的礼法教条和"种种在上的权威"的压制,使个性不得自由伸展,"社会性亦不发达"②;用群体压抑个体、伦理湮没个性、礼教扼杀感情看做中国文化最大之缺陷。

梁漱溟在思想成熟期所撰写的《中国文化要义》中,将中国文化的弊端归结为五个方面,概称"中国文化五大病"。他认为这五大弊病是由于文化早熟而带来的,即病根"虽只有一个,而表现之病象则有五":

一是"幼稚"之病。梁漱溟认为,"骨子里文化并不幼稚的中国,却有其幼稚之处。"例如,由于中国没有"走科学一条路",没有产生自然科学的"确实知识",因而使得"不少幼稚可笑的迷信流行在民间"。但是,这是成熟文化因早熟而间杂着幼稚,不可因之误以为中国文化整体上是幼稚落后的。③

二是"老衰"之病。大意是:中国文化中的道德精神本来是极富于生活情趣、极合乎人情的,但是积久而生弊,渐次流于僵化的形式,"变得机械僵固,积重难返",成为绝对不容置疑、不可触犯的东西,甚至比较宗教更蒙昧,比峻法更冷酷,全然丧失了本来的生趣和人情味,丧失了"原初的精神意义"。④

三是"不落实"之病。这是指中国文化中"理想多过现实"。他从中国与西方文化对于心与身方面发展各有偏重出发,说明中西文化有

① 梁漱溟:《东西方文化及其哲学》,《梁漱溟全集》第一卷,第480页。
② 同上书,第479页。梁漱溟所谓"社会性"在此主要指主动参与社会生活的态度。
③ 梁漱溟:《中国文化要义》,第297、298页。
④ 同上书,第298页。

重理想与务现实的差异。他认为,所谓"现实",不外乎利益与力量二者,"西洋文化从身体出发",自然走上了注重利益与力量相结合而发展的"现实之路";而"从心出发的中国文化"则专注于道德理性的要求,向人昭示道德理想,并赖此维护"社会组织秩序",造成了"讳言力,耻言利"的社会风尚,这使得"利与力均不得其发展,离现实而逞理想"结果"终古为一不落实的文化"。①

四是"消极"无前途之病。梁漱溟认为,人类文化的正常进步是经济之"利"、政治之"力"和道德理性三者的"循环并进";而理想社会是"利、力、理三者同增并富,而理性居于最高,以决定一切",即在"经济上完成社会主义,政治上完成民主主义"。他认为,西方文化是积极的,"循着现实之路"发展,能逐渐达到这样的境界;然而中国由于"理性早启",偏重于伦理问题而忽视利与力,造成了经济和政治都失去了"应有之发展进步"。他断定,"理"只有与利和力结合,才能实现;中国文化仅"积极于理"的偏向反而使得"理"也无从积极起来,只落得放弃"一切远大理想"而"敷衍现状"的结果。中国文化因此而"多见消极气味",这是没有前途的路。②

五是"暧昧而不明爽"之病。他认为,一方面由于中国文化在内容上"至高与至低混杂而并存",另一方面由于中国的"历史时进又时退往复而不定",因而不像如西洋文化那样相对单纯,诸如宗教、自由、国家、阶级、封建、宗法、民主等各种问题的是有是无,都容易辨认。而这些问题在中国是有是无就成为讨论不完、辨别不清的难题了。③

梁漱溟认为,中国文化虽然有诸多弊病,需要动大手术,但这些皆是可治之症,而非病入膏肓的绝症。因为中国文化的根子很正,这个根子就是突出人类本质特征的道德理性,它体现为"调和持中"的人生态

---

① 梁漱溟:《中国文化要义》,第 299、300 页。
② 同上书,第 300 页。
③ 同上书,第 300、301 页。

度。在持守中国文化根本精神的前提下,这些弊病可逐一得到解决。依照梁漱溟的思路推断:"幼稚"之病可经发展理智和科学来克服,"老衰"之病可通过抛弃僵化形式而恢复其本来的生活情趣以获得新生;治疗"不落实"和"消极"之病的药方是理、利、力三者兼重,进而经济和政治在理性的统率下而"同增并富",全面发展;"暧昧"之病则可以通过他对中国社会和文化特殊性的剖析而使人"明爽"起来——这正是他所自负的。

三、中国文化建设所应持的根本态度和社会变革的具体道路

1. 中国文化建设所应持的根本态度

20 世纪早期的新文化运动大潮,以文学改良肇端而开启了关于中国文化出路问题的广泛讨论,运动的发起者们最初所主张的"新文化"实际是效法欧美资本主义文化,后来因李大钊、陈独秀向马克思主义的转变,他们又将"新文化"赋予社会主义的内容。虽然"新文化"由之出现了内涵上的歧见,但是他们在改造中国的步骤次第上却有着共识,即认为文化改革应该成为政治改革和经济改革的先导,主张从整顿思想文化入手来解决中国问题。梁漱溟:《东西方文化及其哲学》中提到,新文化运动的领导者们"大家都以为现在最要紧的是思想之改革——文化运动——而不是政治的问题"①。梁漱溟也认为文化改革才是从根子上解决中国问题,他强调说:"中国政治上的出路,经济上的出路,不得离开他那固有文化的出路。"在他看来,中国问题的产生既然以其固有文化为背景,因此,解决中国问题从文化改造入手就是势之必然。② 然而,如前所述,梁漱溟对于文化的理解有广义和狭义之别,他

---

① 梁漱溟:《东西方文化及其哲学》,《梁漱溟全集》第一卷,第 335 页。
② 梁漱溟:《中国文化本位宣言》,《梁漱溟全集》第二卷,第 124 页。

早期曾侧重从精神文化即狭义的文化入手改造中国,而后来则越来越侧重从文化的整体即广义的文化入手来进行变革了。他所大力提倡并躬行实践的乡村建设,虽然起步之处是具体的乡村,但是却是整体性的文化建设,而非仅思想文化之改造。

梁漱溟在《东西方文化及其哲学》中,根据他的三种文化路向思想而提出了解决中国问题所应采取的根本态度,即"我们中国人现在应持的态度":"第一,要排斥印度的态度,丝毫不能容留;第二,对于西方文化是全盘承受,而根本改过,就是对其态度要改一改;第三,批评的把中国原来态度重新拿出来"。① 他认为,这样的态度就是解决中国问题的唯一出路。以下对此三条分而述之:

中国所以要完全排斥印度的生活态度,是因为佛教文化那取消问题而向后看的人生态度过于早熟,在中国第一文化路向还远没有走充分且内忧外患日重的情况下,采取这样的态度无疑是自取祸殃。

中国对西方文化所要"全盘承受"的是其民主与科学两大文化精神;所要"根本改过"的,则是要用儒学的富于道德理性的人生观取代西方个体本位的人生态度。梁漱溟认为,西方近代的民主与科学是第一文化路向"意欲向前要求的精神"②充分发展的产物,西方人充分运用理智去征服自然,因而促成了科学的产生和发展;而个体本位的独立意识形成了追求社会权利的价值取向,由之产生了民主政治。他称赞民主和科学是"两大异彩的文化"③,肯定民主与科学具有"绝对的价值"、"普遍的价值",是世界上任何地方都必将接受的真理,④因而也是中国的必然选择,中国未来的文化模式理应包括西方文化这两大特长。梁漱溟认为,中国由于过早进入第二文化路向,在与自然界的关系

① 梁漱溟:《东西方文化及其哲学》,《梁漱溟全集》第一卷,第528页。
② 同上书,第353页。
③ 同上。
④ 梁漱溟:《答胡评〈东西方文化及其哲学〉》,《梁漱溟全集》第四卷,第746页。

和人际关系方面专注于"调和持中"而疏于进取,长于协调人伦和人生的道德理性而短于求索知识的理智;在学术方面,无论在自然领域还是社会领域都没有形成系统的科学;在个体意识方面,只有上则隶属于帝王,下则隶属于家族的隶属观念,全无独立自主观念和争取个人权利的要求,自然不会产生出民主。因此,中国必须而且必然要补上民主与科学这两门课,将之纳入中国未来的文化模式之中。但是,他不像陈独秀和胡适那样认为德先生和赛先生可以解决中国的一切问题,而是认为民主和科学产生于特定的文化路向的背景下,不可以简单地全盘拿来,过早走上第二文化路向的中国,应该保持在较高文化层次上补第一文化路向的课,而不是退回到第一文化路向上去。

关于"批评的把中国原来态度重新拿出来"之主张,梁漱溟所谓的"批评",就是要剥除其受时代局限的礼俗化、形式化的过时规范以及对孔学原始精神的种种误解,还孔学以本来面目。他认为,孔子的人生态度具有极高的精神文化价值,其必然取代西方已经逐渐陷于困境的精神文化而成为未来的世界意识。为此,他强调:中国问题的解决必须在保持儒家理性主义人生态度的基础上进行;具体说,就是吸收西方文化民主和科学两大长处必须有一个前提,那就是"奠定一种人生观",即儒家的理性主义人生态度;这样"才可以真正吸收融取了科学和德谟克拉西精神下的种种学术种种思潮而有个结果;否则我敢说新文化是没有结果的"①。他设想中国文化的合理模式应该是以儒学人生精神为主体而吸收科学与民主"两大异彩的文化"的新文化。梁漱溟以为,西化论者如陈独秀和胡适辈提倡民主、科学和"批判精神"固然值得赞许,但是他们大错特错之处是把中国文化的失败归咎于儒家的伦理精神和人生态度。他断定西化思想这种舍弃自家优秀的人生精神而外求西方的做法,不可能将民主与科学真正吸取到中国来而创造新

---

① 梁漱溟:《东西方文化及其哲学》,《梁漱溟全集》第一卷,第539页。

文化。

梁漱溟反对新文化运动的领导者们对中国文化出路的解决方案,批判"以五四而来的新文化运动为中国的文艺复兴"的说法。他认为,新文化运动不过是"西洋化在中国的兴起",根本算不上"中国的文艺复兴"。梁漱溟主张的中国文化出路的解决方案是实质性的中体西用的模式。① 他提出:中国真正的文艺复兴"应当是中国自己人生态度的复兴",也就是以孔子真精神为核心的儒家理性主义的复兴。这也是解决中国的精神文化危机尤其是青年在人生意义问题上出现危机的根本方法。他提出"以孔颜的人生②为现在的青年解决他烦闷的人生问题",为他们开辟并展现出正确的人生道路,从而"把生机剥尽死气沉沉的中国人复活过来"。他宣称:这是中国复活的"唯一无二的路"③。

然而,梁漱溟在《东西方文化及其哲学》中提出的对于西方文化要"全盘承受"而"根本改过"的主张潜藏了一个理论难题,即民主既然派生于第一文化路向的"意欲向前要求的精神",那么中国如何能在保持第二文化路向及其相应"意欲"的前提下来补民主这个课呢? 民主既然出于个体本位的人生态度,若以儒家理性主义人生观去"根本改过"西方个体本位的人生态度,岂不是去掉了民主制赖以存在的人文精神根基。民主文化又何从学起呢? 梁漱溟后来致力于解决这个理论问题,于是提出了既非西方民主制也非苏俄无产阶级专政的第三条道路的主张。他称自己这种思想为"最后的觉悟",但是,它又被自己更新的觉悟所否定了,从而出现了他对中国能否民主问题的一波三折的

① 尽管如梁漱溟及一些新儒家学者并不标榜这种易于混同于洋务派、维新派的口号,但是他们的学说在实质上依然是"中体西用"的思路。

② "孔颜"指孔子和他的弟子颜回。宋道学家周敦颐提倡"孔颜乐处"以标榜儒家人生观,后为道学诸派所乐道。"孔颜乐处"是指以追求救世安民的真理为人生快乐,而不以个人际遇为怀的人生态度。详细见本章第三节。

③ 梁漱溟:《东西方文化及其哲学》,《梁漱溟全集》第一卷,第539页。

转变。

2.关于中国能否接纳西方民主文化问题的两度自我修正过程

关于中国文化与西方的民主能否兼容的问题,梁漱溟的思想历程经历了近乎否定之否定的两度转折。如前所述,他 20 世纪 20 年代初期的《东西方文化及其哲学》等著作中主张中国必须接受西方的民主与科学,在坚持第二文化路向长处的基础上去补第一文化路向的这两门课。

然而,过不多年,梁漱溟又豁然产生了一种"觉悟"而修正前说,出现了从主张接受西方民主到否定民主可行于中国的转折。他在 1927 年自谓已经从以前的怀疑困惑中解脱出来,"扫除了怀疑的云翳",产生了一种"坦达的自信"的觉悟。此觉悟即断然否认"一切西洋的把戏",断然相信"我们自有立国之道"。① 也就是说,中国的出路不在于模仿照搬任何西方现成的模式,而自有适合自己国情的独特发展道路。他在 1932 年的《中国民族自救运动之最后觉悟》提出,中国几十年来的各种民族自救运动的初衷无可厚非,其目的都是想使中国成为西方式的近代国家,"很像样的站立在现今的世界上";然而这正是"我们一向民族自救运动之最大错误"。其误就误在"震撼于外力,诱慕于外物"而盲目向西方学习,因而弄得"一切落于被动而失其自觉与自主"②,不懂得"认取自家精神,寻取自家路走"③。他指出:中国自有其演化了数千年的历史背景,想让它完全变成一个纯西洋式的近代国家是不可能的。就西方近代的民主与科学而言,他此期认为,中国可以接受科学,但中国文化与西方民主精神截然二致而不可兼容,中国将永远

① 梁漱溟:《主编本刊〈村治〉之自白》,《梁漱溟全集》第五卷,山东人民出版社 1994 年版,第 13 页。
② 梁漱溟:《中国民族自救运动之最后觉悟》,《梁漱溟全集》第五卷,第 107、108 页。
③ 同上书,第 110 页。

走不上民主这条道路。

在他看来,中国所以不能建立起西方样式的民主政治,虽然有多种原因,如民众在主观上普遍没有民主要求;国土极广大而交通不发达,各地缺乏实行民主所必要广泛而密切的联系;且中国没有西方那样作为民主制阶级基础的中产阶级。然而这些还只是暂时的或次要的原因,都不是"根本窒碍"①;"根本窒碍"在于:中国民族文化的精神与西方近代民主制度赖以建立的人文精神有高低精粗的分别,即前者高而后者低,无法使前者降低为后者,故而已经走上第二文化路向的中国不能再回转过来走属于第一文化路向的西方民主之路。

梁漱溟列举了中国和西方在文化精神主要是人生态度上的四个基本抵牾之处。大意是:其一,西方人为个人权利而勇于向社会奋争,民主制就是这种斗争互不相下而彼此折中的产物,中国人则安分知足,与世无争;其二,竞选是民主制的重要特征,西方人爱出风头搞竞选,而中国人崇尚的是谦谦君子,竞选以吹嘘自己的做法在中国人看来是没有道德廉耻的;其三,西方人实际上普遍是以性恶评价人性和现实人格,由于互不信任而在民主体制中处处"彼此牵制"、"互为监督"、"相防相范",而中国人则肯定人性善的思想,讲求对他人的绝对信任;其四,西方是个体本位、追求物欲的文化,民主制对内对外都体现为物质利益的争夺,而中国是伦理本位的文化,追求人生的崇高境界而非物欲,对内对外对上对下都讲求和睦相处。② 他依据这些人文精神的差别断定:欧洲近代民主政治的路是中国政治所走不通的路。这一时期在表面上似乎他的政治思想有所倒退,但是这也体现了他思想的深化,即着重从"中国特色"方面做文章,力图摒除以前对西方文化要"全盘接受而根本改过"这样语意不清的提法。

---

① 梁漱溟:《自述》,《梁漱溟全集》第二卷,第 22 页。
② 梁漱溟:《我们政治上的第一个不通的路——欧洲近代民主政治的路》,《梁漱溟全集》第五卷,第 147—172 页。

然而,梁漱溟在20世纪30年代后期,思想再一次出现转折,即他又对其"民主永远不可行于中国"之说作了修正,或者径直说是自我否定。他以为,民主文化应该包容在中国文化独特道路的框架之中,以符合中国国情的方式并经长期的努力而实现。不过,他的表述角度和方式有所变化,即他在谈到中国民主建设的时候,往往以"团体组织"来代替"民主"。例如他在1937年的《乡村建设理论》中提出,乡村建设理论有两个要素,即团体组织和科学技术。他认为,西方民主的社会组织形式的基础就是团体生活。他说,自己领悟到民主精神是"团体生活的一种进步",不宜只提这种进步的成就而忽略它赖以产生的根本——团体生活,所以自己用"团体组织"的说法代替"民主"概念。对于改造中国社会,他不直言提倡民主而主张从建设"团体组织"、"团体生活"入手,意在通过改造社会基层的组织结构而为中国将来的民主政治奠基。

　　梁漱溟在后来的《中国文化要义》等著作中,更为明确地肯定中国的文化建设理应接受民主精神和民主体制。他进入民主同盟领导层积极进行争取民主的政治实践,也说明他这个时期又将民主看做现实可行的政治目标。他此时的所谓第三条道路已经不是完全排斥西欧和苏俄之路,而是强调不可原封不动地照搬它们,要在以我为主的前提下对二者有所弃取,即舍弃西欧的资本主义竞争而取其人权民主,舍弃苏俄的无产阶级专政而取其社会主义集体经济,根本的民族精神则是儒家理性主义的人生态度。至于在同一个文化模式中如何理顺三者的关系,在梁漱溟始终是个未曾在理论上解决的难题。

　　由上可见,梁漱溟在中国文化建设能否接纳民主问题上出现两度自我否定的思想转折历程。梁漱溟经过如此曲折的思想历程而最终构想的中国文化模式,其与以往各种中体西用论在思想内容上虽然有诸多差别,但是糅合中西文化为一体,尤其在中西文化上主次定位的思路则大致相同。无怪当时如贺麟、张东荪等人就指出:梁漱溟的思想以反对调和中西文化的名义搞中西文化的调和,实际仍然不脱"中体西用"的思想路数。

笔者对上述的梁漱溟思想转折有以下几点看法。

其一,近代的流行的整体文化观思想与梁漱溟思想转折的关系。

在比较中西文化和处理二者关系问题上,从严复到陈独秀有着整体文化观的思想,严复从"体用"同一的角度意识到文化的整体性和不同文化的独立性问题(详见严复部分),陈独秀无论是作为西化论者还是早期的马克思主义者,均从文化整体性思想出发,否定中国对西方文化可以枝节舶取、否定不同文化可以重新组合而冶于一炉(详见陈独秀部分)。这实际是把文化的整体性夸大为文化的绝对独立性,漠视或无视于不同时代的文化必然可衔接之处、不同类型的文化必然有共通之处而可相互融合。这其实也是当时西化论者的普遍思想。在近代以来思想界盛行的文化比较中,陈独秀等人所持的整体文化观无疑是有深度有见地的思想,但是,若以此为据而否定不同文化类型可合理融合的可能,则落入"将真理夸大而推入谬误泥淖"的讥刺中了。

梁漱溟曾经称赞陈独秀的整体文化观思想,他一度主张的中国永不可能走上民主之路的思想,自然有其独立的理论考量,但是他似乎也受了陈独秀整体文化观思想的影响而也踏入了同样的理论误区,即接受了陈独秀的不同文化不可调和为新的文化类型的思想。梁漱溟设想的中国文化建设图景所以最终依然回归于中西合璧的模式,说明他从这个误区中走了出来,意识到中国文化建设走上中西文化的融通一体之路,其不但于理通畅无碍,而且在时势上是大势所趋。从道理上说,"因为中国人与西洋人同是人类,同具理性。所以彼此之间,到能说得通",这意味着他看到了文化的异中之同,因而有沟通互补之可能;从时势上看,他看到"事实的变迁,促成中西的融合";这个事实主要是中国迫切需要团体组织,他的乡村建设就是将团体组织输入到中国的社会结构中来。他明言未来的"中国新社会,将不期而然的是一个中西具体的融合"。①

在以往世界相对封闭的历史环境中,各国或各民族文化确实有其独立的发展历程而自成各具特色的文化系统。不同文化系统或是民族类型之异,或是时代先后之别,或是二者兼存。然而,在国际交流日趋广泛而密切的时代,伴随经济的全球化,文化的全球化也是必然之势。不同文化的相互吸取,重新整合为新的国家或民族文化是不可避免的。近代至今,受欧美文化冲击而发展起来的许多国家的新型文化和社会结构足以否定不同文化类型不可调和的思想,证明了先哲们关于不同文化完全可以重新整合为新文化类型的设想大有先见之明。②

其二,按照梁漱溟在上述的初期和第二度自我否定时期的说法,民主与科学的精神基础是第一路向"向前面要求"的意欲,中国应该接受民主和科学,而将它的精神基础改换为第二文化路向的"调和持中"的意欲;或者说是在第二文化路向上去补第一文化路向的这两门课。但是,第一文化路向的产物(民主与科学)与第二文化路向的根本精神彼此如何相容无碍? 打比方说:如何将一棵树的果实嫁接到另一棵不同类的树上去而显得浑然天成? 他在上述的初期和第二度自我否定时期都没有深入地辨析和论说这种嫁接的道理和方法;这至少是理论的缺憾。然而,不仅梁漱溟而然,即便是其他新儒学大家,也没有提出令人普遍信服的论证。

其三,梁漱溟在断定民主永远不可行于中国的时期,他的主要论据即对中国民族品格的估计大有问题。具体说,他对中国传统文化的现

---

① 梁漱溟:《乡村建设理论》,《梁漱溟全集》第二卷,第 279 页。

② 如近代以来日本"和魂洋材"、韩国的"东道西器"等社会改造和文化建设主张都在很大程度上取得了成功。所谓东亚的"儒家资本主义"现象就是中西、新旧文化融合的成功例证。

实力量估计过大,将中国人的实际生活态度理想化;并对中国文化做了近乎僵化的理解,把它看成几乎不可变易的东西。他似乎将知识界少数认真恪守传统人文精神的人的生活态度夸大为整个民族精神。这种估计不但对于普遍国民是不切实际的,而且即便将其范围缩小到知识界,也有以偏概全之误。其实梁漱溟也看到了颇多无行文人充斥于政坛学界并屡加抨击,他清楚看到了儒家人文精神的现实沦丧,痛感人生观念危机对中国精神生活的致命伤害,因而致力于建设"新文化"而重塑民族精神。这明确说明他并不认为民族品性是绝对不可改变的。他这样的做法令人怀疑他的论断只是出于修正早期构想的中西融合文化模式存在着人文精神方面的内在矛盾(即中国在第二文化路向的基础上吸收第一文化路向的成果),力图从整体文化观的角度克服它。因而出现了论断偏离实际的纰漏。

其四,梁漱溟在中国出路问题上的不严谨处还在于:他曾经提出,一个民族"真生命"(主要指其文化意义上的生命,而非种族生理意义上的生命)的根基在于它的"根本精神","抛开了自家根本精神",就丧失了它的"真生命","断送了自家前途",因此,谋求"自家前途",开创"自家新生命",完全在于从本民族原来的根本精神上去寻求发展上进,"发挥自己特长",而不能舍弃它向外寻求。具体到中国来说,"不能退坠降格"地效法低于自身文化层次的西方文化,而只能"赶紧回头,认取自家精神,寻取自家的路走"。① 这涉及一个必然的反问:既然他认为西方文化已经走到尽头,必然要转向第二路向,转向中国以儒家为代表的理性主义文化的路向上来,那么,西方各国原来的民族精神(第一文化路向的精神)是否应该抛开,——如果回答"是",则西方各国就有断送了自家的民族生命,自家前途之虞,但是他又确认民族生命

① 梁漱溟:《中国民族自救运动之最后觉悟》,《梁漱溟全集》第五卷,第109、110页。

是永恒的;如果回答"否",则如何充分转到第二文化路向上来呢? 转不过来同样也没有前途。况且他既然承认文化是个整体,换则全换,不可枝节吸收;西方能不能以自己原来的向外奋争和个体本位为主导人生态度而吸收重视伦理情谊而"调和持中"的人生态度呢? 回答当然是否定的,因为依照梁漱溟的思想逻辑,这两种生活态度是截然相反而不两立的。或许正是由于意识到这些理论疏漏,梁漱溟才再次作了自我否定。

3. 创造新文化和新的社会结构为民族复兴的必由之路

梁漱溟认为,要解决中国当前面临的根本问题,即人生观念危机和社会组织结构破坏这两个问题,就要创造新的精神文化和新的社会组织。

梁漱溟将民族文化视为群体生命,认为它与有生灭的个体生命不同之处在于:它可以常换常新而保持强大的生命力。中国文化自然也是如此。在他看来,保持中国文化生命力的方法在于克服其因积时日久而机械形成的僵化形式,使它在保留纯正本根的前提下全面吸收西方的长处,从而适应新的时代环境。他将这种重新焕发民族文化生命力的途径比喻为"从老根上发新芽"。①

梁漱溟认为,中国文化这棵大树经过近几十年的摧残,已经枝干焦枯,现在连根部也行将朽烂了;它的枝干已经不可再生,因此不能从枝枝丫丫上救治;但是它蕴藏在"老根"中的生机仍然在,挽救办法就是使它的"老根"发出"新芽"来,进而培植出新树,使它获得新生命。梁漱溟所谓的"老根",是指"老的文化,老的社会"。他说:"老的中国文化、中国社会已不能要了,一定要有'新芽'才能活。"②就是说,中国旧的文化和旧的社会结构已经成为在新的世界环境下民族生存发展的重

---

① 梁漱溟:《精神陶炼要旨》,《梁漱溟全集》第五卷,第504页。
② 同上书,第505页。

大阻碍,因而必须重新创造,中国文化的生命才能延续。需要说明的是,梁漱溟理解的应该舍弃的"老的中国文化",并不包括儒家的人生态度。在他看来,儒家的人生态度正是中国文化的生机所在。

梁漱溟认为中国文化的"根",笼统地说就是乡村,具体地说则分为"有形的根"和"无形的根"。前者指的是乡村,后者指的是中国人特有的富于伦理情谊的"老道理"——他视之为中国传统的民族精神。梁漱溟所谓"真有道理的老道理"①,就是指儒家文化所内蕴的道德理性和体现的人生态度。他认为,这个"老道理"是中国文化区别于并且优越于西方文化之处,②因而务须善加保留;除此以外,其他的一切都必须改换。梁漱溟所谓的"新芽"主要指"团体组织、科学技术这两样新材料"。他主张这两者相辅而行,共同培养和发展文化本根端正的中国社会。③

为使中国的"老根"发出"新芽"来,梁漱溟苦心孤诣地设计了具体的施行方案,即他的乡村建设方案。他所设计的乡村建设方案是一个包括精神文化建设和社会结构改造两大项目的社会工程。他认为,中国可以走得通的立国之道,就是他所规划的以中国传统理性为根本,以创造新文化、改造社会组织结构为目的的乡村建设的道路。他认为,近代以来,在种种意在民族自救的改革尝试失败以后,从乡村建设入手进行改革就成为"中国民族自救运动之最后觉悟",这是经过历史筛选的"最后方向"④,或者说是不同于以往改革的"新的方向"。它新就新在

---

① 梁漱溟:《乡村建设大意》,《梁漱溟全集》第一卷,第613页。

② 梁漱溟认为,儒家文化所内蕴的道德理性及所体现的人生态度,不但造端很正而无须改变,并且将取代西方文化而兴盛于全世界,成为人类的共同归宿。

③ 梁漱溟:《乡村建设理论》,《梁漱溟全集》第二卷,第557页。说明:梁漱溟所说的"团体组织"实际是"民主"的代名词。他认为,团体组织是民主体得以实现的根基。

④ 梁漱溟:《精神陶炼要旨》,《梁漱溟全集》第五卷,第512页。梁漱溟后以《中国民族自救运动之最后觉悟》为名,发表于20世纪30年代初。

"以前都是往西走，这便是往东走"①。

梁漱溟将重建新的社会组织结构视为解决中国问题的根本大计，断定弃此而他求，都是舍本逐末之举。他认为，实现重建中国社会组织有两个要点，"一是从理性求组织，一是从乡村入手"。理性与乡村所以如此重要，就在于"这两个地方，原来就是中国社会的根，除此外都不算"②。梁漱溟所强调的两个要点，对应于他关于中国文化"有形的根"与"无形的根"之说。他在此所说的"理性"，就是上述作为"中国文化无形的根"的"老道理"。

就"从理性求组织"而言，梁漱溟强调，富于伦理情谊的"理性"是中国的民族精神所在，也是中国文化优越于西方的长处，因而应该恪守不移；然而除此而外的中国文化中，存在着种种严重弊端，所以就要吸收近代"西洋人的长处"来克服它们。他将"西洋人的长处"归纳为四点，认为吸收它们能分别矫正中国社会的四种弊病：即吸收西方团体组织的长处，可矫正国人的散漫习性；吸收其个人积极参加团体生活的长处，可矫正国人遇事不参与的被动毛病；吸收其尊重个人的长处，可提高中国个体的地位，并实现人格的个性化；吸收其财产社会化的长处，可增强国人的社会联系。③ 梁漱溟肯定中国所要建设的团体组织是"中西具体事实的融合"，而这种融合是有主有从的，即"以中国固有精神为主而吸收西洋人的长处"。这种团体组织所要坚持的"中国固有精神"，就是"以伦理情谊为本原，以人心向上为目的"。他说："整个组织是一个中国精神的团体组织。"④

就另一个要点而言，梁漱溟所以主张重建中国社会组织结构要从乡村建设入手，理由是：从国家入手则过大，从家入手则过小，乡村则规

①　转引自郑大华：《梁漱溟学术思想评传》，北京图书馆出版社 1999 年版，第 276 页。
②　梁漱溟：《乡村建设理论》，《梁漱溟全集》第二卷，第 320 页。
③　同上书，第 309 页。
④　同上书，第 308 页。

模合适;而且中国是农业国,大多数人口在农村,他们是社会的主体力量;另外,传统的伦理情谊在城市中破坏殆尽,农村则有所保留,这是发挥传统"理性",使团体组织"理性"化的重要依据。① 梁漱溟所设计的乡村建设,其要旨是中国传统的"理性"(主要指是富于伦理情谊的人生观念)、具有民主成分的团体组织以及科学技术的三结合。他所以力倡而躬行之,其根本目的或深层动因在于"创造新文化";不但要"从创造新文化上来救活旧农村"②,而且要进而将这种新的文化建设超越个别乡村的范围而推广到全国,实现重建中国社会组织构造的宏大目标。在梁漱溟看来,这种新型社会团体组织的主导理念应该是中国传统的"理性"和西方民主精神的妥恰统一,他的乡村建设方案将精神文化建设与社会组织改造集合于一体。

如前所述,梁漱溟有一段时期曾经断言中国可能永远不会走上民主政治的道路;但是,其后他又数度肯定民主与科学同样具有绝对的价值,谈到中国文化最不如西方之处,既在于缺乏团体组织,又在于个体因历来从属于家族而缺乏独立、自由、平等精神。在他看来,团体组织和个体解放(包括个人在地位和观念上实现独立、自由、平等)正是民主文化的两个基本因素。他显然在"最后觉悟"之后又有所觉悟,意识到民主体制对于中国虽然遥远了些,但它毕竟是社会政治的最合理目标。他断定,西方民主制度产生于团体生活,而他的乡村建设的方案所以特别强调团体组织生活,并在决策上加入多数原则等民主成分,不言自明,这是要为未来的民主体制奠定社会组织结构的基础。

梁漱溟提出,当时的中国人在学习西方长处的过程中,常处于"左右来回的矛盾中"而"很苦闷"。具体说,就是"中国人一面散漫缺乏团体组织,同时还缺乏个人自由平等的确立,二者都急待补充";但是如

---

① 梁漱溟:《乡村建设理论》,《梁漱溟全集》第二卷,第317页。
② 梁漱溟:《乡村建设大意》,《梁漱溟全集》第一卷,第615页。

果着重补充个人自由平等一面，就很难顾及团体结合，而使中国人更加散漫；而如果着重补充团体组织的一面，则有碍于个人自由平等的发挥。梁漱溟认为，这种"顾此失彼、左右为难"的尴尬，"只有一个方法可以解决，就是我们相对论的伦理主义"。他将中国人的关系两方道德互报的伦理思想视为一种方法，断定它可以补救"中国两面照顾不到的难处"，而"让两面都可以确立"，即"个人一定要尊重团体，尽其应尽之义；团体一定要尊重个人，使得其应得之自由平等"。①

如前所以述，在梁漱溟眼中，团体组织和个人自由平等本是西方民主文化的两个基本要素，因而学习它们实际就是给中国人补民主文化这一课。梁漱溟提出，所谓中国"相对论的伦理主义"②是完整接受西方民主文化的良药。这意味着中国的传统道德理性不但不是接受西方民主的障碍，反而是合理引进西方民主的捷径。由此，梁漱溟自以为摸索到了中国传统文化根本精神与西方民主文化的一个重要契合点。

梁漱溟关于乡村建设的理论和实践，是基于中国的所谓"乡村居民"是没有阶级对立的整体这个思想的。梁漱溟并不否认中国农村存在着包括土地分配不均和地主与农民的区别等严重的问题，但是他认为，这并没有使中国农村分化为势不两立的对抗阶级，他们统属于"乡村居民"。他主张通过立法的方式（如限制地主以使其出卖土地，为农民提供长期贷款鼓励其购买土地等经济措施）解决土地分配问题，通过合作组织实现土地利用和经营的合理化。③ 梁漱溟认为，共产党错误估计了中国的社会性质和社会结构，因此提出的社会理想和实践举措尤其是农民运动的理论和实践也都是错误的；他们所发动的农民运动，出于对农村成分的错误估计而故意划分阶级；而以阶级斗争的方式搞农民运动，则是人为地制造分化和对抗，其作用是"消极的、破坏

① 梁漱溟：《乡村建设理论》，《梁漱溟全集》第二卷，第 307、308 页。
② 同上书，第 307、308 页。
③ 同上书，第 531 页。

的"。他所主张的乡村建设以全体"乡村居民"协同合作以共谋道德和技术进步为宗旨,其作用是"积极的、培养的、建设的"。①

梁漱溟认为,中国所要造就的新社会类型,这是"正常状态的人类文明",它不但是对于原来社会的变革,而且是对西方近代"偏欹"文明的纠正。他说:"中国未来新社会,对老社会说是转消极为积极;对西洋近代社会说,是转偏欹为正常。"②他从六个方面对这个新社会的基本特征做了理想化的规定,说明其优越于西方近代文明之处:

其一,在产业结构上,"新社会是先农而后工,农业工业结合为均宜的发展"。梁漱溟认为,这是经济发展的正常顺序,是"正常的文明"。而近代西方国家的工商业单以营利为目的,与农业分家而片面发展,造成了城乡的分离,因而不过是"偏欹的文明"。③

其二,在城乡关系上,"新社会是乡村为本,都市为末,乡村与都市不相矛盾,而相沟通、相调和";而"西洋现代社会"使得城市与乡村变成了矛盾冲突的两个极端。他认为:西方国家重都市而轻乡村的偏颇状态是理应避免的资本主义弊病。④

其三,在人与物的关系上,"新社会以人为主体,是人支配物而非物支配人"。他认为,西方近代以来"从个体本位自由竞争,演为经济上之无政府状态,人类失去支配力,差不多是物支配人的;那当然不是正常形态的人类文明"⑤。梁漱溟所批判的这种现象即所谓经济异化现象。他明确的反异化思想在近代中国可以说是得风气之先。

其四,以伦理为本位的团体组织。他说:"新社会是伦理本位合作组织而不落于个人本位或社会本位的两极端。"在他看来,社会以个人

---

① 梁漱溟:《乡农学校的办法及其意义》,《梁漱溟全集》第五卷,第353页。
② 梁漱溟:《乡村建设理论》,《梁漱溟全集》第二卷,第557页。
③ 同上。
④ 同上书,第560页。
⑤ 同上书,第561页。

为本位或以社会为本位都流于偏颇,而伦理本位的合作组织则可实现"互以对方为重,团体与分子之间得有均衡……社会与个人之间得一调和"。他认为这是一种"不同与于一般的社会主义"的社会主义。①

其五,国家职能的新特征。他认为,"新社会内政治、经济、教育(或教化)三者是合一而不相离的"②;国家职能不单纯是社会进行政治管理,而且应该"有领导人生向上,发展人们德性智能"的教育职能,有关注人民生计的使之走向合作团体的经济管理职能。③ 他反对国家不顾及对人民的人生价值观的教育和西方自由主义者否定政府经济职能的观点。

其六,维持社会秩序方式的特殊性,即"新社会秩序的维持,是由理性替代武力"④。梁漱溟认为,社会秩序本来出于理性,因此,"靠理性来维持,是正常的;反之,靠武力便非正常";而"西洋近代国家"便属于不正常之列。他认为,以往的种种国家实质上都是靠武力统治社会,其中比较进步的政治形式虽然是隐藏或抑制武力而显扬理性,"然社会秩序之最后维持端在武力,而非理性"⑤;社会的进步不是靠教育而是通过暴力革命来"机械解决"。然而,随着社会向理性的进步,理性将取代武力而成为"社会之维系力",教育必然代替暴力革命而以改良的方式解决社会问题。他指出:"说以理性替代武力,其实就是以教育(或教化)替代武力。"需要说明的是:以上梁漱溟所说的国家指"一般类型的国家"不包括中国。在他看来,中国是"非政治"的国家,或者说"不是一般类型的国家";中国以往社会秩序的维持"较富于理性"。他认为,以理性或教育替代武力来维持社会秩序,最好的历史典范是中国

---

① 梁漱溟:《乡村建设理论》,《梁漱溟全集》第二卷,第561页。

② 同上。

③ 同上书,第563页。

④ 同上书,第564页。

⑤ 同上书,第565页。

的礼乐教化,因此,"在将来文化中要复兴礼乐教化,一定而不易"①。

梁漱溟关于新社会六个特征的论说,着重点在于设想使新社会在结构上克服西方资本主义的弊端,区别于西方的"偏敧文明"。他以此论证中国的社会改造不可盲目学习西方的现成模式,而应该走上正常状态的人类文明道路。

梁漱溟认为,马克思主义所主张的社会主义道路也同样不适宜于中国;产生于近代欧洲的马克思主义或许适用于欧洲,但是难以作为"普遍地适用于一切民族社会"的"准据",若用它来分析印度文化和中国文化,则"是不免笑话的"。马克思主义断定社会主义取代资本主义历史必然性的主要论据,②在中国都不存在,因而社会主义道路不可能适合于"文化路数、历史背景绝不相同的中国社会"。梁漱溟讥讽共产党人在中国搞社会主义有如"玩幻术的一般"的"无中生有",注定是不能成功的。③

第三节 辨析、发扬儒学真精神以
挽救国人精神危机

近代中国所出现的精神文化危机尤其是人生观念的危机,这是有识有志之士所共同焦虑并矢志解决的大问题,不过所开的方剂颇有不同。在新儒学看来,这种由于抛弃民族传统人文精神而引发的危机,是中国人在文化意义上的自我失落,中国人在精神上不像中国人了。他

---

① 梁漱溟:《乡村建设理论》,《梁漱溟全集》第二卷,第 567 页。

② 梁漱溟举出"马克思派"论证社会主义必然取代资本主义的三点基本论据,概括说:一是"无秩序的生产"而预测资本主义的没落趋势;二是社会化大生产为社会主义创造了物质基础;三是无产阶级的"组织和阶级意识的日益发达"。见梁漱溟:《我们政治上的第二个走不通的路——俄国共产党发明的路》,《梁漱溟全集》第五卷,第 266、267 页。

③ 梁漱溟:《我们政治上的第二个走不通的路》,《梁漱溟全集》第五卷,第 267 页。

们所开出的方剂是君臣互补、中西结合的药方；"君药"是中国儒家的根本精神，"臣药"则是西方近代的人文观念（主要是人权、民主观念）和科学精神。当然，新儒学诸子所开的方剂不尽相同，然而，若想以儒家思想为"君药"，就首先要辨明什么是儒学的真精神或真儒学，这是他们治学论道的头等大事。梁漱溟则率先提出，孔子乃至儒学的真精神，根本处就是其特异的人生态度。

中国人生学说中有一种极重要的生活观念，即主张超越个人穷通际遇而谋求精神幸福、人格自足的人生观。它在先秦时期中即已有之，其中儒家和道家提倡最力，且各形成意旨不同的思想系统，后来又各有长足发展。在儒家，则为所谓"孔颜乐处"。宋道学的开创者周敦颐大力提倡"孔颜乐处"以标榜儒家人生观，后为道学诸派所盛赞乐道。①"孔颜乐处"就是指以追求救世安民的真理为人生快乐，而不以个人际遇的穷通、贫富、贵贱为怀。这是道德人格自足的精神快乐，而非以满足物欲为乐的人生态度。

梁漱溟提出，对于人生的终极关怀——即"人生究竟有何意义"的问题，有两条路可以选择：一条是"否定人生"的宗教出世之路；②一条是"勉于人生"积极生活的入世之路。他认为，儒家就是在后一条路上走的最成功的，"孔家暨后之宋明儒"都具有"于人生中为人生之慰勉"的"能力"。③ 他从中发掘出救治当时国人人生观念危机的良药——孔子颜回的人生态度即所谓"孔颜乐处"。他认为，原始儒家这种不较于利害得失的人生态度后来演化为中国人的文化风尚，它是"中国文化

---

① 宋代以来的道学诸派在人生论方面思想基本一致，不同处主要在于为人生论奠定的宇宙论基础（如理本论、气本论、心本论之别）和道德认识论的格物致知方法。

② 梁漱溟说："由前一途径其结果固必为宗教，或长生的出世法如道教及印度几外道。"（见《东西方文化及其哲学》，《梁漱溟全集》第一卷，第425页。）实则"道教及印度几外道"也属于宗教范畴。

③ 梁漱溟：《东西方文化及其哲学》，《梁漱溟全集》第一卷，第425页。

之特异彩色"。① 然而,由于西方文化的侵入尤其是国内西化论的冲击——即所谓"他毁"和"自毁"的双重压迫,使得这种传统的优秀人生态度在当时中国的青年人中丧失殆尽。

在梁漱溟看来,孔子以来儒家人生观念的根本意旨就是人生的真正幸福在内而不在外,即在于从内心上领会生活的本质而提高精神境界,而非追求外物以满足私欲。他认为,超越个人利害得失的内在精神幸福是"自得的乐,是绝对的乐";它无待于自我与外物的关系,不拘于个人生活的际遇,可以说是"无苦而只有乐"。而向外追求物质享受的快乐则是"相对的乐"。其所以"相对",就在于它依赖于外在之物,得之则乐,得不到就苦恼,因为有得有失而产生了苦与乐的替代循环,显然,"这个乐是与苦相对待的"。梁漱溟称赞宋明道学家常谈的"寻孔颜乐处";以为其乐就乐在"顺天理而无私欲"上。② 他断定,私欲是人生一切苦恼之因,因而主张通过节制欲望,以破除过度计较个人利害得失的人生态度。③ 然而,梁漱溟并不认为原始儒家主张禁欲。他说:"孔家本是赞美生活的,所有饮食男女本能的情欲,都出于自然流行,并不排斥,若能顺理得中,生机活泼,更非常之好。"④由之也可以看出,梁漱溟对于"私欲"的理解是指过度谋求私利,而不是"顺理得中"即正常范围内的欲望之满足;前者务须节制,后者则可"赞美",是"非常之好"。

梁漱溟认为,社会所以会产生"人生空虚无意义之感",是人们"生活的重心"出了差错。他认为,人生的重心应该放在修养内心世界而非追求外物上;而过度计较个人功利得失的人生态度却"把生活的重

① 梁漱溟:《东西方文化及其哲学》,《梁漱溟全集》第一卷,第539页。

② 同上书,第464、465页。

③ 梁漱溟在《东西方文化及其哲学》中有时重复道学家存天理去人欲的主张;但他在同书中又批评宋道学的存理去欲主张是"支离偏激之失"。这种不一致体现了他早期思想的不成熟之处。

④ 梁漱溟:《东西方文化及其哲学》,《梁漱溟全集》第一卷,第454页。

心全挪在外边”了；因而在欲望受到挫折时，生活也就“骤然失去重心”，陷入“焦惶慌怖、苦恼杂集”的状态之中。① 他坚定地相信，复归儒家的人生态度正是救治当时国人精神危机的对症之方。

梁漱溟将儒学与宗教做了比较，说明作为国本的儒学在精神意旨和社会功能上有宗教长而无其短。梁漱溟认为，宗教有两方面特征②：一个特征体现在它的主要社会功能方面。宗教在于安慰和勉励人的生活，给人一个安身立命的精神归宿；出世的宗教有着维护世间道德的功能，或者说宗教就是“帮助人提高自己品德”的一种方法③；另一个特征体现在它的立论和传布方式方面。宗教以排斥理智、背反知识的神秘性作为立论根据和布道方法，具有出世的倾向。它所凭借的是信徒非理智的信仰，通过恪守宗教戒律的方法以实现人们的道德生活。这两方面合而言之，即“以超绝于知识的事物，谋情志方面的安慰勖勉”④，这是宗教的总体特征。

梁漱溟认为，儒学关注人的内在精神生活，与宗教同样具有安慰劝勉人的感情和精神生活的“伟大作用”，同样要给人一个安身立命的精神归宿。这是儒学在社会功能上与宗教相类的地方。就此而言，儒学也可以在宽泛意义上视为宗教。他在《东西方文化及其哲学》中专有一节名为《孔子之宗教》，其中提出“孝弟（悌）的提倡”和“一定礼乐的实施”就是孔子的宗教⑤。不过，他又指出，儒学没有宗教那种排斥理智和知识的神秘特点和出世态度，它提高人们的道德品质所依靠的是人自觉自律的理性，而非蒙昧的信仰。在这样的文化中，人们认可“道

① 　梁漱溟：《东西方文化及其哲学》，《梁漱溟全集》第一卷，第 425 页。
② 　梁漱溟关于宗教有以下两方面特征的思想，笔者的述评主要本于《东西方文化及其哲学》第四章《宗教问题之研究》，并结合梁漱溟的其他论著。
③ 　梁漱溟：《人心与人生》，《梁漱溟全集》第三卷，第 704 页。
④ 　梁漱溟：《东西方文化及其哲学》，《梁漱溟全集》第一卷，第 417 页。
⑤ 　同上书，第 467 页。

德本身在人世间具有绝对价值"①,它本身就是目的,而不是实现什么目的的方法。② 梁漱溟认为,由于儒学的兴盛,周秦以后,中国主体文化就摆脱了宗教时代而走上以道德代替宗教的道路;而以儒学为立国之本远胜于以宗教立国。因为儒学实现道德教化和慰勉人生的社会功能是立足于启发主体的理性自觉,它不需要外借于宗教迷信和神秘教义来推行。

梁漱溟提出,儒学虽然重视人伦道德,但其内容并非全在于此;儒学还特别关注人生的根本意义,提升个人的精神境界;如果仅从没有宗教迷信来理解孔子和儒家,则失于偏颇了。

对于儒学的人生态度和道德精神,梁漱溟是终生赞许的;而对于儒家的礼乐或礼法制度,他则从历史主义的角度批判看待而有所褒扬有所贬抑。如他提出,礼乐对以孝悌为核心的儒家道德具有辅助作用,"礼乐是孔教唯一重要的做法";儒家的礼乐不但"富于情感",更重要的是它能"使人情感调和得中"③。他认为,礼乐产生的本初原因是好的,周公孔子的礼乐教化本来就是为了"遂行人情"、"安稳人生"④。梁漱溟又意识到儒家的道德精神与礼法规范有内容与形式关系,认为在中国道德生活历史中,原本活泼而富于情感的礼乐或礼法逐渐流于僵化的形式规范,不但偏离儒家富于情谊的"理性",甚至变成了压抑、湮没"理性"的东西。他主张为弘扬儒家原本切近人情、生动活泼的人生态度和道德"理性",必须摒除那些扼杀儒学生命力的旧礼法形式。

梁漱溟认为,从近代以来的人文主义立场尤其是人权观念上看,中国以纲常伦理为主的传统礼法显然压抑了个人权利和个性发展,自然

---

① 梁漱溟:《人心与人生》,《梁漱溟全集》第三卷,第750页。
② 梁漱溟当时认为,宗教的社会功能在于它主要是实现道德教化目的之方法。
③ 梁漱溟:《东西方文化及其哲学》,《梁漱溟全集》第一卷,第467、468页。
④ 梁漱溟:《人心与人生》,《梁漱溟全集》第三卷,第743页。

会受到新道德的激烈批判；但是它是出于中国古代社会的历史需要而产生的，曾经有着适宜的历史环境和充分存在的理由，也曾经有其积极的历史作用。梁漱溟晚年在"文化大革命"的逆境中，依然公开称赞"孔孟理性主义"对中国历史的贡献；他也认为，原本富于"生动的理性，活泼的情理"的孔孟儒学，后来被演变为三纲五常等僵化的形式而背离了原来的意旨，以至成为"被诅咒吃人的礼教"①。但是，他又提出，三纲五常等伦理规范所以能存在了两千多年，说明它曾经长期适合中国社会的历史需要；它对于中华民族的历史延续和国家扩展"起着莫大的作用"。况且三纲五常是后于孔子出现的礼教，即便三纲五常吃人，也算不到孔子账上。退一步讲，"孔孟之道就是吃人的礼教……则数千年来中国人早就被吃光死光了，又岂能有民族生命无比绵长，民族单位无比扩大之今日。"②在当时处于政治高压下的大知识分子中，有胆有识如梁漱溟者，实在是鲜有其人，这是中国知识界的骄傲，更是中国知识界的悲哀。

梁漱溟在1934年纪念孔子诞辰的讲演中提出：孔子的长处不在他"博学多能"，而在于他有一个"毕生致力"并作为"他种种学问根本"的学问；孔子的这个学问，现代世界所有的学科都没有研究，因而也都找不到合适的名词来表达它。它既不是自然科学，也不是社会科学，甚至也断然不是西洋哲学样式的哲学。梁漱溟以勉为其难的语气说："不得已而为之名，或可叫做自己学"。所以如此称谓，就因为"孔子毕生所研究的，的确不是旁的而明明就是他自己"③。所谓研究自己，就是研究了解自己的生命和生活，从而"对自己有办法"，或者说"自己不

①　梁漱溟：《今天我们应当如何评价孔子》，《梁漱溟全集》第七卷，第312页。

②　同上。

③　梁漱溟：《孔子学说的重光》，郑大华、任菁编：《孔子学说的重光》，中国广播电视出版社1995年版，第519、520页。

跟自己打架",使"自己生活顺适通达,了亮清楚"①。他断定:这就是孔子"最大最根本的学问"②,或者说是"孔子学说的真正价值"③。

梁漱溟在这次讲演中展望了中西文化较量在未来的胜负。他宣称:"我敢断定,……现在的西洋人要失败在中国人面前。"他的理由是:西方的学术虽然很发达,可是他们运用智慧的方向是向外以研究外物,而非向内以体味自我生命;他们对什么都有办法,却对自己没有办法,这样的生命是"蠢生命"。中国的最高学问④——孔学的意旨则是使智慧不仅仅用于对外物的研究,更重要的是对自我生命的深切体认与合理的安排,是"让智慧回到自己生命,使生命成立了智慧的生命"。中国人在观念上"一向受孔子的启发与领导,曾经在了解自己的学问上用过心"⑤,因此,西洋人最终必然失败在中国人面前。梁漱溟看到孔子学说当时正处在"晦塞时代","怀疑的空气仍然浓厚";但是他致力于"把晦暗的孔子重新发挥光大,重新透露其真面目"的工作,⑥并依据以上理由断定:西洋文化终究会被中国文化所取代,"孔子学说的价值,最后必有一为人类发现,为人类所公认,重光于世界"!⑦

从儒学与梁漱溟的思想源流关系来看,梁漱溟虽然以光复并弘扬孔学真精神自任,然而他所理解的孔学真谛与孔子本来思想有所出入。这从他屡屡强调孔学要旨在于通过反省内观以提高人生境界的种种议论即可明显看出来。这类说法用来概括孟子思想意旨和直承孟子心性修养学说的陆王心学的思想意旨倒更为惬当。梁漱溟坦言自己服膺于

---

① 梁漱溟:《孔子学说的重光》,郑大华、任菁编:《孔子学说的重光》,第521、522页。

② 同上书,第523页。

③ 同上书,第524页。

④ 梁漱溟在文中提出,"印度文化"或者说"印度最高学问"在"使生命成为智慧"方面与中国文化是相同的。见郑大华、任菁编:《孔子学说的重光》,第525页。

⑤ 梁漱溟:《孔子学说的重光》,郑大华、任菁编:《孔子学说的重光》,第524、525页。

⑥ 同上书,第518页。

⑦ 同上书,第526页。

王阳明学说,认为王学直接继承孔孟精神。他尤其盛赞王学分支的泰州学派王艮的思想,承认他们对自己的影响。关于梁漱溟的这种学术倾向,近代以来的学者多有明断见解,此不赘举。

梁漱溟对于心学尤其是阳明学派的汲取大致有两方面,一是以我为主的立论方法,一是人生态度和心性修养等思想。梁漱溟发掘孔学的真精神,方法源于陆王心学而主观性过之。梁启超认为,梁漱溟的儒学思想继承的是强调"百姓日用即道"的泰州学派,这是实际是将梁漱溟看浅了。王学对梁漱溟的影响首先是其充分发挥主体自抉的立论方法,其次才是它的致良知、乐生等思想。梁漱溟早期明确说过:"我是先自己有一套思想再来看孔家诸经的;看了孔经,先有自己意见再来看宋明人书的;始终拿自己思想做主。"这就将他诠释儒学的主观性方法表露得很明显了。不但方法,而且在内容上梁漱溟也不恪守旧说。他主张:"我们可以把孔子的路放得极宽泛、极通常,简直去容纳不合孔子之点都不要紧。"①这样的议论表明他是以心学"六经注我"②的学术传统去诠释孔子的,并不那么忠实于孔学的本相。虽然他也常有认识孔子真面目要避免"落于主观的演绎"③等议论,但是这样的议论与上述他关于读儒经和宋明人书而"始终拿自己思想做主"的自白,实在难以自圆其说。

梁漱溟依据自己理解的孔学真谛,对两千多年的儒学历史脉络做了一番清算。他早期在《东西方文化及其哲学》中提出,孔学的真精神在荀子时即已经被隐晦,由汉至五代是真儒学沉沦的时代;宋学虽然有几分领会,却也没有充分得到孔学的意旨,唯明代中期的王阳明学派,尤其是泰州学派的王艮王襞父子对孔子的人生态度有真正的理解。其

---

① 梁漱溟:《东西方文化及其哲学》,《梁漱溟全集》第一卷,第 540 页。
② 宋儒陆九渊曾说:"学苟知本,六经皆我注脚。"见《陆九渊全集》卷三十四。
③ 梁漱溟:《孔子学说的重光》,引自郑大华、任菁编:《孔子学说的重光》,第518 页。

后盛行于清朝的汉学,只是做客观的考据那些外在工夫,全不去体味儒学的内在精神,因而也是真儒学湮没不彰的时代。总之,自荀子以后,儒学的思想历程大部分是孔子意旨被曲解,假儒学流行的历史。因此,孔子真精神亟待于重新发现(实际是重新解释)以复兴优秀民族文化。然而,该著又因之出现了逻辑上的麻烦:如果说假儒学流行了两千年,何以又说中国走的是富于"理性"而以意欲"持中调和"为特征的第二文化路向呢?梁漱溟在同书中有时提出与上述见解不同的议论,肯定儒家思想对于民族品格的普遍而深刻的影响,以此来自圆其说,为其文化路向说做逻辑上的疏通工作,但是,这些彼此相左议论的并存,使得该书在立论上显得不够严谨。后来,梁漱溟对这种极端化的说法有所更正,肯定儒家思想虽然屡遭曲解,但依然是中国历史的主导潮流,正是它造就了中国人注重道德理性与调和持中的生活态度,造就了伦理本位的人文观念乃至社会结构。然而在晚年,他又旧话重提,认为自荀子以后"假儒学"流行,而孔子真精神鲜为人知。

梁漱溟所坚持的中国本位文化不是旧的政治经济体制和形式化的纲常伦理,而是他认为超越历史局限而具有恒常价值的儒家根本的人文精神或人生态度。他力图摒除那些有历史相对性的制度规范形式而提炼出具有绝对普遍意义的精神内核。实际上,他所要保留的也只是富于"理性"的民族精神,而主张除此而外要全部改换。美国学者墨子刻评价近现代中国文化本位学者的话很能把握住问题的肯綮。他说:中国的一些从事人本主义努力的知识分子,他们把真儒学和汉代以来制度化、教条化的官方儒学区别开来,希望从不纯的文化遗产中提取出可能适用于未来的道德精神,建立中西结合而又批判发展的新学术。①此说很准确地指出了新儒学的主要理论思路。新儒学学者们将传统儒

---

① 墨子刻:《摆脱困境——新儒学与中国政治文化的演进》,转引自郑大华著:《梁漱溟学术思想评传》,北京图书馆出版社1999年,第173、174页。

学层层剥落,力求去除其中受历史局限的种种因素,尤其是僵化了的规范形式这些表层结构,从中发掘出有恒久生命力和普遍适用性的深层结构——儒学的根本精神;这种根本精神不但包含有墨子刻所说的"道德精神",而且有升华个体境界的人生精神。新儒学开创者梁漱溟的学说明确体现了展示这种理论的思路。

梁漱溟的真假儒学之辨,并未给儒学增加什么新内容。他所做的不是增益工夫,而是"损之又损"(借用《老子》语)的减损工夫。他这样做的目的显然是要找出儒学与近现代人文观念和科学精神的契合点。梁漱溟虽然终生致力于儒学与近现代学术接轨的问题,或者径直说是与西方近现代学术接轨的问题。但是在他所推崇的儒家"理性"文化与西方近代现代以民主和科学为代表的文化之间,很难说他真正找到了使二者融通无碍的契合点。这个契合点的问题是新儒学学者们无可规避的大难题。早期的新儒学思想家们对解决这个难题各有发现、发明而难衷一是,并且这种探讨曾经在中国大陆沉寂了数十年,不过,这种探讨毕竟极有学术价值和现实价值(至少对属于儒家文化圈的国家和地区),因而必定会再度扩展开来,深入下去。

论说梁漱溟对真儒学的辨析,就需要提及梁漱溟对近代以来风行中国思想界的科学主义的批判。中国近代的西化论者们虽然祖述西学而各有所宗,不过尊奉西方近代以来的理性主义则是他们共同的思想倾向。以反神学、反蒙昧为初衷的理性主义精神极大促进了西方科学的发展,却也衍生出了科学主义(或称之为唯科学主义)思潮。科学主义不但对宗教是致命的挑战,而且颠覆着哲学的存在根基。弥漫于中国知识界的西化论思潮正是以民主主义和科学主义这两大利器来全面扫荡中国传统文化的。梁漱溟反对近代以来风行中国思想界的科学主义。他对之的批判主要是从认识论和人生论两个角度展开的。

梁漱溟曾经肯定民主与科学对于人类社会具有绝对的价值。但是,如前所述,对于中国能否接纳西方民主,梁漱溟还有两度的思想转折过程。这说明他对民主价值的绝对性是有过思想彷徨的。对于科学,梁漱溟从来肯定它具有的绝对价值,始终积极主张引进科学而毫无异词。但是,梁漱溟反对以"科学万能"为特征的唯科学主义思潮;他认为,科学有其适用的范围,而这个范围也是它的局限所在,科学永远不可能取代哲学和宗教对于人生慰勉关怀的社会作用。他认为,科学主义若用于人生,必然衍生出追求满足感性欲望的拜物主义、斤斤计较利害得失的人生态度;其对于解决中国的人生观念危机非但无助,而且有害。梁漱溟力辩科学在体认宇宙本体和探求人生价值信仰上的无能为力,求证儒家人生哲学具有普遍而恒常价值。梁漱溟对于如生命哲学、唯意志主义等西方非理性主义哲学的接受,不但是认为它们与自己所理解的儒家思想有所契合,而且是出于反对夸大理智作用的科学主义之需要。

梁漱溟早期在《东西方文化及其哲学》中,就从认识论和人生论两方面提出了反对唯科学主义的思想。他从区分"直觉"和"理智"两种认知方式各自特点的角度说明"理智"的适用范围有其局限。他肯定柏格森划分科学和哲学的思想,强调二者在对象和方法上迥然不同,即科学的对象是繁多而固定的现象世界,以"理智"为方法;而哲学(或称"玄学"、"形而上学")的对象是统一而变化(具有生命冲动而绵延不绝)的宇宙本体,只有"直觉"才能把握。梁漱溟又提出,哲学的使命不但在于把握宇宙本体,而且在于把握人的情感、意欲等内心生活,体认生活和生命的深层本质或内在意蕴;而"理智"对于这些无能为力,只有"直觉"才能胜任。因此,他断定,若以科学代替哲学而解决人生观乃至世界观问题,"实自乖其根本,而且终究弄不成"①。在他看来,以感情和直觉为内容的生活与理智活动是此消彼长,相互排斥的。在人

---

　　　① 梁漱溟:《东西方文化及其哲学》,《梁漱溟全集》第一卷,第404页。

生问题上,循着理智的路只会产生出斤斤计较个人得失的功利人生观,"彻底的理智"会"把直觉、情趣斩杀得干干净净"①;而走直觉的路则可以使人超越私利、不计较个人得失,具有达观的生活态度。他说过"孔家很排斥理智"②的话,这话的意思是孔子学说的核心就是切近感情、不计较得失的人生态度。③ 在世界观上,循着理智的路就会把人和宇宙割裂开来,自然对于人就成为冰冷无情的外在物;而循着直觉的路,则可以将自己和宇宙自然融为一体。

梁漱溟对于科学主义的批判,始则体现为判别"理智"与"直觉",进而推崇"直觉"而贬低"理智",后则逐渐形成了独立而系统的心理学见解,从判别"理智"与"理性"入手,进而推崇"理性"而贬低"理智"。从标榜"直觉"到推重"理性",体现了梁漱溟文化心理学思想从"杂取滥引"(梁漱溟语)向独立而成熟的转变。不过梁漱溟前后推重这两个范畴也各有其思想上的侧重之点,梁漱溟在论说"直觉"与"理智"的关系时,既重视认知形式的区别(包括二者各不相同的认识方法、认识能力、认识对象和相应的知识领域),也重视人格结构的问题;其中似乎哲学认识论的因素要多一些。他在论说"理性"与"理智"的关系时,则比较侧重于人格心理结构的问题,更具有心理学的意味。

近代西方非理性主义是逆反理性主义和唯科学主义的强劲思潮。梁漱溟所以对生命哲学和唯意志论等非理性主义特别感兴趣,是由于唯科学主义是当时中国的西化论思潮的一个基本思想倾向,西化论者正是用唯科学主义来挑战中国以儒家思想为主的人生观念和人文精神的,而传统的人生观念和人文精神是坚持中国文化本位学者们退守的

---

① 梁漱溟:《东西方文化及其哲学》,《梁漱溟全集》第一卷,第461页。
② 同上书,第455页。
③ 梁漱溟这种孔学排斥理智的偏颇说法,后来有所更正,但是强调孔学主旨是人生关怀的思想则终生不变。

下限（他们大都意识到以纲常伦理为代表的制度化的儒学已经成为失去生命力的历史故物），梁漱溟为坚持民族本位文化以摒斥西化论，选择了靠拢唯意志论和生命哲学等非理性主义以抗衡西化论和唯科学主义的道路。当然，这不是所有新儒学家共同选择的唯一道路，新儒学家中标榜理性主义以抗衡西化论的也颇有人在。

后来的科学玄学的人生观论战实际是此前以梁漱溟为代表的中国文化本位主义和以陈独秀、胡适等西化论者为代表的科学主义争论的延续。有人说科玄之争以科学主义的胜利告终，实则并非如此，正如冯友兰所说，这场论战实际是论题不清、逻辑混乱而并无结果的混战。①

第四节 探索儒家的人类心理观及
建立儒家文化心理学

梁漱溟早期就提出伦理学与心理学直接关联的思想。他断定"凡是一个伦理学派或伦理思想家，都有他的一种心理学为其基础；或说他的伦理学，都是从他对于人类心理的一种看法而建树起来"。他基于这个前提性思想进而推断：孔子的伦理思想必然有其一套心理学或"人类心理观"为基础。不但如此，梁漱溟还提出，评价一种伦理思想的标准是它赖以建立的心理学思想正确与否；"进而言之，要问孔子主张的道理站得住站不住，就须先看他心理学的见解站得住站不住"②。梁漱溟一直认为，要使孔子学说重新发扬光大，需要在两方面下工夫，一方面是研究人类心理；另一方面是整理中国古籍。③ 就前者言，梁漱

---

① 冯友兰：《中国现代哲学史》，广东人民出版社 1999 年版，第 122、123 页。
② 梁漱溟：《东西方文化及其哲学》，《梁漱溟全集》第一卷，第 327—328 页。
③ 梁漱溟这里所说的整理"中国古籍"，主要指整理孔子的书。他所谓的"整理"是哲学方法论上的诠释，而非就考据学意义而言的。

溟以为,"如无这面的工夫,则孔子思想得不到发挥,因为孔子学说原是从他对人类心理的一种认识而来,……对于人类心理的认识,是他一切话与一切道理的最后根据。所以心理学的研究,是重新认识孔子学说,重新发挥孔子思想顶必要的一面工夫。"①依据这种对孔学内在逻辑结构的思考,又深感当时学术界"明白心理学的人不能明白儒家,明白儒家者又不明白心理学,两者能都明白而又能有所讨论(笔者注:即探讨意)的,这个人现在很难有";梁漱溟慨然以做"这个人"自任,表示"我则甚愿努力于斯"。他从早期至暮年,都致力于发掘孔子对人类心理的思想意蕴。他说:"我觉得我有一个最大的责任",就是将中国儒家"与现代学术接头"。② 他认为,建立"儒家的人类心理学"则是儒学"与现代学术接头"的一个至为重要的方面。

梁漱溟早期在《东西方文化及其哲学》中,就致力从吸收西方近代以来的心理学成果入手,③以期从心理学的角度说明三种文化路向的精神意蕴,尤其是求证孔学人类心理观的真实底蕴。他此时提出了不少思想新颖却失之轻率的不成熟看法。如他将孔子的"仁",孟子所谓的"四端"④、王阳明的"良知"⑤都归结为所谓"直觉";又提出儒家的"中庸"是"走双的路"——既"一任直觉"又"兼用理智";并从心理学的角度界说西方、中国和印度三种文化路向在认知方式上不同的特色。

---

① 梁漱溟:《孔子学说的重光》,引自郑大华、任菁编:《孔子学说的重光》,第518页。
② 梁漱溟:《朝话》,《梁漱溟全集》第二卷,第136页。
③ 按梁漱溟自己的说法是接受了欧洲"本能一派的心理学"思想(见梁漱溟:《东西方文化及其哲学》,《梁漱溟全集》第一卷,第328页)。从《东西方文化及其哲学》来看,实则他当时受俄国学者克鲁泡特金心理学说的影响最大。
④ 孟子所谓"四端"是其性善论的主要思想,分别指"恻隐之心"、"羞恶之心"、"辞让之心"和"是非之心";孟子认为,此四者是人先验的道德禀赋,它们分别是仁、义、礼、智四种道德的端倪,故名"四端"。见《孟子·公孙丑上》。
⑤ "良知"说本起于孟子,经王阳明的重新诠释,"致良知"成为阳明学派的基本思想。

后来他对这些思想屡表悔悟并自我否定。① 他领悟到"儒家的人类心理观"迥异于现代西方心理学而与儒家的道德思想有密切关联;只有了解儒家特殊的心理学说,才能深知儒家伦理观的心理根据,才能完整把握儒学的真精神。他力图重新发掘前者,架起由之通向后者的理论桥梁。梁漱溟在 1942 年的时候,自谓已经"基于对人类生命的认识"而成熟地为孔孟之学"建立他的心理学而后乃阐明其伦理思想"。也就是说,他认为自己此时成功地架构起这条桥梁;并自负地认为举目当世"此事唯我能作"。② 1949 年以前,他在《乡村建设理论》、《中国文化要义》等论著中表述了他自成一套的心理学思想,1975 年成书的《人心与人生》③则更为全面、系统、成熟地阐发了他的心理学说。

儒家源流虽长、派别虽多,但是以道德属性作为判别人兽的根本标准,则是他们同为儒家的一个基本共识,④而人类的天然本性和现实的道德品质的关系则是他们所共同关注而难衷一是的重大论题。梁漱溟虽说接受了西方的心理学思想的影响,遣词用句都是新颖的时代用语,但是他实际上也是循着这个思路往前走,也在探讨这个千古难解的论

---

① 如梁漱溟在 1922 年《东西方文化及其哲学》第三版序言中就着重说明他对此书有诸多悔悟,其中两个重要的悔悟都与心理学有密切联系,一个重要悔悟是用西方心理学的"直觉"和"理智"概念去评价"孔家哲学"的中庸是"走双的路",即"一任直觉"又"兼用理智";并依据这种见解去评判从朱熹到王阳明的宋明道学思潮;第二个重要悔悟是从心理学的角度说明西方、中国和印度三种文化的不同认知方式,即"西洋生活是直觉运用理智,中国生活是理智运用直觉,印度生活是理智运用限量"。梁漱溟表示自己这些议论"痛自悔悟","歉疚难安",愿意将这些说法一概取消。他在 1929 年的第八版序言中又强调自己在此书中用"现在心理学的话"去解释儒家思想,"却大半都错了"。他认识到"儒家的人类心理观"与自己当时所"杂取滥引"的"现在一般心理学",恰是"根本不相容的两样东西"。见梁漱溟:《东西方文化及其哲学》,《梁漱溟全集》第一卷,第 321—324 页。

② 梁漱溟:《香港脱险寄宽恕二儿》,转引自郑大华:《梁漱溟学术思想评传》,北京图书馆出版社 1999 年版,第 281 页。

③ 《人心与人生》1984 年出版。梁漱溟在 1926 年就曾经作过以《人心与人生》为题目的讲演。他对自己正式写作此书的时间有两个说法,一是 1957 年,一是 1960 年。

④ 即便如荀子之性恶论,也认为人超越于禽兽之处在于后天形成的道德属性。

题。他所致力研究的儒家心理学和伦理学的关系,根本上就是在这个论题上做文章;他所谓"人心与人生"问题主要就是解决人类的心理特征与伦理道德关系的问题。

梁漱溟早期曾经将俄国学者克鲁泡特金的社会本能思想与儒家传统的性善论思想相调和,把人的本能规定为先天善良本性。他后来渐觉此论不妥而予以修正;认为人的本能也是分高低层次的,人之为人不在于以食色为内容的生存本能,而在于人类所特有的本能即孟子所提出的"良知"、"良能"。这种特殊本能是形成人类道德的心理基础。他后来更提出"理性"为人类心理结构的重要层次,赋予"理性"范畴以特殊内涵,并以之为核心概念而建立了他的儒家心理学体系。

在梁漱溟的心理学思想成熟时期,他将人格结构分为三个层次,即本能、理智、理性;①并认为这三者在进化中是依次递进的。他认为,本能是动物共具的先天能力,其中,脊椎动物有趋向理智的倾向,但只有人类才能真正形成理智。理智是"后起之一种反乎本能的倾向",它使得"人类生命本身性质"发生了"根本性的变化"而迥异于其他动物。②理智的发展与本能的弱化是反变关系,理智使人脱离了依靠本能而生活的自然状态。与本能偏重于"动"的特点不同,理智侧重于"静",即行动之前的冷静思考。他认为,理智生活"着重于行前之知"③;"凭藉知识以应付问题"④。这种知而后动的行为方式使人类在生活方法的技巧上远远超越于动物之群。梁漱溟认为,理智使人"从本能生活中

---

① 梁漱溟这样分析人格结构,明显是受了罗素心理学思想的影响。罗素将人格结构分为本能、理智、灵性,而认为道德感情出于灵性。梁漱溟早期曾经批判这个观点。后来他自称"迨经积年用心观察、思考和反躬体认之后"(见梁漱溟《人心与人生》,《梁漱溟全集》第三卷,第599页),终于肯定并基本接受了罗素的这个思想,而以"理性"取代"灵性",并将"理性"作了儒家伦理观的阐发。

② 梁漱溟:《人心与人生》,《梁漱溟全集》第三卷,第561、562页。

③ 同上书,第568页。

④ 梁漱溟:《中国文化要义》,第126页。

解放出来"，超越了依靠本能的"有限"生活，而实现了生命力的无限扩大。①

梁漱溟虽然详辨理智与本能的差别，但是他关于人格结构问题的重点在于辨析理智与理性的差别。在他看来，仅具有理智并不足以使人类根本判别于动物之群，因为依靠理智生活与依靠本能生活虽然大有差异，但也不过是生活方法高低相异而已；它们有着更大的共同之处，即二者的目的都是为了解决"个体生存、种族蕃衍两大问题"②，二者都不过是要解决生命的动物性存在。就此而言，如果人类只是在生存手段上比动物高明，则并未能实现自身生命的真正意义；而人所以为人，乃在于从动物性的生存问题中解脱出来，实现人所特有的生命自由和生命意义。他认为，理智发展"初不过在生活方法上别辟蹊径，固将更有以取得两大问题之解决"；然而，理智具有摒除本能的"感情冲动"而力求"心气宁静"的特点，它使得人类能够逐步"突破了两大问题之局限"而获得生命的自由，而"争取自由"是"生命本性"的必然之势。③理智固然有使人在生活方法上超越于动物的作用，然而理智的意义又"不落于方法手段"；它使人不限于生存而"对于任何事物均可发生兴趣"，产生"求真之心"、"好善之心"等并非"营生活手段"的心理，不期而然的开启出人类"无所私的感情"——理性。所以说理性"这一感情是无私的"，是因为它"不是为了什么生活问题"。④

梁漱溟看到"理智"与"理性"是在汉语中出现不久的新语词，二者在内涵指谓上往往通用不分，即都是表达人类优越于动物的特征——"心思作用"。梁漱溟则认为，人的"心思作用"有两个方面——认识事物之理的方面与认识人伦情理的方面；他主张将"理智"与"理性"两个

① 梁漱溟：《中国文化要义》，第126页。
② 梁漱溟：《人心与人生》，《梁漱溟全集》第三卷，第567页。
③ 同上书，第570页。
④ 梁漱溟：《中国文化要义》，第127页。

语词区分开来,使它们分别指谓"心思作用"的这两个方面。① 梁漱溟对"理智"与"理性"作了多方面辨析,以期明确判别这两种"心思作用"的不同,尤其是确定"理性"较之"理智",更能体现人类的特殊本质。梁漱溟多以传统的体用、本末范畴说明理性与理智在人格结构中的主次关系,如他说:"理性为体,理智为用;体者,本也;用者,末也。"②以下就其要者列举数端。

其一,人类的生存方法与生命本质之别。

如前所述,"理智"的主要作用是使人具备更好解决生存问题的方法手段,它虽然以自身冷静思虑的特点开启出人类"理性",但是它不具有"理性"那种超越生存问题而追求生命终极价值的特点。梁漱溟认为,理性比理智更能体现人类的本质特征。他说:"以理智为人类的特征,未若以理性当之之深切明著。我故曰:人类的特征在理性。"③他提出,如果不能认识理性是"人类生命本质的特殊",而仅从关于"生活方法"的理智规定人类,"实属轻重倒置"。④ 梁漱溟也曾说过兼含理智与理性的"心思作用"是人类特征。⑤ 按照他的思维逻辑,可以对之作这样的理解:即理性是人之为人的主要特征,而理智则属次要特征。他在晚年依然强调:"凡以理智为人类特征者,是从其生活方法上说;若从其主体——人类生命本身来说,其特征应该在理性。理性是体,理智是用,用不离体……"⑥

其二,在认识对象和认知方法方面之别。

梁漱溟认为,理有两种:一种是"存于客观"的事物之理,即所谓"物理"。它是理智的认识对象,对之的认识关键在排除"主观好恶"感

---

① 梁漱溟:《中国文化要义》,第 125、128 页。

② 梁漱溟:《人心与人生》,《梁漱溟全集》第三卷,第 606 页。

③ 梁漱溟:《中国文化要义》,第 128 页。

④ 同上书,第 127 页。

⑤ 同上书,第 128 页。

⑥ 梁漱溟:《今天我们应当如何评价孔子》,《梁漱溟全集》第七卷,第 275 页。

情的阻碍而持客观态度;一是"存于主观方面"的"情理",如"正义感"。它是通过"理性"作出的价值评判,体现于人的"感情好恶"和"意志取舍"方面。① 他认为,认识"物理"的理智与认识"情理"的理性,分别属于人类"心思作用"中的"知"与"情"两方面;②理性所体认的"情理","离却主观好恶即无从认识";而理智的体认对象——"物理","则不离主观好恶即无从认识"。③ 梁漱溟还从认识论的角度对二者认知方法的特点做了一些区分,如理智是静观的,理性是能动或静中之动;理智是分析的,理性是直觉的;理智的知识须积累而成,理性则是当下圆满等等。

其三,能否决定人类生活方向之别。

梁漱溟强调:理智所获得的"科学之理"只是"静"的客观知识,它不是人类行为的内在驱动力量,不能决定人类的行动方向;而理性所体认的"情理",则是"动"的主观意向,它"指示人们行为的动向"④。他说:"理智之用无穷,而独不作主张;作主张的是理性"。⑤ 所谓理性"作主张",就是说它才是决定人类行为方向的内在驱动力量。由此也可说明理性是生命之体,理智是生命之用。

其四,是否含具道德禀赋之别。

梁漱溟所以将理性确定为生命之体,还在于他赋理性以道德内涵。他说:"理智者人心之妙用,理性者人心之美德。"⑥即在人的心理结构中,理智为智慧机巧,理性为道德禀赋。梁漱溟沿袭了儒家以道德属性判别人兽的传统思想;称赞"中国古人"不但最先体认到人类的天赋理

---

① 梁漱溟:《今天我们应当如何评价孔子》,《梁漱溟全集》第七卷,第272页。
② 梁漱溟:《中国文化要义》,第127页。
③ 同上书,第129页。
④ 同上。
⑤ 同上书,第127页。
⑥ 梁漱溟:《人心与人生》,《梁漱溟全集》第三卷,第603页。

性,并以为"人生之意义价值在焉"。① 梁漱溟也将"理性"规定为伦理情谊和道德进取心,认为这是人类超越于动物之群的根本之处;它使人的心思从谋求生存的工具状态中超脱出来,产生出一种超越小我的自觉即无私的道德情理,人的生活因之变得伟大而光明。

关于心理结构中本能、理智、理性三因素关系的思想,梁漱溟很注意思考人兽相判别的根本原因,这是中国心性学说历来关注的老课题。他早期曾以人的"本能"含具先验道德禀赋而区别于禽兽,后则以经"理智"开出的"理性"为道德之源,以"理性"作为人区别于动物的内在根据。他提出,道德品性体现了"争取自由、争取主动,不断地向上奋进之宇宙生命本性",这种宇宙生命本性"唯于人类乃有可见",说明了"人心之伟大"、人类生命活动是"宇宙大生命顶峰"。至于其他生物的生活,则"陷于个体图存和种族蕃衍两大问题上打转转",全然看不到这种"生命本性"。②

其五,对人的精神境界作用之别。

梁漱溟认为,"理性"可以使人超越"有对"的生活状态而达"无对"的精神境界。他提出,"一切生物均限于'有对'之中,唯人类则以'有对'超进于'无对'。"他所谓"有对",是指自我生命与外境相分离而对峙的状态,体现为对外境的"利用或反抗";而理性则可使人融通种种分离和对峙、超越对外境的"利用或反抗"而达到内外统一的"一体之情",即"无对"境界。他所谓的"无对",不是超然物外而绝对独立的精神状态,而是在精神上泯灭物我、人己等差别和对立而实现和谐同一的境界,即"人类生命廓然与物同体其情无所不到"③的境界,梁漱溟说,他所谓的"宇宙大生命",就是指"生命通乎宇宙而为一体也";理性这种"无私的感情"的发挥,就是人与宇宙"一体相通无所隔碍的伟大

---

① 梁漱溟:《中国文化要义》,第139页。
② 梁漱溟:《人心与人生》,《梁漱溟全集》第三卷,第605、606页。
③ 梁漱溟:《中国文化要义》,第136、137页。

生命表现耳,岂有他哉"![1] 这实际就是儒家尤其是宋明道学诸派所共同标榜的"天人一本"精神境界。

梁漱溟曾经反对罗素将人格心理分为本能、理智、灵性要素的思想,后来几经推敲又肯定罗素这种"三分法"较之"两分法"[2]高明,说"我卒不能不服其确有所见者也"。不过,他认为罗素将这三要素"平列并举",则不能合理地说明"人心原为一整体"。[3]

梁漱溟强调自己的心理学说中所说的"理性"不等同于罗素的"灵性",又强调他所说的"人心"三要素即本能、理智、理性是有主次差别、结构井然的整体,其中理性是统率本能与理智而居于主体地位的要素。本能和理智固然是颇多相异的心理倾向,但二者有异中之同,即它们都是以维持生存为目的的工具性心理——理智虽然具有反本能的倾向,也不过是更为巧妙有效的生活方法而已。理性则使二者贯通一致。理性和本能的贯通之处在"情"的方面,即二者都是感情生活,但是,本能的"情"是生命的原始冲动,是计较利害得失的"有私"之"情";而"理性"的"情"则是无私的道德感情。为使人类避免近于禽兽,就必须用理性之"情"去统率本能之"情"。[4]"理性"与"理智"的贯通处主要在于:理智以其静观特点为理性的充分实现开辟了道路,人类因之得以超越生存问题而体认生命意义,获得道德的自觉和精神的自由;而理性作为生命的驱动力量又规定了理智运用方向。

实际上,在梁漱溟关于理性是统率本能与理智而居于主体地位的议论中,并不全是实然判断,其中多有应然判断。这是他既以主观意向主张中国的人生态度应该取代西方的人生态度,又以客观态度断定中

① 梁漱溟:《人心与人生》,《梁漱溟全集》第三卷,第604、605页。
② 指俄国学者克鲁泡特金将人格结构分为本能、理智两要素的思想。梁漱溟早期在《东西方文化及其哲学》中所提出的心理学思想多受克鲁泡特金影响,后来反省自己早期心理学观点时,对克鲁泡特金的心理学思想也多有批评。
③ 梁漱溟:《人心与人生》,《梁漱溟全集》第三卷,第603页。
④ 同上。

国的文化路向必然取代西方文化路向的心理学根据。

梁漱溟认为,理性作为人类的本质特征,并不是一开始就完全成熟并充分展现的,它有一个从开发到成熟的进展过程。具体说,在第一期文化时,人类面临的主要是人与物的关系,首先要解决的是生存问题;因而人类通过发展理智而创造工具以奠定生活的物质基础。在此期,理智得到了长足的发展,而理性虽然得以开启,却未能臻于成熟地步。当人类将第一期文化的路走完而转向第二期文化时,其所面临而要解决的主要问题就转向了人与人的关系问题,敦于人伦情谊和道德进取的理性便在此期而发展成熟,而人类此时才真正实现并展现了自身的本质特征。用梁漱溟的话说,"第二期才真是人的生活"。①

梁漱溟将这两期文化的相继发展比拟为个体生命的身与心的相继发展,即身体的发育在先,心理的发展在后,心理随身体而发展。他说:"第一期假如可称为身的文化,第二期正可称为心的文化。"②在他看来,社会也如同生命过程,精神生活在物质生活问题解决之后才会长足发展,二者的依次发展体现为理智和理性的相继成熟。

梁漱溟依据这种文化历史观评说中西文化各自的短长。他认为,"西洋偏长于理智而短于理性,中国偏长于理性而短于理智"。③ 具体说,西方文化走的是循序渐进的历程,因其还在第一期文化,故理智发展充分而理性尚未充分开发;虽然因科学技术发达而在物质文明上获得巨人成就,但是却不能真正体会生命的本质,且伦理情谊欠缺。在人与自然的关系和人与人的关系上,都一概处于分离、冷漠乃至敌对的状态。人们都聚精会神在经济竞争上而时刻地患得患失,活泼的情感被抑制,精神生活了无生趣。西方文化"一向皆务为物的研究,而太忽略

① 梁漱溟:《中国文化要义》,第 274 页。
② 同上。
③ 同上书,第 128 页。

了人",在"人类所以为人"的问题上"甚幼稚"。①

中国文化则过早走上了第二期文化,故理性发达而理智欠缺,表现为科学技术和物质文明落后,却体认到生命的本质而伦理情谊发达。梁漱溟提出,中国人优于西洋人而贡献于人类之处,就是首先发展了理性,"认识了人类所以为人"②的道理。他认为,理性经孔子、孟子的开启而在儒家学说中得到充分实现,如果说儒家也有主义的话,应当称为"理性至上主义"。在儒家的领导下,两千多年间,中国人形成了一种赖以生存和开拓"民族生命"的"社会风尚或民族精神"。这种精神分而言之有两点,一是"向上之心强",一是"相与之情厚"。③ 所谓的"向上之心"主要指道德进取心。他认为,中国人开辟了一条既肯定人生和现实世界,又"不看重现世幸福",而以道德进取为精神幸福的人生态度。它既迥异于宗教那种"否定人生现世,要出世而禁欲"的人生态度,也根本不同于近现代那种"肯定人生现世"而追求种种欲望之民族的生活态度。④ 所谓"相与之情"即伦理情谊。他认为,人的生命存在于伦理关系亦即"情谊关系"之中,而这种关系是人与人"相互间的义务关系"。他断定:"所贵乎人者,在不失此情与义,……看到此情义,实践此情义。"⑤敦于伦理情谊正是中国人的风尚。梁漱溟认为,中国人的"向上之心强"和"相与之情厚"不可分离,共同体现了中国人最先实现的人类理性。在他看来,中国人的理性不独体现于道德伦理方面,更有对"人类生命之和谐"的体认,其包括体认到个体的自我和谐、人际和谐、以人为中心的宇宙和谐。他又将体味到"人类生命和谐"的心思,称为"清明安和之心"⑥。

---

① 梁漱溟:《中国文化要义》,第132页。
② 同上。
③ 同上书,第134页。
④ 同上书,第135页。
⑤ 同上书,第138页。
⑥ 同上书,第133页。

第五节　人学与文化哲学的形上学根基

有学者指出,梁漱溟没有建立起严格意义的形而上学①,没有像熊十力、冯友兰那样建立自己完整的哲学体系。此说自是确论。不过梁漱溟虽然不特重纯哲学尤其是形上学的思考,但是为了给他的文化哲学和人生哲学奠定理论根基,毕竟提出了较为系统的形上学思想。

梁漱溟意识到本体论对哲学体系的根基意义,他早年在《印度哲学概论》中曾经说:"本体论为哲学所自始,亦哲学之中坚。"②直至晚年,他还在《儒佛异同论》中提到:儒家虽然不像佛家那样求证宇宙本体,但是如果不对这个本体有所认识,就不会有"一以贯之"的"吾道"。③梁漱溟既然以能够体认孔学真精神自命、以弘扬它自任,当然要对本体论有所阐发,以使其学说有形上学的根基而显得更坚实更系统。

梁漱溟本体论思想可以说是论出多源而不拘一家,如佛学唯识学、柏格森的生命哲学、叔本华唯意志论、《易传》以"生生""日新"为特色的天人之学、宋明道学尤其是王学的心理同一思想④等,都在他借鉴、采撷的范围之内。他于这些思想资料依据己意而定取舍,重新组合为一说。梁漱溟本体论和宇宙论的特点可大致概括为:强调宇宙的动态流变而非本体的"寂然不动"⑤,否定本体为以一统多而主张是多非一

---

①　本书凡提到"形而上学"或"形上学"范畴,一概是指其本义即宇宙论哲学。
②　梁漱溟:《印度哲学概论》,《梁漱溟全集》第一卷,第74页。
③　梁漱溟:《儒佛异同论》,《梁漱溟全集》第七卷,第160页。
④　梁漱溟虽然受心学、尤其是王阳明学派的影响很大,但是,陆王心学不以本心为宇宙本体,而侧重本心可上通于宇宙的道德精神,即心与理的同一。梁漱溟在本体论、宇宙论方面对心学有所撷取,然又有所不同。
⑤　《周易·系辞传》:"寂然不动,感而遂通天下之故。"

的宇宙状态,①肯定天人贯通而非主客分离的天人思想。

在《东西方文化及其哲学》中,梁漱溟强调:宇宙的永恒并非有个唯一本体的"恒在",而是有生命力的动态流变之无穷过程;它展现为诸多"生活的相续",通过绵延不断的"生活"而实现它的"恒在"。他说:"宇宙是多的相续,不似一的宛在。"梁漱溟所谓"生活"、"相续"就是佛教唯适学所说的"有情"即生物。他所说的"尽宇宙是一生活",或"宇宙实成于生活之上,托乎生活而存者也"等话头,不可作寻常理解,其有强调宇宙也是一个有生命力的过程的意蕴。诸多具体的"生活",既"各有各自的宇宙",又汇合为一大宇宙。所以说,宇宙就是"大的生活"。②

梁漱溟认为,若就"小范围的生活"即"表层生活"③来说,则展现为"涌出不已"的"事的相续"。他所谓的"事",也有特殊含义,即主体对客体的疑问和解答。他说:"一问一答,即唯识家所谓一'见分',一'相分'④——是为一事";而"凡刹那间的一感觉一念,皆为一问一答的一'事'";生活所以成为"无已的相续",事所以会"涌出不已",是由于"问不已,答不已"。他将不断"探问或追寻"的根子称为"大潜力、或大要求、或大意欲——没尽的意欲"。⑤

梁漱溟借用佛教唯识学的用语,将现实的生物、生活乃至宇宙视为以往所造之业的果报——即"真异熟果"。就宇宙而论,梁漱溟以"我"论宇宙,认为我们所面临的"殆成定局"的宇宙,"是由我们前此的自己而成功这样的;这个东西利用叫做'前此的我'或'已成的我',而现在的意欲就是'现在的我'";"前此的我"呈现为能感觉的物质世界,而

① 梁漱溟的宇宙论经历了这样的思想历程:最先推崇佛学唯识学本体论,其后否定本体以一统多而转向是多非一的动态宇宙观。
② 梁漱溟:《东西方文化及其哲学》,《梁漱溟全集》第一卷,第376页。
③ 梁漱溟在此指"有情"即生物的生活,着重指人类生活。
④ "见分"和"相分"是唯识学的概念,分别指认识主体和认识对象。
⑤ 梁漱溟:《东西方文化及其哲学》,《梁漱溟全集》第一卷,第376、377页。

"现在的我"则是不可感知的、非物质的"心"或"精神"。① 他将此二者相对待而一统于"我",这不仅是本体论意义上精神与物质的统一,而且是认识论意义上主体与客体的统一。

在梁漱溟看来,"小范围的生活"即"表层生活"的"一问一答"就是"'大意欲'对于这'殆成定局之宇宙'的努力",或者说是"'现在的我'对于'前此的我'之一种奋斗努力"。② 关于"奋斗",梁漱溟解释说:"凡是'现在的我'要求向前活动,都有'前此的我'为我当前的'碍',……我如果要如我的愿,……必须努力变换这种'前此的我'的局面,否则是绝不会满意的;这种努力去改变'前此的我'的局面而结果有所取得,就是所谓奋斗。"简单说,"所谓奋斗就是应付困难,解决难题"。他认为,不单人类的生活是奋斗,几乎一切生物的生活都是如此。只要是"向前努力",无论是有意识的还是出于无意识的本能,都可谓之奋斗。梁漱溟又对"为碍"即妨碍"现在的我"意欲实现的东西做了说明,即除了"前此的我"而外,还有"其他有情的'他心'"以及客观的"因果法则"。他又提出:虽然"我们的生活无时不用力,即是无时不奋斗",然而人类生活不能一律视为奋斗,"如乐极而歌,兴来而舞"以及出于"情感的活动"的游戏和文学艺术活动。③

梁漱溟强调:他这些关于"生活的见解"(实际是关于宇宙论的见解),议论虽然偏于抽象,但是在他学说中的地位却很重要,不但是其"批评的方法"的根据,也是《东西方文化及其哲学》这部代表作的中心思想。④

梁漱溟将宇宙作了生命化的理解,把宇宙的动态流变视为植根于"大意欲"的生命过程,有时径直称之为"大生命"。他将文化生活视为

---

① 梁漱溟:《东西方文化及其哲学》,《梁漱溟全集》第一卷,第 377 页。
② 同上。
③ 同上书,第 378、379 页。
④ 同上书,第 377 页。

宇宙生命过程的一个层次,常常以生命现象比况文化问题。如他说:"宇宙是一生命,从生物的进化史,一直到人类社会的进化史,一脉下来,都是这个大生命无尽已的创造,一切生物,自然都是这个大生命的表现。"①

梁漱溟并不讳言他的宇宙论是综采多家而熔铸一炉的。他不但对佛教唯识学思想多有直接的援引,而且对西方近代以柏格森为代表的生命哲学多有赞可之辞,承认其是他的一个思想"根柢",②他又承认自己的解释文化路向根源的"意欲"说与叔本华的思想相类。③ 当然,他自然要肯定儒家的天人学说是他宇宙论的主要思想根据,他断定孔子学派的人生哲学是从"形而上学"即宇宙论中推演出来的,并揣度孔子的"一以贯之"④之道,就是他的"形而上学"思想。⑤ 他认为,孔子的"形而上学"的特征是强调"宇宙之生"⑥、"宇宙的变动流行"以及中庸调和⑦。他尤其提出孔子思想中"生"的观念,说:"这一个'生'是最重要的观念,知道这个,就可以知道所有孔家的话。孔家没有别的就是要顺着自然道理,顶活泼顶流畅的去生发。他以为宇宙总是向前生发的,……全宇宙充满了生意春气。"⑧梁漱溟以他所理解的孔子精神为尺度而对佛教唯识学和西方近代生命哲学批判地予以取舍。

在梁漱溟的宇宙哲学中,宇宙之"大我"与人之"小我"在富于生命冲动和过程的绵延上是同一的。梁漱溟这种将天人一统于"我"的思

---

① 梁漱溟:《人生在创造》,《梁漱溟全集》第二卷,第 94 页。
② 梁漱溟:《中西方学术之不同》,《梁漱溟全集》第二卷,第 127 页。
③ 梁漱溟:《东西方文化及其哲学》,《梁漱溟全集》第一卷,第 352 页。
④ 孔子曾说:"吾道一以贯之。"见《论语·里仁》。后学者对之理解不一,如曾参以为是"忠恕"之道,叶适以为是"中庸",王阳明以为是"致良知"等。
⑤ 梁漱溟:《东西方文化及其哲学》,《梁漱溟全集》第一卷,第 447 页。
⑥ 同上书,第 448 页。
⑦ 同上书,第 444、445 页。
⑧ 同上书,第 448 页。需要说明的是:梁漱溟为说明孔子以"生"为最根本观点的宇宙论思想,而多有引证。但是,他将《周易·系辞传》、《中庸》等著作中的有些托名孔子的议论归于孔子,则不妥当。

想与其说是对宇宙本质的客观性思考,毋宁说是儒家天人合一学说的
现代哲学表述。实际上,孔子是不大议论天道、天人关系问题的,并没
有关于"形而上学"即哲学本体论、宇宙论的系统思想,更没有以生命
比况宇宙和统一天人的思想。儒家以"生"论宇宙,并大讲天人合一,
最早应该是战国时期《易传·系辞传》的作者。梁漱溟将这种宇宙论
思想归属于孔子,或许是没有注意到清代考据学者对司马迁以来关于
孔子著《易传》之说的否证,或许出于他为构造学说而刻意发挥心学
"六经注我"的治学心法。

　　梁漱溟固然曾提出他的宇宙论思想,曾致力于构造其宇宙论哲学
与文化哲学、人生哲学的内在逻辑关系。但是,梁漱溟一生中最关注的
是解决中国社会危机和文化危机的重大现实问题,他不是坐守书斋而
穷索宇宙奥秘,刻意罗织宏大形上学体系的哲学家,他自谓对哲学不过
"懂一点而已",而"这是与专门治哲学的人不同处"。① 这虽然是自谦
之辞,却也说明他的主要兴趣不在于此。

　　原始儒家是极富有使命感,致力于济世救民的积极社会实践者。
梁漱溟则远绍原始儒学的这种学以致用的积极精神,不但以独创精神
创造了切近中国文化和社会根本问题的学说体系和具体施行方案,而
且躬亲力行地将之推行到现实社会改革中去。近代以来,独创社会历
史学说体系者有之,致力于社会改造者也有之,然而,二者得兼者能有
几人?梁漱溟认为,对他最"恰如其分"的评价就是"他是一个有思想
又且本着他的思想而行动的人";而如果说"他是一个思想家,同时又
是一社会改造运动者","那便是十分恭维了"②。我想梁先生所以有
如此的假设之辞,必不是空穴来风;至于后一个评价,非但算不得"十
分恭维",而且至少是"十分实话"。所以说"至少",是因为他不是一般

　　① 梁漱溟:《中国文化要义·自序》,第 4 页。
　　② 同上书,第 5 页。

的思想家,而是可称为大思想家的思想家。

<h1 style="text-align:center">结　语</h1>

从梁漱溟的学说结构来看,他关于三大文化路向的界说和文化三期重现历史观基本是他师心独构的创作;而其所持守的核心精神则主要是源出孔孟而由宋明道学(尤其是阳明学派)所发扬的儒家人生论;在为其文化哲学建立宇宙论根据方面,他主要本于儒家天人之学中的"生生"精神和"人为天地心"①思想,并撷取西方柏格森的生命哲学、叔本华的唯意志论,而将它们融通为一体;他的文化心理学,则是远绍儒家(尤其是思孟学派至心学)的心性学说,近对西方近代诸多心理学观点有所取舍改造,且参照于印度唯识学与因明学,更殚精竭虑地发挥他学术创造才能,从而形成的博采众说而有独具特色的学说体系。

梁漱溟对中国文化建设模式的宏观设计,其间虽然几度修正而有所反复,但最终的框架依然是以儒家人生论为主导而吸收西方近代人文观念与科学精神的中西合璧模式。他力图将中国优秀传统文化纳入现代化轨道而不沦外西方文化之奴。这之中固然有他深爱国家民族的厚重情结,而更多则是出于他深邃、大胆而富于创造性的哲思。他是富于现代思辨精神的学者,截然不同于那些敝帚自珍、不求变通的文化遗老。

五四和新文化运动以来,将儒学视为丧失了生命力的旧时代遗存,可以说是思想界的主潮。人们把中国近代的落后挨打、民族的惰性、社会变革的绊脚石等罪名一并算在儒家头上,从思想激烈的学术名流到半文盲乃至文盲,对儒学进行彻里彻外、彻古彻今的讨伐成为思想时尚

---

　　①　儒家宇宙论哲学的"生生"精神,应该以《易传·系辞》为最早,"人为天地心"之说出于《礼记·礼运》。

而历久不衰。两千多年来高踞于"九天"之上的儒学,一落万丈地掉进了"九地"之下,落到"人人喊打"、处处践踏、肆意曲解、胡乱糟蹋的地步。梁漱溟终生为发现和弘扬儒学真精神而呐喊,向社会主流思潮挑战。儒学在近现代命运虽然屡经政治上文化上的讨伐而显得奄奄欲绝,而弘扬儒学真精神的呼声却从未间断。究其源头,梁漱溟居功至伟。

有学人称梁漱溟为近代"中国原创性的哲学家"①。如果就构想融会中西的文化模式和社会结构而言,梁漱溟算不得原创者;②而若就开启新儒学思潮而言,则他无愧此誉。梁漱溟所自任的历史使命就是力图在西学日盛,国学垂危之际,既要保持住以儒学为主体的民族精神文化,又要使之适合于新时代人文精神和学术潮流,以期使传统民族精神在现代得以延续乃至扩展其生命力。这就决定了他关注的思想主题就是儒学的现代转型问题。按照他的话说,就是儒学和现代学术接头的问题。这个问题也是他所开创的新儒学思潮的第一主题,可以说,新儒学正是由于致力于解决儒学现代化问题而确立了它存在的思想和实践价值。

作为新儒学的开创者,梁漱溟奠定了新儒学思潮的精神主旨(即儒家精神具有恒常的价值与生命力,不但可以成为中国未来文化和社会的主体精神,而且是世界文化的归宿)、基本论题(如儒学与现代社会、现代学术接轨的契合点问题、中国现代化途径的独特性问题或第三条道路的问题等)、理论框架(非仅笼统的中体西用,而是以儒家的人生和人伦及大人的精神为体,以民主、科学为用)。对于梁漱溟,真正

---

① 何信全:《儒学与现代民主》,中国社会科学出版社2001年版,第12页。

② 如本章开始所言,洋务派中如张之洞以及康梁等维新派人物的"中体西用"主张即是做这方面的设想,虽然他们对"体"与"用"内涵的诠释互异其趣,但在坚持中国文化本位的前提下融合中西文化的用心是共同的。梁漱溟虽然肯定严复以来至陈独秀、胡适辈的整体文化观而不以"中体西用"的命题为然,但他重建中国新文化的"老根"发"新芽"之说实际不脱这个模式。

了解他的严肃学者尽可以不同意他,但是却不得不尊敬他。这不但在于他学说的独创性和躬行社会改革实践的精神,也在于他早期和晚年分别直撄弥漫社会的文化大潮(西化论思潮)和政治大潮(极左思潮)而挑战它们的大勇之气。

梁漱溟学说的"原创性"更体现在他学术精神的独立性和学说体系的独创性方面。当时三大思潮中的西化论思潮和马克思主义思潮虽然颇多相异,但学说来源都是西方的舶来品。西化论主要以西方的社会进化论、实证主义和实用主义学说为思想根据,以西方现实的资本主义社会为样板;早期马克思主义始以西方的社会主义学说为来源,后又以苏俄新制度为楷模。梁漱溟则在重新诠释儒学真精神的前提下,以批判的态度对西方诸多思想派别有所取舍(虽然由于时代局限,他对西学的了解颇多误解),而非独尊西学某一支而亦步亦趋;他对中国的精神文化和社会结构进行深入反思,力辟西欧和苏俄道路可全盘舶来而可行于中国之说,提出了异于群响的第三条道路构想,并制定了具体的实施方案而躬行实践。若仅就其文化哲学和文化史观的自作主张而不依傍他人的思想独创性来看,梁漱溟在中国近代实是罕有其匹。

第十章　统贯天人　平章华梵①

——熊十力人学及文化哲学要义

　　熊十力,原名相继为继智、升恒、定中,号子真,又号漆园、逸翁,约在1925年前后更名为十力。生于1885年,卒于1968年。湖北黄冈人。近代哲学大师,新儒学思潮的哲学奠基人。

　　突出主体性是熊十力研治哲学的根本特点,应该说,这种张扬主体独立精神不独是他潜心于哲学思辨的结果,也植根于他狂放不羁的个性特征。熊十力自幼就有独立不倚、漠视俗见的性格,自谓"举头天外望,无我这般人"②。他这种自发的性格后来在研读先贤著作时,得到了精神的升华,他晚年回忆说,自己在少年时读了陈白沙③的著作,"忽起无限兴奋……其惊喜若狂,无可言拟,顿悟血气之躯非我也,只此心此理方是真正我。"④这种对"真我"的体味为他以后力倡主观唯心论

---

　　①　马一浮评价熊十力语,见熊十力:《新唯识论》,中华书局1985年版,第39页。

　　②　郭齐勇编:《熊十力学案》,见方克立、李锦全主编:《现代新儒家学案》上册,中国社会科学出版社1995年版,第434页。

　　③　陈白沙即明代心学家陈献章,陈献章主张心与理同一,强调我心为宇宙本体,体认了天理,"则天地我立,万化我出,而宇宙在我矣"(《与林缉熙》)。有《白沙集》传世。

　　④　郭齐勇编:《熊十力学案》,见方克立、李锦全主编:《现代新儒家学案》上册,第434页。

哲学和发明本心的治学方法打下了心理根基。在辛亥革命爆发当年的腊月（农历），熊十力与朋友在武昌雄楚楼聚会，各挥毫言志，他写下传说中佛出世的话——"天上天下，唯我独尊"①八字，可见自视自许之高。或许他有此近乎狂妄的气概，才终成为新儒学哲学基础的奠基人。章太炎曾经说："大凡非常可怪的议论，不是神经病人，断不能想，就能想也不敢说。……不是神经病人，断不能百折不回，孤行己意。所以古来有大学问、成大事业的，必须有神经病才能做到。"章太炎不但自称是"疯癫"、"有神经病"，而且听到别人这样评论他，会"格外高兴"。② 熊十力青少年时奔放突兀的性格和后来欲融会中外学术而建立儒学大体系的恢弘气概，颇有些章太炎所说的"疯癫"、"神经病"。

熊十力在《乾坤衍》中将其文的哲学要旨概括为"六义"，简约说：一是"实体（笔者注：谓宇宙本体）与现象不可分离"即"体用不二"，故分割体用的佛家和道家的立足点是错误的；二是"一元实体（笔者注：亦指宇宙本体）"是兼含心物的"复杂性"，而非心或物的"单独一性"，故唯心论和唯物论都是偏颇之见；三是"一元"（笔者注：亦指宇宙本体）存在于万物之中，而非其外；故宗教和与之相近的哲学是根本错误的；四是哲学方法论应该以"综观大全为主"，兼用"分析之术"，故仅重分析的"西学唯心唯物"二论在方法论上有舍本逐末的弊病；五是"乾坤（笔者注：即宇宙根本的辩证矛盾）"是同一实体而"其性各异"的两个方面，乾主坤从而产生"宇宙大变化"，变化的方向是"化除矛盾"而归于"太和"即最高的和谐状态；六是孔子的内圣外王之学，"内圣"主要是以儒家破私立公精神修身，"外王"则是实现天下大同

---

① 语见《长阿含经·大本经》。事迹所引见郭齐勇编：《熊十力学案》，方克立、李锦全主编：《现代新儒家学案》上册，第436页。

② 章太炎：《东京留学生欢迎会演说录》，见姜玢编选：《章太炎文选》，第141页。

的理想社会。① 此六义非仅《乾坤衍》的要义,也可视为熊十力哲学的
要义。

熊十力的哲学虽然多有创造,然而其理论构架和学术重心实际继
承了中国天人之学的传统,即通过建立"天人一本"的哲学构架,依据
天道观而着重论说关于人生诸哲学问题。

第一节 升华境界之元哲学观及对
哲学与科学差别的界说

研究熊十力哲学,首先应该从其元哲学观谈起,这样才能理解他所
提出的诸多哲学命题之真正意旨,而不致以某种流行的哲学尺度对之
做简单的标签式定性。

熊十力的元哲学观异于西方的本体论哲学、宇宙论哲学、认识论哲
学、科学哲学、历史哲学等类型;而与西方的人本哲学(或称人道主义
哲学)在关注对象上有所重合,然而又非全同。它是中国传统天人之
学的现代变形。熊十力也深究博论本体论、宇宙论、知识论等纯哲学问
题,就此而言,其与西方传统哲学在论域上有相通之处;然而其学术落
脚点不在这些纯哲学问题上,而在于反思生命底蕴、构想人生价值、探
索合理的人生方式,即人学问题。就此而言,其又不同于西方传统哲学
而与近现代人本主义哲学的学术重心相近;至于其哲学的根本旨归,则
在于通过揭示生命底蕴而开发人的灵性生活,提高人的精神境界,这是
其对哲学存在根本意义的价值认定。他的哲学主要是关注生命本质的
价值哲学,其余种种实然性议论(如本体论、宇宙论、知识论等)都是支
持这个核心论题的理论论据。

---

① 参见胡晓明编选:《大海与众沤——熊十力集》,上海文艺出版社 1998 年版,第
438、440 页。又:熊十力在《乾坤衍》中第六义提为"孔子外王之学",实则内圣与外王
兼论。

熊十力哲学与西方近现代人本主义哲学的差异基本有二：一是在宗旨上，熊十力哲学的特异处在于刻意构想"天人一本"①的人生境界论。似乎可以这样说，西方人本哲学是常人哲学，其主流是从个体本位的角度②为平常人提供自我认识生命和合理生存方式的哲学；而熊十力哲学是"内圣之学"（熊十力语）即圣人哲学，其意旨在于使常人超越"小己"而实现"大己"（熊十力语），在精神上达到与宇宙精神合一的崇高境界；二是在理论结构上，熊十力的天人论构架与西方就人论人的人本哲学颇有不同。他的人学是以本体论、宇宙论为理论根基的，换言之，他创造性发挥了儒家传统天人之学理论思路。可以说，熊十力哲学是中国"天人一本"哲学传统的再创造和现代表述。至于熊十力哲学与西方近现代人本学的相通之处，不但在于关注的对象领域多有相同，更在于熊十力汲取了后者的人身自由、人权平等的观念。这既是他超越传统儒学之处，也体现了他力图使儒学与现代社会接轨的用心。

在熊十力看来，哲学关注的中心理应是人的心灵生活，哲学的使命在于升华人的精神境界，而非代替具体科学解释宇宙万象；哲学的工具则是以心灵直接体味绝对宇宙本体的"性智"即超理性的智慧，而非了解具体事物规则的"量智"即理性思维。故而，他强调自己的哲学"以心为主"③。他的力作《新唯识论》就是要为其人学奠定本体论、宇宙论基石，旨归在于依据它们来推论其人学思想。他说："据此而推人生修养方面，则人生毕竟以发扬灵性生活为最高蕲向。"④他所以秉承中

---

① "天人一本"思想，孟子有此端倪，宋道学家程颢明确提出。"天人一本"是对《易传》及思孟学派以来儒家天人之学主流的恰当概括。笔者认为，以这个命题概括中国的天人之学较之流行的"天人合一"更恰当。

② 此是就其主流而言，不排除有些派别从群体本位立论。

③ 熊十力：《为诸生授〈新唯识论〉开讲词》，引自郭齐勇编：《熊十力新儒学论著辑要》上册，中国广播电视出版社1996年版，第116页。又：本文所引熊十力的言论，标点符号依据笔者的理解而修改，故与所引编著不尽相同。下不另注。

④ 同上书，第116页。

国哲学天人合一传统思路,在于他的元哲学观与中国传统儒学的学术观一脉相传。① 正是基于这种元哲学观,熊十力试图超越西方哲学客观唯心主义和唯物主义的传统对立。在他看来,虽然二者的根本观点大异,但是它们对哲学本身的意义和功用的看法则是一致的,即都认为哲学的存在意义和使命在于解释客观世界。

熊十力从其元哲学观出发,对哲学与科学在对象、方法和学术旨归等方面的差异做了明确界说,以证明科学不能代替哲学来解决人的精神生活问题。对于当时科学与玄学的论辩,熊十力从理论上深入批判了力图以"科学人生观"取代东方人生哲学的思潮,从多方面论说了哲学判别于科学的诸重要特征。

其一,哲学具有科学无法替代的精神生活价值。

熊十力所理解的真正哲学是以关怀人生、开发灵性生活、突现生命尊严和价值、提高精神境界为使命的。他的《新唯识论》虽说体系庞大,其根本宗旨就在于实现哲学的这个使命。故而,该著的内容主旨就是发挥人的主体意识和创造精神,使人彻悟生命的真实本质和超功利的人生价值,培养人的精神境界。其他种种本体论、宇宙论、知识论的论说都是为这个主题而做理论铺垫的。如他说自己在著作中以"翕辟"论心物关系(详见后),就是要"明心能宰物,而不为物役"②,即阐明人要有主宰外物的精神,不被外物所役使而沦为物欲的奴隶。他标扬人的"心灵"有"官天地,府万物之特殊作用",强调人要有自尊自贵、统驭万物的主体意识。在《新唯识论》中,他屡屡将之称为"主人公"意识,认为有此意识才可以"格物而不系于物,用物而不役于物,体物而

---

① 有学者提出,在中国传统文化文、史、哲不分家。这种说法根据极不牢靠,即便在宋代以前儒家的哲学思维不甚发达的时代也站不住脚,自宋代新儒学大兴以来,就尤其没有道理了。此说或受章学诚在《文史通义》中提出的"六经皆史"之论的影响。此说颇遭到近现代一些有识学者的批驳,笔者也不以章学诚此说为然。

② 熊十力:《为诸生授〈新唯识论〉开讲词》,引自郭齐勇编:《熊十力新儒学论著辑要》,第115页。

不逐于物"。这就是"圣人尽心之学"①。

在熊十力看来，要达到这种统驭万物的主体精神，就必须通过反躬自省的工夫，即所谓"尽心"、"返己"的哲学体味；而研究外物的科学无助于提高人生态度和道德生活。他说："进德必由返己，……逐物之学（笔者注：指科学）唯获得知识，为向外发展之利器耳。此与返己无关。"②王阳明曾经说过"用力于外者，日见其有余。日有余者，日不足矣"。熊十力发挥这个思想，认为科学就是"用力于外"的"逐物之学"。由于它"时时发见新事物，时时增长新知识，故曰有余"。但是，它对于人的内心生活来说，则是"不足"，因为"逐物则专力于外，不复返己，且知识既成，即是权力，更不得不向外发展，其外愈张，其内愈亏，而无所养于内，其内焉得不亏？故外有余者，所以有内不足之患，而人顾莫之省耳"③。熊十力肯定科学确是人类社会发展的"利器"，然而对于提高人的灵性生活、精神境界却于事无补；若放弃反省内求的哲学修养工夫而单纯讲求科学，其对于人的精神生活是有害无益的事情。

关于当时在人生观问题上科学与玄学的论辩，熊十力是站在张君劢一边的，他批判推崇科学、鄙视哲学思潮，否定可以从科学引申出人生观而取代东方人生哲学的观点。他认为，"玄学真理"和"科学真理"是截然不同的。哲学的宗旨在于探讨万象之中的本体，而科学则致力于支离破碎现象的研究。如果"依据一种或几种科学知识出发"去建立哲学，那么哲学就沦为了"科学之附庸，不足以当哲学也"④。在他看来，任何科学都不能以有限的知识去解释无限的宇宙本体，更不能解释人生的终极本质、人生的意义和精神境界问题，只有哲学才有资格解释

---

① 熊十力：《为诸生授〈新唯识论〉开讲词》，引自郭齐勇编：《熊十力新儒学论著辑要》，第116页。
② 熊十力：《明心篇》，引自胡晓明编选：《大海与众沤——熊十力集》，第418页。
③ 同上书，第420页。
④ 郭齐勇编：《熊十力学案》，见方克立、李锦全主编：《现代新儒家学案》，第453页。

这些宇宙和人生的根本问题。他断定："宇宙本体，实即吾人所以生之理，斯非反求与内证不为功。故东方之学终非科学所能打倒。"①就此思路推论，所谓"科学的人生观"之论是不明科学与哲学根本差异的无稽之谈。

其二，哲学与科学考察对象、认知方法、治学方式的差异。

就哲学与科学的考察对象差别来说，熊十力从中国传统哲学的体用关系思想来辨别二者，按他的话说，就是从"玄学上究明体用"②。他认为，哲学与科学的对象有体用之别，哲学的对象是"法尔③浑然"的"体"；而科学的对象是"繁然分殊"的"用"。他根据"用者体之用"、"唯体必有用"④的思想，认为本体必然展现为现象界；否则，科学就没有对象而失去了存在的意义。就此而言，科学真理是"依实体而显现故有"，即依附于本体而揭示本体所已有的现象之理。他说："余自视《新论》为一大事者，以此而已。"⑤也就是说，搞清楚哲学与科学的关系是他在《新唯识论》中所要解决的主要问题。熊十力后来又提出，宇宙"有大条理、小条理之分"，"从万物的散殊而言，便有无量的小条理；从万物各有类型而言，则各类之中又必各找出大条理来"，这些具体事物的个别条理和各类事物的基本条理是科学所研究的对象；而作为"为道之学"的哲学，其使命则在于"洞察本原"，"综观宇宙而找出最普遍、无所不包通的大条理"来。这样人类才可"以人工参预赞助"宇宙化育万物的过程。⑥

----

① 熊十力：《论科学真理与玄学真理》，引自郭齐勇编：《熊十力新儒学论著辑要》，第260页。

② 同上书，第270页。

③ "法尔"为佛学用语，自然而然义。

④ 熊十力：《论科学真理与玄学真理》，引自郭齐勇编：《熊十力新儒学论著辑要》，第269页。

⑤ 同上书，第270页。

⑥ 熊十力：《明心篇》，引自胡晓明编选：《大海与众沤——熊十力集》，第385页。

熊十力又力图从体认对象和由之决定的认知方法上辨别哲学真理和科学真理的区别所在。在他看来,哲学与科学考察对象的不同决定了它们认知方法的差异。熊十力认为,哲学与科学的区别主要在于"科学尚析观(熊十力自注:析观亦云解析),得宇宙之分殊";"玄学(笔者注:即哲学,主指东方哲学)尚证会,得宇宙之浑全"①。意即科学运用理性分析的方法把握特殊事物,形成科学真理;而哲学则通过超理性的内心领悟(即"证会")而体认宇宙万象的最高本质,实现哲学真理。他所谓"浑全",简单说,就是"于分殊相而见实相"②,即从具体事实真理中体现最高真理。他比喻说,这就如同从诸多长短不同的麻绳中体认它们的共同的本性即"于绳见麻"一样。哲学真理既不是离开"分殊"的科学真理"而别为空洞之一物",又不是汇总诸多科学真理的"总体",而是宇宙终极本质——"实体"的呈现。③

　　熊十力也意识到哲学无定论的情况,他说:"玄学上之真理,果以谁家所见为真理。此自有哲学以来,截至现在,……由现在以趋未来,其永远不得解决。"他慨叹道:"此事如欲详谈,便如一部二十五史,从何处说起!"④然而,这并不意味他真的认为没有哲学真理可言,关键在于求证哲学真理的途径和方法问题。他说:"吾确信玄学上之真理决不是知识的,即不是凭理智可以相应的。虽然如此,玄学决不可反对理智,而必由理智的走到超理智的境地。"⑤为论述这个思想,他论说了佛学对"实相"即至上哲学真理的把握,就是"由理智而走到一个超理智的境地,即所谓证会(笔者注:心灵对万法实相的透彻冥悟);到了证会

　　① 熊十力:《论科学真理与玄学真理》,引自郭齐勇编:《熊十力新儒学论著辑要》,第268页。

　　② 同上书,第269页。

　　③ 同上。

　　④ 同上书,第270页。

　　⑤ 同上书,第270、271页。

时,便是理智或理性转成正智"①。他认为,"孔子固不排斥理智与知识,而亦不尚解析,此其异于印度佛家之点。然归趣证会,则大概与佛家同。孔子自谓默而识之。默即止,而识即观也。止观的工夫到极深时,便是证会境地"。②他将孔子的治学方法与佛教的禅定(即"止")和观慧(即"观")等同起来。在他看来,孔子与佛对于本体的领会虽然有所不同,且孔子高于佛学,但是,它们超越理智而领悟本体的方式——"证会"或"正智"则是相同的。

姑且不论熊十力此说的正误对错,其只是提出了获得玄学真理的途径问题,而没有解决玄学真理的标准问题。若玄学真理只有冥然"证会"的主观尺度,而没有客观性权衡,终究落入庄子所言"彼亦一是非,此亦一是非"的相对是非境地。然而,熊十力自谓在《新唯识论》中"发明实相,融会华梵。斯于玄津,实作指南"③,意即他的哲学揭示了玄学的最高真理,融会中国哲学和印度哲学,并指出了领悟玄学真理的正确途径。

熊十力又发挥《老子》"为学日益,为道日损"之说,以此说明科学与哲学治学方式的根本差异。他提出:"科学格物是日益之学"或称"博文之学",其特点是"向大自然追求无止境"④,不断扩展增益知识;而东方古代的"为道之学"(指道家和佛家哲学),则是"日损之学"。所谓"日损",就是指研治哲学要"损去私意、私见、私欲"⑤,超越"小我"去体认宇宙之"大我"。科学与古代哲学截然相反的治学方式反映了它们对宇宙本原问题的不同态度,"物质有无本原,科学所

---

①　熊十力:《论科学真理与玄学真理》,引自郭齐勇编:《熊十力新儒学论著辑要》,第272页。

②　同上书,第273页。

③　同上。

④　熊十力:《明心篇》,引自胡晓明编选:《大海与众沤——熊十力集》,第376页。

⑤　同上。

决不过问,唯肯定物质宇宙是实在的而已"①;而"日损之学"的哲学则负担着把握宇宙本原的使命。他反对将东方古代哲学和近代科学"看做新旧悬殊"②,即新与旧不同时代的学术,而认为它们只是"各自有其根柢",且学术使命各不相同罢了。他说:"科学日益之学,其根柢在物",使命是"发见物质世界的秘密"并改造它,"俾宇宙富有日新";而"古哲日损之学,其根柢在心,盖损除一切碍心之物(熊十力自注:物字指私意),不容自欺自蔽"③,以心性修养为哲学的根本目的。在熊十力看来,科学的天然思想根基是肯定物质世界的实在性,东方古代哲学所关注的是人的心灵生活,而人的心灵与宇宙本原是同一的。

熊十力反对当时科玄论辩中以科学代替哲学的观点。他常将科学万能论与唯物论相提并论而加以批判,指责它们"唾弃玄学或哲学",把哲学看得"不值一钱","以为玄学上之真理只是幻想"。④ 为驳斥这种观点,熊十力在《论科学真理与玄学真理》中曾对真理的含义做了三方面规定,又对科学真理做了六点说明,这些论说颇有唯物而辩证的认识论味道。但是,他认为玄学真理"乃为实体之代语",是绝对真实的;而科学真理的"真实性只限于经验界"。⑤ 从"有体必有用"的体用关系来看,玄学是科学真理的"托足"的根基。本体展现为"大用流行,幻现众相";科学所研究的则是"流行的幻相";"假使没有玄学真理,……科学真理将无所汇归或依附"。⑥

他进而认为,科学真理与玄学真理不得"同为真理",或者说"同其

① 熊十力:《明心篇》,引自胡晓明编选:《大海与众沤——熊十力集》,第378页。
② 同上书,第379页。
③ 同上。
④ 熊十力:《论科学真理与玄学真理》,引自郭齐勇编:《熊十力新儒学论著辑要》,第273页。
⑤ 同上书,第276页。
⑥ 同上。

真实"。① 因为二者一领悟本体,一研究本体所显现的经验界,层次上大有不同;并且,科学"始终脱不开看静物的方法",无法体会本体展现为大用流行的"真际";即便研究变化,也只是就"一件物理的现象来解释",即科学讨论变化总是局限于具体的现象领域,不能延及本体和整个宇宙。对于宇宙"流行的真际",只有领悟证会到本体,才能达到。② 他引用马一浮的话"穷变化之道者,其唯尽性之功乎",即只有通过反躬领悟本心与本体的冥然合一,才能透彻领悟宇宙万相变化而改变不居的根本原因。他认为,玄学的"根本态度和方法",就是"要把一切物层层剥落,乃至剥落净尽,才识得科学真理的基地之真相"③,意即哲学的任务是要破除具体事物的这种特殊性,而把握寓于有限事物中的无限本体。哲学体认最高本体和人类生命本质一致,提高心灵境界的功用,是科学绝对不能替代的。

第二节　对本体论、宇宙论、人生论
结构关系的辩证

　　淡漠以至规避本体论问题是近代西方哲学的一大趋势,此风传至中国,也形成避谈本体论问题的风潮。受西学影响甚深的西化论者是这个风潮最卖力的倡导者,胡适即是其中的代表性人物。他在审视中国哲学史时,对中国有关本体论哲学思想作了否定性批判。从他对道家哲学的讥讽,最能看出他重视实证,鄙薄玄学的态度。他曾经提出,老子所以提出"道"这个最高范畴,是想对一切问

---

　　① 熊十力:《论科学真理与玄学真理》,引自郭齐勇编:《熊十力新儒学论著辑要》,第276页。
　　② 同上书,第277页。
　　③ 同上。

题有个一蹴而就的"根本解决",但根本解决实际是什么也没有解决。①

熊十力对近代以来研究哲学而不探索本体论的倾向颇不以为然。他批评近代西方哲学重知识论轻本体论的倾向,"夫知识论,固为探求本体论所必资,然后人却专在知识论上玩弄,遂至于讳谈本体。西人有警语云,磨刀所以宰羊。今磨刀霍霍,而无羊可宰,岂非怪事?今之喜玩弄知识论,而不承认有本体者,其迷谬正如磨刀之喻。"②他又提出:"科学不应反对玄学,哲学家更不宜置本体而不究。除去本体论,亦无哲学立足地。"③他所说的玄学或哲学是指关注人生、指导人生的哲学,而这样的哲学必须建立在本体论的根基上才结实牢靠,否则便是无源之水、无本之木。故而,他致力于重建儒学本体论,其本体论的基本骨架则是糅合融通《易传》天人学和心学思想(尤其是王阳明学说)两大体系而构成的。

熊十力将哲学分为四类,即本体论、宇宙论、人生论和知识论。其中本体论是"穷究宇宙实体(笔者注:本体)之学";宇宙论是"解释宇宙万象之学";人生论的对象是"参究生命本性及察识吾人生活内容";实践归宿是"求去杂染,而发挥固有德用,复其天地万物同体之真"④。他认为,这四类虽然是西方哲学的分类方法,而中国向来没有这种"分立之名目","但就哲学家用力言",则普遍在此四类问题之内。因此,他也用这种分类法"以探索中国哲学"。⑤

① 姜义华主编:《胡适学术文·中国哲学史》上卷,中华书局1991年版。
② 熊十力:《十力语要》,引自胡晓明编选:《大海与众沤——熊十力集》,第3、4页。
③ 熊十力:《论科学真理与玄学真理》,引自郭齐勇编:《熊十力新儒学论著辑要》,第277页。
④ 熊十力:《为诸生授〈新唯识论〉开讲词》,见郭齐勇编:《熊十力新儒学论著辑要》,第109、110页。
⑤ 同上书,第110页。

熊十力认为，在此"四类中，唯本体论是万理所从出，一切学术之归宿处，一切知识之根源"；宇宙论和人生论的探讨，均要以本体论为根基；并且，宇宙论和人生论两个论域也密切联系，二者"实不容割裂而谈。倘误将宇宙视为离吾人而独在，不唯人生渺如沧海一粟，绝无意义；而就真理上说，吾人之生命，即是宇宙大生命，宇宙大生命即是吾人大生命。实不可离而二之也"。他认为，宇宙论与人生论在根本道理上具有一致性，即"理实一贯，不堪割裂"，又称赞孟子的"万物皆备于我"的命题和庄子"独与天地精神往来的"①境界。② 其思辨方法与措辞虽有借用西方哲学之处，而理论思路实际依然是中国哲学"天人一本"的传统。

熊十力认为，"谈宇宙人生，若不澈悟本体，将无往而不限于戏论"③，在他看来，本体论是贯通宇宙论和人生论即天人一本哲学的思想根据，而西方的唯物论、唯心论、心物二元论都割裂了本体论、宇宙论与人类精神生活的联系，因而都流于"戏论"而不自知。故而，他的《新唯识论》着重求证和建立天人一体的本体论，以之为理论根基，重建儒家的人生论哲学。他认为，自己的《新唯识论》继承了往圣先哲的根本精神，"直将本体论、宇宙论、人生论融成一片，此是老夫苦心处，亦是不失吾先圣哲精神处。"④

熊十力批判西方近代哲学回避本体论而转向知识论的趋向。他认为，西方人所以将"万化大原、人生本性、道德根底"这类本体论问题"一概否认"，原因在于他们"始终盘旋知识论窠臼，茫无归着，遂乃否认本体论"。"东方先哲"们在这方面远比西方高明，他们深知人们的

---

① 语见《庄子·天下》，这本是评价庄子的话，熊十力误以为是庄子所说。
② 熊十力：《为诸生授〈新唯识论〉开讲词》，见郭齐勇编：《熊十力新儒学论著辑要》，第110页。
③ 同上。
④ 同上书，第111页。

有限的理性能力和知识不能印证宇宙、生命的终极本体,因而采取了"超知而趣归证会之方法"①,即超越人类有限的理性能力和知识水平而体认本体的方法。这个方法实际是非实证的哲学玄想的方法。他深感本体论的重要而力创"新唯识论",其所采用的就是这种"超知"的玄想思辨方法。

熊十力创构的"新唯识论",旨在建立一个既涵括儒学主旨与佛学精华,又具有现代哲学意识的新本体论哲学。他常说:"吾学贵在见体。"这个"体"就是贯通宇宙、人生的终极本体。它不是远离人类生活的客观物质或客观精神,而是与人的内在精神本质相一致的。宇宙的"本体"(或称"实体"、"实相")就是人类的"本心"(或称"本性")。他将本体归结于主体精神本质,用意在于确立人在宇宙间的主体地位,呼唤人的主体自觉意识和创造精神。

著名佛学家吕澂曾经指责熊十力哲学的理论出发点就是错误的,是用西方哲学的框架生搬硬套儒学和佛学。他说:"玄哲学、本体论、宇宙论等云云,不过西欧学人据其所有者分判,逾此范围,宁即无学可以自存,而必推孔、佛之言入其陷阱,此发轫即错者也。"②梁漱溟也有类同的看法,认为熊十力采取西方哲学的方法而建立哲学体系是失败的,背离了中国文化反躬向内、践形尽性的根本特征。

笔者以为,二先生的指责有欠公允。吕澂所论直截指出熊十力建构哲学的根本方法,熊十力也确有曲解原始儒学而故意强史就我之处,然而,哲学自有其共通之处,虽说以西方哲学硬套儒学、佛学的确是近现代中国哲学界的一大弊病;但是,完全否定以西方哲学的方法研究中国哲学,则属执著门户的偏颇之论。梁漱溟批评的不当处在于,熊十力

---

① 熊十力《新唯识论·初印上中卷序言》,见《新唯识论》,中华书局1985年12月版,第243页。

② 转引自郭齐勇编:《熊十力学案》,见方克立、李锦全主编:《现代新儒家学案》,第452页。

是极力主张反省内求,并躬行实践以实现道德本性的。唯学术重心在以最抽象的形上学为其人学与文化哲学奠基,这与梁漱溟较多注重相对形而下的人学与文化哲学的学术特点有所不同(详见梁漱溟部分)。可以说,梁漱溟的唯识学思想是佛学有宗的本义,他于佛学并无创造性见解;而熊十力则是破除佛学有宗而自立门户,"哲学无定论"是哲学不同于科学的学科特点,故而,熊十力的哲学并无"失败"可言。

关于熊十力的本体论、宇宙论要义及其人学旨归,以拟从分为四个问题予以述评:

一、本体展现为刚健、仁德的动态"生机"过程

佛家以空寂论本体,道家以虚静论本体,而首创儒家天人之学的《易传》则是从"有"出发,①以"变"立论的,阐发易道具有恒动不息的刚健品格和化育万物的仁爱之德,熊十力谈论本体以《易传》哲学为主旨,力图修正并超越佛、道二家本体论,他说:本体"唯其寂非枯寂而健德与之俱也,静非枯静而仁德与之俱也"。② 在他看来,《易传》所推奉为天道的"健"和"仁"都是从不同方面描述了宇宙的生生之德。这样,他以"生机"论说本体,赋之生命力的意义。熊十力对本体多方描述,"本体备万理,含万德、肇万化,湛然固存,㚋然绝待。其为物也,至空而有,至静而动,刚健流行,无已止也"③等等。可以说,强调永恒而绝对的本体具有生化不息的刚健品格和博爱万物的仁德属性,是其本体论的基本特点。

---

① 陆九渊批判由周敦颐提出而朱熹发挥的"无极而太极"思想,认为《易传·系辞》言"易有太极",说明孔子是以"有"立论的。虽然陆九渊接受汉代以来《易传》为孔子所作的传统说法,但是他对《系辞》太极论的理解比周敦颐、朱熹道家化的诠释要准确。
② 熊十力:《新唯识论·功能上》,第379页。
③ 熊十力:《为诸生授〈新唯识论〉开讲词》,见郭齐勇编:《熊十力新儒学论著辑要》,第112页。

在熊十力哲学中,本体不是超越万象的"兀然僵固之体"之体,而是处于永恒流变的过程,展现为不断更新变化的功能,所以说,"本体名为功能"。他从两方面规定本体,"夫本体者,从一方面言,是势用之无穷的伏藏;从又一方面言,是万理皆备之大伏藏"。就前者来说,"本体得名功能";就后者来说,本体"得名之为理"。就是说,本体即含具无穷的作用、功能,又含具一切具体的"理"。他称赞程颐关于"实理"的称谓,强调"理"与"功能"不可分离;认为如果"以理与能(功能)离之为二","理"就成了没有附着的"空形式"而流于虚无,而"本体绝待,无处不充周,又焉有空虚之所乎"?①

为强调本体处于生生不息的永恒变化之中,熊十力又以"恒转"指谓本体。他说:"恒转一名,旧本言赖耶识,今以目本体。"②他又将"恒转"等同于中国传统哲学关于本体或本原的范畴。他说:"恒转亦名功能,相当《易》之太极③《春秋》之元。"④熊十力又用"大动力"、"大势用"等语词,强调本体展现为万物万化的动态特性。

熊十力不是就本体论本体,他建立本体论有着明确的人本学旨归。他主张,宇宙"本体"与人的"本心"有着内在的同一性,他确定二者同一性的目的就是要突出人应该树立主宰万物而不为外物所役使的主体精神,使人超越"小我"而体认宇宙之"大我"。

熊十力本体论哲学归宗于儒学,不但体现在他强调本体具有生生变化无穷已的刚健之德,更重要的在于他将此德体会为本体的仁德。

---

① 本段引文引自熊十力:《与诸生谈〈新唯识论〉大要》,见郭齐勇编:《熊十力新儒学论著辑要》,第108页。

② 熊十力:《新唯识论·初印上中卷序言》,第242页。又:"赖耶识"即唯识宗所论"八识"中的"阿赖耶识"。唯识宗以"阿赖耶识"为宇宙本体,熊十力作《新唯识论》以前印行的几个唯识论讲义也沿用此名,在《新唯识论》中,则常以"恒转"代之。

③ "太极"概念出于《易传·系辞》,熊十力讲"易"、"大易"大多是指《易传》。他似乎未理会宋代以来尤其是清代学者对《易传》作者的考证,仍然沿用汉代以来孔子作《易传》的说法。

④ 熊十力:《新唯识论·初印上中卷序言》,第244页。

他继承了儒学以"仁"贯通天人的传统思想,突现儒家根本的道德理念和人文精神。他将本体含具的道德内涵界定为"仁",不过,他对"仁"的形而上的说明,则前后有所变化。在《新唯识论》中,他断定"本体"就是儒家的贯通天人万物的"仁体",也就是人所共具的"本心"。认为这是从孔孟到宋明道学诸子的共同认识。① 然而,在后来的《明心篇》中,他又辨析"仁"是"本体"的属性,是"本体"之"用",而非本体。

二、"翕辟为变"的宇宙观及心物关系论

熊十力认为,本体展现为变化万千的现象世界,然而,却不可将宇宙本体归结为物质,物质不过是本体流行而凝聚的表象。他说:"宇宙原是大用流行,不妨说为一大动力。只此动力,无别实在的物质。动力不凝摄,则空荡无物,将何所及而自表现耶?"不断的"凝摄"作用辗转形成物质宇宙。推本及源,物质不过是大动力的"凝摄"而已,因之,他得出"推迹物质,本非实有"的结论。②

熊十力用"翕"、"辟"范畴来概括宇宙万物的生灭状态,提出"翕辟为变"的宇宙论命题,以之解释宇宙变化、物体生灭,尤其是心物关系诸问题。他认为,"万法实体"本来是"寂寞无朕"的,其永恒变化即"恒转"必然体现为"一翕一辟"的动势以展现永恒变化发展的生机。③

"翕"与"辟"本是《易传·系辞》用来描述阴柔的"坤"动与静的两种状态,即"夫坤,其静也翕,其动也辟,是以广生焉"。熊十力在《新唯识论》中不大使用传统哲学"阴阳"或"乾坤"概念,认为以往的易学家在运用这两对范畴时,近乎二元论。④ 而独出心裁地将"翕"与"辟"发

① 熊十力:《新唯识论·明心上》,第567、568页。
② 熊十力:《新唯识论·初印上中卷序言》,第244页。
③ 同上书,第242页。
④ 熊十力:《新唯识论·附录》,第649页。又熊十力在后期的《乾坤衍》等著述中主要采用"阴阳"及"乾坤"范畴来表述相反相成思想。

展为表达对立统一思想的基本对偶范畴。他将相反相成视为大《易》关于变化的最根本、最普遍的法则,把《系辞》论说"坤"变化的两种状态——"翕"与"辟"理解为相反相成变化法则的两个方面,提出"一翕一辟之谓变"①。

熊十力申明:"翕辟不是两种实在事物",而同是本体"刚健流行"的两种势用或功能,"翕"是本体流行中的"收凝"状态,体现为具体的物质形态;"辟"则充分体现了本体的自性,"故有刚健、纯粹、开发、升进之势"。其中,"辟"是主导的,其"运行乎翕之中,而破除翕势之重锢,即转翕以从己"②。"辟"更能体现本体永恒动变的特性,其不断破除"翕"所造就的凝固物态,而使宇宙展现出变化日新、蓬勃发展的生命活力。

熊十力的"翕辟"论的落脚点在于辩证"心"与"物"的主从关系。他说:"依翕假说物,依辟假说心(笔者注:此指"习心",详见后文)。"相对于本体,"翕"与"辟"都属于"用"的范畴,然却有主导与从属之分,即"辟以运翕,翕随辟转"。体现于心物关系,就是"心能了物,非物能了心;心能御物,非物能御心",即心有认识并控制物的主体能动作用,而非相反。他将"心"与"识"看做是同一概念,即"识者,心之异名"。就"用有胜劣"这个意义上说,他的"新唯识论"实质就是独创新说的主观唯心论。③

熊十力对于"心"有两重规定,即"本心"与"习心"(又称"习气"、"染习"等)。"本心"是人乃至万物共同具有的本体,其在人体现为天然的道德禀赋和"真净圆觉,虚彻灵通"④的超理性智慧即"性智"。与

① 熊十力:《新唯识论·转变》,第68页。

② 熊十力:《为诸生授〈新唯识论〉开讲词》,见郭齐勇编:《熊十力新儒学论著辑要》,第113页。

③ 以上引自熊十力:《与诸生谈〈新唯识论〉大要》,见郭齐勇编:《熊十力新儒学论著辑要》,第107页。

④ 熊十力:《新唯识论·明心上》,第548页。

"本体"同一的"本心"是绝对独立、无所对待的。"习心"又称"量智"，是指人的知觉与思维能力。熊十力提出，"习心"源于"本心"之"体"，其与"境"相对，二者均属于由本体所展现的"用"的范畴。

熊十力屡屡强调，宇宙的"真宰"是"本心"，而非"习心"。然而，人们却往往把认识外物的"习心"看做真实的自我，因而掩蔽了本性。他说："众生一向是习心用事。习心只向外逐境，故妄执境物而不可反识自己，习心是物化者也，是与一切物相对待者也。……既习心乘权，则本心蔽锢而不显。是以吾人一切见闻知觉，只是于境物上生解，终不获见自本性。"①就是说，"习心"是与物质相对之心，不同于绝对无待的"本心"；"习心"的认识所及只是外物，不能体认自我与宇宙实体贯通的"本性"，不能真正领悟生命本质、人生真谛。然而，众生却不懂得这个道理，放纵"习心"或"量智"而执著地追求对外物的理解，不能发挥"性智"而体认"本性"，树立主宰外物的主体意识。因而，人们在生活指向上普遍陷入了迷途。

熊十力谈心与物的关系有两个理论层面：

一个层面是从本体论的角度来表述"吾心"是宇宙万物的本体。在此，"心"是指"本心"。熊十力在《新唯识论》中开宗明义地说："一切物的本体，非是离自心外在境界。"任何一个人的"本心"都是宇宙"大全"的"整体的直接显现"。② 他认为，这种自心本体不但涵括万物、为万物所依存，而且是绝对独立而无所对待的。他援引明儒吕柟的议论，"就本体言，则万物与我同体"③，以说明"本体"与"本心"贯通为一。"本心"作为宇宙本体"超脱一身与万物之表，而为其真宰也"。④

① 熊十力：《新唯识论·明心上》，第556页。
② 熊十力：《新唯识论·明宗上》，第247页。
③ 熊十力：《新唯识论·明心上》，第570页。又在此，熊十力以"仁"为本体，与其后期以仁为体之用的观点相异。然而，其关于本体即本心，遍存于万物之中的观点则是始终一致的。
④ 熊十力：《新唯识论·明心上》，第555页。

熊十力用他的本体论将中国传统哲学的诸范畴贯通起来。他说:
"本心即万化实体,而随意差别,则有多名:以其无声无臭,冲寂之至,
则名为天;以其流行不息,则名为命;以其为万物所由之而成,则名为
道;以其为吾人所以生之理,则名为性;以其主乎吾身,则谓之心;以其
秩然备诸众理,则名为理;以其生生不容已,则名为仁;以其照体独立,
则名为知;以其含备万德,故名为明德①。"他将中国哲学的这些基本范
畴都与其本体论联系起来。熊十力特别推崇王阳明的"良知"说,认为
"良知"就是这个自心本体。他说:"阳明之良知即本心,亦即明德。"②

　　另一个层面是就认识论意义上强调"离心无境"即主体建立客体。
此"心"指"习心",其属于"用"的范畴,是"本心"的显现。如他发挥孟
子"万物皆备于我"思想,说:"仰视天,天不离我而独在;俯察地,地不
离我而独在,中观人与一切有生之物,则皆我之情思所流通灌注。故我
备万物,……"③他又说自己"只是不承认有离心独存的外境,却非不承
认有境",因为"心"与"境"是相对而言的,"才说心,便有境,若无境,
即心之名也不立了。"二者"本是具有内在矛盾的发展的整体。就玄学
底观点来说,这个整体的本身并不是实在的,而只是绝对的功能的显
现"。④ 他的这些议论强调的是客体由于认识主体才获得对象的意义,
这显然是从认识论角度而言的。在他看来,作为认识能力的后天"习
心"和作为认识对象的"境",二者都是"本心"即本体的展现。

　　熊十力颇赞成王阳明的心物关系思想。王阳明学说不同于思孟学
派的特点之一,就是他将道德先验论扩展到认识论乃至宇宙论。其友
问:"花树在深山中自开自落,于我心亦何相关?"王阳明回答道:"你未

---

　　①　"明德"语出《大学》之"大学之道在明明德"。
　　②　本段引文均引自郭齐勇编:《熊十力学案》,见方克立、李锦全主编:《现代新儒
家学案》,第451页。
　　③　熊十力:《新唯识论·明心上》,第579、580页。
　　④　熊十力:《新唯识论·唯识上》,第270页。

看此花时,此花与汝心同归于寂,你来看此花时,此花颜色一时明白起来,便知此花不在你的心外。"①王阳明的这番议论是从认识论的角度论证主观唯心论的典型例证。熊十力对王阳明此论特加赞赏,认为其"言远而旨近",实际是认同了王学的这个思路。至于他接下来说:"实则这种意趣,也是孔孟以来一脉相承的。"②如此评价孔孟,则沦于强史就我的武断之说了。熊十力似乎没有明确认识论与本体论在论域上的区别,也没有说清楚主体建立客体与本体遍存于万物是两个不同的问题。他在论说中常常混淆这两个问题。

熊十力所以屡屡赞许并引证心学(尤其是王学)中有明确主观唯心论成分,就是要从哲学上论证儒家超越物欲而实现主体自觉的人文精神。其带有明显主观色彩的本体论是他为弘扬新儒学思想而建立的理论根基,却不是他的学说归宿。熊十力建立以人、人心为本体的形上学,是以改造人心、升华人的精神境界为哲学主旨的。就此而言,他认为,宇宙本体不过是假托之名,或径直说是"假名"而已。熊十力颇赞赏《中庸》"合内外之道"的思想,认为如果以内外分别自身与世界,就是分裂了整体的自我生命,其结果是精神为物欲遮蔽,因尽力追求物质生活而为他物所役使、所异化。他认为,体味了"合内外之道"的思想,就会在精神上达到物我一体,主宰万物而不为外物所控制的境界。

三、从其心物关系论批判唯物论与唯心论

熊十力强调:本体是兼含心物"复杂性",而非单纯的"心"或"物"。在他看来,唯心论和唯物论都由于不懂得这个道理,而陷入偏执一端的"戏论"。他力图超越唯物论与唯心论的对立,不仅是出于形而上的本体论思考,而且有着明确的人生论旨归,即克服二者对人生态

---

① 见《王阳明全集·传习录下》。
② 熊十力:《新唯识论·唯识上》,第274页。

度的偏颇倾向。他评判了唯物论和唯心论在本体方面各自的得失及对人生态度的影响。他说："宇宙论中唯一问题，即心物。此最复杂难穷。而最大争端，莫如唯物唯心二论。"①就它们对人生态度的影响看，二者由于"对于宇宙之观察不同"而"意义乃全异"，因而有不同的人生倾向。具体说，"唯心论之宇宙观，易使人提高灵性生活，但忽略现实"，致使这种"灵性"在下层民众——那些"物质生活贫乏"的人们那里难以显现，这是唯心论的"缺憾"；而"唯物论之宇宙观，易使人注重改造现实"，然而忽略了人的心灵生活。他认为"人生不可沦溺现实，以损其灵性生活"；主张"唯心唯物二宗，所以相辅，而不可相无"②。二者所以相辅而不可相无，不仅是在本体论上的融合，而且是在人生态度上的互补。③ 他在唯物和唯心论的权衡比较上，实际上是贬抑唯物论而有保留地褒扬唯心论。他强调"心"能"知物"、"辨物"、"制物"、"运用物"、"主宰物"。因为"境非离心独在"的，故而应该"唯识"或"唯心"，而"不说唯境"。④ 他说："《新论》未尝否认物，而以心为主者，……"⑤他的这种有扬有抑的立场正是出于其"灵性"生活高于物质生活的人生价值取向，本于他那哲学以提高人生境界为存在价值的元哲学观。

熊十力虽然标榜"离心无境"，断定"本心"即是宇宙本体、万化"真宰"；然而，究其本旨，并不是要否定客观世界存在的真实性，并不是否认"境"的存在。他所要强调的是：以提高人生境界为主旨的哲学若停留在物质世界真实存在这个不争的认识层次上，则过于肤浅，其不但无

① 熊十力：《为诸生授〈新唯识论〉开讲词》，见郭齐勇编：《熊十力新儒学论著辑要》，第 111 页。

② 同上书，第 112 页。

③ 熊十力并不主张心物二元论，他认为二元论是"持论太粗"的肤浅见解。

④ 熊十力：《新唯识论·唯识上》，第 271 页。

⑤ 熊十力：《为诸生授〈新唯识论〉开讲词》，见郭齐勇编：《熊十力新儒学论著辑要》，第 116 页。

补于升华人的精神生活,反而易使人沦为拜物主义,弱化人的能动精神。因而,与其说他否定唯物主义,倒不如说是藐视这种哲学,认为其是粗笨、愚蠢的哲学。熊十力在阐发"新唯识论"观点时,常注明"识者,心之异名"。可以这样理解,其称赞唯心论时,其"心"指"习心";而自称唯识论时,其"识"指本心。在他眼中,无论是"本心",还是"习心",都是高于"境物"的。换言之,不但他的新唯识论,而且凡是唯心论,都比唯物论高明。

熊十力既反对西方典型的唯物论和唯心论哲学,也批判佛教空宗的主观唯心主义和唯识论的客观唯心主义倾向。他力图超越这些哲学派别的对立而建立一个有诸家之长而无诸家之短的本体论哲学,然而,从他对《易传》的心学化诠释,尤其是致力于将《易传》宇宙论思想与王阳明心物关系思想冶为一炉,总是处处显露出主观唯心主义的迹象。可以说,他对诸中外哲学观点的批判性整合工夫并不成功,故而牟宗三先生认为,他的《新唯识论》的"系统没有造好",因而此书"不看也可"①。

张东荪认为,在熊十力哲学中,"其道德观念即其宇宙见解,其宇宙见解即其本体主张,三者实为一事,不分先后。"②这个评价只能说是近似,而非完全贴切。熊十力曾经指出,他的学说讲的是做人的问题,而道德生活只是其中的一个方面;如果仅仅将他的学术理解为道德哲学,理解就狭隘了。

四、"体用不一不二"关系辩证及实践意义

"体用"在中国哲学是古老的对偶范畴,其内涵多有歧义,或指本末、或指主次、或指道器、或指本质与现象、或指内容与形式等。关于体

---

① 转引自胡晓明编选:《大海与众沤——熊十力集·前言》,第21页。
② 引自郭齐勇编:《熊十力学案》,见方克立、李锦全主编:《现代新儒家学案》,第453页。

用关系,程颐在宇宙论意义上使用体用范畴,并提出对宋以后哲学有重大影响的命题——"体用一源,显微无间"。

熊十力哲学尤其重视体用关系问题。他提出"体用不一不异"思想,所谓"体"指宇宙本体,亦即西方哲学的"实体"、佛家的"法性"或"万法实性"、易学的形而上之道,它们"名言虽异,所指目则同"①;所谓"用"指本体的作用和功能,如"翕"与"辟"、"心(习心)"与"境"。一方面,"体"与"用"在地位上有主体与功用之异,状态上有"体"隐而"用"显之别,所以说"不一";另一方面"体"与"用"又不可分离,他确定体用关系是"不异"与"不二"的辩证统一。他曾自负其《新唯识论》解决了绝对的本体与相对的功能之间融通不离的关系问题,真是"启玄关于密钥,燃孤灯于暗室"②。

熊十力将他的体用关系思想的渊源追溯到孔子。尽管孔子没有提出这对范畴,但是,熊十力认为,孔子在《易》和《春秋》中体现了对体用关系深湛的理解,自己是直接继承孔子的体用思想而发挥的。对于体用的"不一不异"关系,熊十力更侧重对"体用不二"的论说。他说:"余宗孔子大《易》,以体用不二立宗,明心物万象不无实体为其根源,但实体即是心象万物的自身,不是在心物万象之外。"③他又说:"吾儒体用不二,天人合一,此为探究宇宙人生诸大问题者不可违背之最高原理也。"他对自己阐发的体用关系学说颇自负,说:"王阳明自谓发见良知,为千古一快。余发见体用、天人,亦可引阳明一快以自慰。"④

熊十力自谓所以屡屡强调"体用不二",不单是个真理论的问题,更是个社会实践问题,他力求实现自己学说的社会实践功能。他说:

---

① 熊十力:《新唯识论·功能下》,第431、432页。

② 熊十力:《为诸生授〈新唯识论〉开讲词》,见郭齐勇编:《熊十力新儒学论著辑要》,第115页。

③ 熊十力:《明心篇》,引自胡晓明编选:《大海与众沤——熊十力集》,第422页。

④ 同上书,第418页。

"《新论》以体用不二阐明万化根本原理",在理论上,是要克服佛家、道家分离本体和现象,乃至"西洋哲学家谈实体与现象欠圆融"的"痼疾"。① 他认为,佛家的本体论以"空寂"为特点,而道家则以和"空寂"相类同的"虚静"论说本体。它们的见解固然有道理,然而,由于舍弃了本体生生不息的刚健之德则流于片面,因而,它们在宇宙观与人生观方面"不免有耽空滞静之流弊"②。本体论的片面导致了无作为的生活态度。他说:"佛氏证空寂,道家悟虚静,谓其所见非真固不得,但耽空溺静,即未免舍其生生化化不息之健。如佛氏反人生,道家流于委靡,皆学术之弊也。"其体现于社会生活、政治风俗等实践领域,就"必顺守故常"而不思变革进取。中国社会"二千余年来学术思想与政治社会各方面,一切凝滞不进",其中一个重要原因,就是佛家与道家的"偏彰空寂虚静之本体论"。③ 他强调"体用不二"的实践目的,就是要培植人们积极向上的生活态度。

熊十力认为,佛家、道家都是离开"用"去求证"体"的,理论的偏颇自然导致消极的人生态度,而"大易"的本体论可以克服佛家、道家的理论偏颇及其对社会实践的不良影响。他说:"易之谈本体,则从其刚健纯粹、流行不息、生化不测之德用而显示之,与佛道二家谈本体,显然不同。"易道的体用不二和刚健发展的思想体现了佛家、道家不同的本体论意旨和生活精神。他谓自己的哲学虽然于佛道二家有所取材,但归本于"大易"。他说:"《新论》(《新唯识论》)谈本体,则明夫空寂而有生化之神,虚静而含刚健之德。"这样就将易道宇宙论的"生化"和"刚健"思想对本体重新予以规定,使易道和佛道本体论辩证统一起来。他特别强调:《新唯识论》"虽融三家(儒佛道)而治于一炉,毕竟宗

---

① 熊十力:《与诸生谈〈新唯识论〉大要》,见郭齐勇编:《熊十力新儒学论著辑要》,第107页。

② 同上书,第106页。

③ 同上。

主在大易"①。这明显体现在其本体论哲学上。熊十力对于自己发挥易理非常自负,称"二千余年间,易道既绝而复明",是上天启发自己来肩负的历史重任。②

熊十力1958年著成《体用论》,对体用关系做了更为深入、更为精练的论说,并认为,《体用论》著成,则《新唯识论》的文言文和语体文两本书都可以毁弃,没有保存的必要了。因为,《新唯识论》的体用思想是融合儒学和佛教而成,③很有唯识论的成分;而他自认为,《体用论》则与佛氏唯识之论根本不同,完全是儒家形而上学的味道了。

《新唯识论》的本体论哲学采撷的思想资料甚广。《易传》的天人合德、生生日新、尚刚抑柔、辩证矛盾等思想是其主要来源,而如道家的老学和庄学的天人关系思想、佛家唯识宗④和禅宗思想,西方哲学的诸多研究方法和哲学范畴等,均是他批判继承的资料,思孟学派和心学尤其是王阳明哲学的心物关系思想则是他将本体主观化的最有力理论工具。

熊十力的本体论汲取《老子》论道体之处甚多。他明确说自己的本体学说就是"发抒《易》《老》"的。⑤ 如他借助老子"无为而无不为"命题描述本体的生化不息的动态状态。所谓"无为",指本体的超越具体形象而天然存在的形而上特点;所谓"无不为",指本体是无形而实存的,而且是生化不息的动态过程,他说:"无为者,此体非有形故,非有相故,非有意想造作故。无不为者,此体非空无故,法尔⑥生生化化,

① 熊十力:《与诸生谈〈新唯识论〉大要》,见郭齐勇编:《熊十力新儒学论著辑要》,第106页。
② 同上书,第106—107页。
③ 熊十力在《为诸生授〈新唯识论〉开讲词》中曾经说:"《新论》一书援佛入儒,归本大易。"见郭齐勇编:《熊十力新儒学论著辑要》,第117页。
④ 熊十力对唯识论哲学的援引主要在《新唯识论》中,晚期则尽量摆脱唯识论的影响,力求突出儒家特色。
⑤ 熊十力:《新唯识论·初印上中卷序言》,第242页。
⑥ 法尔,佛学用语,即自然而然义。

流行不息。"①他这番议论是将老子道体自然论和《周易》的"生生"论贯通为一了。于此,熊十力所强调的自心本体是以主观统摄客观的绝对精神。他排除了《老子》道体和《周易》的"太极"的客观性特点,也排除了将"心"或"吾心"做狭隘、个体化理解的通常认识。

庄子的道论和人生论思想对熊十力有深刻影响。熊十力曾号"漆园",即出于对庄子的仰慕(庄子曾为漆园吏)。庄子关于效法绝对的大道而树立人格独立精神,不为外物所役使的思想,则是熊十力论证本体论之人生论旨归的理论先源。在人生论方面,庄子反对"人为物役",主张"不物于物"等思想,为熊十力所继承发挥。他说:"人生唯沦溺于现实生活中,丧其神明以成乎顽然一物,是可哀可惨之极也。"②庄子那种"独与天地精神往来"的精神境界则是他所盛赞并屡屡标扬的。

马一浮在《新唯识论》书序中称赞其书"统贯天人,囊括古今,平章华梵"③,道出了熊十力不拘门户,综采诸说的学术特点。按他自己的话说,即"亦佛亦儒,非佛非儒"④。他在《新唯识论》一方面以佛学为主要批判对象,另一方面又对佛学(主要是唯识宗和禅宗)哲理颇有赞誉和吸收,并沿用佛学的思辨方式和诸多范畴。不过,他对佛学许多概念的内涵做了重新的界定而使之有所改变。他明确说:"本书于佛家,元属造作。凡所用名词,有承旧名而变其义者……"⑤所谓"旧名"就包括诸多佛学范畴。

他说:"《新论》准大易而作,形式不同,而义蕴自相和会。"⑥所谓"形式不同",就是他的思辨和论证方式、范畴和命题系统等方面借用

---

①　熊十力:《新唯识论·功能下》,第463页。
②　熊十力:《新唯识论·附录》,第677页。
③　熊十力:《新唯识论》,第39页。
④　熊十力:《新唯识论·功能下》,第404页。
⑤　熊十力:《新唯识论·初印上中卷序言》,第242页。
⑥　熊十力:《印行十力丛书记》,见《十力语要》,中华书局1996年版,第8页。

了佛学、道家和西方哲学的许多东西；所谓"义蕴自相和会"，就是他认为自己的哲学与《周易》根本义理是一致的。熊十力所以特别重视易理，不但在于《易传》丰富的辩证思想，而且在于其革故鼎新、生生不息、刚健自强的精神意旨。这正是他克服佛教的灭寂哲学和厌生出世态度、道家贵无哲学和厌世避世态度（指庄学）的利器。熊十力晚年自谓其哲学思想的"种种原理，皆禀《大易》辩证法"①。然而，熊十力对易理的理解主要本于《易传》，他的主观唯心论是不可能从《周易》尤其是《易传》中推演出来的。他对《周易》的理解实际是心学解《易》的路子，即将易理主观唯心化、王学化了。并且，他对周易的发挥也有失当之处，如他的"翕辟"论即是对《易传》的曲解。在《易传》，"翕"与"辟"是指坤动与静所体现的不同性状。

当时有人曾经将熊十力的新唯识论与黑格尔的辩证哲学相比拟。熊十力也承认二者有相似之处，然则力证彼此的根本差异，他认为，自己与黑格尔不但在理论渊源上全然不同，即自己是"原本《大易》"，"发抒《易》《老》"的，更重要的是旨归不同。他说："吾书根本意思，要在于变易而见真常，于反动而识冲和②，于流行而悟主宰，其于黑格尔氏，自有天壤悬隔处。"③他又说："西哲如黑格尔之徒，只识得矛盾的意义，而终无由窥此仁体。"④即黑格尔只是在辩证矛盾这个本体之"用"上做文章，而根本不懂得从辩证矛盾中体会具备仁德的本体，正是本体具备了仁爱之德，才会展现为极度和谐的大千世界。

熊十力是中国近代哲学史上最具纯哲学味道的思想家，他所建立

---

① 郭齐勇编：《熊十力学案》，见方克立、李锦全主编：《现代新儒家学案》，第447页。

② 熊十力自注："反动"指《老子》"反者道之动"；"冲和即仁也"。然而，熊十力将"冲和"诠释为"仁"则明显是以儒家仁本论曲解《老子》，《老子》讲"失道而后德，失德而后仁"，"道"与"德"属无为，而"仁"则是有为。

③ 熊十力：《新唯识论·初印上中卷序言》，第244页。

④ 引自胡晓明编选：《大海与众沤——熊十力集》，第202页。

的本体不是外在于人的客观精神或物质,而是最富能动作用、役物而不役于物的心灵主体。应该说,强调人的主体能动性是其哲学的最显著特征。

第三节 批判佛、道的"日损之学",标扬"敦仁日新"的儒家生命哲学

熊十力强调宇宙与人生均是具有蓬勃旺盛生机的生命过程,而贯通宇宙、人生的大生命过程的底蕴是广义的心灵。他从这个思想出发,对儒家、佛家、道家的生命观和修养论作出比较,认为佛家、道家的学说是远离生命甚至反生命的"日损之学",而儒家学说则是"日新"与"日损"相辅相成,而以"日新之学"为主的生命哲学,其与宇宙精神合拍符节,为人类生活指明了正确的方向和途径。

一、对生命、宇宙大生命与心灵关系的界说

熊十力常用"生机"、"活力"来形容宇宙生生不息的动态过程。可以说,其哲学的一贯之道就是以刚健不息的生命力来贯通宇宙与人生的。因而,他的哲学实际是以儒学形态出现的生命哲学。虽然熊十力对西方近代柏格森辈的生命哲学多有微词,但是西方生命哲学对他的影响也是显而易见的。不过,熊十力的生命哲学主要的理论来源取自《周易》(主要是《易传》),西方生命哲学在其论证上只是辅助性的次级论据,按佛学的说法,只是"增上缘"而已。

熊十力认为,古人讲"性命",现代讲"生命",二者实际是一个意思,"性命犹言今之生命"。他发挥《易传》的生生思想,说:"《易》言万物皆禀乾德为性命,性者生生之义;命者流行之义。"①他说:"余相信宇

① 熊十力:《明心篇》,引自胡晓明编选:《大海与众沤——熊十力集》,第398页。

宙不是无生命,其成毁不停,生灭不已,正是生命力常在舍故创新中无穷无尽而已。"①在他看来,宇宙有着强劲而旺盛的生命力,其"生命力斡运于一切生机体中",体现为万物"舍旧而强于创新"的"生活机能";②宇宙的生命力不是外在于万物而独存的神秘力量,而直接存在于万物生生不息的过程之中。他说:"万物(笔者注:熊十力所说的"万物"包括人)各有的生命,即是宇宙大生命;宇宙大生命,即是万物各有的生命。不是万物以外别有大生命也。"③他对生命的理解虽然至为广泛,然而关注人的生命才是其理论的终极落脚点。

熊十力在《明心篇》中对于生命有四方面界说:

其一,"生命不同于物质性"④。他认为,生命不同于物质现象,而是与心灵同质。心灵与物质是对偶范畴。生命应当归于同于心灵而非本于物质。他说:"说生命不是物质,理则诚然;说生命亦异心灵,义非能立。"⑤

其二,生命与心灵是异名而同谓的。他提出:"生命与心灵殆无性质上的区别";"心灵、生命毕竟是一,不可当做两物来猜想"。⑥ 同一个对象所以有两个称谓,是由于它们是就不同的方面而言的,即"取义殊方,而有二名"。⑦ "特举其生生不已之德而言,则曰生命;特举其昭明无暗之德而言,则曰心灵。名虽不一,其所指目者非二体也"⑧。

其三,在生物出现以前,生命是潜在而非不存在。他提出,在"宇宙太初"时期,"生命力潜驱默运乎物质世界中",天、地、万物的形成

---

① 熊十力:《明心篇》,引自胡晓明编选:《大海与众沤——熊十力集》,第396页。
② 同上书,第367页。
③ 同上书,第368页。
④ 同上。
⑤ 同上书,第369页。
⑥ 同上书,第368页。
⑦ 同上书,第371页。
⑧ 同上书,第369页。

"莫不有生命力潜运其间。全宇宙浑是生生之流,岂是一团死物质乎"?① 虽然"无机界最先出现,生命、心灵尚隐而未见",却"不可言无"②,那时生命或心灵是未展现的潜在,而非不存在。

其四,在宇宙大生命和人的生命中,心灵与物质皆不可分离而心为主宰。他认为,物是心的依据,心是物的主宰。"心若无物,而谁与居之? 物若无心,而谁与主之?"这个"心""不独主乎一身,而实关天地,周流乎万物",即其不但是个体之心而且是宇宙之心。他又举《易纬》中的乾坤关系思想以说明"物必赖心以有主也"。他指责唯物论与唯心论在心物关系上"各执一偏,同成无体之论",所以说它们是"无体之论",就是它们都不懂得心和物都是"本体变动而成功用"③,即二者是本体所展现的密不可分的两方面"功用",而非本体。"实体是具有物质、生命、心灵等复杂性,非单纯性"④。唯心论和唯物论"两宗皆割裂宇宙,而各取一片以为本体"⑤。它们误把本体理解为"单纯性"的精神或物质,不懂得宇宙本体是兼含心物的复杂性。熊十力对唯心论和唯物论的理解有所偏差,如他说:"如唯心一元之论,则物质是精神之变现,而物质实无也;如唯物一元论,则精神是物质之作用(熊十力注:如旧说思想是脑的作用),而心灵实无也。"⑥显然以"物质实无"概括唯心论和以"心灵实无"说明唯物论都是不恰当的。

熊十力在此所说的心灵是指知觉乃至思维能力,他由于自己大不了解自然科学知识而陷入含糊其辞或语焉不详的境地。如他说"植物出,始发现生命",而植物只有"知觉"这样的"最低级的心作用"。他肯定,心灵与生命是共同发展的;然而低等生物的心灵和生命都不发达,

① 熊十力:《明心篇》,引自胡晓明编选:《大海与众沤——熊十力集》,第370页。
② 同上书,第371页。
③ 同上。
④ 同上书,第373页。
⑤ 同上书,第372页。
⑥ 同上书,第371页。

因而不具有典型意义,故他不将之作为主要论域。对于"迨动物进化至人类,才有心灵层出现,……以生命与心灵不同层级"的观点,他予以否定,认为这是"铸九州铁不足成此大错"①。至于其"大错"所在,熊十力只能从其元哲学观的角度进行抨击,而不能举出科学论据作出否证。

熊十力论说宇宙生命的要点在于说明人的生命本质。然而,他的论域纵贯天人,铺叙得非常广泛,去讲那些费尽力气也难以从哲学角度说清楚的问题。这是他务求本体论、宇宙论、人生论三者统一,而带来的不可避免的理论麻烦。由于他想从根子上排除讲求宇宙本体的佛教、道家以及西方唯物论、客观唯心论对人生态度的影响,这样做自有其不得已而为之的良苦用心。

二、对佛道"日损之学"的批判

熊十力认为,儒、佛、道三家都意识到了"个人的生命与宇宙大生命不可分而为二"的道理,它们的"相异处只看各家于实体有正确认识与否"②,尤其是否能正确看待与"实体"相通的生命之本质和价值。佛家以为"真如是寂灭",因而走上了"毁绝生命"的道路;道家"以返归虚无为宗",然而熊十力指出:"虚无不可谓之实体",因此,其"本源既失,向下都谬",走上了"以生命寄托于虚无"的道路。他断定:"二氏对于生命之体会都不符合于生命正常之德。"在他看来,"生命正常之德"是儒家所主张的"生生、刚健、充实、盛大、通畅、焰(同昭)明等德用"。他说:"道家厌世,佛氏出世,此二家之人生意义所以反乎生命的正常也。"③

---

① 熊十力:《明心篇》,引自胡晓明编选:《大海与众沤——熊十力集》,第368—369页。

② 同上书,第381页。

③ 同上书,第381、382页。

《老子》中有"为学日益，为道日损"之说，熊十力将这个思想解释为老子有学术分类思想，他说："老子平章学术，有日益、日损之分（熊十力自注：平章犹分辨也）。"熊十力进而提出："科学格物是日益之学"（或称"博文之学"），其特点是"向大自然追求无止境"，不断扩展增益知识；而东方古代的"为道之学"（即哲学）则是"日损之学"。熊十力所说的"为道犹云修道"，"修道"就是"损去私意、私见、私欲"。不唯老子哲学如此，"古学百家孰有外此以为学哉"！①

熊十力认为，佛教和道家"皆为日损之学，……其精神所注，唯在人生之修养与改造，故专致力于内心之自缘与克治杂染"②；宋代以来"理学诸儒"所作的也是这种"日损"工夫。③　他说："佛、道不同，人皆知之，然道学（笔者注：指道家）妙极虚无，佛法高趣寂灭，两家根本义趣有相通也。"④这种"义趣相通"之处见之于人生问题上，就是佛学和道家都是从黑暗方面看待人生，"于人生作黑暗观"⑤。熊十力依据他所理解的孔学真精神，对佛学和道家"日损之学"进行了批判。

1. 对佛家"日损之学"的批判

熊十力说自己所以由"好佛卒归宗孔子"⑥，其中的根本原因是："佛氏专从坏处看人生，其道在反人生，抗拒宇宙大生广生之洪流"；佛家所提倡的"万善不是从本性发出，而是因惑起修"，即为了"对治"人生的种种"痴惑"而修行。他认为，"此乃佛氏根本错误"⑦。孔子学说则不然，"孔子敦仁之学直以本性为依据，从人生真善美的方面发展"；

---

①　熊十力：《明心篇》，引自胡晓明编选：《大海与众沤——熊十力集》，第376、377页。

②　"自缘"和"杂染"都是佛学用语。"自缘"即反省义；"杂染"指私欲、私意和固持浅见、偏见、邪见等。

③　熊十力：《明心篇》，引自胡晓明编选：《大海与众沤——熊十力集》，第378页。

④　同上书，第375页。

⑤　同上书，第377页。

⑥　同上书，第386页。

⑦　同上书，第389页。

孔子所以"不从坏处看人生",是由于他"洞见人生本性无有痴惑",人性禀受于"刚健、烟明、纯粹"①的乾德,直接说"人生之本性即是乾元实体"②,故而"人的本性元无一切坏根"③。熊十力认为,"孔子作大《易》④,阐明人之本性烟明、纯粹,本无杂染"。人生虽然有"痴惑",但是其毕竟不能完全障蔽人的本性,这就像"浮云不能障日"一样。⑤ 与佛教提倡"万善"以"对治"人的种种"痴惑"不同,孔子是从根本上解决问题,即"从人性之善端一直向至善发展"而无止境,"从人性固有之善端扩充而成万善"。因而,只有孔子才真正认清了生命的本质。他指责佛教:"苟非有抗拒造化之奇想,何至发此怪论乎(熊十力自注:造化谓宇宙大生广生之洪流)?"⑥

大乘佛教为纠正小乘佛教偏重自我解脱的倾向,提倡为了普度众生而自己不入涅槃的菩萨道,似乎由这种大乘菩萨道可以证明佛法(至少大乘佛教)不是反人生的。熊十力则指出:大乘菩萨并没有改变佛法"抗拒造化"的"出世法之本旨",也不过是引导众生出世罢了;并且,"大乘则有一法印⑦曰实相印,实相⑧毕竟是寂灭相,无为无造。大乘化导众生同得实相,还是共趣寂灭耳",终究没有改变佛教反人生的出世本旨。⑨ 他进而提出,大乘的空宗和有宗(指唯识论)虽然思想深度超越了释迦牟尼"神我之范围",但依然继承了释迦牟尼反人生、追求寂灭境界的思想主旨,它们"专以日损的方法为道",没有领悟宇宙

---

① 熊十力:《明心篇》,引自胡晓明编选:《大海与众沤——熊十力集》,第387页。
② 同上书,第391页。
③ 同上书,第381页。
④ 熊十力不但沿承传统旧说,认为《易传》为孔子所作,而且认为《易经》的卦爻辞也是孔子所作。另外,笔者所引之书将"大易"作《大易》,窃以为不妥——因其非书名,故依据己意改为"大《易》"。
⑤ 熊十力:《明心篇》,引自胡晓明编选:《大海与众沤——熊十力集》,第387页。
⑥ 同上书,第389页。
⑦ "法印",佛学用语,谓能印证真伪的佛法之印,即佛法的根本真理。
⑧ 熊十力认为,"实相犹云宇宙实体"。
⑨ 熊十力:《明心篇》,引自胡晓明编选:《大海与众沤——熊十力集》,第390页。

实体与现象界不可分离,即"体用不二"的道理。①

熊十力认为,佛教反人生的出世态度,不但是割裂了体用关系,而且片面夸大了人生的黑暗面,错误地将此黑暗面视为生命的本质。他说:"佛氏以为众生从痴惑生"②,然而"人生诚有黑暗的方面,……但痴惑从何处起此一问题,释迦氏与其后学始终不曾提出。"③熊十力发挥《易传》和孟子思想,认为人禀受于具有生生、刚健、昭明诸德的"乾元实体",因而本性具有善端而无恶根,生命本身是光明而非痴惑阴暗的。他说:"生命不是迷暗性,佛氏不悟。"④佛学理论出发点的错误,导致其走入"反人生"、"毁宇宙"、"抗拒造化"的泥淖⑤。

熊十力认为,人类后天的社会生活确实"有灵明、正大和黑暗、污染两方面",佛教仅是从"黑暗、污染方面"看待人生,欲引导众生同归于寂灭,"……然以此道(笔者注:指寂灭之道)度尽众生,则卒成虚愿而已"。他认为,孔子更进一步看到了人生的光明方面,因此,以孔学引导人生,才会"自有实效","众生将皆离黑暗而发其光明,远污染而归诸正大";不是像佛教那样抗拒"造化"即"宇宙大生广生之洪流",而是主动掌握"造化",如此的人生"岂不休哉"!⑥

熊十力认为,佛教的人生论大有弊病,"佛说人非实有",其论据是:人是由"心的许多作用以及身的五官百体等等现象互相积聚一团,便叫做人",而"这一团东西全不实在"都是虚幻的。"人的这一名字,元是安立于一团虚伪(笔者注:即"虚幻")的东西之上",所以说,"人"不过是"假名"而已。他将之称为"释迦氏之怪论"。熊十力认为,这种说法对于教化人心不会有好效果,"恶人闻此论绝不会被释迦激动;好

① 熊十力:《明心篇》,引自胡晓明编选:《大海与众沤——熊十力集》,第393页。
② 同上书,第389页。
③ 同上书,第387页。
④ 同上书,第395页。
⑤ 同上书,第394页。
⑥ 同上书,第394、395页。

人闻此论只有更加消极"。所以说"丑诋人生,决无善于果"。只有儒家"教人对于宇宙人生求得明睿正大与精确的解悟",才会使人有上进的愿望。①

熊十力也称赞"佛氏日损之学"的哲学理深湛,认为"其照察人生痴惑可谓极深极密",使得"一切惑之窝藏处毕露无可掩",即便是"惑种乘机窃发于不自觉者亦可察识"。就其"内心自照之切","对于人生之殷重启示"来看,他肯定"佛法真有不可朽者"②。并且他也肯定佛教关于人必须有"自决之智慧与勇气"的主张。他对佛家的这类赞誉颇多,然而,他认为:"佛氏以十二缘起说明人生,……实从人生迷惑处着眼,却未涉及生命的本性。"③然而,其远逊于孔学之处,在于没有透彻领悟生命本质,其"自决之智慧与勇气"不是用来激励人积极向上的生活,而是诱导人们弃绝世俗生活。

2. 对道家"日损之学"的批判

熊十力认为,道家对宇宙本体及天人关系的论述颇有卓见,其人生论提倡的"全性保真","不为形骸所困","与天地精神往来"④的境界也很值得赞许。道家"老庄二子书"已经体味到个体生命与宇宙大生命的一致;至于"不肯拔一毛以利天下"的扬朱,虽然也主张"全性保真",但是其只是"贪护小己,不识真生命也"⑤。他认为,虽然老庄学说有其高明之处,却有着根本缺陷。其为了保养精神而主张"去知"、"去欲",虽然"持之有故",有其道理,但是"其边(熊十力自注:边犹偏也)见太过",即过于偏颇了。他说:"养神不可废知,不可遏欲。神不离物而独存,……无知无欲,神亦将死。"他又说:"绝欲、黜知非所以养

---

① 熊十力:《乾坤衍》,引自胡晓明编选:《大海与众沤——熊十力集》,第428、429页。

② 熊十力:《明心篇》,引自胡晓明编选:《大海与众沤——熊十力集》,第386页。

③ 同上书,第369页。

④ 同上书,第381页。

⑤ 同上。

神,将丧其神而已。"人的精神不能离开事物而独立存在;如果去除知识和欲望,精神就无从谈起、更无从养起。他提出:"任自然之知,则可以养恬,何劳之有? 从自然之欲,则无过分之求,何迷之有?"①遵循人所自然获得的知识和天然欲望,足以保养精神而不会误入迷途。

熊十力以孔子思想裁定道家"去知"、"去欲"思想。就道家"去知"主张而言,他认为,道家去除思维、知识的主张"大悖孔子之道",孔子的"日新之学"讲求"爱智格物以行其达道(熊十力自注:大通之道曰达道)";对于万物则"运用耳目等官……无不致其精思、慎思,恰得万事万理之真是"诸真理乃至大道都是从实践和思虑中体会出来的,"道家反知而绝物,岂不悖哉"?② 就道家"去欲"主张而言,熊十力认为,道家不同于佛教的出世法,却主张"去一切欲",这是"道家之大阙也"。他认为,人的欲望有方向的不同,欲望有正有误,不可一概而论。孔子教学生以"求仁之欲"而"进德修业",且"唯恐其欲之不强"。《大学》所主张的"格致诚正、修齐治平之盛德大业"这样崇高的欲望,"其可绝乎"? 他又依据孟子的仁政思想而提出:人类对于财富、知识、安全、快乐等正当的生活欲望都应该得到满足,而满足这些欲望是社会领导者的责任。他说:"领导人类者必顺人类之所共欲而竭诚扶勉之,……将一切所欲,如求财富、求知识技能、求安全、求快乐、求作业乃至种种所需都集聚完备,无有一毫缺乏俾其共同享受。至于信仰、思想、言论等等自由,皆无阻碍",领导者在此前提下要正确引导,即"导之以正"这样,则"人道大畅矣"。他概括说:"总之,欲不可遏,引归正当发展是不可易之道也。"③

熊十力虽然主张社会的领导者要以满足人们的社会欲望为责任,却又反对"人各纵其小体(指自我、小我)之欲"。他认为,"从公而戒

---

① 熊十力:《明心篇》,引自胡晓明编选:《大海与众沤——熊十力集》,第400页。
② 同上书,第400、401页。
③ 同上书,第402、403页。

私,则欲即是理,未有不善也",即树立公益心,去除过度的个人欲望,则人的正当欲望都是善的,合乎道德义理的。儒学所谓"成己成物"主张,就是引导人们的欲望"于大与公,为正当发展而已"①。

针对老庄学说"去知"、"去欲"、远离"人道"的意旨,熊十力提出:"夫人道不可无知,唯求'知周乎万物,道济天下'②而已;不可无欲,唯求欲皆当理而已。今一切务去,其何以立人道乎?"他讥讽道家的"思想根柢究不是出世法",却又近乎佛教反人生的出世法,这种似是而非、不伦不类的学说,就"如紫乱朱,如莠乱苗"③一样。

熊十力说:"古哲日损之学,至博大者莫如二氏(熊十力自注:二氏道与佛也)",自己批判佛教和道家的思想依据是孔子之学,即"皆以孔子之道绳正其失误"④。熊十力批判佛、道的"日损之学"以寂灭或虚无为归宿,取消了人生的积极意义,但是他并不是否定"日损"是"为道之学"的一项基本内容。他认为私心成累是"生命上的污垢",而"为道之学,其本在心,养心全性,莫切于损除私累"⑤。熊十力肯定"日损之学"的必要。他说:"日损之功发于自我改造之本愿,所以全性保真,毋失人生至高至上价值。"⑥儒家也讲求"日损之学",只不过其非儒学的主要方面。

三、标榜"敦仁日新"与"克己日损"相辅而行的儒家精神

西晋学者裴頠曾作《崇有论》,以"有"立论而驳斥玄学贵无论,熊十力则以"有"立论来批判佛教的空观。他说:"大乘菩萨观空,余且观有。"在他看来,"乾元"、"生命"、"心灵"、"物质"、"能力"乃至寓

---

① 熊十力:《明心篇》,引自胡晓明编选:《大海与众沤——熊十力集》,第404页。
② 语出《易传·系辞上》。
③ 熊十力:《明心篇》,引自胡晓明编选:《大海与众沤——熊十力集》,第414页。
④ 同上书,第404页。
⑤ 同上书,第382页。

⑥ 同上书,第380页。

于万物生命之中的"宇宙大生命"都是切切实实的"有","宇宙其可空哉"！① 因而,佛教以"空"论宇宙、人生是没有道理的。

熊十力认为,佛教和道家"同为日损之道"②,而孔学虽然也讲"日损",但主要是以"敦仁日新"为宗旨。在他看来,孔学的这个宗旨正确解决了天人关系问题。他说:"孔子敦仁日新之道,足以遍被人天而莫可违。"③熊十力所提倡的"敦仁日新"之说,本于《易传》以"生生"为易道特色的思想而力加发挥,以之作为否定佛教寂灭论和道家虚无论的根本依据。

熊十力根据他宇宙大生命生机盎然的思想,提出,心性修养"不当专以日损为务",更要"日就弘实"即不断扩大和充实生命力,而"弘实"的主要内容就是孔子所标榜的"仁"。他提出孔子之"仁"包括仁德与智慧两个方面,非仅传统理解的仁爱之心。他说:"仁心不止是恻隐之情,而明睿之智恒与恻隐俱存也。"有"明睿之智",所以能"格物而不肯自锢";有恻隐之心,所以能"爱人而不忍自利"④。他说:"孔子为道之学以求仁为主,明睿之智日扩而大之,周通万有;恻隐之几日扩而大之,不隔群伦(熊十力自注:与群伦同休戚)。"又说:"二者(笔者注:指"恻隐之心"与"明睿之智")之功不息,皆所以笃厚其仁者也。"就"仁心"的这两个方面都在力求扩张来看,"学道在日新,非可以日损为事也"。在熊十力看来,孔学与佛老"日损之学"根本不同之处在于以"日新"为主要特征,以"敦仁"为根本内容,所以说"圣学立敦仁日新之大本"⑤。

熊十力认为,孔子也重视"日损之功",这体现在孔子主张"克己"的修身方式。熊十力说明:此"克己"之"己",是指"小己";并提出,如

① 熊十力:《明心篇》,引自胡晓明编选:《大海与众沤——熊十力集》,第396页。
② 同上书,第413页。
③ 同上书,第417页。
④ 同上书,第382页。
⑤ 同上书,第383、384页。

395

果人的思虑行为"皆以小己为主体",则可以说"小己者,万恶之所从出也"。因此,人必须有"以大勇攻治小己"的坚定信念,"否则不成为人"。他主张,人要成为真正意义上的人,就"必须以自力发扬人性,弘大人道"。若非如此,则仅是生理意义上的人而已,"虽具人形,犹未成乎人也"。熊十力所指的"人性"即"仁",而"人道"即"扩充其仁"之道。这种扩充仁爱的"日新"工夫又与"克己"的"日损"工夫相辅相成,一方面"扩充其仁,唯在克己"①;另一方面,"日损者,所以利于仁道之源源不绝、继长增高也"②。就是说,仁德的"日新"以私欲的"日损"为手段,而私欲的"日损"以仁德的"日新"为目的。虽说"日新"与"日损"不可或缺,但是扩展仁爱之心和明睿之智的"日新"毕竟是主要工夫。

儒家的人生论和伦理学的联系至为密切,儒学的基本特色就是伦理化的人学,或者说人学的伦理化。诸儒家巨擘所构造的天人之学,天道观虽然大同小异或小同大异,但是对儒家的人学伦理提供形而上的哲学基石之用心则是相同的;在儒家所提倡的诸种道德中,认同"仁"为诸德之原而着重予以天道观的证明,也是他们共同的学术主旨。熊十力认为,就个人而言,"人生本有仁心在",此先天的仁心监督着自我的思虑行为,是个体社会行为的内在道德仲裁者。他说:"仁心常为吾人内部生活之监督者。吾人每动一念,行一事,仁心之判断恒予小己之私欲以适当的对治。"③

熊十力强调本体论、宇宙论和人生论的一致,旨归所在也是要对儒家的伦理思想尤其是"仁"这个首德,重新作出作本体论、宇宙论的说明。以下谈谈熊十力对于这方面的思想。

张东荪曾提出,佛教与儒学(尤其是宋明儒学)的宗旨不同,"而其

① 熊十力:《明心篇》,引自胡晓明编选:《大海与众沤——熊十力集》,第383页。
② 同上书,第415页。
③ 同上书,第404页。

内修则一",即修养目的是一致的;二者的异处体现在佛学"求见宇宙之本体",儒家"体合道德之法则",大而言之,"印度之文明,始终不离为宗教的文明;而中国之文明,则始终不失为伦理的文明"。张东荪就此见解与熊十力商榷。熊十力也肯定儒学侧重于伦理文明,认为儒家"哲学思想始终注重伦理实践。……所谓体神化不测之妙于庸言庸行之中,此儒术所为可贵也"①。但是,他不赞成张东荪"以求见本体归之佛,而谓儒者为体合道德之法则"之说,即佛学以本体论见长、儒学以伦理学见长的观点。他认为,儒学的伦理思想是建立在本体论的基础之上的;儒家必然首先是对本体有深刻的体味,进而才推演至道德法则,即"唯见体故,斯有道德之法则可言"。如果儒家未体认到本体,那么道德法则就没有"内在的权度",而"纯由外烁",这正是孟子所斥责的"告子义外之论"。因此,从表面上看,儒学"似只是伦理学,而不必谓之玄学;实则儒学伦理悉根据其玄学。非真实了解儒家之宇宙观于本体论,则于儒家伦理观念,必隔膜而难通"②。就是说,要真正领会儒家的伦理精神,就必须深切了解儒家的玄学本体论。

　　熊十力继承了儒家以仁为诸德之首,以仁德来贯通天人的哲学传统,并从形上学的角度予以说明。他在《明心篇》中说:"余深信中国先圣发见天地万物一体之义,盖从一切人皆有仁心而体会得来。仁心本不限定在我之一身,实遍在乎天地万物。"③这显然是儒家传统天人哲学泛道德化的绪余。他在该文中修正了以前《新唯识论》中将仁德本体化的观点④(见前),而是认为"仁"是本于宇宙实体的属性——他称之为"德性"、"德用"。他说:仁心"乃根于实体之德性";"仁心以天为

---

　　①　熊十力:《论科学真理与玄学真理》,引自郭齐勇编:《熊十力新儒学论著辑要》,第261、262页。

　　②　同上书,第263页。

　　③　熊十力:《明心篇》,引自胡晓明编选:《大海与众沤——熊十力集》,第404页。

　　④　熊十力在《新唯识论》中言:"仁者,本心也,即吾人与天地万物同具之本体。"见《新唯识论》,第567页。

其根"（熊十力自注：天者,实体之称）；"仁心即实体之德用"。① 这样,
他就从体用关系的层面界定了"仁"的地位。

熊十力在后期的《明心篇》批判宋明道学将"仁"明确界说为宇宙
本体的做法,认为其"甚失孔子之旨"。他强调："仁是用,究不是体,谓
于用识体则可也,谓仁是本体则未可。……宋儒（笔者注：指程朱理学
家）之于天理,王阳明之于良知,皆视为实体,固已不辨体用（熊十力自
注：良知与天理之心,皆用也）。"②熊十力刻意强调"仁"是属性概念,
而非实体概念,主要用意在于完善其体用论的逻辑结构,并避免混淆于
客观唯心论。

熊十力认为,"仁心"是"全体性",其包含智慧与道德两个方面（见
前）。就其道德内涵而言,他根据《易》乾卦的文辞（笔者注：主要指《文
言》等传部）而认为,"仁心"的"全体性"体现在其包含表示生命或心
灵的刚健、中正、纯粹等诸种德性,③提出：仁心"为一切德行之源泉
也"④；"道德之源即仁心也"⑤等等。

熊十力反对西方传来而日见盛行的功利主义伦理观,他说："从功
利论的眼光看来,仁心并非人生所本有。只因利害关系,人与人要相结
合,结合则不得不各自节制小己之私,由此养成习惯,遂有仁心。"他认
为,"功利论太浅薄,对于宇宙人生全不穷究,浮妄立说,不可据也"。
他设想："人生如本无仁心",而"纯靠利害来结合",那么"人类早已互
相吞噬,绝种矣"。因为,人们之间的利害关系是随时变化的,"朝以利
相结,暮亦可以利相食矣"⑥；人人"唯利是图",贪得无厌,就无从结合

① 熊十力：《明心篇》,引自胡晓明编选：《大海与众沤——熊十力集》,第406、
407页。
② 同上书,第407页。
③ 同上书,第404页。
④ 同上书,第406页。
⑤ 同上书,第407页。
⑥ 同上书,第404页。

起来。他说:"古之建言曰'利令智昏',人皆昏昏然争利,亦不会有结合之智也"。他认为,"从古以来,不仁之事虽不少,然斯人之仁心终未尝一日绝也"。这就像不可由于阴天就以为没有太阳一样。从生活态度上说,不可由于人间多有不仁之事而悲观,而应看到"人类前途毕竟离黑暗而向光明,不可偏于悲观也";从历史上看人类不断的发展昌盛,"亦足证明人生本有仁心为其相互结合之根,故能创造一切,蕃殖其类也"①。熊十力这些论证虽不严密,却明确提出人类社会存在和发展的根源在于利他而非自利的仁爱之心。由之不但可以看到他关于社会起源和发展的观点,而且能够明显体味到他鼓励人们扩充仁心以促进社会和谐与发展的思想意旨。

熊十力屡屡强调人生修养的旨归,就是要破除"小己"、"小体",而实现"大己"、"大体",②说的虽然玄奥,但内容却简单,就其学说的主要论域——人生哲学而言,可以用"破私立公"一言概括之。他认为,孔子所憧憬的"天下一家",就是天下为公、仁德流行、平等民主的大同社会。冯友兰先生曾经指出,中国古代哲学的义利之辩、天理人欲之辩、道心人心之辩,实质都是公私之辩。熊十力哲学之"新",主要在于其独出心抒的形上学体系和繁复的论证方式上,其主旨则仍然是破私立公的传统主题。③ 熊十力对于自己学说的宗旨有多种说法,但究其根本,则可归结为以"公"立宗,他所极度推崇的"仁心"实际就是为他人、为人类的"公心"。他对佛教和道家的批判,虽说涉及的论域广泛,如本体论、宇宙论、人生论、知识论等,而重心则在人生论问题上,其中从公私之辩批判佛老超脱其表、私欲其里

---

① 熊十力:《明心篇》,引自胡晓明编选:《大海与众沤——熊十力集》,第405页。

② 大体谓自我与宇宙万物的合一。

③ 探索儒学与近代的民主和科学精神乃至和共产主义接轨的问题,不但其前康有为辈已然致力于此,新儒学诸子对此问题也多有卓见。

又是焦点问题,如他指责道家,认为老子的种种无为议论"均有私意在"①,"亦私利而已"②;他说:中国人学佛从来都是"专在轮回一事上"下工夫,为"小己"的来世求"福果",这"明明是一个自私自利的心"③。人们学佛教之出世、道家之避世,貌似超然尘世,实则不过是私欲在作怪。

四、对儒家基本概念的新诠释

熊十力对原始儒家思想多有创造性发挥,这在他对儒家传统的基本概念和命题的重新诠释上有明显体现。以下就其对儒家传统概念的重新诠释上略举数端,以见其大概:

其一,对孔子"四毋"的新诠释。

《论语·子罕》有"子绝四:毋意、毋必、毋固、毋我"的议论,后学者大都就字义而从治学方法或知识论方面予以解释。熊十力认为,后儒对于"四无④罕有真解"⑤。他从其心性修养乃至天人哲学上做了独立于先儒的阐发。他解释说,"无意"之"意"指心里念头超出正确法则的"私意","无意"就是产生的念头自然合乎正确法则而没有"私意",即"生心动念自然有则而不过",这是修养到高境界的自然效果。所谓"无必"之"必"就是"期必",即期望行为必然要有理想的结果。熊十力认为,有了这种心理,行事就会"计较效果"、患得患失,而缺乏勇往直前的勇气;"期必"心理是出于不合正确法则的"私意"、"杂念"。熊十力强调:行事应该重在正确道理和实践过程,而不要患得患失于结果。他说:"圣人处事一循乎人事、物理当然之则,计定于先,以实力贯

---

① 熊十力:《明心篇》,引自胡晓明编选:《大海与众沤——熊十力集》,第417页。
② 同上书,第415页。
③ 熊十力:《乾坤衍》,引自胡晓明编选:《大海与众沤——熊十力集》,第432页。
④ 《史记·孔子世家》"毋"作"无",熊十力从《史记》。
⑤ 熊十力:《明心篇》,引自胡晓明编选:《大海与众沤——熊十力集》,第384页。

彻始终,此外,不参加一毫期必之念";又说"若有志乎大道之行,则唯有既竭吾才,敦笃吾愿,此外,决不期必于道之将行,亦不过虑于道之将废"。他认为,"无必"做到这个地步,就是"止乎至善"①了。熊十力的这个思想明显是从董仲舒"正其谊不谋其利,明其道不计其功"②的思想演化出来的。他将"无固"之"固"解释为"执滞",即固守狭隘、偏颇的见解而不晓全面、不通变化,心有"偏系"又"胶执一方"。他主张"心无偏系","随缘作主",即去除狭隘偏颇之见,把握不同事物机器变化,这样才能"御万变而不失其正"。所谓"无我"之"我"指"小己",即个体的我。他认为,"小己"是"一切迷暗之根",上述的"意"、"必"、"固"都出于"偏私小己之痴根",圣人则能"于小己而识得大己","真知小己的生命与宇宙大生命为一"③,这就是孔子所主张的"无我"境界。

概括起来,熊十力对"四无"的诠释所强调的是:尊法则而去"私意";重动机而轻结果;通变化而弃偏执;破"小己"而合宇宙。他于以上四者尤其强调"无我",认为它是"圣学全体大用真髓在此"④。熊十力对"四毋"(即"四无")这种独出心裁的解释确是前无古人。

其二,提倡"四与之德"以突出主体能动精神。

《易传·文言》有"大人者,与天地合其德,与日月合其明,与四时合其序,与鬼神合其吉凶"语。熊十力将之称为"四与之德",认为其体现了孔学的天人学说的真精神。他认为,"谈本体而不悟即天即人,即人即天",即不懂得天人一体的道理,就不懂得"天道待人道而始得完

---

①　语出《大学》,《大学》作"止于至善"。

②　见《汉书·董仲舒传》。

③　熊十力:《明心篇》,引自胡晓明编选:《大海与众沤——熊十力集》,第383、384页。

④　同上书,第384页。

成,是于人于天,两无所知"。他突出"人道"有参与赞助天道的能动作用,赞美"人道"的正大而光明,主张"立人道以弘天道"①。熊十力以此尊崇儒家而摒弃批判佛老,这也是他将儒家与佛老区别开来的基本标准。

熊十力认为,虽然儒家、道家和佛教"皆以反己为不二法门(熊十力自注:入道之门曰法门犹云修道的方法)";"三家为道之学(熊十力自注:为犹修也)都由参究人生,而上穷宇宙根源以解释人生所由始,以决定人生修养之宜与其归宿"②,但是它们"反己之实际,则未可言同"③,即三者都以本体论为基础而落脚于人生修养问题,不过修养的主旨内容颇不相同。熊十力认为,这种不同并非截然悖异,而是可以取长补短融会一体。由于"返己(笔者注:即上文的"反己")之学,唯孔子造其极"④,故而精神修养应该以孔子意旨为主体而参考酌取佛教、道家思想。

以佛教论,熊十力认为,"佛家盖以体合法界大我⑤为归宿",然而,其"反人生、毁宇宙"的思想,"与孔子之道亦相反相成。看穿了人生坏的方面,庶几猛省,可以进于孔子敦仁日新之道"。若是体会到儒家"有天地万物一体之乐,何必欲投依于其所空想之法界大我乎"? 熊十力认为,"四与之德用",并不神奇,人人都能够努力做到;如果"人人有四与,将改造现实世界,使成为新新不已、丰富无量、太和洋溢之法界大我,而不是脱离现实世界,别有寂灭的法界大我"。他说自己所以"归

---

① 熊十力:《明心篇》,引自胡晓明编选:《大海与众沤——熊十力集》,第410页。
② 同上。
③ 同上书,第414页。
④ 同上书,第417页。
⑤ 熊十力在《明心篇》中说:"法界大我四字作复词看,法界即是大我也",又说:"法界犹云万有之实体,乃实相之别称也。"见胡晓明编选:《大海与众沤——熊十力集》,第391页。

宗孔子"①就在于孔子的这个思想主旨。在他看来,佛学的本体论哲学和它对人生黑暗面的透彻揭示,很有可采择的思想价值,但是其割裂本体与世俗生活的出世思想,则必须以孔子学说匡正之。

以道家论,熊十力认为,"道家则以返无为其归宿",其提倡的"精神专一"的境界和"不许宰物"②的主张与孔子有相通之处。但是,道家放弃领导国家的"自然无为"的政治主张纯粹是不可行的"放任主义"。虽然"孔子亦赞成尧舜的无为而治,但不同于道家之无为。盖以大公之道,联合众志而为之。无私弊,无废事,是孔子之无为也"③。辨别这两种无为主张而摒弃道家无为论,是撷取道家合理思想的前提。

其三,从他辩证"五贪"看其对佛教禁欲主张的批判。

佛教在人生上持禁欲主义,熊十力则既反对纵欲,也反对禁欲。他发挥孔子关注社会、热爱生活的精神,从"观有"的思路肯定人类世俗生活的真实和欲望的正当,批判佛教的禁欲主张,指责"佛法为抗拒造化生生之非常异义"。他说:"佛氏日损之学,以断绝一切惑为极则。……一切惑以贪为首。"④熊十力将佛教所说的贪归纳为五种:一是"自体贪",即爱护自身;二是"后有贪",即希望长寿或"死后来世再生人间";三是"嗣续贪",即"求传种不绝";四是"男女贪",即贪男女之爱;五是"资具贪",即"乐聚敛多财"。他说:"以上五贪,在佛氏皆视为大惑。"⑤

熊十力认为,"五贪为生命之物之通性","凡有生命之物莫不有此五贪。倘五贪灭尽,则生物将绝其类,而宇宙大生命,所谓大生广生者,

---

① 熊十力:《明心篇》,引自胡晓明编选:《大海与众沤——熊十力集》,第411页。
② 意即不赞成领导者做万物、万民的主宰。
③ 熊十力:《明心篇》,引自胡晓明编选:《大海与众沤——熊十力集》,第411、412页。
④ 同上书,第395页。
⑤ 同上书,第395、396页。

自当随生物俱绝"。① 若主张灭绝这些生命的正常需要,就根本违背了宇宙实体的生生本性,是在抗拒宇宙大生命。他对佛教所要灭绝的"五贪"一一作了肯定,认为这五种欲望都是正常的生命要求,宣称"五贪皆不可云惑"②。他认为佛教"反人生"的禁欲主张与孔子之道背道而驰。人类遵循孔子关爱生活的进取精神去做,则"将皆离黑暗而发其灵明,远污染而归诸正大"③。

其四,"本心"、"习心"的人生论旨归。

如前所言,熊十力对于"心"有两重规定,即"本心"及由之派生的"习心"。"本心"是与宇宙本体同一的善良本性和超理性的智慧(即"性智");而"习心"则是人的知觉和思维能力(即"量智"),它与人后天的"习气"密切联系。"习气"是非真实本性的"妄缘",其与"私意、私欲、惑障、染污等等"④是同义语,故而"习心"是认识乃至追逐外物之心,或者说是已经被"物化"了的"逐物之心"⑤。人们往往将"习心"误认做"本心",因而掩蔽了对真实"本心"的体认⑥。他又将"习心"称为凝聚种种欲望的"下意识",当人深受社会上诸多坏习气侵蚀生命而蒙蔽了"本心"时,便如同丧失了真正人性的行尸走肉了。

熊十力强调,人应该排除"习心"的干扰而"反求自识"、"直指本心"⑦,体认生命的真实底蕴与价值所在。他在《新唯识论》提出"净化"的主张,所谓"净化"就是"必保任本心,即固有性智,而勿失之,则中有主宰"。这样,"一切下劣的本能或欲望自受裁制,而不至横溢为

---

① 熊十力:《明心篇》,引自胡晓明编选:《大海与众沤——熊十力集》,第396页。

② 同上书,第397页。

③ 同上书,第395页。

④ 熊十力:《新唯识论》,第555页。

⑤ 同上书,第549页。

⑥ 熊十力在《新唯识论》中将"习"划分为"染习"和"净习","染习"是禁锢本心的私欲,故必须去除;而"净习"是"依本心而起",并符合本心的,故应该保留。熊十力此处讲的"习心"是就"染习"而言的。

⑦ 熊十力:《新唯识论》,第551页。

患。如是，欲皆从理，无有迷妄"。欲望举措都遵循"本心"之理，就是有了"真宰"。他要人们"辨妄正，以正净妄"①，即分别妄念和正念，持守正念而去除妄念。这种"净化"方式也就是他后来所说的"日损"工夫。

熊十力又分别将"本心"和"习心"比附于宋代道学的基本范畴——"道心"和"人心"以及佛家的"法性心"和"依他心"。他又说："晚周道家，有道心、人心之分（熊十力自注：见《荀子》）。印度佛家，有法性心、依他心之分。"②熊十力将"本心"比附于"道心"，实际就是赋予宇宙本体以道德内涵，道德成为贯通天人的通则，而人提升精神境界的归宿就是《易传·文言》中所标榜的"天人合德"境地。然而，与《易传》不同的是，熊十力不是将天看做外在于人心的他物，而是确定"天"即是人的"本心"或"真性"，本质上贯通一体。因而，他所提倡的"天人合德"不像《易传》那样主张效法易道实现天人合一，而是向内索求，通过反省而明了"本心"之仁德，从而达到天人一体的境界。熊十力所主张的"天人合德"、"性修不二"的修养思想，虽然论证繁复，但是要点不外是"返本"、"复初"，即修养的路径就是通过后天的人为努力，"净化"不良的"习心"或"人心"，创造并培植与"本心"一致的"净习"（见前注），从而回归含具仁德的先天清净本性，即"本心"或"道心"。修养的目的就是要保全本性，所以说，"性修不二"。他将《易传》关于"继之者善也，成之者性也"的思想发挥为"全性起修名继，全修在性名成；本来性净为天，后起净习为人"。"继"就是为保全天然本性而进行修养；"成"就是全部修养的宗旨在于保全天然本性；清净本性是天然的，而

————————

① 熊十力：《新唯识论·初印上中卷序言》，第243页。

② 熊十力：《新唯识论·明心上》，第547、548页。这里熊十力有一个常识性的错误。"道心"、"人心"作为对偶范畴出自伪《尚书·大禹谟》。伪《尚书·大禹谟》有"人心惟危，道心惟微，惟精惟一，允执厥中"一段话，宋代以来的道学家将之称为"十六字心传"，看做儒家道统的根本精神而多加发挥。姑且不论其是否出自伪书，提倡"道心"、"人心"之辩的是儒家而非道家则是基本的事实。

创造并培植符合"本心"的"净习"则是人为努力的过程。他引用汉儒扬雄《法言》的两句话"人不天不因,天不人不成",以说明人为的修养目的在于发扬、扩充天性;而天性的显现和发扬在于"尽人力"以创造、培养"净习"。这就是"天人合德"、"性修不二"的道理。他认为,经过后天自觉修养以达到的理想人格,其不同于自发的本性,而是人自我创造的结果,"即此固有之性无异自人新成之也"①。

熊十力将"本体论、宇宙论、人生论融成一片"②的旨归之一,就在于为人的精神寻找一个终极的安身立命之地。为此,他提倡人们要在精神上超越"小我"而修养到"无己"③状态,从而达到与本体之"天"自觉同一,即实现"天人不二"境界。他认为,这种境界修养思想是尧舜至孔子等往圣所传承的意旨,而他的哲学正是继承发扬了这个宗旨。

第四节　对儒学与现代人文和科学
精神契合点的求证

儒学如何现代化,或者说儒学与现代精神(主要是民主与科学精神)的契合处何在,这是解决儒学生命力能否在现代延续的根本问题,也是新儒学说明自身存在价值的关键所在。如果不能解决这个问题,新儒学就不成之为"新",依然是换汤不换药的旧儒学而已。熊十力哲学所面临的一个重要挑战,就是要解决这个重大的学术难题。于此,熊十力走了一条从儒学中发掘现代民主和科学精神,从而以儒学包容现代精神的路径。

---

① 熊十力:《新唯识论·明心下》,第622、623页。

② 熊十力:《为诸生授〈新唯识论〉开讲词》,见郭齐勇编:《熊十力新儒学论著辑要》,第111页。

③ "无己"论庄子最先提出,并有深入论说,熊十力对庄子的这方面思想汲取甚多。

一、六经涵括诸子、佛学、西学的思想

熊十力认为，儒学本来是孔子以前中国历代文化的精华；孔子则"远承历代圣帝明王之精神遗产"，功绩在于整理、传播六经而弘扬其精神，是儒学的集大成者和完成者。因此，他断定："儒学在中国思想界元来居正统地位。"非但孔子不能居首创之功，更不是在汉代才定于一尊的。儒学所以传承历久而不绝，是由于它凝聚了中华民族所特有的民族精神，即"实由民族特性所存，自然不绝"①。他又说："六经之精神，遍注于吾民族，沦肌浃髓，数千年矣。"②儒家精神深深浸入到民族文化心理之中，二者共存并在。

然而，为使儒家学说与现代接轨，熊十力又提出儒学真精神是长期湮没的思想，他期望在发掘儒学真精神并向之复归的旗帜下，重新建立具有时代精神的儒学体系。他提出，儒学的真精神并没有被后代完全领会并发扬光大。人们只看到"二千年来，中国思想界一统于儒家。于是论者以为儒家独盛矣。其实，儒学绝于秦，至汉终不可振"③；秦王朝的文化灭绝政策使得儒学和诸子学一并沉沦。虽然自汉武帝制定了独尊儒术的国策以来，历代官方尊奉儒学不绝，但这不过是表面现象，实际上汉王朝所推奉的不过是伪儒学。"儒学之名存而实亡久矣"④。宋代道学虽然以继承和弘扬儒家道统为己任，但是只体会到原始儒学的心性论，而忽视了其中的民主和科学精神。因而，也没有完全领会儒学的真精神。他说："故自汉代迄于清世，天下学术号为出于一儒，而

① 熊十力：《读经示要》卷二，引自郭齐勇编：《熊十力新儒学论著辑要》，第384页。
② 熊十力：《读经示要》卷一，引自郭齐勇编：《熊十力新儒学论著辑要》，第378页。
③ 熊十力：《读经示要》卷二，引自郭齐勇编：《熊十力新儒学论著辑要》，第395页。
④ 同上书，第392页。

实则上下相习,皆以尊孔之名,而行诬孔之实;以穷经之力,而蹈侮圣言之罪。儒学之亡也久矣哉!"①

熊十力对汉代以来儒学的批判,立意是以恢复儒学真面目、真精神为号召,对儒学作符合现代人文、社会观念和科学精神的新解释。为了给他的新儒学思想廓清道路,他对维新派、西化论者和国粹派均有批判。

他认为,维新派虽然也曾"依经义以援引西学",如引《易传》和荀子思想"资以吸收科学";引《周官》和孟子思想以比附民治主义。但是,他们不懂得"经学足以融摄西学",二者有"相得益彰之雅";而且他们对于"经学之根本精神与其义蕴之大全,或思想体系",既"无所探究"也"无有精思力践";对于西学,则只知道些表面成果,"而于其学理,实一无所知晓"。他指出:那些"维新人士"将经学与西学相比附,不过是"使守旧之徒,乐闻而不峻拒"的权术,他们的本心是"由震慑西洋之威势"而想亦步亦趋的效法之,心中早已失去了对儒家经籍的信仰。熊十力认为,"吾民族精神"由儒家经籍而"陶养成熟"②,维新人士对儒家经籍的无信仰实际是对二千余年民族精神的戕害。

对于民国以来全盘西化论和国粹派关于中国未来社会和文化模式的论战,熊十力对两派所持的议论均不以为然。他认为,西化论者"大抵皆零碎之谈",没有注意到西方文化成功的"根本精神"和"今后动向";而反对西化论主张研究国粹的人所讲的国粹庞杂而不得要领,虽然"情钟国粹",实际却"未知何者为粹"③。他主张,研究经学不必从辩难具体的经义训解的正误着眼,而"当研究经学本身有无永远不磨

---

① 熊十力:《读经示要》卷二,引自郭齐勇编:《熊十力新儒学论著辑要》,第396页。

② 熊十力:《读经示要》卷一,引自郭齐勇编:《熊十力新儒学论著辑要》,第372、373页。

③ 熊十力曾含蓄批评章太炎虽主张国粹教育,却不知道何者为国粹,就章太炎中年思想来看,确是中的之论。

之价值耳"①,这种价值就存在于六经的义理之中。

熊十力友人、新儒学家马一浮曾明确提出并论证了"国学者即是六艺之学"②,而"六艺赅摄一切学术"③的思想。他认为,不但中国的诸子学说乃至一切学术皆出于六艺,而且六艺的义理"可统摄现在西来的一切学术"④(详见马一浮节)。熊十力或者受其影响,也肯定经学海涵天覆,弥不包罗,晚周诸子学都源自经学。他断言:"名家者流,自《易》、《春秋》出";"墨家者流,自《春秋》、《尚书》出";"法家者流,自《礼》(指《周礼》)、《春秋》出";"道家者流,自《大易》出";"农家者流,自《诗》出"。他称赞道:"大哉儒学,诸子之王,百家之母。"⑤

熊十力又进而提出,印度佛学乃至近代西学的民主和科学精神均在经学范围之中。他认为,"印度传来之佛学,虽不本于吾之六经,而实吾经学之所可含摄,其短长得失,亦当本经义以为折中",或者说"佛法须断以经义",即经学不但可包容佛学,而且是评判佛学的标准。他正是以儒家精神评价佛学理论的。如他认为,《大学》所说的"诚正格致,修齐治平"⑥就是真正的涅槃,舍此就"无所谓涅槃"⑦。他以此批判佛教的出世主张。他认为,中国学术与西方之民主、科学并非"扞格不相入者",六经包含了"西学各种学术之端绪,……只未发展耳"⑧。

---

① 熊十力:《读经示要》卷一,引自郭齐勇编:《熊十力新儒学论著辑要》,第378页。

② 马一浮:《泰和会语》,引自滕复编:《默然不说声如雷——马一浮新儒学论著辑要》,第13页。

③ 同上书,第15页。

④ 同上书,第25页。

⑤ 熊十力:《读经示要》卷二,引自郭齐勇编:《熊十力新儒学论著辑要》,第385页。

⑥ 指《大学》所提出的"八条目",即格物、致知、诚意、正心、修身、齐家、治国、平天下。

⑦ 熊十力:《读经示要》卷一,引自郭齐勇编:《熊十力新儒学论著辑要》,第374页。

⑧ 同上书,第377页。

儒学与现代学术接轨的关键,就是开发这些虽已有之却未曾发展的思想因素。

熊十力赞成曾国藩将中国传统学术分为义理、经济、考据、词章四科的学科分类见解。熊十力认为,"义理"略当于哲学,如儒家的哲理、诸子学、佛学属于哲学;"经济"谓政府管理的原则方法,"为经国济民之义",包括对社会生活各领域管理的学问,如经济学、"社会科学与政治学,及政治家之本领等等",其关于"经济"的含义与现代的"经济"概念不同,外延远为广大;"考据"指语言文字及经、史、子、集的考证;"词章"即文学。他经过广泛论证而断定"四科之学,无一不原本于六经"。如道家、墨家、法家等"诸子之学,其根底皆在经也"。"义理一科,虽亦含摄诸子余家,要以六经为归"。因而,儒经的义理就是评判诸子百家短长的准绳,他说:"诸子百家之学,一断以六经之义,其得失可知也。"①

熊十力认为,在四科之中,"义理之科特为主脑"。"经济"(即国家管理的学问)若不讲求义理,则"卒为禽兽之归",不但"祸世",而且"自祸";"考据"若不本于义理,则流于"支离破碎";"词章"若不本于义理,则"何足表现人生,只习为雕虫小技而已"。概括地说,就是"四科之学,义理居宗,理之学又必以六经为宗"②。

对于改良派冯桂芬首倡、张之洞力证的"中学为体,西学为用"的主张(见张之洞部分),严复已经辩驳其体用关系中的理论矛盾(见严复部分)。熊十力肯定张之洞这个立意是好的,因为"其中学一词,即谓经学",而"其曰西学为用者,亦谓吾人今日当吸收西学以自广耳"。但是,熊十力认为,虽然这个命题的立意"甚是",但是措辞有语病而欠妥,容易给人造成误解,即"中学有体而无用","西学有用而无体",而

---

　　① 熊十力:《读经示要》卷一,引自郭齐勇编:《熊十力新儒学论著辑要》,第374、375页。

410　　② 同上书,第375、376页。

将"无用之体与无体之用,两相搭合,又如何可能耶"?①

　　熊十力认为,文化是否昌盛与国家体制密切相关。他盛赞晚周学术争鸣昌盛的时代,"……晚周诸子百家,众华争艳,十日并出",认为它们是"神州英秀之产,天地灵气之一泄也"。这种学术鼎盛局面是由列国"皆为独立国家"而长期并列所造就的。自秦变封建为郡县以后,大一统的专制政治格局虽然重新使社会稳定了下来,却使社会活动单调起来,弱化了文人的志向,诸子百家之学由之不能复振,从而阻碍了学术的自由发展。这种政治格局明显"势不能如邦国之大启文化"。况且"在君主制度之下……无发抒民意与运用民权之正当机构",因而,"二千年余年间,中国学术大抵安于简单,无甚发展"②。概括地说,大一统格局加上君主专制体制,这两重政治因素是扼杀学术民主、思想自由的根本原因。依据这个思路,熊十力认为,解放思想、发展学术的出路就在于弱化乃至消除这两个因素。他主张采取类似联邦制的政治结构和废除压制民意的专制体制。

　　熊十力认为,中国长期以来学术不昌盛还有一个重要原因,即历代统治者以修习儒学笼络士人,士人以习儒追求利禄。他认为,自汉代将儒经立于学官以后,学儒习经被视为"禄利之路",其与晚周学者衷心追求真理的态度相比,"其相去何止天渊",这种文人心态的变化是政治环境的改变使然。如东汉光武帝父子提倡儒学的"动机为拥护君统",已然杂有君主的私欲;尤其是后来"科举兴,而牢笼之策与锢人智慧之术弥下弥毒"③。

　　关于最能代表西方近代文化的民主和科学,西化论者将之视为与

中国传统文化截然对立的两个基本点,并把它们作为根本否定中国传统文化的两大旗帜。熊十力从经学包容一切学术端绪及诸子学均出于经学的前提出发,断定民主与科学的端倪在中国传统文化早已有之,只是未发展而已。他说:"六经广大,为所不包通。科学思想、民治思想,六经皆已启其端绪,树其宏规。"①孟子的民主与法治思想和荀子的天人思想分别契合于现代的民主和科学精神。

二、关于中国文化包含民主端倪的论说

熊十力认为,孔子的最高社会理想是政治民主、经济公有的"大同"社会,而不是靠礼仪维系尊卑关系的私有制"小康"社会②;但是,"自秦汉以来,小康之儒伪造一套尊君理论,托与孔子,而儒学失其真"。宋明儒家学者"名宗孔而实非其嫡嗣也",宋明道学的开创者周敦颐、程颢"皆从柱下③转手,而上托孔子以开宗耳";"理学开宗自周程,周程皆杂于道"④。

熊十力认为,孟子学说包含了丰富的民主与法治思想,并引证孟子言论说明其契合于"西洋民治思想"、"法治根本精神"⑤。他认为"宋明儒于孔孟之形而上学方面,确属深造自得,而有伟大成绩";但是,却"偏于玄学一途",而"不免疏于实用"。⑥ 宋明儒家学者虽然宗奉孟子,却"崇其体而遗其用,非善学孟也"⑦。具体来说,就是他们只继承

① 熊十力:《读经示要》卷二,引自郭齐勇编:《熊十力新儒学论著辑要》,第388页。
② "大同"、"小康"之说见《礼记·礼运》,颇有学者怀疑其非孔子思想。
③ 指老子,相传老子曾经为周柱下史。
④ 熊十力:《读经示要》卷一,引自郭齐勇编:《熊十力新儒学论著辑要》,第375页。
⑤ 熊十力:《读经示要》卷二,引自郭齐勇编:《熊十力新儒学论著辑要》,第393页。
⑥ 熊十力:《答张东荪》,引自郭齐勇编:《熊十力新儒学论著辑要》,第260页。
⑦ 熊十力:《读经示要》卷二,引自郭齐勇编:《熊十力新儒学论著辑要》,第392页。

发扬了孟子的天人和心性学说,侧重于内在精神修养,而对于"孟子之政治思想却全没理会",致使孟子的民主与法治思想不得发扬,对此他屡屡感叹"此真憾事"、"岂不惜哉"①!

熊十力认为,不但孟子有民主与法治精神,法家的正宗也是如此。他说:"法家正宗,必与西洋民治(即民主政治)思想有遥合者。"《淮南子》"法原于众"的思想,表达了"法必由人民公意制定之,非可由在位者以己意立法而钳束民众,此实民治根本精神"。《淮南子》的这种思想"当本之法家正宗"。他将商鞅和韩非思想排除于法家正宗之外,认为从《商君书》的意旨和商鞅的行事来看,"则今之法西斯派也,不得为法家";而推奉严刑酷政的韩非学说则"近商君术",是"法家外道"。②

熊十力尤其抨击郡县制,认为"二千年来帝政之局,实由郡县之世民智闭塞,民力涣散,故革命思想不易发展";历史上虽然颇有"反对专制之论",并且"民治思想,汉以来时有发明",但是在"帝政与郡县制"二者"互相为缘"的时代难以提倡。他认为,在"今世界大通,政体已更"的时代,"缩小省区与联省自治二种主张"都可以考虑;无论社会体制怎样变革,其宗旨应该是实现民主政治、体现民主精神,"当使人民得以发抒公共意力,斯无疑矣"③。

他认为,西方当时的民治体制并不是最高的政治形式,"六经言德治或礼治,实超过西洋民治思想甚远"④,他将儒家所主张的"德治"视为通向大同社会的最佳途径。熊十力提倡社会领导者要具有"爱人而不忍自利"的仁爱精神,他所讲的"爱人"已不仅是一般的道德关爱,更寄托使人类的能力全面发展、生活幸福、个性解放,实现太平之

---

① 熊十力:《读经示要》卷二,引自郭齐勇编:《熊十力新儒学论著辑要》,第394、395页。

② 同上书,第383页。

③ 同上书,第391页。

④ 同上书,第389页。

世的崇高社会理想。他认为,善于引导群众的人须从改善人类的精神生活入手,以培植人类的普遍仁爱之心为途径,才能引导人类走向这种社会理想。他说:"爱人,故导人类以互相扶助,俾天下之人人皆有以成其德,尽其能、遂其生,畅其性。"这样,"人类乃成为一体,而臻至治"①,即达到天下大治,从而最终进入真正民主的太平社会,而这正是孔子作《春秋》所寄托的社会理想。他说:"盖导之者,首先以屈己利群为天下倡,而卒归'群龙无首',此孔子《春秋》太平义也。"②所谓"群龙无首",语处《易经》乾卦用九文辞"见群龙无首,吉"。康有为曾将之发挥为民主平等义,认为"群龙无首"状态就他所重新诠释的公羊三世中太平世的民主社会(见康有为部分)。熊十力显然接受了康有为的这个思想。

熊十力认为,六经的形成虽然历史久远,但是它具有贯通古今的恒常精神价值;研究儒经不能拘守文辞的表面意义,而要领略其言外的"微意"。他说:"六经之言,虽运而往矣,若其微意所存,则历劫常新,未尝往也。"如《易》与《春秋》,其义皆在言外",《春秋》关于三世③的学说,阐明了民主的"大同太平之休美"④。熊十力又发挥《易传》"裁成天地"、"辅相万物"等议论,认为其是伸张民主精神的微言。他说:"辅相"不仅是变化与改造物质世界,而且是"化导人群,使其互相扶勉,互相合作,将来达到天下一家,'群龙无首'之盛,是乃辅相之主旨也"⑤。

---

① 熊十力:《明心篇》,引自胡晓明编选:《大海与众沤——熊十力集》,第382页。
② 同上书,第382、383页。
③ 康有为将《公羊春秋》的三世说在政体上解释为君主专制的据乱世、君民共主的升平世和民主共和的太平世。熊十力接受了康有为的这个说法。
④ 熊十力:《答君毅》,引自《十力语要》,第125、126页。又康有为所谓"太平世"或"大同世",指政治上实行民主共和体制,经济上实现共产主义的理想社会。熊十力对康有为学说虽然多有批判,但实际上基本接受了康有为发挥春秋公羊学以论证大同社会必然性的思想。
⑤ 熊十力:《明心篇》,引自胡晓明编选:《大海与众沤——熊十力集》,第408页。

三、关于中国传统文化包含科学端倪的论说

熊十力认为,中国古代学术不但关注内在的精神生活,而且注重发展智力和知识。他认为,孔子所主要推重的"仁"包括"恻隐之情"与"明睿之智"两重含义。"明睿之智"所以重要,在于使人"格物而不肯自锢",即通过开发智力、扩充知识而发展自我。他认为,孔子"敦仁日新"之学的基本内容之一,就是"明睿之智日扩而大之,周通万有"①。可见,孔子仁学从来就含具科学精神。

他承认六经没有详论科学方法,但是又提出:孔子整理古代文献、"甄察事物"已经注重并运用了"实测术"(笔者注:即实证的科学研究方法)、"辨物析理之术"(笔者注:即思维推导的方法)和"设臆"(笔者注:即建立假说的方法);孔子已经知晓了"格物必由实测"的道理。②他认为,《大易》的"智③周万物'与'制器尚象'及'开物成物'等明训"④就是科学精神的体现;并认为,"符号推理及辩证法,《大易》发明最早"⑤。他又屡屡列举,中国两千年以前的天文、历算、音律、药物、物理、工程等领域的成果,以说明在那个时代的中国人并不缺乏科学思想,以之作为中国古代学术包含着科学端绪的论据。他又揣度,"周世诸子百家之书,必多富于科学思想,秦以后渐失其传"⑥。

熊十力尤其推重荀子在《天论》中阐发的天人思想,认为其可与现

---

① 熊十力:《明心篇》,引自胡晓明编选:《大海与众沤——熊十力集》,第382、383页。

② 熊十力:《读经示要》卷二,引自郭齐勇编:《熊十力新儒学论著辑要》,第389页。

③ 见于《易传·系辞》,原文为"知周乎万物"。

④ 熊十力:《读经示要》卷二,引自郭齐勇编:《熊十力新儒学论著辑要》,第387页。

⑤ 同上书,第389页。

⑥ 熊十力:《十力语要初续》,引自郭齐勇编:《熊十力新儒学论著辑要》,第320、321页。

代科学精神直接接轨。他认为,荀子的"物畜而制之"、"制天命而用之"、"应时而使之"、"骋能而化之"①等思想,体现了突出人应该具有裁制、征服自然的能动精神。他说:"现代西洋学术于文化,适与孙卿遥合,使其思想盛行于前世,则中国当不至成为今日之局。"他认为,荀子思想由于被许多人误视为异端,加之"简编烂脱,传写谬误",造成"未知者谓异端不览,览者以脱误不终",以至"荀氏之书千载而未光焉"②,这与孟子的民主法治思想被忽视,同为憾事。

他比较了晚周诸子百家和古希腊文化,以为这两种文化没有什么"隔截处",甚至"晚周盛业,视希腊有过之而无不及"。然而,"希腊直启现代文明",而自"暴秦吕政③之世","吾晚周诸子百家则早绝于距今二千数百年前,一蹶不可复振"④。他断定:"若古学(熊十力自注:'古学谓晚周诸子百家之学','历算等学'都属于百家之学)不亡,则科学早发达于中国。孰谓中国只有精神文明,而不足启发物质文明耶。"⑤熊十力从中国古代学术包含了科学精神和科学方法的认识出发,指斥那种认为中国古代文化尤其是"儒学与西学若南辕北辙,无会通处"的观点为"谬论"。⑥

在熊十力看来,古学灭亡的直接原因是秦王朝为巩固独裁政治而推行的郡县制和文化灭绝政策;隋唐以后又产生了一大"愚民之术",即禁锢思想、误导文人价值取向的科举制度;而晚周学术昌盛局面不能再现的根本原因是两千多年来君主集权专制的大一统政治格局。此

① 均见于《荀子·天论》。

② 熊十力:《读经示要》卷二,引自郭齐勇编:《熊十力新儒学论著辑要》,第394页。

③ 熊十力取吕不韦为秦始皇生父说,故称秦始皇嬴政为吕政。

④ 熊十力:《读经示要》卷二,引自郭齐勇编:《熊十力新儒学论著辑要》,第390页。

⑤ 同上书,第387页。

⑥ 同上书,第389、390页。

外,熊十力认同那种将中国科学未发展的原因归结为特殊精神生活方式的论点。他说:"吾国学人,乐冥悟而忽思维,尚默契而轻实测,……科学所由不发达欤。"①即中国文化偏重灵性而轻视理性与实证的特殊思维方式,是妨碍科学发展的一大精神原因。

熊十力肯定,汉代以后学术领域变得狭隘了,晚周儒学和诸子百家涉猎广博的学术传统荡然无存。以被人们视为儒学复兴的宋明儒学而论,其学术领域限于玄学,而不注重、不讲求实用的学问和理性思维方法。他们"一意反身默识",只讲求"充其德性之知②",而轻视"征事析物"的"闻见之知",因而学术研究领域较之"晚周儒家已变而狭矣"。就思维方法而言,熊十力认为,"科学以感官所得经验为依据,非用客观的方法不可"。然而,程朱理学虽然主张"即物穷理"的"格物"工夫,却"又但有主张,而未尝详究方法";而陆王心学连程朱的"格物"主张也反对。他们"平居体验人事物理",不外乎"暗中摸索"和"凭颖悟",没有"精核之方法",认识成果往往是不落言诠的"冥会其通"而获得的。由于他们都"未尝解析部分",没有明确而可信的论证,因而没有"构成某一部分系统的知识"。熊十力认为,这是中国"科学所由不发达"③的一个基本原因。

熊十力虽然对心学尤其是王学多有撷取和赞誉,但是并非全盘肯定而继承之。他一方面称赞:只有王阳明善于继承孔孟学说的宗旨,认为"阳明以天地万物一体之论,揭示道德与事业之根柢,……倡导知行合一,将道德、事业融为一贯。阳明以身作则,继述孔子《大易》之道也";另一方面,他又指责王学偏重于对于生命本质的内心冥悟,有轻

① 熊十力:《读经示要》卷一,引自郭齐勇编:《熊十力新儒学论著辑要》,第377页。

② "德性之知"由北宋思想家张载提出,指天赋的道德良知,与后天的"见闻之知"相对。此说为诸多道学学者接受,成为道学思潮的基本思想。

③ 熊十力:《十力语要》卷二《答张东荪》,引自郭齐勇编:《熊十力新儒学论著辑要》,第260页。

视孔学中"知周乎万物"的科学精神之严重弊端,他说:"独惜其杂染禅法,丧失孔子提倡格物之宏大规模。王学终无好影响,此阳明之巨谬也。"①

四、"内圣外王"的新解

熊十力发挥儒家内圣外王传统思想。他在《乾坤衍》中说:"孔子之《周易》哲学,本是内圣外王一贯之学。"他认为,"内圣"与"外王"是不可分离的两个方面,分开说只是方便说法。② 他提出:"孔子之学包含成己成物两方面","成己"属于"内圣学";"成物"属于"外王学"。"内圣学"主要包括"由格物致知而上穷万有之源,反观我生之真,以其知识之所及,彻悟之所至,征验之于日用作为之际期于道德、智慧、知识融成一片。如是则己不虚生,卓然树立人极,弘大人道"。简单说,"内圣"就是个人修养要在道德、智慧和知识上均达到极高境界。对于"外王学",熊十力将"王"解释为"往",并强调说明"王之为言,以其为万物共同向往之道。故此王不是帝王之王,切勿误会"。这就根本改变了"外王"的政治含义。他说:"孔子之外王学"是"天下为公之大道,人类之所共同向往,而必定实现者也"。他又说:"外王之学在成物,明大公之正则,立均平之洪范,建立人类共同生活制度。"熊十力的"外王"论有两个根本内涵:一是"大公",即公有制和与之相应的"天下为公"的道德精神;一是"均平",即人的地位和权利在政治、经济等领域的全面平等。③ 这种"外王"社会不是就一国而言,而是特指《礼运》中实现"天下一家"的大同理想。他说:"其旨在建立全世界全人类共同生活制度。"④

---

① 熊十力:《乾坤衍》,引自胡晓明编选:《大海与众沤——熊十力集》,第433页。
② 同上书,第439、440页。
③ 关于"外王"的这两个基本法则,熊十力在《原儒·原外王》等著述中有较深入的展开论说。
④ 熊十力:《乾坤衍》,引自胡晓明编选:《大海与众沤——熊十力集》,第438、439页。

熊十力认为,孔子在《礼运》、《春秋》以及对《周易》乾、坤两卦意义的阐发上表达了民主平等、天下为公的大同理想。以孔子在易学所寄托的社会思想而论,他认为:"孔子于《乾》、《坤》两卦创明废绝君主,首出庶物(熊十力自注:庶物犹庶民也),以'群龙无首'①建皇极。"意即孔子对乾坤两卦卦义的解释创造性地提出了废除君主体制,建立由人民当家做主的平等社会;而民主平等就是最根本的人道标准。他说:"群龙"譬喻人类平等,即"将来全世界人类智慧、道德、勇力莫不平等,故譬之曰群龙";"无首"是指"无有首长",即没有专制者。他设想,在那个时代"人人皆自主",又"互相亲爱"、"互相辅助合作";人们的能力、个性、意愿充分发挥,生活需要充分得到满足,即"万物各尽所能,各足所需,各畅其性,各舒其志";那又是个道德流行,公而忘私的太平时代,人们"各抑其私,而同于大公,协于至平"②。熊十力所以认为儒家的"德治"高于民主政治,并不是将两者视为根本不同的政治体制,而是对"德治"的新诠释,即孔孟的"德治"主张包含了人权平等的民主精神和体制,且更有人际亲和互助、天下为公之德风行的社会效果,而这是西方民主所不必然具备的。

熊十力对儒家"外王"思想的这种发挥,显然与儒家的传统诠释大不相同。然而,他认为自己的理解才符合儒家先圣的原意。他说:"今于本书③此处(笔者注:指'内圣'与'外王')特留意求详,而字字皆根据先圣人本义,不敢以己意妄传,庶几免于侮圣言之愆。"他断定《礼记·礼运》的大同论是孔子真实思想,又确认孔子作《易经》卦爻辞及《易传》,而《春秋》与《礼运》的社会理想思想依据皆出于《易》的天人之学。④

熊十力不是考据家,也忽视了清代以来在儒家经典方面的考据学成果。以至于他关于儒家经典意义和学术源流的议论常出现常识性的错误,往往以想当然的方法处理哲学史问题。从史学的角度来看,这是其学术的一个重大的缺憾。但是从哲学意旨和方法的角度来说,则不失其重要的理论价值。正是他这种"六经注我"的治学精神,使之在发掘儒家的现代生命力方面有重大突破。

熊十力在《原儒》中力辩《礼记·礼运》本来阐发的是孔子"天下为公"的"大同"理想,而其中维护君主政体与私有制的"小康"之说,则明显是后来儒者的"搀伪"、"妄增"之作。这样就将孔子的"天下为公"篡改为"天下为私"①了。孔子断然不会将这两种截然相反的说法合在一起而"苟且成书,诳惑后人"②。他断定:"盖以三代之英,用维持私有制之礼教,仅致一时小康,孔子已不满之,乃发明天下为公之大道。其所志既在此,决不又志于小康礼教也。"③孔子深知用礼教来弥补有统治阶级和私有制缺陷的"小康"社会不能长久,"于是创发天下为公之大道,以斥破小康之礼教"。他称赞尸子用一个"公"字来概括《礼运》中孔子的思想主旨,令人"不得不服其特识"④。

熊十力认为,孔子看到"统治阶级与私有制存在,其于社会大不平之唯一祸根",故而要最终废除此二者。他提出:"孔子外王学之真相"即"天下为公之大道",在政治上,就是要"荡平阶级,实行民主,以臻天下一家,中国一人之盛欤"⑤;在经济上,则要"废私有制,产业、货财、用度、一切公共"⑥。熊十力认为,孔子在《礼运》中的大同思想才是"革命真义",而孟子与荀子"虽并言革命,而只谓暴君可革,却不言君主制

———————————

① 熊十力:《原儒》,引自胡晓明编选:《大海与众沤——熊十力集》,第524页。
② 同上书,第528页。
③ 同上书,第523页。
④ 同上书,第524页。
⑤ 同上书,第526页。
⑥ 同上书,第534页。

可废,非真革命论也"①。此论真是独立特异之说。

熊十力认为:六经就是"内圣外王之学","内圣则以天地万物一体为宗,以成己成物为用;外王则以天下为公为宗,以人代天功为用"。② 所谓"以天下为公为宗",即社会的主导原则就是在经济和政治上"荡平阶级",实现真正意义上的民主,所谓"以人代天功为用",即在"天下为公"的宗旨下发展科学技术和生产力。

第五节　中西哲学与文化之比较

一、以"知"、"情"判别中西哲学与文化之差异

熊十力曾经就宗教、哲学和科学三大领域对中西方文化做了一番比较。他认为,"此三大端,中西显然不同"。其所以不同,有"知"与"情"两方面原因,"就知的方面说,西人勇于向外追求,而中人特重反求自得;就情的方面说,西人大概富于高度的坚执之情,而中人则务以调节情感,以归中和"。③ 所谓的"知",在此强调的是思想认知方向,所谓"情",则指文化群体的性情特征。这两方面概括起来就是文化群体心理的特殊性。在他看来,"知"与"情"是密切联系的,"文化的根柢在思想;思想原本性情"④,也就是说,不同文化的差异根本在于不同群体性情的差异。⑤

熊十力认为,中国与西方的"知"与"情"的差异体现于宗教、哲学、科学三个方面。西方人出于"知的勇追和情的坚执",因而"在宗教上

① 熊十力:《原儒》,引自胡晓明编选:《大海与众沤——熊十力集》,第525页。
② 同上书,第528页。
③ 此论与梁漱溟雷同,或许受梁的影响(见梁漱溟部分)。
④ 熊十力:《十力语要初续》,引自郭齐勇编:《熊十力新儒学论著辑要》,第319页。
⑤ 笔者所以不用"民族",而用"文化群体"概念,在于熊十力所比较的文化差异不限于民族论域。

421

追求全知全能的大神之超越感特别强盛"；中国虽然也有宗教，但是由于"其智力不甚喜向外追逐，而情感又戒其坚执"的心理特征，因而社会上层的天帝观念淡漠，渐次转化为"内在的自本自根之本体或主宰，无复有客观的大神"，而下层社会的"祭五祀"与祭祖，也渐次变为"报恩主义"，"不必真有多神存在"。孔子淡漠鬼神的"祭如在"思想，"实中国上下一致之心理"。他断定，在中国宗教所以不盛行，原因在于中国人尤其是儒家和道家两大基本思想潮流都注重"反求诸己而透悟自家生命与宇宙原来不二"，而其哲学的特点是"会物归己"（僧肇语），即"于己自识，即大本立"，通过内省自心，从而体认涵括万物的本体。故而，西方人的心理特点造就了宗教和科学——熊十力认为："西人的宗教与科学，形式虽异，而其根本精神未尝不一也"①；而中国出于"知不外驰，情无僻执"的心理特性，成就了"超越知识境界"体认生命终极本质的哲学。

虽然熊十力认为，晚周文化可与古希腊文化相媲美，但是这两种文化群体的心理即"知"与"情"不同，这是它们从一开始就"异趣之故"②。熊十力进而认为，作为文化差异根柢的"性情"，又必然要受到地理环境的影响。他在说"文化的根柢在思想；思想原本于性情"之后，又接着说："性情之熏陶，不能不受影响于环境。"③他认为："希腊人爱护知识，向外追求，其勇往直前的气概与活泼泼的生趣，固为科学思想所由发展之根本条件；而其情感上之坚执不舍，复是其用力追求之所以欲罢不能。"他进而提出，古希腊人这样的"知与情之两种特点如何养成"，有其地理环境的因素，即"希腊人海洋生活，其智力以习于活动而自易活跃；其情感则饱历波涛汹涌而无所震慑，故养成坚执不移之

---

① 熊十力：《十力语要初续》，引自郭齐勇编：《熊十力新儒学论著辑要》，第319、320页。

② 同上书，第321页。

③ 同上书，第319页。

操"。而"中国乃大陆之国",广阔而富饶的地理环境,易于使"生息其间"的人们生活安适,无须"匆遽外求",无须为了追求"小知"(笔者注:指关于具体事物的知识)而丧失他们与"天地同流"的"浑全"心态。①

二、以儒家哲学为准绳批判西方哲学与文化

熊十力认为,"大抵东方哲学与西洋哲学,各有其范围,各有其方法;并行则不悖,相诋终陷一偏"。但是,他实际上是肯定东方哲学的元哲学观和认知方式,而认为西方哲学是用科学研究的方法搞哲学,而科学研究以感性经验为依据的理性方法不适用于哲学,不能靠它来体认本体,因而,西方哲学由于方法的错误而注定是搞不通的"戏论"。他认为,西方哲学的研究方向大有偏颇,要言之,即"向外追求之功多,而反己体认之功或较少",忽视了中国哲学的"穷理、尽性、至命②之诣",③即反思生命本质而安身立命的学问。这样的哲学实际不懂得哲学的真正价值。

熊十力多有褒扬中国哲学而贬抑西方之论。他讥讽"西洋哲学家……谈本体,只是猜卜臆度,非明睿所照,故往往堕于戏论"④。因为,他们的"根本失处",就是不懂得本体便在自我的心灵之中,而"总是抛却自家无尽藏,而向外去找万化根源","向外穷索本体";"无论唯心(指客观唯心论)、唯物诸论"都是在这个思路上失足的。这些派别向外猜测万物本体,就自然产生了本体超越于具体存在的"超越感"。

---

① 熊十力:《十力语要初续》,引自郭齐勇编:《熊十力新儒学论著辑要》,第321页。

② 语出《易传·说卦》"穷理尽性以至于命"。

③ 熊十力:《读经示要》卷二,引自郭齐勇编:《熊十力新儒学论著辑要》,第386页。

④ 熊十力:《十力语要》卷二《答唐君毅》,引自郭齐勇编:《熊十力新儒学论著辑要》,第270页。

就此而言,客观唯心论和唯物论均与宗教(指如基督教等有神教)类同。因为,宗教就是"以上帝为外在的,是超越于万有之上的,即对之而起超越感"①。

他认为,中国哲学所以远过于西方哲学,就在于从自我心灵中体认哲学本体,即通过"反己而识得自我与天地万物同源",从而"得以超脱形骸的小我,而直证本体"。他将这种体认精神之"真我"与"天地万物真宰"同一的哲学精神,称为"觌体承当",认为达到这种境界,就可超越区区形骸的"小我"、"超越物表",具备"自我便是独立无匹"的自由、自信精神。他认为,这种人生境界是"智证境界",它不是由"量智"即理智运用具体知识合逻辑的"推度"出来的,而是由非理性的"性智自明自了"②实现的。

熊十力认为,西方学术的成功和失误均在于过分相信理性思维的作用,其具体科学因之而发达,其哲学却又因之偏颇而肤浅。就哲学而论,西方哲学家们所以没有达到上述中国哲学的境界,不但在于只是向外求索而不知"反己"的思考方向错误,而且在于其认知本体方法的错误,即"盖信任量智(即理性思维)太过也"。他认为,"量智之效能自有限度",不能求证无限的本体,"量智"的方法只是"推度",而本体是不可用理智推导的。本体只能通过"反己"的"修养"工夫才能显现出来而自然明了。他所谓的"反己"、"修养"工夫,其内涵就是儒学传统的"去私"主张。他认为,"私欲克除尽净,即本体呈露而无障蔽"。③

他概括中西哲学的差异道:"以哲学论,中国儒学与西学确有不同,西学向外求体,故偏任理智与思辨。儒学在反己而实得本体,故有

---

① 熊十力:《读经示要》卷二,引自郭齐勇编:《熊十力新儒学论著辑要》,第387页。

② 同上书,第387、388页。

③ 同上书,第388页。

特殊修养工夫,卒以超越理智而得证量。"①可见,熊十力所要求证的本体是人生哲学的道德本体,或者说是最高的道德理念,而并非真要把宇宙本体搞得个水落石出——虽然他将这两个不同论域的"本体"混同为一。这种做法会使人自然联想到康德哲学。熊十力也提到"德哲康德以为本体非理智所可及,唯由道德实践乃可契应,其大旨与吾经学精神有可通者"②。熊十力认为,"儒学为哲学之极诣",西方哲学的是是非非,都应该以儒学为评判准绳。他说:"西洋哲学纷无定论,当折中于吾儒,此可百世以俟而不惑也。"③

显然,熊十力在此不是谈论本体的客观真实性问题,而是强调哲学存在的根本意义在于提高人的精神境界问题,故而,哲学应该以人为本,以人的心灵生活为本。虽然熊十力突出主体精神的用心值得肯定,但是其将个体本心与宇宙本体直接等同则明显是过甚其辞的夸张。笔者以为,其哲学的理论误区在于将其以心灵为本的人生哲学本体论化,用人生价值论取代了真理论。

对于思想界"古今中外,千家百氏之言,是非乖竞,有若水火"的状况,熊十力也采取了庄子"齐物"的思想方式,认为"此皆滞于偏端,而未能观其会通者也"。不同文化、不同学派的相互排斥,都是囿于狭隘门户的偏颇之见。他主张,治学要"超然千家百氏之外"而从"至道"的高度看待它们,不拘守门户之见,达到"同于大通"的境地,如此思想便可"纵横无碍了"。他将"冥契至道而观大通"的境地分为相互联系的体用两个方面,一是"同异俱泯",一是"不拒同异"。前者是就"体"而言的,即"大通"就是绝对无待的"一极"即本体,而本体既无"同相",

---

① 熊十力:《读经示要》卷二,引自郭齐勇编:《熊十力新儒学论著辑要》,第388页。

② 熊十力:《读经示要》卷一,引自郭齐勇编:《熊十力新儒学论著辑要》,第379页。

③ 熊十力:《读经示要》卷二,引自郭齐勇编:《熊十力新儒学论著辑要》,第388、389页。

也无"异相",即"无同无异",故而同异两面都要破除;后者是就"用"而言的,"用"是繁多复杂的,其中"同异俱彰"而相辅相成,"非相悖害"。他论证似乎玄妙费解,意思却易于理解,就是既要不拘泥于狭隘的门户之见而论同论异,又要承认同异的客观性。据此,他指责排斥佛学的宋儒"拘牵门户,有碍通途",是"以管窥天",感叹道:"甚哉宋儒之隘矣!"①熊十力此论与章太炎晚年以庄学看待不同文化的思想相似(参见章太炎部分)。

三、中西方哲学与文化各自的短长及互补之必要

熊十力虽然在元哲学观和哲学认知方式上赞赏东方哲学尤其是他所重新诠释的儒学,对西方哲学多有贬抑,却并非以为前者尽善尽美,后者全无可取。他主张取西方哲学和文化之长而补本民族哲学与文化之短,在坚持以儒家思想为主导的前提下,实现中西方学术的大融合。

如前所言,熊十力认为,中国哲学与西方哲学的思维方式有着明显的差异。他指出,儒家有对其学说"不务敷陈理论"即不注重周密论证的缺陷,结果造成了知晓"其精义宏旨者,仅少数哲人,而大多数人乃无从探索",这是"儒术"衰落的根本原因。② 西方哲学则富于系统和条理,长于哲学问题的分类,如将哲学分为本体论、宇宙论、人生论、知识论。议论笼统而不讲求哲学问题的分类研究正是中国哲学的短处之一。他肯定西方哲学的这种分类方法,认为"就哲学家用力言,实应依上述四类,分别去参究";并且用此方法可以"毫无遗漏"地研究中国哲学。然而,他又认为,对于西方哲学来说,"分类虽有其长,而短亦于此

---

① 熊十力:《读经示要》卷二,引自郭齐勇编:《熊十力新儒学论著辑要》,第380、381页。

② 熊十力:《十力语要》卷二《再答张东荪》,引自郭齐勇编:《熊十力新儒学论著辑要》,第264页。

伏"，即西方哲学在这四类问题上"不免分截太甚"，在宇宙论和人生论的关系上尤其如此。他说："宇宙人生，实不容割裂而谈，倘误将宇宙视为离吾人而独在"，那么"人生渺如沧海一粟，绝无意义"。①

在熊十力看来，哲学存在的意义就是要突现人的主体精神，提升人的思想境界，而不应该像西方哲学那样，运用只适宜于具体科学的理性思维方式（即"量智"）研究超越理性认识能力的哲学问题。他以为，中国的先哲虽然"少有系统"，"不喜向理论方面发展"，但是，却长于运用超越理性的方式（即"性智"）去"默识真理（笔者注：指关于本体的最高真理）"，从而达到"最高境界"。熊十力认为，"超知之境，至人之诣也，儒道上哲，均极乎此"②。儒家和道家巨擘均能通过"超知"的方式体味到"宇宙大生命"和"吾人生命"是统一而不可分割的真理，中国先哲对于这个真理"所造独深"③，非西方哲学所能比拟的。

熊十力看到，"哲学家有主张反理智与知识者"，他认为这种观点并不妥当，哲学应该超越理智和具体知识而并非反对它们。无穷的本体不是可以用有限的理智能力和具体知识来把握的。他提出："哲学不多反知，而当有超知之诣。"如"孔门所谓默识，后儒所云体认，与佛氏所云证量，此皆超知境界，乃哲学上极诣"。他所以主张"超知"而不"反知"，"默识"又"不废思辨"④，是要避免两种弊端，即"蹈空"和"支离"。如果"反知"、"废思辨"，就会流于"蹈空之患"而脱离实际；而纯任知识和思辨就会落入"支离"而不能"见独"（熊十力注："独谓本

---

① 熊十力：《为诸生授〈新唯识论〉开讲词》，引自郭齐勇编：《熊十力新儒学论著辑要》，第110页。

② 熊十力：《十力语要初续》，引自郭齐勇编：《熊十力新儒学论著辑要》，第322页。

③ 熊十力：《为诸生授〈新唯识论〉开讲词》，引自郭齐勇编：《熊十力新儒学论著辑要》，第110页。

④ 同上书，第116页。

体"），即体认最高本体。① 就此而言，儒家的哲学体认方式上高于道家，即"儒者不反知而毕竟超知，道家直反知"②。至于长于理性思维的"西洋哲学家只盘旋知识窠臼中，终无出路"③。

熊十力也看到达到"超知"境界的毕竟只是极少数"上哲"，"然在一般人，并不能哲学上最高之境"。这样，中国人"不肯努力向外追求以扩其知，又无坚执之情"的心理特征就会产生负效果，即中国社会由于这种文化心理而必然"趋于萎靡"。从对于一般中国人的影响来看，这样的"知"与"情"，就成为了文化的"病菌"。因此，他又主张"中国人诚宜融摄西洋以自广；但吾先哲长处，毕竟不可舍失"。他又提出西方文化也有"病菌"，即在哲学上以为本体是外在的，"不识自性"，"不得默识本原"，学了这样的西方哲学有害无益；并且，西方文化在"欲望方面之追求，则名利、权力种种，皆其所贪得无厌，而盲目以追求之者，甚至为一己之野心与偏见及我一国家、一民族之私利而追求不已，构成滔天大祸，卒以毁人者自毁，此又有取之巨害也"，这些也是万万学不得的。经过对中西哲学与文化各自长短的比较，他认为，"中西学术，合之两美，离则两伤"，提出"中西文化宜互相融合"④的主张。

熊十力肯定"中西人因环境各不同，性情各有独至，其学术思想之发展，必不能完全一致"。然而，他反对当时流行的这样一种观点，即"中国一向是精神文化"，"西洋纯是物质文化"，"因中西人元有先天存在之鸿沟，势不可融通故"。他也不赞成梁漱溟三个文化路向的思想（详见梁漱溟节），说自己"决不能许中西人元始开端便各走一条路，根

---

① "见独"为《庄子》中所提出的哲学范畴。

② 熊十力：《十力语要初续》，引自郭齐勇编：《熊十力新儒学论著辑要》，第321页。

③ 熊十力：《为诸生授〈新唯识论〉开讲词》，引自郭齐勇编：《熊十力新儒学论著辑要》，第116页。

④ 熊十力：《十力语要初续》，引自郭齐勇编：《熊十力新儒学论著辑要》，第322、323页。

本无接近处"①。他肯定中西文化必然可融合的契合之处。

熊十力认为,中西学术的结合不是八两对半斤的简单相加,而是相互取长补短。对于中国引进西方学术来说,要坚持儒家文化的主导地位,不可搞得喧宾夺主。因为,六经之"经"是宇宙、人生的根本法则即"常道",其不但是人之为人的内在根据,而且是"万理所汇通,群学之所会归"。因而,"以为西学输入,吾经学已无立足处"的观点是毫无见识、不可容忍的谬见。他认为,西方科学和哲学的特点是向外追求,认识工具是"知识或理智之用",其只能获得具体领域的知识,而不能在精神上领悟关于宇宙本体的最高真理并在精神上与之合一,即"毕竟不得冥应真理"。西方科学的知识属于庄子所说的囿于事物差别的"小知间间";即便是西方哲学,其中的"唯心、唯物与非心非物诸论,各持偏端之见,亦是小知间间"。因而,从"道眼"来看,"西学未免流于支离";西方的社会管理,以"奖欲尚斗"即以鼓励人的欲望,崇尚竞争为特色。他以为"长此不变,人道其绝矣",意即长期以这样的方式管理社会,就会使人类堕落成虽然拥有高技术且富于理智,却是个没有人味、人性的动物世界。他认为,中国的儒家哲学则不然,它是"哲学最高之境",能够"体神化不测之妙于人伦日用之间"②,从平凡的生活之中体味到宇宙、人生的终极真理。故而,就长治久安来看,讲求安身立命、注重心性修养的中国哲学和文化优于西方。他主张,中国对西方文化的融合,要以中国"反己之学立本",在此前提下"努力求知,乃依自性而起大用",这样才"无逐末之患也"。③

熊十力痛斥近世国人的文化自卑感,他说:"清末以来,趋新者一

① 熊十力:《读经示要》卷二,引自郭齐勇编:《熊十力新儒学论著辑要》,第386页。
② 熊十力:《读经示要》卷一,引自郭齐勇编:《熊十力新儒学论著辑要》,第379、380页。
③ 熊十力:《十力语要初续》,引自郭齐勇编:《熊十力新儒学论著辑要》,第323页。

意效法西洋,而不惜自卑自毁太过。近时唱本位文化者,又于中外都无所知,而虚骄终无以自树。"他以发掘中国文化的优秀"固有根基"而昭示国人自任,呼吁国人对本民族的文化"不宜妄自菲薄"。他认为,怀着弃绝本民族的优秀文化传统的自卑心态去学习外国的长处是注定不能成功的。他说:"天下未有妄自菲薄而可以学人之长者也。"①

熊十力又反对讳言中国文化缺陷而盲目提倡国粹的倾向,他承认中国"二千年来,由停滞以近于衰退",其在文化心理上表现为:汉代以后,人们"胸量较隘,毅力不足,竞浮名而缺实践,学不求真知,行不肯犯难"。对于这种状况,国人应该坦然承认而"未可自讳其短",否则就不能在世界上自立。他说:"古今未有不自明其短而可以自立者也。"②

熊十力对上述两种截然相反又都流于偏颇的文化心态均做了否定。认为西方文化的长处固然要学习,但不可怀着妄自菲薄的心态搞全盘西化;本民族优秀文化传统固然应该发扬,但不能漠视本民族文化的严重缺陷。他说:"自卑固不足与有为,讳短尤为不起之症。"他鄙薄五四运动前后流行的"保存国粹"思潮,认为提倡这种主张的人不懂得"何者为国之粹",甚至将"朽腐"尊为国粹,"辄空言儒学,而实不知儒学为何学"。他认为,人们只知道汉代以来官方虽然一直尊奉儒学,"以为儒学甚盛,而不知儒学之名存而实亡久矣"③。他认为,自己的哲学就是要完成阐发真儒学、真国粹的历史重任。

结　语

熊十力创构学说的最终落脚点是要阐发以儒家为主旨且与现代思

---

① 熊十力:《读经示要》卷二,引自郭齐勇编:《熊十力新儒学论著辑要》,第391、392页。
② 同上书,第392页。
　　③ 同上。

潮接轨的人生哲学问题。为此,他苦心建立了庞大的哲学体系,广泛论辩本体论、宇宙论、知识论等哲学领域的根本问题,以求为他的人生哲学奠定坚实理论基础。然而,他殚精竭虑、惨淡经营了数十年的大体系,却并不被多少当时和后世的学者广泛认可,即便是他的及门弟子也只是取他的某些意旨,而未全盘接受他的大体系。这不仅是由于近代历史环境变迁剧烈的原因,恐怕和他的治学思路也有极大关系。

程颢曾经提出:"儒者只合言人事。"即儒学的学术论域应该是关于人的问题,不要把宇宙问题和人生问题硬扯在一起。程颢指责禅学的本意是要说明人的心性修养问题,却广引"山河大地"、万事万物来论证它,这是徒劳无益的"强生事"。他说:"至如山河大地之说,是他山河大地,干你何事。"(《语录》)以程颢此论来看熊十力哲学,似乎不无意义。

然而,熊十力所以花费终生气力来阐发他的本体论、宇宙论哲学,而非仅提出一套人生哲学而已,自有其良苦用心和深层的考虑,即佛教、道家在中国的传播,其思想已经深深浸入国人的心脉骨髓,而西方的基督教和唯物论、唯心论在近代以来传播日炽、势焰方张。他坚定地认为,本体论、宇宙论是人生论的根子,若不从哲学的根本问题入手破除以上诸说,重建以儒家根本精神为宗旨的新哲学,而仅仅就人生问题建立个人学体系,则会有头重脚轻、哲学根基不牢靠之忧,这样的人学是经不起高视角、深层次的哲学批判的。这理应是熊十力苦心经营本体论、宇宙论,以期为人学思想奠定雄厚形上学基础的用心所在。

熊十力依据其宏大的形上学体系而强调的人文精神,有以下几个鲜明特点,一是突出人在宇宙间的主体地位,树立驾驭万物而不为外物所役使的"主人公"(熊十力语)意识,以此批判宗教、客观唯心论的抹杀人主体意识的倾向,以及唯物主义所易导致的拜物倾向;二是力倡人要有热爱生命和生活的刚健生活态度,批判佛教、道家的厌世乃至出世态度;三是强调普遍树立仁爱之德,营造融融怡怡的人类生存环境。

熊十力言自己三十岁以后,才开始理解孟子"欲正人心"的思想,认为孟子"此言直抉本根。万化生于人心,人心正,则万事万物莫不一于正。人心死,则乾道息尚何事物可言。中国至于今日,人理绝、人气尽、人心死。狼贪虎噬、蝇营狗苟,安其危、利其灾、乐其所以亡者,天下皆是也。举一世之人而皆丧其心"①。熊十力所以力证主动进取的乾德,强调心能主宰事物,本旨即希冀挽救中国人的精神危机。

研究佛学尤其是唯识论以建说立论是近代中国思想界的一个潮流。唯识论在佛学诸宗中最称深邃精密,近代许多著名思想家均在此方面有较高造诣。应该说,在对待佛教的态度上,熊十力比近代的思想家都来得高明,②如康有为、梁启超、谭嗣同、章太炎、梁漱溟等大哲人,虽然他们都精研佛学,却只是在佛学的思想圈子里打转。他们或者援引佛学的支离哲理而为抒发议论的佐证(如康有为、梁启超、谭嗣同),或者以之为持身之道而非应世之学(如梁漱溟),或者依据佛学论证人类乃至世界发展的理想归宿是一切寂灭(如章太炎之"五无"思想,详见章太炎部分)。熊十力对于佛学,则是"入其室,操其戈而攻之",对佛学的批判可以说是鞭辟入里。他依据《易传》以生生之仁为特色的天人学,批评佛学的实质是"反人生"、"毁宇宙"、"抗拒造化"的寂灭理想,阐发了世俗生活的光明正大,体现了进取向上的人生态度。

熊十力与梁漱溟同为新儒学巨子,在学术意旨上颇有共同之处,其中最根本的是,他们都欲以自己所重新诠释了的儒学(可以说是心学化加现代化了的儒学)革新民族的精神文化,将之视为救国、救民、救文化的入手处。他们的学术生涯均从研治佛学发端,然而,梁漱溟有感于佛学空寂观念和出世态度无补于国难民瘼,因而由佛入儒,以儒家的

① 熊十力:《十力语要》卷三,转引自胡晓明编选:《大海与众沤——熊十力集》,第 524 页。

② 如当时南京内学院的佛学家们属于学问家而非思想家,依照蔡元培的说法是佛学的学院派。故不在此比较之中。

刚健进取精神而立说力行。梁漱溟虽然在个人生活上保持着佛教的态度,但是他所理解的佛教是本来面貌的佛教,他的文化哲学和人本学说主张基本与佛教无关(详见梁漱溟节)。熊十力则因不满于无著一派所谓大乘有宗的思想而别造新说,走了一条扬弃佛教以完善儒学的路子。① 他改塑了佛教(主要是唯识学)的原始面貌,将之作为求证其新儒家哲学的理论工具。梁漱溟对熊十力所创的哲学颇有异议,认为熊十力"悍然改古学,于其间名词术语且多杜撰"②。20世纪50年代后,他又看到熊十力的《体用篇》、《明心篇》、《乾坤衍》等著,更是不以为然,言"种种怪论乃著见其间",认为其学术路子走得既偏且深,"莫能救矣","此中是非难可与共商榷"。③ 笔者以为,二先生学说各擅胜场,虽然他们各自倾心的领域、建立学说体系的方式不同,但是都达到了很高的成就。梁漱溟因不满于熊十力对形上学关注过多以及任意改造"古学"而发挥己意的立论方式,因而否定熊十力的哲学成就,则似乎流于轻率偏颇。

比较二人学术,梁漱溟走的是务实的学术路径,他的学说尤其是文化哲学与社会改造学说,与社会现实和政治状况密切相关;而熊十力则走了一条纯哲学的路子,因其高深玄远而不如梁漱溟学说那样切近社会。然而,在特殊的政治环境中,他们学说的命运也由此而大受影响。熊十力学说因玄远笼统还得取容于世,而梁漱溟学说则一度成为绝响。当然,这其中不独是务虚或务实的学风所致,尚有非学术的政治因素。

---

① 梁漱溟推荐熊十力到北京大学讲授唯识论,然而,不意熊十力因不满于唯识论旧说而著《新唯识论》并批判旧说。梁漱溟所以对熊十力哲学思想深不以为然,初是由于熊十力未能接替自己在北京大学讲授古印度的唯识论学说,将印度哲学课程变成了宣讲自己哲学的课程,而根本的不满是出于不认同熊十力层出不穷的"怪论"。

② 梁漱溟:《补记熊十力先生之为人及彼此交游之往事》,见《梁漱溟全集》第七卷,第475页,山东人民出版社1993年版。

③ 引自马勇编:《末代硕儒》,东方出版中心1998年版,第328页。

第十一章　六经统摄国学　一心统摄六经

——马一浮人学及文化哲学要义

马一浮,浙江绍兴人,幼名福田,后改名浮,字一浮,号湛翁等,晚号
蠲戏老人或蠲叟。

马一浮从精神文化为立国之本的观点出发,提出"国家生命所系,
实系于文化,而文化根本在思想"。他强调自己所谓"思想",不同于
"从闻见得来的知识",而是"将各种知识融会贯通成立一个体系"。[①]
在他看来,不但中国过去的历史由儒家思想来维系,而且在国难日深的
当时,中国也要靠弘扬儒家思想以提高国民素质来振兴;他坚信儒家思
想的价值不限于中国,其对于人类具有普遍价值。他认为,只有儒家思
想才能够挽救现代深重的文明危机;将儒家思想推广于全世界,不但是
必要之举,而且是必然之势,儒家思想必将在未来世界成为全人类的共
同精神归宿。

与新儒学诸子相同,马一浮意识到:儒家的现代乃至未来命运,

---

① 马一浮:《对毕业诸生演词》,见滕复编:《默然不说声如雷——马一浮新儒学论
著辑要》,中国广播电视出版社 1995 年版,第 57 页。又本文关于马一浮的引文,主要取
自此编著,以下简称为《马一浮新儒学论著辑要》。对于文中标点,笔者以为不妥处则有
所改动;其中一些错字、漏字处,则依据他本予以更正。

在于如何诠释和发扬儒家的根本精神,而非恪守已经沦为历史故物的纲常礼教和典章制度那些表层形式。故而,他将学术重心放在阐发儒家的人生哲学上,讲求人格的心性修养,标榜至上的精神境界。他提倡通过把握儒家六艺之学的精神主旨,进而破除社会上普遍蔓延的放纵私欲、唯求功利,沉溺于追求外物而丧失自我的风气,以使人们回归于"本然之善"的天性,普遍实现道德人格。他以为,中国乃至人类的希望,全在于此。他说:"天地一日不毁,此心一日不忘,六艺之道亦一日不绝。人类如欲拔出黑暗,而趋向光明之途,舍此无由也。"①

第一节　六经统摄中外一切学术的文化观

近代以来随着西学的传播日广,声势日张,忧虑中国文化传统沉沦而提倡国学、保存国粹的思潮也相伴而起。马一浮则认为,这种提倡国学的思潮初衷虽好,却有不得要领,不明中国学术精神主旨的弊病。他指出,若将"国学"视为一切传统学术,则显得过于宽泛笼统,"使人闻之不知所指为何种学术";因而"现在要讲国学,第一须楷定国学之名义"。他提出:只有儒家六艺②才能代表中国一切传统学术,六艺的义理才是中国文化的精神主旨,因而,应该将"国学"归结为儒学之六艺。他说:"今楷定国学者,即是六艺之学。用此代表一切固有学术,广大

---

①　马一浮:《宜山会语·说忠信笃敬》,见滕复编:《马一浮新儒学论著辑要》,第65页。

②　马一浮说:"六艺即是六经。……今依《汉书·艺文志》以六艺当六经。经者常也,以道言谓之经;艺犹树艺,以教言谓之艺。"(《泰和会语·楷定国学名义》)他所以不言"六经"而言"六艺",是强调六经对人的培育教化功能。需要说明的是,马一浮所说的"六经",并不只是现存的六部儒家经典,而是指先秦儒家关于六经的学问,包括诸多儒家著作。其中一些被马一浮认定为先秦儒家的著作,其著述年代很值得商榷,如《孝经》、《十翼》(他肯定司马迁的说法,认为全为孔子所作)及《礼记》中的一些篇章。

精微,无所不备。"①

马一浮所以将国学楷定为六艺之学,其根据是:中国二千余年来的一切学术都出于六艺,六艺之外的一切学术,都是"六艺之支流","故六艺可以赅摄诸学,诸学不能赅摄六艺"。② 就中国传统学术来说,无论是诸子学,还是"四部"所著录的全部学术文献③,都可以为六艺所"赅摄"④。

关于"六艺统诸子",马一浮认为,先秦诸子学说皆出于"六艺"。孔子"祖述尧舜,宪章文武";其所完善的六艺之学,首要功绩是保存了往圣先王的一贯之道,而非历代有所损益的礼乐制度。儒家全面继承了这种一贯之道,而诸子学说则各得其偏而未得其全;它们是六艺的支流,也是六艺的片面发展。这种得其局部而失其全体的"流失"情况,就是佛学所说的"边见",庄子所说的"往而不返"。⑤

他认为,《汉志》所举的"诸子十家",其中重要的是儒、墨、名、法、道五家。儒家自然全面继承了六艺,"不通六艺,不名为儒,此不待言";其余诸家虽然出于六艺,却于六艺的得失情况不同。"判其得失,分为四句:一、得多失多;二得多失少;三、得少失多;四、得少失少。"如道家的老子学说出于《易》,虽然其"体大观变"最为深刻,却"流为阴谋",是"得多失多";庄子学说主要出于《乐》,却也是"得多失多";墨家学说实出于《礼》、《乐》,然而又有悖于礼而"非乐",算是"得少失

---

① 马一浮:《泰和会语·楷定国学名义》,见滕复编:《马一浮新儒学论著辑要》,第12、13页。

② 同上书,第13页。

③ 对于传统文献的"四部"分类法始见于《隋书·经籍志》,后来历代沿用。"四部"可包括一切中国传统的文献文化。

④ 马一浮辩证"六艺赅摄一切学术"。"赅摄",即全部包括之义。此命题或指在思想内容上的包括,或指在义理上的蕴涵。他又用"统"或"统摄"来表述儒学在义理上贯通一切文化的普遍性,"统"或"统摄"侧重于"一理之赅摄"。(《泰和会语》)如"六艺统诸子"、"六艺统四部"、"西来学术亦统于六艺"等。

⑤ 马一浮:《泰和会语·论六艺赅摄一切学术》,见滕复编:《马一浮新儒学论著辑要》,第14、15页。

多";法家学说也出于《礼》,又兼采于《易》,然而"其于《礼》与《易》。亦是得少失多";名家的惠施、公孙龙之流,则"可谓得少失少"。故"观五家之得失,可知其学皆统于六艺"。余如纵横家、杂家、农家、阴阳家,也都出于六艺。①

马一浮意既否证了汉代刘歆在《七略》中提出的诸家皆出于王官的说法②,也批判了清代章学诚在《文史通义》中提出的"六经皆史"的说法。他肯定《庄子·天下》中"立道术、方术二名,是以道术为该遍之称,而方术为一家之学",认为《庄子》的"方术出于道术"的思想,远胜于刘歆"九流出于王官"的说法,并主张"与其信刘歆,不如信《庄子》"。③ 他关于"六艺赅摄一切学术"思想,看来正是受了《庄子·天下》中关于"方术"、"道术"之说的启发。

他又进而提出"六艺统四部"的思想,意即六艺之学可以统摄中国一切传统学术。其中的经部自不待言;④子部如上述;史部著述则或出于《春秋》,或出于《尚书》,或出于《礼》,故史书都可以统于这三部儒经;集部虽然繁杂,然"皆《诗》教、《书》教之遗",即都可以统于《诗》、《书》。他认为,《隋书·经籍志》以来对于文献的四部分类法,不能明确中国诸种学术的思想渊源,因而四部之名皆"可不立也"。⑤

马一浮强调"六艺总摄一切学术",既有其确定国学根本内容的意

---

① 马一浮:《泰和会语·论六艺赅摄一切学术》,见滕复编:《马一浮新儒学论著辑要》,第17、18页。

② 刘歆在《七略》中提出,儒家出于司徒之官,道家出于史官,墨家出于清庙之守,纵横家出于行人之官,杂家出于议官,农家出于农稷之官,小说家出于稗官。此书已佚,主要内容保存于《汉书·艺文志》。

③ 马一浮:《泰和会语·论六艺赅摄一切学术》,见滕复编:《马一浮新儒学论著辑要》,第17页。

④ 马一浮不满于"经部立十三经、四书、而以小学附之"的划分方法;认为经部应该如佛典分类那样,分为"宗经论"和"释经论"两部分,并对儒家典籍在这两部分的归属提出了自己的见解。

⑤ 马一浮:《泰和会语·论六艺赅摄一切学术》,见滕复编:《马一浮新儒学论著辑要》,第19、20页。

旨，又有指明国学研究途径和方向的教育意旨。他说自己如此立论是"欲使诸生于国学得一明白概念，……譬如行路须先有定向，知所向后循而行之，乃有归趣。不然则博而寡要，劳而少功"。若是"博闻强记而不得要领"，只不过是个没有灵性的"书库"而已。①

关于儒家六艺之学与西方学术的关系，马一浮认为，六艺同样可以统摄西方学术。他提出："六艺不唯统摄中土一切之学术，亦可统摄现在西来一切学术。"如研究天道、讲求"象数"的各门自然科学，都可以统于《易》，因为《易》是在总体上"明天道"，讲象数的学问，故可以统摄所有"研究自然界一切现象"的学科；而如"社会科学（或人文科学）可统于《春秋》"，因为《春秋》是"明人事"、"道名分"的学问，故可以统摄所有"研究人类社会一切组织形态"、"以道名分为归"的社会科学；至于西方的文学、艺术，则统于《诗》、《乐》；而西方的"政治、法律、经济统于《书》、《礼》"；西方的宗教虽然与中国的信仰不同，却也可统于《礼》。他认为，西方哲学中的诸领域和基本派别，同样可由六艺统摄，"大抵本体论近于《易》，认识论近于《乐》，经验论近于《礼》；唯心者《乐》之遗，唯物者《礼》之失②。凡言宇宙观者，皆有《易》之意，言人生观者，皆有《春秋》之意。"③

他认为，西方学术虽然学科众多，但"彼皆各有封执④，不能观其会通"⑤，即各学科都有其领域和义理的局限，不能超越自身的局限而融通不同学术，从而把握义理的大全。因而，它们也同中国诸子学术一

---

① 马一浮：《泰和会语·论六艺赅摄一切学术》，见滕复编：《马一浮新儒学论著辑要》，第20页。

② 《礼记·经解》："乐之失奢，……礼之失烦。"马一浮接受此说。其所谓"唯心者《乐》之遗，唯物者《礼》之失"，意即唯心主义失于空想，唯物主义失于烦琐。

③ 马一浮：《泰和会语·论西来学术亦统于六艺》，见滕复编：《马一浮新儒学论著辑要》，第25、26页。

④ 所引编著为"对执"，应为"封执"，依他本更正之。

⑤ 马一浮：《泰和会语·论西来学术亦统于六艺》，见滕复编：《马一浮新儒学论著辑要》，第26页。

样,是"各得一察焉以自好"①的片面"方术"。只有儒家的六艺之道,才无此缺陷。

马一浮又提出:"西方哲人所说的真、善、美皆包含于六艺之中,《诗》、《书》是至善,《礼》、《乐》是至美,《易》、《春秋》是至真。"具体说,《诗》教以仁为主,《书》教以智为主,"合仁与智",就是"至善";《礼》是"大序"即高度的秩序,《乐》是"大和"即高度的和谐,"合序与和",就是"至美";《易》体现了"天道之常",《春秋》体现了"人道之正","合常与正"就是"至真"。② 这样,六艺就将西方学术的学科领域和精神宗旨囊括无遗,全部统摄了。

马一浮立意凸显儒学的崇高文化地位,其良苦用心固然可以理解。然而,依据中外不同文化类型有某些论域、方法、义旨的相同或类似,就断定六艺可以统摄西方文化,毕竟太过于牵强附会了。总体看,就六艺与中国传统学术的关系而言,马一浮更侧重于整体对部分的赅摄及本原对于支流的赅摄;在论说六艺对于西学乃至一切学术的统摄关系时,他更侧重于类对子类在外延上的涵括和义理、方法上的贯通。

马一浮认为,六艺所以高于其他学术,并可统摄其他,在于儒学义理的完备无缺。他引用《易传·系辞传》赞美"易道"的言辞称颂六艺的完备,"真是'范围天地之化而不过,曲成万物而不遗'"③。又说:"天下万事万物,不能外于六艺,……亦可曰:盈天地间皆六艺也。"至于包括西方学术在内的其他学术,则仅各得一隅,因而不可赅摄一切学术。他主张:国人无论是研治国学还是西学,都应该从六艺入手,因为,

<hr />

① 语见《庄子·天下》。

② 马一浮:《泰和会语·论西来学术亦统于六艺》,见滕复编:《马一浮新儒学论著辑要》,第 27 页。

③ 马一浮:《泰和会语·论六艺统摄于一心》,见滕复编:《马一浮新儒学论著辑要》,第 22 页。

六艺是一切学术的"根原","得其根原,才可以得其条理",知道了"条理",才可以对事类有总体的把握即"统类";如此治学,就会有"举本该末,以一万御,观其会通,明其宗极"的效果。①

马一浮强调,六艺之学并不是外在于人的心灵和生活,而是与人类社会息息相关的学问。他说:"全部人类之心灵其所表现者,不能离乎六艺也,全部人类之生活其所演变者,不能外乎六艺。"②这就是说,人类的所有精神生活和历史活动,都不出六艺的范围。马一浮又说:"须知六艺之教即是人类合理的正常生活,不是偏重考古徒资言说,而于实际生活相远的事。"③六艺的价值首先在于它具有指导人们如何合理地生活的意义。

马一浮认为,中国的立国之本,在于文化的昌盛,而持守并发扬凝聚了民族精神的儒学义理,是把握中国一切学术以及西方新知识的根基。他说:"窃唯国之根本,系于人心;人心之存亡,系于义理之明晦;义理之明晦,系于学术之盛衰。……故必确立六经为道本,而后中土学术之统类可得而明,文化之原流可得而数,即近世异域新知亦可范围不过。"④

关于儒家六艺之学的学术精神和性质,是近代思想界争论的焦点问题。对这个问题的确定决定了不同思想派别对儒学的根本态度。如不同形态的西化论者将儒学视为倒退、保守、封建思想,因而主张塑造新的国民精神要根本抛弃儒学,儒家经典只有历史研究的文献价值。

① 马一浮:《宜山会语·说忠信笃敬》,见滕复编:《马一浮新儒学论著辑要》,第64页。

② 马一浮:《泰和会语·论西来学术亦统于六艺》,见滕复编:《马一浮新儒学论著辑要》,第26页。

③ 马一浮:《泰和会语·论六艺赅摄一切学术》,见滕复编:《马一浮新儒学论著辑要》,第21页。

④ 马一浮:《复性书院讲录·复性书院缘起叙》,见滕复编:《马一浮新儒学论著辑要》,第164页。

马一浮则力辟此说,提出儒学根本精神是前进、日新、平民性的,因而在现在乃至未来,都有着旺盛的生命力。他说:"六艺之道是前进的,决不是倒退的,切勿误为开倒车;是日新的,决不是腐旧的,切勿误为重保守;是普通的,是平民的,决不是独裁的,不是贵族的,切勿误为封建思想。"不但如此,六艺之学还具有彻底的现代精神,"要说解放,这才是真正的解放;要说自由,这才是真正的自由;要说平等,这才是真正的平等"①。

马一浮认为,儒学的这种精神性质使它具有恒久的生命力,其不但可与现代学术接轨,而且会走向世界、走向未来。在他看来,近代以来,人类愈来愈沉溺于暴力和功利的苦海之中,"真是佛来亦救不得"②。佛没有办法,儒学却可独膺重任,只有在全世界弘扬儒学,才能救拔人类于罪恶习气的苦海之中。他认为,将儒学推广于全世界,以挽救文明社会的精神危机,不仅是必要之举,而且是必然之势。他说:"六艺之教固是中国至高而特殊之文化,唯其可以推行于全人类,放之四海而皆准,所以至高。……故今日欲弘六艺之道,并不是狭义的保存国粹,单独的发挥自己民族精神,而只是要使此种文化普遍的及于全人类,革新全人类习气上之流失,而复其本然之善,全其性德之真。……方是圣人之盛德大业。"③

马一浮斥责当时国人的民族自卑感是"至愚而可哀"。他说:"今人舍弃自己无上之家珍,而拾人之土苴绪余以为实,自居下劣,而奉西洋人为神圣,岂非至愚而可哀!"况且,即便是"今日所名为头等国者,在文化上实是疑问"。他认为,儒学不但会伴同人类而"炳然常存",而

---

① 马一浮:《泰和会语·论西来学术亦统于六艺》,见滕复编:《马一浮新儒学论著辑要》,第 27 页。

② 马一浮:《尔雅台答问·续编》卷一《示语》,见滕复编:《马一浮新儒学论著辑要》,第 371 页。

③ 马一浮:《泰和会语·论西来学术亦统于六艺》,见滕复编:《马一浮新儒学论著辑要》,第 26、27 页。

且是"世界人类一切文化最后之归宿",中国则"有资格为此文化之领导者"。① 他在填写浙江大学校歌歌词中,有一句是"树我邦国,天下来同"②,表达了对中国未来的极大期望。

第二节 "一心统摄六经"的道德本体论

虽然马一浮楷定六艺为国学根本,然而六艺之学也庞大得很。因而,如何研究六艺之学就是个紧要事了。他认为,研究代表国学的六艺,必须以六艺的义理为主,而这个义理与人心天然具足的道德禀赋是契合一致的。他强调要研究国学,首先要辨明四点:一、此学(即六艺之学)是有体系的,而不是零碎的知识。因此,应该知道其中的"一贯"之理,而"不可当成杂货";要把握"全体",而"不可守于一曲"。二、此学是"活泼泼"的学问,"妙用无方",而非"陈旧呆板的物事"。故而,既"不可目为骨董",也"不可食古不化"。三、此学阐发的是合乎自然的道理,而不是人为硬编造出来的。因而,既"不可同于机械"而教条化的学习,也"不可私意造作,穿凿附会"。四、此学的道理是人人"自心本具的",而不是外部条件的产物。所以,人们应该知道自己"性德具足",要从内心上体会探索,而"不可徇物忘己,向外驰求"③。

马一浮发挥宋明道学"性理同一"和"心理同一"的思想,提出"六艺之道"圆满具足的存在于人的本性之中,而非圣人刻意构造出来的。他说:"吾人性本来广大,性德本来具足,故六艺之道即是此性德中自

① 马一浮:《泰和会语·论西来学术亦统于六艺》,见滕复编:《马一浮新儒学论著辑要》,第27、28页。

② 马一浮:《宜山会语·拟浙江大学校歌》,见滕复编:《马一浮新儒学论著辑要》,第113页。

③ 马一浮:《泰和会语·论治国学先须辨明四点》,见滕复编:《马一浮新儒学论著辑要》,第5、6页。

然流出的,性外无道也。"又说:人的"本然之善名为天命之性,纯乎理者也。此理自然流出诸德,故亦名为天德;见诸行事,则为王事。六艺者,即此天德、王道之表显。故一切道术皆统摄于六艺,而六艺实统摄于一心,即是一心之全体大用也"。①

在马一浮看来,人心所天然具足的"性德",可以用"仁"来概括,"仁"不仅是扩展恻隐之心的博爱,而是全面的人格。"仁"分为两方面,则为"仁知"和"仁义",即道德理性和道德准则;"仁"分而为三,则为知、仁、勇三达德;分而为四,则为仁、义、礼、知四德;"仁"分为五,则为五常之道;"仁"分为六,则是知、仁、圣、义、中、和六德。总之,"仁"既是汇集诸德的大全,又是各种道德行为的本原,所以说"一德(笔者注:指'仁')可备万行,万行不离一德"②。他以为,六艺之学都是人心中这种"本然之善"的自然流露,而非往圣先贤人为编造的外在之学。因此,可断定"六艺统摄于一心"。

马一浮认为,从总体上看,六艺之学一统于"仁"而各有侧重。他又分别将六艺比附于以上所划分的诸德,语涉牵强,此不赘述。他认为,"德"必体现为"相",名为"德相";圣人有体现仁、义、礼、知的"德相",六艺有各自的"德相",是为"六相"。他援引《礼记·经解》的说法,认为《诗》有"温柔敦厚之相",《书》有"疏通知远"之相,《乐》有"广博易良"之相,《礼》有"恭俭庄敬"之相,《易》有"洁净精微"之相,《春秋》有"属辞比事"之相,此"六相摄归一德(笔者注:即'仁')",而仁德为人心天然具足,所以说"六艺摄归一心"。③

马一浮提出,研读儒家经典的要窍在于:"字字要反之身心",将经典中所讲的义理和本心相互印证,体认"圣贤经籍所言,即吾心本具之

① 马一浮:《泰和会语·论六艺统摄于一心》,见滕复编:《马一浮新儒学论著辑要》,第22、23页。

② 同上书,第22页。

③ 同上书,第24页。

理",切不可如程颐所批评的那样"读书只匆匆涉猎,泛泛寻求"。① 他认为,宋明以来,关于《大学》的"格物"之义,歧见虽多,却大致可分为朱熹和王阳明两派;此二人各有所长且造诣相同,王阳明说得直截,但朱熹的论证得比较严密,且更合乎《大学》的本义。马一浮则"欲为调停之说",提出"格物即是穷理",就是说,王阳明所说的"为善去恶是格物"即内心的道德修养,与朱熹所理解的"格物为穷至事物之理"②(包括研读儒经),二者是一致的;体认本心而进行道德自律(王阳明"格物"义)和从道德实践及研读儒经(朱熹"格物"义),两种工夫不可偏废。

马一浮说:"今欲治六艺,以义理为主。义理本人心所同具,然非有证悟,不能显现。"他认为,体认内心的义理,首先要"思维",而"思维"要依靠"名言"即语言文字,但是"名言"只是诠释的工具("能诠"),而不直接就是诠释的对象——义理("所诠");"名言"所表述的道理是"名相"或"理之相",即义理的"状貌",而"理之本体即性",则是超言绝相的,只"是要自证,非言说可到";六艺的义理也是"名相",其对人体认内心本来具有的义理固然有启发作用,即"要学者引入思维,不能离名相",但是,必须将之与本心相互印证,才能对义理有深刻的体会。这就是佛教所说的"会相归性"③。

针对仅以"求知"为目的研究儒经的文风,马一浮颇加批评。他认为,六艺统摄了"天下万事万物",而"六艺之道,不能外于自心";治学首先在于通过六艺而向内"求道",而非仅在于向外"求知";他说:"今日学子,只知求知,以物为外,其结果为徇物忘己;圣贤之学乃以求道,

---

① 马一浮:《复性书院讲录·复性书院学规》,见滕复编:《马一浮新儒学论著辑要》,第128页。

② 同上书,第125页。

③ 马一浮:《泰和会语·义理名相一》,见滕复编:《马一浮新儒学论著辑要》,第42、43页。

会物归己，其结果为成己成物。"这两种结果相比，有如"天地悬隔"。因此，治学"非从根原上入手不可"，这个"根原"就是通过学习六艺而印证自心，从而"反求自心之义理"。①

马一浮提出"明体"而"致用"的思想。所谓"体"，即"心本具之义理是也"；明察心中之义理，则需要通过学习六艺，并配合以"敬"的涵养工夫。他主张"先体而后用"，即先做到"立身"于义理，"不为习俗所动，不为境界（笔者注：指境遇）所移"。立身到这个地步，才谈得上"致用"，才能将义理贯彻于实践、推广于帮助他人，进而有利于国家、天下。他指责那些"侈谈立国而罔顾立身"的人，"不知天下国家之本在身，身尚不能立，安能立国？今谓欲言立国，须先立身，欲言致用，先须明体"。② 马一浮所强调的"体"，就是如有些学者所说的道德本体。这个本体内存于人的本心，表述于六艺之学，贯通于天人之际；其虽祖述孔孟，然主要依据宋明道学中程朱理学的"性理同一"和陆王心学的"心理同一"思想，并融通两派观点而发挥之。可以说，以人心含具的道德义理为本体，是他哲学的基础理论。

基于儒家道德本源于人心，六艺之学是心性自然流出的观点，马一浮对近代思想界鄙薄儒学、盲目崇拜西学的风气痛心疾首。他看到，"今人治社会学者"，动辄就说"中土圣贤所名道德，悉为封建时代之思想"，儒经所记载的只是"古代之一种伦理说"，仅有历史研究的价值，而没有现实的生命力；对于西方那些"异国殊俗"的"影响之谈"即无根据的学说，倒是趋之若鹜，信奉得很。他指责，这样的学风就是惑见，其不但"诬经籍、诬圣人、诬史实"③，而且是诬自己的善良本心，而在道德

---

① 马一浮：《宜山会语·说忠信笃敬》，见滕复编：《马一浮新儒学论著辑要》，第64页。

② 同上书，第65、66页。

③ 马一浮：《复性书院讲录·孝经大义序说》，见滕复编：《马一浮新儒学论著辑要》，第227页。

上"自弃",这真是极可哀的事。

马一浮认为,学术界所以出现这样的风气,从心性思想上看,是出于"知有人欲而不知有天性",即将私欲看做全部人性的谬见。他说:"苟以私欲为万事根本,则国家民族之爱、人类同情之心,又何自生乎?"就是说,如果将人性完全归结为私欲,就不能解释诸如爱国家爱民族之心和人类普遍具有的同情心这些道德感情产生的原因。他认为,这些倾心于西方功利学说的学者,不懂得道德根源于人性,而将一切社会行为都看做"爱恶攻取(笔者注:即谋求私利)之现象";然而,如果人们放纵"私欲习气"的发展,则会"蕴之为邪见,发之为暴行",小则"私其身",大则"私天下",这样的人生就都成为过失和祸患了。他认为,人若是肯定自己的自私心理,就是"自诬";若认为天下人都是自私的即"私天下",就是"诬民"。他断定:"安于自诬者必敢诬民",这就是反道德的"灭天理而穷人欲"①,率领天下人都放纵私欲,这样的人生实在要不得。如果厌恶这样的人生,就应该"反其本",也就是通过学习儒家典籍,来明确体认自我天然具足的善良本性,即"由六艺之道,明乎自性而已矣"。六艺之道所以重要,就在于它的道理"即我人自性本具之理,亦即伦常日用所当行之事"②。可见,儒学并非过时的封建故物,而是与人心和人生密切联系,有着启发人心、指导人生的永恒生命力。

第三节　为学之要在于破除俗习、复归本性

马一浮的人生哲学宗旨可概括为:破除习气,变化气质,进而复归本然善性。他认为,教化的基本宗旨就在于此。他说:"夫人心之歧,

---

①　引《礼记·乐记》。
②　马一浮:《复性书院讲录·孝经大义序说》,见滕复编:《马一浮新儒学论著辑要》,第228页。

学术之弊,皆由溺于所习而失之,复其性则同然。……教之为道在复其性而已矣。"①他又强调个体修养的自觉性,说:"圣人之教,使人自易其恶,自至其中,便是变化气质②,复其本然之善。"③他继承了宋道学以来关于"气质之性"的思想,认为"人心虚明不昧之本体",由于"气禀所拘"而变得偏颇狭小了,致使人们往往不自觉地为"物欲"和"习俗"所蔽,而不能遵循义理本心行事;只有通过涵养工夫,才能"昏浊之气"变得清明起来,自己的义理之心才能成为生命的主宰。④

马一浮所以强调要破除习气、变化气质,是要使人们摆脱放纵物欲,为外物所奴役,为恶习所左右的情况。他认为,世人的迷误在于受社会习俗惑见的支配,而不能体认自我道德本性。他说:"今人日常生活只是汩没在习气中,不知自己性分内本自具足一切义理。"⑤他立论讲学的目的,就是要启发人们从自我认识本性入手,来自觉进行人格修养。他说:"盖人之习惑是其变,而德性是其常也。观变而不知常,则以己徇物,往而不反,不能宰物而化于物,非人之恒性也。"他提倡人们要在精神上超越自我,而达到"物我无间"的境界,这样才能"因物而不外物","体物而不遗物"⑥,才能在变化无穷的环境中,持守恒常的德性而不徇于外物、混同流俗。他说:"不患不能御变,患不能知常。"就

----

① 马一浮:《复性书院讲录·复性书院缘起叙》,见滕复编:《马一浮新儒学论著辑要》,第164页。

② "气质之性"的概念由宋儒张载提出,指人的身体禀受之气有厚薄清浊之分,体现为道德素质的偏差,它虽然是形而后有的,却也是先天形成的。张载提出了人格修养的关键在于改变所禀的不良"气质之性",即所谓"变化气质",其后的道学家大多继承了这个思想。马一浮也予以继承发挥。

③ 马一浮:《泰和会语·论六艺统摄于一心》,见滕复编:《马一浮新儒学论著辑要》,第23页。

④ 马一浮:《复性书院讲录·复性书院学规》,见滕复编:《马一浮新儒学论著辑要》,第123、124页。

⑤ 马一浮:《泰和会语·论六艺赅摄一切学术》,见滕复编:《马一浮新儒学论著辑要》,第20页。

⑥ 马一浮:《尔雅台答问·续编六卷》卷六《附录》,见滕复编:《马一浮新儒学论著辑要》,第492页。

是强调：人们要体认并持守自身天然具足的德性，而不要丧失自我即"丧己"①，如此，才能合理应对各种变化无常的事物。

马一浮在《复性书院学规》中，为学生提出一条"可以终身由之而不改"的"正路"，其包括主敬、穷理、博文、笃行"四端"；它们分别是涵养、致知、立事、进德的关键，即"主敬为涵养之要，穷理为致知之要，博文为立事之要，笃行为进德之要"②。对这四条他予以展开论说。在此姑举其第一条，他认为，人心本有"虚明不昧之本体"，然而，却"为气禀所拘"，"为物欲所蔽"，变得褊狭昏暗了；故而，人应该用志向来主宰所禀受之气，从而使"气顺于理"③，而持守正确的志向就需要用"敬"的方式进行涵养。他断定，"主敬"的涵养工夫，可以去除"私欲"、"妄心"，显现出本来具有的"德性所知"或"天理纯全"的"真心"。所以说这种工夫是"入德之门"，是"尊德性而道问学"④的"始基"。⑤ 从马一浮的议论中可明显看出，他主要继承了宋代道学的心性修养论思想。⑥

马一浮强调：为学的首要目的不在多闻博学，而在修养心性，独立于流俗。他指责："今人每以散乱心读书求知识，其志亦仅在多闻而止。此语圣贤穷理尽性之学亲体相反，纵使多闻，于自己身心全无交涉。……学者必先不肯自安于流俗，然后乃有可语处。"⑦马一浮对人

---

① 马一浮：《复性书院讲录·复性书院开讲日示诸生》，见滕复编：《马一浮新儒学论著辑要》，第120、121页。

② 马一浮：《复性书院讲录·复性书院学规》，见滕复编：《马一浮新儒学论著辑要》，第122页。

③ 同上书，第123页。

④ 引《中庸》语。

⑤ 马一浮：《复性书院讲录·复性书院学规》，见滕复编：《马一浮新儒学论著辑要》，第124、125页。

⑥ 马一浮对其余三条的论说，大抵也是融通宋明道学诸家思想而予以发挥，虽然有其独到见解，却基本不脱道学的论域和宗旨。故不多述。

⑦ 马一浮：《尔雅台答问·续编六卷》卷一《示语·示吴敬生》，见滕复编：《马一浮新儒学论著辑要》，第367、368页。

们沉溺于流俗痛心疾首，主张在治学、为人、官场上全面地破除流俗。他说："向外求知是谓俗学，不明心性是谓俗儒，昧于经术是谓俗吏，随顺习气是谓俗人。"他认为，盲从流俗的人就是孔子所斥责的那种缺德的"乡愿"；"乡愿"的好恶是非"唯俗是从"，"自心全无主宰"，是"奄然媚世者"。他提出："人必先能拔俗，而后可入于道；免于乡愿，然后可以为君子。以是律身，以是取友，以是教子弟，以是励国人，庶几可以无失也。"①在人格修养、人际交往、家庭教育和社会宣传上提倡不混同流俗的独立人格，排斥"乡愿"习气，国家才有希望。

马一浮刻意对"学问"的含义作了自己的诠释。他将学问与"知识"、"才能"区别开来。对于人们常常"见读书多，见闻广；或有才辩，能文辞，便谓之有学问"，他颇不以为然，认为，这些可以说是有知识，有才能，却不能算做有学问。他说："知识是从闻见得来的，不能无所遗；才能是从气质得来的，不能无所偏。学问却要自心体验而后得，不专恃闻见；要变化气质而后成，不偏重才能。知识、才能是学问之凭借，不即是学问之成就。唯尽知可至于盛德，乃是得之于己；尽能可以为业，亦必有赖于修。如此故学问之事起焉。是知学问乃所以尽知尽能之事，而非多知多能之谓也。"②

马一浮认为，只有"尽知尽能"，才算得上真学问。所谓"尽知"，就是指通过"明伦察物"而深切把握义理，这属于"德"，是学问的出发点；所谓"尽能"，就是经历"践形尽性"的修养和实践活动，而成就事业，"业"是学问的归宿。学问之道就是"德"与"业"的统一。他主张，学问上的"尽知尽能"，应该以圣人的"知"和"能"为榜样，达到"盛德大业"的地步；切不可因小知小能而沾沾自喜，否则，就落入庄子讥讽惠

---

① 马一浮：《尔雅台答问·续编六卷》卷一《示语·示吴敬生》，见滕复编：《马一浮新儒学论著辑要》，第370页。

② 马一浮：《宜山会语·释学问》，见滕复编：《马一浮新儒学论著辑要》，第68、69页。

施知能为"一蚊一虫之劳"的恶喻了。①

他看到,"今人于政治问题、社会问题未尝不研究,未尝不问人;但于自己心性问题则置而不谈,未尝致问"。他认为,这种情况是由于人们沉溺于习气而忽视了本性的修养,即"耽于习而忽于性"②。在他看来,只关注社会环境而不重视自我人格上的心性修养,只注重知识和才能,而漠视"学问"的学风是片面而有害的。

马一浮特别斥责了社会上崇拜势力、漠视正义公理的所谓"现实主义"人生态度。他认为,这种人生态度"其实即是乡愿(所引编著误为'乡原',今改之)之典型";"乡愿之人生哲学"就是盲目的人云亦云,不辨别是非,没有思想,"其唯一心理就是崇拜势力,势力高于一切"。他认为,这种"现实主义即是势力主义"。他呼吁人们要"有刚明气分,不堕柔暗。宁可被人目为理想主义,不可一味承认现实,为势力所屈。……须知势力是一时的有尽的;正义公理是永久的,是必申的"。③

马一浮在江西泰和讲学时,特意标榜张载的四句教,即"为天地立心,为生民立命,为往圣人继绝学,为万世开太平"。他以此激励学生"依此立志,方能堂堂的做一个人,……此便是仁以为己任的榜样"。④所谓"为天地立心",他接受《礼记·礼运》"人者天地之心"的说法而发挥之,认为"天地以生物为心,人心以恻隐为本";此句句意就是要具备博爱民物的道德精神,"仁民爱物便是为天地立心"⑤。所谓"为生民立命",他主要发挥孟子和朱熹关于"立命"的思想,认为此句句意就

---

① 马一浮:《泰和会语·义理名相二·知能》,见滕复编:《马一浮新儒学论著辑要》,第49、50页。

② 马一浮:《宜山会语·释学问》,见滕复编:《马一浮新儒学论著辑要》,第69页。

③ 马一浮:《对毕业诸生演词》,见滕复编:《马一浮新儒学论著辑要》,第59页。

④ 所引编著为"……此便是仁。以为己任的榜样……"笔者以为不通,故改之。

⑤ 马一浮:《泰和会语·横渠四句教》,见滕复编:《马一浮新儒学论著辑要》,第7、8页。

是要克服社会上人心陷溺于恶习,丧失天赋品德的情况,使人们保全天赋美德,遵循道义而修身。所谓"为往圣人继绝学",他认为,"圣学者即是义理之学",只有研究儒家的义理之学,才可以"自拔于流俗,不致戕贼其天性"①。所谓"为万世开太平",发扬往圣的德治传统,国家领导要注重自我的人格修养而为社会表率;国家政治的关键施行在于"贵德不贵力"德治,而不可以依靠"兵革"、"制裁"等暴力治国。② 由此可以看出,马一浮从个体修身的思想,到治理国家的主张,一概贯之以儒家的道德精神。

结　语

马一浮的哲学思想有其独立的体系结构,也颇多独到见解,并以其深厚的国学功力为自己的哲学观点提供了丰富的论据。除了以上论及的思想外,他所提出的义理名相论、理气一元论、知行合一(又称"知能合一")论、性修不二论等思想,均论证严密、论据丰富。

然而,马一浮主要是在儒学尤其是宋明道学的传统论题上和论域中做文章,力求以"会通"的学术精神折中传统诸家学说,而求得持平之论。他基本没有超脱传统哲学的论域而提出自己的范畴体系或具有时代眼光的独特关注视野。与新儒学诸子相比,他的哲学创造力显得不足,现实批判性较弱,他虽然提出儒学可以挽救近代文明带来的精神危机,并必然在未来世界发扬光大的宏观构想,却鲜有像新儒学诸子那样致力于探索儒学如何与近代新学术接轨的学术倾向。

马一浮哲学的时代精神所以不如新儒学诸子那样鲜明,或许既出于他对儒学人生哲学和人文精神之永久生命力的坚定信念,因而专注

---

① 马一浮:《泰和会语·横渠四句教》,见滕复编:《马一浮新儒学论著辑要》,第8,9页。

② 同上书,第10页。

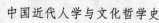

于对传统儒学诸说的梳理,而少论其余;又出于他因厌恶官场,而有意回避政治的用心。他在《宜山会语·释学问》中罗列了不回答学生某些提问的条例中,有"问时政得失不答"、"问时人臧否不答"①两条,由之可以看出他欲以纯学者身份应世的态度。

① 马一浮:《宜山会语·释学问》,见滕复编:《马一浮新儒学论著辑要》,第72页。

第十二章　维旧邦新命　继理学法统①
——冯友兰人学及文化哲学要义

冯友兰字芝生,河南唐河人,生于 1895 年,卒于 1990 年,著名哲学家和哲学史家,新理学的开创者和主要代表。

清人赵翼评价元好问的文学成就,有"国家不幸诗家幸,赋到沧桑句便工"的诗句,实则不独文学而然,哲学思想同样如此,政治上沧桑变换的大动荡年代,也往往是哲学思想获得自由而异彩纷呈的发皇期,以中国而论,如春秋战国时期的诸家学说的昌盛争鸣,汉末魏晋时期的诸子学复兴和发展,近代内忧外患、民族危亡的政局更促发了思想界的空前大解放。其时,彻底否定本土传统文化的西化论者有之,以苏俄为楷模的马克思主义者有之,形形色色的中体西用论者有之,固守民族本位文化而不求变通者亦有之。

冯友兰认为,20 世纪初以来,中国政治局面的混乱是由于社会性质的转变,"在这场转变中,造成了新旧生活方式之间的真空,……这样的真空,十分不便于实际日常生活,但是很有利于哲

---

① 冯友兰在《在接受哥伦比亚大学授予名誉博士学位的仪式上的答词》中引《诗经》"周虽旧邦,其命维新"表达中国现代化的大好前程。见《冯友兰学术论著自选集》,北京师范学院出版社 1992 年版,第 8 页。

学,哲学总是繁荣于没有教条或成规约束的人类精神自由运动的
时代"①。在这样的时代里,一切学说都以平等的身份面临着时代的
无情评判与选择,没有什么游离事外或超然在上的特别思想权威。中
国的哲学家们特别幸运的是:他们重新审查、估价的对象不仅有中国过
去的思想学说,而且有西方的过去和现在的思想学说。冯友兰认为,中
国的精神生活,特别是哲学思维,正是在这样的形势下,发生了伟大的
变革和进步。② 生逢这样的时代,冯友兰也萌发了"不满足于做一个哲
学史家,而要做一个哲学家"③的大志向。他凭借深厚的哲学史功底和
贯通中西学的精湛哲思,以儒学尤其是宋明理学为宗,广泛采择古今中
外诸哲学思想,开创了名为"新理学"的哲学体系。虽然不久由于中国
政局的剧变的原因,他的新学说还未能张大声势,就过早地销声匿迹
了。但是,他所作出的哲学贡献在思想禁锢渐次宽缓的时期,又被人们
重新认识和评价了。他曾经以"文章自有命,不仗史笔垂"来自慰,实
则有重要价值的思想,史笔或迟或早总要公正地记载下来。冯友兰对
中国哲学和中国哲学史的贡献,正是因其"有命"而"史笔"不能回避的
大文章。

冯友兰将哲学思潮分为"照着讲"和"接着讲"两种,所谓"照着
讲",是指墨守旧说而无所创新;所谓"接着讲",则是既有所继承,又有
创造发展。凡大思想家都是"接着讲"的继往开来的人。冯友兰认为,
他的"新理学"思想就是接着宋明理学讲的,是对宋明理学的继承和发
展。他在《新原道》中将自己的哲学体系称为"新统",很有继往开来的
大家气概。他认为,自己对宋明理学的发展,主要意旨在于中国哲学的

① 冯友兰:《中国哲学与未来世界哲学》,引自《冯友兰学术论著自选集》,第
549 页。

② 同上书,第 549、550 页。

③ 冯友兰:《在接受哥伦比亚大学授予名誉博士学位的仪式上的答词》,引自《冯
友兰学术论著自选集》,第 4 页。

现代化,具体说,就是"用近代逻辑学的成就,分析中国传统哲学中的概念,使那些似乎是含混不清的概念明确起来"①。他在用逻辑学梳理中国传统哲学时,不但对中国传统哲学范畴作了重新界定,而且提出许多独立的范畴,并博采西方理性主义的观点及思辨方式,提出了异于先儒而别开生面的新哲学系统。其哲学论域广及本体论、宇宙论、知识论、人学、文化哲学等方面。可以说,人学与文化哲学这两个密切相关的问题是冯友兰学说的现实落脚点,本体论和宇宙论是他为了论说人学与文化哲学观点而设立的哲学基础,而认识论、逻辑学则是他的建立学说、阐发思想的思维工具。②

　　蔡仲德将冯友兰的学术历程"大体"上分为"实现自我"、"失落自我"、"回归自我"三个时期,③笔者也"大体"接受这种观点,以下评述以冯友兰"实现自我"时期的思想为主,兼采"回归自我"时期的一些观点予以补充,至于他"失落自我"的时期,因为此期思想非冯友兰之"真我",故略而不论了。

第一节　比较中西文化观点的嬗变及
中西文化互补的构想

　　冯友兰在晚年说:"我生活在不同的文化矛盾冲突的时代。我所要回答的问题是如何理解这种矛盾冲突的性质;如何适当地处理这种冲突,解决这种矛盾;又如何在这种矛盾冲突中使自己与之相适应。"他将自己对这些问题的解答——主要是对中国文化和西方近代文化差别解答分为三个阶段:"在第一阶段,我用地理区域来解释文化差别,

---

　　①　冯友兰:《中国现代哲学史》,广东人民出版社1999年版,第200页。
　　②　冯友兰认为,认识论所要解决的是认识的一般形式,而不包括认识内容。参见冯友兰:《中国哲学史新编》第一册,人民出版社1982年版,第9、10页。
　　③　冯友兰:《中国现代哲学史》之《附录:冯友兰先生评传》,第260页。

就是说,文化差别是东方、西方的差别。在第二阶段,我用历史时代来解释文化差别,就是说,文化差别是古代、近代的差别。在第三阶段,我用社会类型来解释文化差别,就是说,文化差别是社会类型的差别。"①

冯友兰第三个阶段的思想是对第二个阶段思想的深化。他在此期受唯物史观影响而形成了以经济结构为核心的社会类型观念。他意识到中古与近代的社会类型不同,而不同的根本之处在于社会生产方法和由之决定的生产规模的差异,即中古的生产是以分散的家庭为本位的小规模的手工生产,而近代的生产则是经过产业革命的大规模社会化生产。然而,冯友兰所谓"社会类型的差别"根本上依然是时代的差别。如他说:在自己所著的《中国哲学史》②中,已经含蓄指明"所谓东西文化的差别,实际上就是中古与近代的差别"。其后又认识到"中古和近代的差别实际上就是社会类型的差别"③。他在晚年所著的《中国哲学史新编》中也说:"在世界史的近代阶段,西方比东方先走了一步,先东方而近代化了。在中国近代史中,所谓中西之分,实际上是古今之异。"④他在第三个阶段明确地断定,不同时代有着不同的社会类型,中西文化的时代差别具体展现为社会类型的差别。

一、早期从人生价值观念差异探索中西文化之别

冯友兰早期着重从不同地域的社会群体各具的特殊价值取向来判别不同文化,认为中西文化的差异是由各自文化价值观念不同所造成的。而后,随着其新理学体系逐渐形成,他运用新理学的形上学方法,辩证中西文化的差异、同一以及互补之必要等问题,形成了成熟而系统

---

① 冯友兰:《在接受哥伦比亚大学授予名誉博士学位的仪式上的答词》,引自《冯友兰学术论著自选集》,第2、3页。

② 指1934年出版的《中国哲学史》。

③ 冯友兰:《在接受哥伦比亚大学授予名誉博士学位的仪式上的答词》,引自《冯友兰学术论著自选集》,第3页。

④ 冯友兰:《中国哲学史新编》第六册,人民出版社1985年版,第155页。

的独到见解;并受唯物史观的影响,从经济结构入手,来探讨中西文化时代差异的深层根源。

冯友兰在 20 世纪 20 年代初期提出,"文化"或"民族性"都是种种具体东西的"总合体","是个包罗一切的总名",全面比较中西文化是个即便旷日持久也难以竣事的艰巨工作。他认为,中国近代比较文化所以盛行,其原因和目的不是出于纯学术研究的兴趣,而是有着强烈的现实意义。在历史上,中国文化"从未遇见敌手,现在他忽逢劲敌,对于自己的前途,很无把握";因而人们期望通过比较中西文化各自的长处,估量以自己固有的文化与西方文化抗争,"这一仗是不是能保必胜"①。

此时,冯友兰认为,当时思想界关于中西文化孰优孰劣的争论,都出于"各人的主观的直觉";人们所下的判断,陷入了"此一是非,彼一是非,是非无穷,永远不能解决"的困境,有如康德所谓"二律背反"②。他提出,"空口谈论文明及民族性之优劣,是没有用的。文明的优劣,全靠我们的信仰,全靠我们的此时此地"。在此,他特别强调树立民族自信心的重要,主张国人一是要在中西文化比较陷入"二律背反"的困境时,要"用意志去信仰",肯定自己文化的优越之处,这样就会"胆大气壮"起来,而这"就是我们得胜之重要条件";二是要积极投身于中国文化的创造中去。他认为,中国文化和民族并没有到盖棺定论的程度,"中国人一日不死尽,则中国文化及中国民族性即一日在制造之中"。中国人对于中国文化不要只是客观地描画,而要主动承担创造中国文化的责任。就如同工程师和工人,对于"正在制造的东西"负有责任一样。③ 于此可以看出,冯友兰此时尚未形成后来新理学的哲学视角,他

────────

① 田文军编:《冯友兰学案》,引自方克立、李锦全主编:《现代新儒学学案》,中国社会科学出版社 1995 年版,第 114、115 页。

② 同上书,第 115、116 页。

③ 同上书,第 117、118 页。

强调民族文化自信心和对民族文化再创造的责任感,其用意固然可嘉,但是过于偏重主观因素,而忽略文化比较的客观标准,甚至有以相对主义的态度取消这个标准之嫌。冯友兰虽然指责别人以"主观的直觉"判别中西文化,然而自己也未能免俗。可以说,此时冯友兰的思想颇有"情胜于理"的倾向。

冯友兰在稍后的《为什么中国没有科学》①一文中,已经明确意识到中国与西方近代文化有着时代的差异,并以中国与西方人生价值观念的差异作为判别中西文化时代差异的原因。他认为,将中国历史与欧洲文艺复兴前的文化比较,就可以看出,"它们虽然不同类,然而是在同一水平上"②。对于近代西方已经演进成新的文化,而中国依然停滞在旧时代这个情况,他溯源于中国与西方不同的人生价值观念。他在文中侧重于从中国与西方的传统价值观念不同,来寻求近代以来它们文化的时代差异。他认为,中国文化所以落后于西方,直接原因是中国没有科学;而中国文化所以没有孕育出科学,则是由于它有不同于西方的人生价值标准。按照这样的价值标准,中国人不需要科学就可以实现人生价值和幸福欲望。他断定:"使历史成为实际的原因是求生的意志和求幸福的欲望。"③

冯友兰在文章将中国与西方关于人生幸福的观念进行了比对。他认为,传统中国人既不是像中世纪的欧洲人那样,希求通过上帝的帮助而获得幸福;也不像古希腊和现代欧洲人那样,力求通过认识和征服自然而获得幸福。古往今来的欧洲人走的都是一条向外寻求幸福的路线,而传统中国人将全部精神力量致力于"直接地在人心之内寻求善和幸福"的路线,他们"力求认识在我们内部的东西,在心内寻求永久

---

① 此文发表于1922年4月出版的美国《国际伦理学杂志》,原文为英文。

② 田文军编:《冯友兰学案》,引自方克立、李锦全主编:《现代新儒学学案》,第119页。

③ 同上书,第119、120页。

的和平"。① 他援引笛卡儿关于科学在于"确实性"和培根关于科学就是力量的思想,以说明科学的用处。然而,他认为,科学的这两个用处只对于从物出发、追求物质幸福的文化才有意义,而中国的思想文化则是从自心出发,向内寻求"理性的幸福"的,因而科学的确实性和力量对于中国人精神幸福的人生价值观念没有意义。他说:"中国哲学家不需要科学的确实性,因为他们希望知道的祇是他们自己";同样地,"他们不需要科学的力量,因为他们希望征服的祇是他们自己。在他们看来,智慧的内容不是理智的知识,智慧的功能不是增加物质财富。"中国人的幸福观念既然如此,"那么,科学还有什么用呢?"②

他在文中还提出,中国与西方不同的价值观念根源于对人本质的不同断定,西方的主流思想无论是在中世纪的宗教时代,还是在近代的科学时代,其根本精神都是"认识外界和证实外界",只不过近代欧洲"把上帝换成了自然"而已;他们"都假定人性本身不完善,人都是愚弱、无助的",因而,他们注定要有科学,需要知识和力量等人为的东西,乃至人格化上帝的帮助。中国人则认为"万善永恒地皆备于我,又何必向外在世界寻求幸福呢? 那岂不是像佛家说的端着金饭碗讨饭吗? 科学的确实性和力量有什么用"?③

冯友兰认为,西方片面向外求索物质享受的价值观与中国侧重向内发掘理性幸福的价值观,二者各有偏颇。他设想,在未来世界,中国与西方的人生价值观能够合理调和,从而"使人类身心都能幸福"。他说:"如果人类将来日益聪明,想到他们需要内心的和平和幸福,他们就会转过来注意中国的智慧,而且必有所得。"④

---

①　田文军编:《冯友兰学案》,引自方克立、李锦全主编:《现代新儒学学案》,第122 页。

②　同上书,第123 页。

③　同上书,第124 页。

④　同上书,第125 页。

冯友兰对中国传统的人生价值观念特征的揭示,并以此说明中国科学的不发达,并判别中西文化的差异,这些都是有见地的。冯友兰晚年回顾此文时说:"我在这篇论文中主张文化的差别就是东方与西方的差别。这实际是当时流行的见解。"①需要指出的是,冯友兰在这篇早期文章中已经明确提出:中国与西方近代文化的难题非仅地理区域之别,而是有着时代先后之异,而这种时代差异是由它们人生价值观念不同所造成的。他以上的回顾显然忽略了此文的这个思想。

冯友兰此期将中西文化的差别完全归结为人生价值观念这种主观因素,而忽略了文化差别的客观基础。虽然他也肯定自然环境和经济条件"都是形成历史的重要因素",但是又强调它们只是"使历史成为可能的条件,不是使历史成为实际的条件";它们就如同戏台的布景并不是戏剧一样。② 依照他此时的观点,经济方式只是形成"历史实际"、文化类型的外在的场景环境,而不是内在的根源。他还没有像后来那样,将社会历史、文化类型与社会经济结构结合起来,做整体性的说明。

冯友兰早期还试图超越中西文化差别,而从文化哲学的角度对世界哲学派别进行分类。他根据人类经验"不外天然和人为两类"的判别,将人的生存状态分为"天然境界"和"人为境界"。③ 他认为,哲学家们的争论焦点,在于现实世界好与不好以及苦与乐产生的原因。他将这些见解分为三种,并据此把中西方的人生哲学派别划分为"损道"、"益道"、"中道"三类:一种见解是赞成"天然境界",他们认为,现实社会的"好"出于天然所固有的,人类"本来有乐无苦";而"不好"则是人为原因造成的,是人类的自作自受;因而,去苦求乐的途径在于回

① 冯友兰:《在接受哥伦比亚大学授予名誉博士学位的仪式上的答词》,引自《冯友兰学术论著自选集》,第 3 页。
② 田文军编:《冯友兰学案》,引自方克立、李锦全主编:《现代新儒学学案》,第119 页。
③ 同上书,第 125 页。

归天然状态。他依据老子"为道日损"①的说法,将此派哲学观点的实现路径称为"损道",认为中国的道家哲学、西方的柏拉图哲学,以及多数宗教哲学均属此类"损道"哲学,只是"其损之程度,则有差别"。另一种观点是赞成"人为境界"者,他们认为,现实世界的"不好""为世界之本来面目","人本来有苦无乐";而"好"和"乐",则是由于人为战胜天然的结果,人类的幸福是随着文明创造的发展而不断进步的。他将这种哲学观点称为"益道",认为西方近代以笛卡儿、培根为代表的哲学,中国的墨翟、杨朱人生思想都属于此类,只是"其益之程度,亦有差别"。② 还有一种思想是"以为天然人为,本来不相冲突;人为乃所以辅助天然,而非破坏天然"。他将这种观点称为"中道",认为中国儒家的主流思潮、西方亚里士多德哲学、黑格尔哲学均属此类。③ 冯友兰这样的划分,体现了他致力于发掘中西文化尤其是人生哲学的统一性,而不是简单地以地域的差异来判别中西文化。

二、从"共相"与"殊相"关系角度比较中西文化及对三种文化主张的批判

冯友兰"新理学"体系形成以后,他便致力于用逻辑化的哲学方法来审视文化问题。他从"共相"和"殊相"的哲学视角出发,审视不同文化类型和中国与西方的具体文化特例;辨析中西文化各自的主次性质及彼此间的同一与差异之处;设想中国未来的文化模式应该怎样整合中西文化之长,也就是如何既要取西方之新而去己之旧,又应舍西方文化的非本质因素而继承本国文化的合理成分;并批评中国近代以来的各种文化观在哲学上的失误。与其他学者相比,冯友兰更重视文化比

---

① 见《老子》第 48 章。

② 田文军编:《冯友兰学案》,引自方克立、李锦全主编:《现代新儒学学案》,第 126、127 页。

③ 同上书,第 127、128 页。

较的哲学和逻辑方法问题。

冯友兰将人类文化看做同一种事物类型，这是文化之"共相"，古今中外的各种文化则是"殊相"；不同时代和民族的"殊相"文化，都具有文化"共相"的基本要素，这就是文化的同一性。文化由于各有时代性和民族性的差异而有"殊相"之别，又由于文化之"殊相"中又同具有"共相"因素，因而便有相互补充、彼此取法的可能。基于这种见解，他对于中西文化的互补关系及中国文化建设应该融通中西文化等问题，从形上学的角度予以了肯定。

冯友兰强调：应该以"知类"的方法去比较中西文化。他说："科学虽不仅止是知类，而知类是科学所必有之一底条件。"①他所谓的"知类"，就是从逻辑的类属关系去考察具体事物，将之视为从属于某类的特例，而不是孤立看待具体事物，也就是从"共相"的视角把握"殊相"；就文化问题而言，考察中国文化和西方文化、比较中西文化以及设想中国未来文化的模式，都应该从这个方法论原则入手。

冯友兰区别了两种不同的考察事物方法，一种是从类的角度考察事物，一种是从特殊的角度考察事物，这两种方法各有所侧重，"从类的观点以观事物者注重同；从特殊的观点以观事物者注重异"，即前者注重事物的同一性，而后者注重事物的差异性。他认为，从类的角度考察事物，也涉及差异问题，但是此差异是子类②之间的差异，而不是子类中个体的差异；而从特殊的角度所研究的差异，则是子类中各种具体事物的差异。③ 在他看来，比较文化，应该从类的角度出发，比较子类

---

① 田文军编：《冯友兰学案》，引自方克立、李锦全主编：《现代新儒学学案》，第128 页。

② 冯友兰一般不使用"子类"这个逻辑概念。他在讲"共类"和"别类"关系时，实际是逻辑学的"类"与"子类"的关系。笔者认为，在述评中用逻辑学中"子类"概念，利于明确理解冯友兰的思想。

③ 参见田文军编：《冯友兰学案》，引自方克立、李锦全主编：《现代新儒学学案》，

第130 页。

文化的同一和差异。以此类推,比较中西文化就应该从各自所从属的文化类型入手,比较它们本质的差异之点和相通之处,不可孤立看待这两种文化;若是无主次性质之分地全面予以比较,那样就只能看到中西文化的种种差异,而不知它们有相通之处,因而有互补、融合的可能。

冯友兰认为,汉代人的历史哲学或文化哲学,以五德、三统、三世①等理论说明历史和文化的变迁,"就其内容说,有些亦可以说是荒谬绝伦"。但是,他们知道从"类"的观点考察历史文化问题,将具体朝代的历史文化归结为不同的文化类型,超越商文化、周文化等具体的个例,"而专讲文化之类型"。就此而言,汉代人具有"知类"的科学精神。②自清末西方文化东来以后,又激起了思想界文化比较的兴趣。康有为等人用汉代公羊学家的文化观说明中西文化,如康有为断定欧美文化是正白统,俄罗斯文化是正黑统等,其内容虽然是"可笑底附会",但是康有为辈不是具体比较中西文化的种种差异,而是侧重从文化类型上来比较中西文化,因而"离开其内容说",他们的文化比较方法是有见地的。

冯友兰认为,民国初期以来的学者在中西文化比较问题上,大都完全抛弃了清末康有为辈的文化比较思想,不但抛弃了其错误的内容,而且抛弃了其文化比较的正确方法——"知类"的方法。因而,民国初期的学者们在比较中西文化的方法上出现了错误。具体说,这种错误就是"专门从特殊的观点"③看待中国文化和西方文化,仅把它们视为彼

---

①　"五德"指用五行德性说明历史文化的更替,每个朝代的文化各代表一种德性,其由战国末期的阴阳家邹衍提出,汉代颇流行。"三统"说由汉代公羊学者董仲舒提出,即正黑统、正白统、正赤统,也是用来说明各朝代文化的变迁和差异。"三世"说,为公羊家思想,指衰乱世(又作"据乱世")、升平世、太平世,以说明时代进步的阶段性。"五德"与"三统"说有历史循环论倾向,而"三世"说则体现了历史进化的思想。

②　田文军编:《冯友兰学案》,引自方克立、李锦全主编:《现代新儒学学案》,第129页。

③　同上书,第131页。

此不相干的特殊个体进行比较;而不是从"类"即"共相"的角度研究,不懂得中国文化与西方文化各从属于某种文化类型;他们不是将中西文化视为一般文化类型的特例,不知道中西文化既在文化类型上有所差异,又同属于人类文化这个大类,因而有相通的因素。在冯友兰看来,以这样的方式比较中西文化,自然不得要领;从这样的方法而得出的观点去设想中国文化的建设问题,在理论上就难以立足。

冯友兰认为,学习西方文化,首先要从"类"的角度,将之视为从属于某类的个体,而不是绝对孤立的特殊个体;要学的是它的"主要底性质"即类本质,而不是学习它包括"偶然底性质"在内的所有性质。就如同孟子学习孔子,"是从圣人之类之观点以观孔子",要学习的是孔子"圣德"的方面;而诸如孔子是鲁国人、为鲁司寇、活了七十余岁等"偶然底性质",则是不必学也不可学的。①

冯友兰认为,一个特殊的事物可以同时属于许多类,同时具有许多性质;如果将它作为一类事物的个例来考察,就可以从它的诸多性质中辨别哪些是主要的,哪些是偶然的;若是孤立地把它作为特殊事例考察,就不能辨别其中的主要性质和次要性质,那样,任何事物都会是五光十色、难分主次的"全牛"。对于西方文化的考察也是如此,如果从一种文化类型的角度看待西方文化,就可以从其中的诸多性质中指出"何者是主要底性质,何者是偶然底性质";然而若是仅将之视为一种特殊的文化个例而孤立考察,则西洋文化就会是五光十色、难分主次性质的"全牛"。如近代西方文化既有民主与科学,也有基督教或天主教,还有无神论,如果不从"类",却从特例的角度考察,就不能了解何者是近代西方文化的主要性质。②

在冯友兰看来,近代以来对于中西文化的比较及中国文化建设的

---

① 田文军编:《冯友兰学案》,引自方克立、李锦全主编:《现代新儒学学案》,第132页。

② 同上。

三种代表性观点,在认识方法上都出现了孤立考察文化而不知"类"的错误。这三种观点即"全盘西化论"、"部分西化论"、"本位文化论"。冯友兰认为,"无论其主张如何,但如其所谓文化是指一特殊底文化,则其主张俱是说不通,亦行不通底"。他对之一一做了否证。

对于"全盘西化论",冯友兰认为,这个表述大有语病。照此推论,中国文化应该完全变为西方文化,中国人都要说洋话、穿洋服、信天主教或基督教;如果全盘西化论者并不如此主张,那么"他所主张即与部分西化无异"。① 冯友兰肯定,主张全盘西化者的"所谓西洋化",其本义实际是指近代化和现代化,他们逐渐意识到"西洋文化之所以是优越底,并不是因为它是西洋底,而是因为它是近代或现代底",而"我们近百年来之所以到处吃亏,并不是因为我们的文化是中国底,而是因为我们的文化是中古底"。于是,人们从以前提倡的中国文化"西洋化",逐渐变为提倡中国文化要近代化、现代化。冯友兰认为,这种表述方式要比"全盘西化"通得多,并且,人们口号的变化并不专是名词上改变,而体现了见解上的大觉悟。② 这样就可以明确天主教或基督教虽然是西洋化,却不是近代化或现代化。中国文化在近现代化的过程中不必学习西洋文化的这些非本质的东西。

冯友兰实际上认同了"西化论"的后一种表述方式,也主张中国文化应该全面向近现代文化转变。他认为,从"类"的角度考察西方文化和中国文化各自所属的文化类型,一方面可以辨别西方文化的主次性质,从而选择西方文化的"主要性质"即近现代化的性质,以纳入中国文化建设之中,而于其"偶然性质"即非近现代化的诸文化因素,则不必效法;另一方面,可以分辨出中国文化的主次性质,进而舍弃其"主要性质"即中古文化性质,而于其"偶然性质"即非时代性因素又适合

① 田文军编:《冯友兰学案》,引自方克立、李锦全主编:《现代新儒学学案》,第132 页。

② 同上书,第134 页。

国情的文化成分,则"是我们当存者,至少是所不必去者"。冯友兰认为,按照这个方向去改变中国文化,使之"自一类转入另一类","此改变是完全底、彻底底,所以亦是全盘底"①。

冯友兰主张中国文化应该全盘近现代化,并确认西化论的本义是使中国文化的近现代化,而非全盘学习西方的所有文化而论。就此而言,他明显与西化论有着一致之处。然而,他对全盘西化论的批判,主要还不仅仅在于批判其逻辑不严谨、口号欠妥当,他与全盘西化论的根本不同有二:一是他认为,中国文化有着永恒而普遍价值的思想成分,其不但应该善加保存,而且应该推广于世界。这种思想成分就是儒家人生学说的根本精神。这是他之所以为新儒家代表性思想家之根本。二是他认为,中国文化经过全面转变而形成的不同于西方特殊文化的新文化形态,它是中国文化自身发展的延续,因而依然是中国本位文化。

当时的"部分西化论"和"本位文化论",都主张吸收西方的部分文化以实现中国文化的现代化。冯友兰也主张以中国文化为本位而吸收西方文化中的现代化成分,通过全面调整中国文化的结构,以造就新的文化类型。可以说,在中国文化建设中对于如何处理中西文化的关系问题上,冯友兰的思想主旨,与此二论并无原则的区别。他所以批判这两种思潮的原因在于,它们非但都没有从文化的"共相"看待中西文化,也没有从先进与落后的角度划分中西文化各自所属的文化类型,因而它们既不能清晰辨明西方文化的主次性质,其中哪些是代表现代文明而应该吸收,哪些则不必吸收;也不能了解中国传统文化中哪些是落后的成分而应当革除,哪些仍然具有生命力而应该善加保存。实则,冯友兰主要是批判"部分西化论"与"本位文化论"仅执著于"殊相",而不"知类",由于观察角度的狭隘、方法的欠妥,使得他们的文化哲学观

---

① 田文军编:《冯友兰学案》,引自方克立、李锦全主编:《现代新儒学学案》,第135、136页。

点模糊不清,故而他们对于整合中西文化的设想有拼凑之嫌。

　　冯友兰又致力于与"部分西化论"和"本位文化论"有所融通。他认为,中国文化固然要全面地向现代化转变;但是,这是中国文化在吸取西方文化部分内容,而由中古文化向现代文化的变化,是实现自身文化类型的现代转化,仍然是以本土文化为本位的,并不是消灭本土文化而全盘转变为特殊的西方文化。就此而言,中国文化的改变也可以说是"部分"的或"中国本位"的。在冯友兰看来,一种文化所以能吸收他类文化的主要性质而实现文化类型的转变,是由于各类文化同属于人类文化这个大类即"共相",具有内在的同一性。他说:"各类文化本是公共底,任何国家或民族俱可有之,而仍不失其为某国家或某民族。……如按上所说方向以改变中国文化,则所谓中国本位文化之问题,自亦不成问题。"他认为,康有为从类的角度考察文化,就已经知道这个文化"公共性"的道理,因而明白"中国虽自一种文化变为另一种文化,而仍不失其为中国"。①

　　冯友兰看到了以上三论侧重不同,表述各异,却有着内在的相通之处,即都主张接受西方文化的先进部分,以使中国文化走向近现代化。因此,他在批评它们的文化比较方法和表述方式的同时,又有意在内容上融通三者。他力图从严谨的逻辑思维和更高的形上学视角方面扬弃并超越以上三种观点。冯友兰的高明不在其理论的高深复杂,而在于他提出了一种简捷而有效的逻辑方法来比较中西文化,即从类的角度考察子类中的个体,发掘个体的子类本质以及类本质,分析不同个体文化之间子类本质的差异性和类本质的同一性,进而为说明中国未来文化模式如何融合中西文化奠定哲学根据。

　　这个时期,冯友兰确定西方文化中代表了现代化的是其"主要性质",而不是全部文化。他承认中西文化主要是时代差异,却也肯定中国与西方人生价值标准的不同也是中西文化差异的一个重要方面。文化的时代性和民族性一主一次,并为构成了中西文化差异的两个基本因素。与早期相比,其文化观的发展在于以时代差异为判别中西文化的主要标准,而将人生价值观念的差异降至次要地位。

冯友兰在 20 世纪 30 年代,曾经将近代以来比较中西文化的思潮分为三个时期:一是维新时期,二是新文化运动时期,三是"建立起国民政府的 1926 年的民族运动时期"。① 他认为,以康有为、谭嗣同为代表的维新时期,其思想特点是以中国旧文化为标准来理解和评价西方新文化,"这个时代的主要精神是它的领导者们对西方传入的新文化并不抱敌对的态度,对它们的价值也不缺乏积极的评价",但是,他们仅仅是在符合公羊家所杜撰的孔子春秋三世说和孟子"民贵君轻"等思想框架的前提下,对西方文化予以积极评价,"认为他们也是正确的"②。以陈独秀、胡适为代表的新文化运动时期,其特点是强调中西文化的差异,以西方近代文化为标准批判乃至全盘否定中国传统文化。他认为,维护中国传统文化的梁漱溟思想,"也体现了他那个时期的时代精神"③。按照冯友兰的思路,此期的代表人物过多着眼于中西文化的差别而忽略它们的贯通之处,也有只见文化"殊相"而不解文化"共相"之误。在所谓"民族运动时期","中国对西方新文化采取了一个新的态度",认识到"西方的新文化在政治和经济方面都不是绝对完善的,是人类进步的一个阶段";甚至认为中国比西方更适宜实现世界大同的理想。他认为,这个时期不同于前两个时期,一方面是"要以新文化来理解旧文化",以此区别于维新时期;另一方面要重视中西文化的

① 田文军编:《冯友兰学案》,引自方克立、李锦全主编:《现代新儒学学案》,第137 页。

② 同上书,第 137、138 页。

③ 同上书,第 139 页。

"共同之点",以此区别于新文化运动时期。他强调:此期所关注的是"东西文化的相互阐明,而不是它们的相互批判",这样就能更好地理解这两种文化。冯友兰认为,"应该看到这两种文化都说明了人类发展的共同趋势和人性的共同原则,所以东西文化不仅是相互联系的,而且是相互统一的"。从哲学方面说,他主张应该看到中国哲学与西方哲学的"同一精神";将二者进行比较,并不是为了判断孰是孰非,而是为了相互阐明,从而彼此补益。他设想:"我们期望不久之后,欧洲的哲学思想将由中国哲学的直觉和体会予以补充,同时中国的哲学思想也由欧洲的逻辑和清晰的思维来予以阐明。"①

三、从社会类型诠释中西文化的时代差别

冯友兰在1940年出版的《新事论》中,着重从社会类型的角度解释中西文化的时代差别,通过对中国和西方社会经济结构的分析,探索中国文化类型落后于西方的深层经济原因。冯友兰的这种思想,就哲学基础而言,既是其共相与殊相关系思想的延伸,又接受了唯物史观的一些基本观点。他此期所注重的社会类型是以经济结构为核心的整体社会结构。

冯友兰在诸多文化种类中,着重论说了两种文化,一种他名之为"生产家庭化底文化",又一种他名之为"生产社会化底文化"。② 他认为,这两种文化是代表前后不同的历史时代,而"生产家庭化"和"生产社会化"这两种社会类型既以经济结构为基础,又不是限于经济领域,而是包括制度文化和精神文化在内的整体社会结构,如在"生产家庭化"的社会类型中,"有以家为本位底生产方法,即有以家为本位的生产制度。有以家为本位的生产制度,即有以家为本位底社会制度"。

---

① 田文军编:《冯友兰学案》,引自方克立、李锦全主编:《现代新儒学学案》,第140、141页。

② 冯友兰:《新事论》,引自《冯友兰学术论著自选集》,第187页。

在这样的社会制度中,一切社会组织,都以家庭为核心,一切人伦关系都比附于家庭关系,①"一切道德皆以家为出发点,为集中点"②。传统中国正是这样的社会类型。近代西方国家则属于"生产社会化"的社会类型,其生产方法以及与之相适应的生产制度、社会制度、社会组织、社会关系、道德观念一概都以社会为本位。

冯友兰进而提出,采取以家庭为本位的生产方法,还是以社会为本位的生产方法,不是人们所能随意选择的,而是以生产工具的状况为客观物质基础的。"因为,用某种生产方法,必须用某种生产工具。如某种生产工具尚未发明,则即不能用某种生产方法",因而也不能产生相应的生产制度、社会制度、社会组织和道德等社会意识。他说:"生产方法随着生产工具而定,社会组织随着生产方法而定,道德随着社会组织而定。"③他批评民国初期的人们不懂得这个道理,误以为社会制度可以随心所欲地选择,攻击"中国人一切以家为出发点",是中国人的"大短处"、"大坏处"。冯友兰认为,中国人以家为本位的特点,不应该肤浅地以"短处"、"坏处"这样的语词去指摘,因为"这是生产家庭化所需要;这是生产家庭化底社会的制度"。④

从生产工具最终决定社会类型的思想出发,冯友兰认为,西方国家所以能取得现在的世界地位,根本原因在于它们在经济上先有了一个大变革,即工业革命。他说:"这个革命使它们舍弃了以家为本位底生产方法,脱离了以家为本位底经济制度。经过这个革命以后,它们用了以社会为本位底生产方法,行了以社会为本位底经济制度,这个革命引起了政治革命及社会革命。"⑤于是,西方国家进入了先进的社会类型。

---

① 冯友兰:《新事论》,引自《冯友兰学术论著自选集》,第188页。
② 同上书,第194页。
③ 同上。
④ 同上书,第195页。

⑤ 同上书,第178页。

而历来以文化优越鄙视外夷的中国,不意到了清末,面临西方列强东侵的"空前底变局",一经与西方先进的文化相对照,却从文明的"城里人"忽然变成了落后的"乡下人";这实在是"一个空前底挫折,一个空前底耻辱"。① 他提出:如果中国人不想当"乡下人",想得到解放,唯一的办法,就是实现产业革命;② 以变革生产工具为出发点,进而变革生产方法、经济制度、社会制度、社会组织乃至精神文化。这样才能全面实现社会结构和文化类型的现代化。因而,中国的当务之急是在经济上尽快使生产社会化,而不是如民国以来就争论不休的首先要在政治上施行什么主义的问题,离开经济变革这个基础而去搞政治制度的变革,是没有成功指望的。

冯友兰已经明确肯定:中西文化的古今之异,根本在于生产力水平的先进与落后。中国以家庭为生产单位、以手工劳动为生产方法的经济结构,决定了中国家庭本位的社会和文化类型。这是中古的社会文化类型。冯友兰认为,以家为本位的社会制度,在中国最为发达。③ 在以往的中国,社会关系是家庭关系的扩展,政治伦理是家庭伦理的推演,国家是帝王的私产,国家管理是家长式的独裁,忠君观念风行而国家观念淡漠等等。西方近代文化则是以机器生产为基础的生产社会化的社会文化类型,个体超越了传统的家庭隶属关系而直接与社会发生关系,人们的国家观念也因之发生了根本变化;经济的社会化为政治的社会化即民主体制奠定了现实的基础。在他看来,像中国这样经济上以家庭为本位的文化类型,由于经济上没有社会化生产,就没有实行民主政治的基础,因而就不会产生西方近代那种"主权在民"的国家观念。

从中国与西方近代的经济生产性质不同来确定它们社会类型的差

① 冯友兰:《新事论》,引自《冯友兰学术论著自选集》,第177页。
② 同上书,第181页。
③ 同上书,第188页。

异,进而确认中国文化现代化的必经之途是在经济领域完成产业革命。这是他以时代差异判别中西文化思想的深化,即以社会类型的不同来充实时代差别的内涵,将历史视为社会类型由低向高发展的进化过程。他这个思想的深化是部分接受唯物史观的结果。冯友兰在晚年论及当年《新事论》的思想时说,他所以从社会类型考察中西文化,受了马克思主义的影响。他说:"我是主张体用不可分的,有什么体就有什么用,……我认为,在一个社会类型中,生产力等经济基础是体,政治、文化等上层建筑是用。"①虽然他在《新事论》中没有使用"生产力"、"经济基础"、"上层建筑"这些范畴,但是唯物史观对他的影响是深刻的。他又提出,马克思主义历史观的一个最显著特点,就是"把社会分为许多类型,着重的是看各种类型的内容和特点"。他称"这个理解帮助我认识到,所谓古今之分,其实就是社会各种类型不同";而后自己又从更广泛的哲学意义上认识到,"这个问题就是共相和殊相的关系问题。某一种社会类型是共相,某一个国家或民族是殊相",而某一个国家或民族在不同的历史阶段可以从一种社会类型发展为另一种社会类型,"这就是共相寓于殊相之中"②。显然,他不是简单照抄唯物史观的一些原理,而是将之与自己的"新理学"思想融通为一体。

在冯友兰看来,实现现代化和继承发展好传统,这是中国文化建设的两个不可偏废的主题。1982 年冯友兰在哥伦比亚大学的演讲中说:"'周虽旧邦,其命维新'③,就现在来说,中国就是旧邦而有新命,新命就是现代化。我的努力就是保持旧邦的同一性和个性,而又同时促进实现新命。"④对于 20 世纪 50 年代以来那种完全抛弃传统文化,主张

① 冯友兰:《三松堂自序》,引自《冯友兰学术论著自选集》,第 435 页。
② 同上书,第 433、434 页。
③ 见《诗经·大雅·文王》
④ 冯友兰:《在接受哥伦比亚大学授予名誉博士学位的仪式上的答词》,引自《冯友兰学术论著自选集》,第 8 页。

中国的文化建设"现在应当从零开始,一切都要重新建立"的观点,冯友兰认为,"这种观点显然在理论上过分简单化,在实践上也行不通",他引用黑格尔正、反、合的三段论,认为中国现代的文化建设是"合",应当包括过去的"正"与"反"的一切精华,"这是解决不同文化矛盾冲突的自然方式"。① 冯友兰一生哲学研究的主题之一,就是如何从"合"的高度扬弃中西文化和中国近代以来的各种文化思潮,融通众长而去其所短,探索中国文化建设的理想模式。他屡屡强调,中国文化要在保留好的文化传统的前提下实现现代化。

第二节　人生境界的划分及升华人生境界的元哲学观

冯友兰认为,中国文化的一个重要特点就是突出人在宇宙中的地位,以为人能够参赞天地化育,与天地并列为"三才";中国的这个文化传统优于基督教文化和佛教文化。他说:"基督教文化重的是天,讲的是'天学';佛教讲的大部分是人死后的事,如地狱、轮回等,这是'鬼学',讲的是鬼;中国文化讲的是'人学',着重的是人。……它主要讲的是人有天地参的地位,最高地位,怎样做人才无愧于这个崇高的地位。"②

冯友兰的新理学论域虽广,而人学问题始终是他学术思想的一个主题。他主张通过哲学来深刻反思人类精神生活、升华人生境界、体认人在宇宙间的崇高地位。冯友兰认为,自己以人学为哲学主题的学术特点是继承了儒学的思想传统。在他看来,儒家学说根本上就是人学,

① 冯友兰:《在接受哥伦比亚大学授予名誉博士学位的仪式上的答词》,引自《冯友兰学术论著自选集》,第8页。

② 冯友兰:《中国文化的特质》,引自《中国文化书院讲演录》,第一集《论中国传统文化》,三联书店1988年版,第140页。

儒学的主体内容就是"仁学";"仁"之于儒家,不但是包括五常之德的全面道德人格,而且是人生的最高境界。他说:"'仁'是儒家所说的最高精神境界,也是人之所以为人的最高标准。'仁学'也可以称为'人学'。人学讲的是关于'人'的学问。"①对于被宋儒视为"初学入德之门"②的《大学》,他认为,"大学之道"讲的是人生的道理,人怎样可以成为一个道德上完全的人;③"大学"讲的就是人学。冯友兰认为,宋代以来的道学突出体现儒家乃至中国文化以人学为本的特色。弘扬儒家的人学思想是冯友兰的新理学体系所以为"接着讲"的一个重要方面。

一、以"觉解"规定人本质、判别人生境界

如何区别人类与非人的生物,是古今中外哲学的一个重大课题。中国的主流学术——儒学向来以道德作为人判别与禽兽的终极本质,无论儒家诸派在人性论持何种观点。④ 西方哲学则多从人的理智和相应的实践能力来予以划分。冯友兰则综采这两种思想而力求超越它们,提出了以"觉解"为人的类本质的思想,并以"觉解"的程度确定人生境界的高下。其说既明显受西方近代理性主义哲学的影响,又融注了儒家、道家强调内心体验,标扬天人合一的人生思想。然而,从人生境界方面来看,冯友兰并不完全认可西方理性主义专注于理智理性的倾向,而只是将理智理性视为实现较高人生境界的一个环节,而达到最高精神境界——"天地境界",则需要以超理性的方法即所谓"负的方法"而获得。

冯友兰将人类对于宇宙和人生的了解称为"觉解"。在他看来,在

① 冯友兰:《中国现代哲学史》,第245页。

② 程颐语,见朱熹注《大学章句集注》。

③ 冯友兰:《中国哲学史新编》,第三册,第130页。

④ 即便如荀子,虽从"性伪之分"的角度来辨别人的恶性出于先天,而道德品性起于人后天的创造;但是,他断定人异于禽兽的类本质不在天性,而在道德属性。详见《荀子·性恶》等篇。

人类的诸多性质中,"觉解"不仅是人类生活"最特出显著的性质",也是"最重要底性质"。① 他说:"人生是有觉解底生活,或有较高程度底觉解底生活。这是人之所以异于禽兽,人生之所以异于别底动物的生活者。"他又将"觉"与"解"做了区分,断定它们的了解对象和方法有所不同:"解"是指对(外在)事物的"了解",其需要依据概念等理性推断的方法来获得;而"觉"是人类对自我的行为和思想的"自觉"。他认为,反观自身活动的"自觉"只是一种"明觉底心理状态",因而,它不依赖概念等理性手段。②

冯友兰肯定《礼记·礼运》提出的"人者,天地之心"的思想;又发挥中国传统哲学将人视为能与天和地并列、参赞天地化育的思想,认为人以"觉解"所创造的文化,就是"完成天地所未竟之功"③。有了人类文化,宇宙才算完全。冯友兰在此对文化做宽泛的理解,认为动物也有其文化,然而人与动物的差别不在于是否有文化,"而在于他们的文化是否有觉解",即文化中有无"觉解",才是判别人与动物的根本尺度。他提出:人的文化是心灵的创造,而动物的文化是本能的产物;虽然"人的文化,若究其本原,亦是所以满足人的本能需要者,不过虽是如此,人的文化,并不是人的本能所能创造底。心是有觉解底,本能是无觉解底"。冯友兰套用古人"天不生仲尼,万古如长夜"④的句式,提出"天若不生人,万古如长夜"⑤。

---

① 田文军编:《冯友兰学案》,引自方克立、李锦全主编:《现代新儒学学案》,第146 页。
② 同上书,第 144 页。
③ 同上书,第 146 页。
④ 朱熹说:"'天不生仲尼,万古长如夜'。唐子西(笔者注:名庚,北宋人)尝于一邮亭梁间见此语。"见《朱子语类》卷九十三。此语的作者佚名。唐子西《语录》中,此句为"天不生仲尼,万古如长夜";并载他见此语题于"蜀道馆舍壁间"。见胡仔《渔隐丛话》前集卷五四《宋朝杂记上》。
⑤ 田文军编:《冯友兰学案》,引自方克立、李锦全主编:《现代新儒学学案》,第147 页。

冯友兰认为,"觉解"使人类在宇宙中具有特殊的地位,宇宙有无人类的"觉解"大不一样;宇宙若没有人的"觉解",虽然万物和"事物之理"依然客观存在,却因未被人了解而处于"无明"状态之中;① 人类"觉解"的出现则破除了宇宙的"无明"状态。他说:"觉解是明,不觉解是无明,觉解是对无明的破除。"②

在冯友兰眼中,人生对于人的意义,取决于人对人生的了解;人对人生了解得越多越深,则人生对人的意义就越丰富。哲学的任务不在于回答为什么有宇宙和人生,而在于了解它们,从而使人生活得有意义。他认为,"人虽都在宇宙中,虽都有人生",但是对于宇宙和人生问题的根本问题,或者见仁见智的分歧,或者完全不了解。这正如《易传·系辞》所说的:"仁者见之谓之仁,智者见之谓之智,百姓日用而不知。"③ 他认为,人们对于宇宙与人生"觉解"程度的差别,决定了宇宙人生对于人的意义各不相同,形成了高下不同的人生境界。④ 他将人生境界分为四个层级,即自然境界、功利境界、道德境界、天地境界。

其一是"自然境界"。这是最低层次的人生境界,其特征是:人们对宇宙和人生"不著不察",即没有清楚了解,在精神上处于浑沌状态;在行为上只是顺随着本能和本人或社会习惯,即"顺才而行"、"顺俗而行";他们"不知不识,顺帝之则"⑤,盲目地为自然规律和社会各种规范所支配,全然没有独立的精神自我。冯友兰认为,并不只是原始社会的人才处于这种境界,现代最工业化的社会也大有人在;它也不限于只能做价值很低的事情之人,即便在学问、艺术方面能有所创造的人,或

---

① 田文军编:《冯友兰学案》,引自方克立、李锦全主编:《现代新儒学学案》,第148页。
② 同上书,第150页。
③ 同上书,第143、144页。
④ 冯友兰晚年在《三松堂自序》中说,他所谓的"境界",就是人的精神世界,也就是世界观。
⑤ 冯友兰在此援引《诗经·大雅·皇矣》的诗句。

者在道德、事功方面能做"惊天地，泣鬼神"事情的人，也往往处于这种被本能和习惯所支配的自然境界，不是自己的行为和生活的真正主人。[1]　处于这种境界的人虽然也会有道德行为，但是这不过是出于道德习惯的役使，并不是对道德有深入的"觉解"，而独立自主地选择了道德行为。

　　其二是"功利境界"。它的特征是：处于这种境界的人积极而清醒地追求私利。与动物自利行为不同的是，他们的谋利行为是出于"心灵的计划"，而不是像动物那样出于"本能的冲动"；与"自然境界"不同的是，处于"自然境界"的人虽然也求利，却对于"自己"与"利"，并无"清楚底觉解"；而处于"功利境界"的人对自己与自己的谋利行为有"清楚底觉解"。冯友兰认为，处于这种境界的人，其行为方式会有种种不同，并不一定像扬朱[2]那样只是"消极地为我"，他们可以积极奋斗，甚至牺牲自己；他们的行为可以表现为利于他人、利于社会的道德行为，然而道德行为只是他们博取名利的工具而已。如秦皇、汉武那样的"盖世英雄"，虽然他们的许多事业"功在天下，利在万世"，但是他们依然属于追求私利的"功利境界"。[3]　这种境界的本质是"为私"，是对社会和他人的索取。

　　其三是"道德境界"。冯友兰从义与利的相反相成关系判别"道德境界"与"功利境界"。他认为，"道德境界"的特征是：处于此境界的人，其行为目的是"行义"、"贡献"、谋求社会公利，完全不同于功利境界以"占有"为行为目的。其"对于人性已有觉解"，意识到现实的人性蕴涵有社会内容，人是社会整体的一部分，只有在社会中才能存在和发

　　① 田文军编：《冯友兰学案》，引自方克立、李锦全主编：《现代新儒学学案》，第151、152页。

　　② 扬朱是战国初期的道家代表。孟子将其思想概括为"为我"，言其"拔一毛利天下而不为"（《孟子·滕文公上》）。韩非称其为"轻物重生之士"（《韩非子·显学》）。

　　③ 田文军编：《冯友兰学案》，引自方克立、李锦全主编：《现代新儒学学案》，第152页。

展。他说："人必须在社会底制度底、道德底规律中，始能使其所得于人之所以为人者，得到发展。"人所创造的种种制度化规则和非制度的道德规范，从根本上说，不是与个人对立并压迫和制裁个人的（如果这样认为，则只是功利境界的认识），而是人之所以为人的道理，人必须通过自觉地遵循这些规则，才能获得并发展人生的意义。① 处于"道德境界"的人，他们的道德行为是理性自觉选择的结果，而不是像"自然境界"那样被动而盲目地服从道德规范；是为道德而道德，"以道德命令为无上命令"②，而不是像功利境界那样将道德作为猎取名利的手段。

其四是"天地境界"。这是人生的最高境界，其特征是：处于这种境界的人，对涵括自然、社会的宇宙"大全"有了总的理解，因而有了正确的生活态度，在精神和行为上能够"知天"、"事天"、"乐天"、"同天"。③ 达到了"天地境界"就实现了最高的人生意义。具有这种境界的人，对于宇宙、社会、人生有着最高的"觉解"，不但了解"社会的全"，而且了解"宇宙的全"；实现了孟子所说的"知性"而"知天"的境界。处于这种境界的人不仅像"道德境界"那样从社会的角度看待人，而且从更广大的高度即宇宙的角度看待人；不但要对社会有所贡献，而且要对宇宙有所贡献；故而其不但能尽量发展人的本质即"尽性"，而且他的行为是"事天"的。达到天地境界的人在精神上与宇宙是同一的，其"觉解"到：人虽然渺小，却可"与天地参"；寿命虽然短暂，却可"与天地比寿，与日月齐光"。④ 其所以如此，全在于精神境界的伟大与永恒。

---

① 田文军编：《冯友兰学案》，引自方克立、李锦全主编：《现代新儒学学案》，第152、153页。

② 冯友兰：《中国哲学与未来世界哲学》，引自《冯友兰学术论著自选集》，第557页。

③ 冯友兰：《三松堂自序》，引自《冯友兰学术论著自选集》，第444页。

④ 田文军编：《冯友兰学案》，引自方克立、李锦全主编：《现代新儒学学案》，第153页。

这样的人就是圣人,这种境界是做人的最高成就。① 他认为,"天地境界"高于"道德境界","可以称为超道德价值的境界"。②

冯友兰以"觉解"的程度为标准来判定人生境界的高低,他将以上四境界分为"梦"与"觉"两端,认为在"自然境界"与"功利境界"的人属于低层次的"觉解",他们不了解人之为人的道理,即没有"知性",故而在"梦"的一端;而"道德境界"与"天地境界"则在"觉"的一端,"道德境界"达到了"知性","天地境界"不但"知性",而且"知天"。他认为,人们所处的境界不同,在宇宙间的地位就有所不同;达到"天地境界"的人处于"圣人地位",达到"道德境界"的人处于"贤人地位"。他接受孟子关于"天爵"、"人爵"的说法,认为人在宇宙中的地位属于"天爵",而人的政治或社会地位是"人爵";而"天爵不受人爵的影响"。③ 冯友兰的这种人生哲学思想,显然体现了中国传统的内在价值观念。

冯友兰又用"有我"与"无我"、"真我"与"假我"的范畴来辨析这四个境界。他对"有我"规定了两个不同的含义:一是"有私",二是"有主宰"。④ 从"有私"的意义上看,他认为,处在"自然境界"的人"不知有我",没有什么独立意识,其行为无论是为我的,还是道德的,都是出于习惯或冲动;处在"功利境界"的人是"人有我",其一切行为都是为了自我,道德行为不过是追求名利的工具而已;处在"道德境界"的人是"人无我",行为以道德为目的即便做似乎是争权夺利的事,也是出于道德目的而为之;处在"天地境界"的人则是"大无我",追求的是与

① 田文军编:《冯友兰学案》,引自方克立、李锦全主编:《现代新儒学学案》,第161页。

② 冯友兰:《中国哲学与未来世界哲学》,引自《冯友兰学术论著自选集》,第557页。

③ 田文军编:《冯友兰学案》,引自方克立、李锦全主编:《现代新儒学学案》,第154、155页。

④ 同上书,第156页。

"天地相似"的精神状态。①

冯友兰认为,"道德境界"与"天地境界"只是在"有私"的意义上属于"无我",而不是真"无我"。"有我"的另一个意义是"有主宰",即"我"是自觉实现生命价值的主宰,这样的主宰能够"尽心尽性",实现人本质的"真我"。就这个意义而言,"自然境界"固然属于"无我",而"功利境界"虽然有"我之自觉","其行为是比较有主宰底",但是其所执著并作为主宰的"我",未必是人的真正本质,即未必是"真我"。冯友兰认为,"真我"只是在后两个境界才得到发展。处在道德境界的人了解了人本质是社会性的,也就实现了"知性",从而"见真吾",进而可以发展"真我";而在"天地境界"的人则实现了"知天",因而明白了"真我"在宇宙中的地位,就可以使"真我"得到最充分的发展。他认为,四个境界可以看做"我"的发展过程,处于"道德境界"与"天地境界"的人才是真正"有我";而这种"有我"正是"无我"的成就,必须先无"假我",而后才能有"真我"。也就是说,人必须超越盲目心理和狭隘的自私观念,才可以体认生命的真正本质,进而主宰自己的行为而贡献于社会,乃至与天地并列。他又将"有我"的两个意义结合起来,提出"道德境界"可以说是"无我而有我",天地境界则可以说是"大无我而大有我"。② 他用这种类似概念游戏的表述,③以体现其人生境界学说的深刻和玄奥。

冯友兰虽然以"觉解"程度判别人生境界的高下,然而也强调,精神境界必然体现于实际生活实践之中,即"极高明"的精神境界要落实在"道中庸"行动之中。④ 冯友兰曾经作了副对联"阐旧邦以辅新命,

———————

① 田文军编:《冯友兰学案》,引自方克立、李锦全主编:《现代新儒学学案》,第155页。

② 同上书,第156页。

③ 冯友兰有时认可金岳霖关于"哲学就是概念游戏"的说法。

④ 田文军编:《冯友兰学案》,引自方克立、李锦全主编:《现代新儒学学案》,第156页。

极高明而道中庸",上联是概括自己一生学术活动的方向,也就是致力于中国文化尤其是中国哲学的现代化,下联是说他所希望达到的精神境界。①

二、哲学的存在意义和主要功用在于升华人的精神境界

宋明道学很提倡追求理性幸福的"孔颜乐处",常讲如何"大其心,以合天心",如何实现"天人一本"境界。宋儒张载在《西铭》和"横渠四句"②中所提出人生境界思想,最为程朱等道学家们激赏。冯友兰对宋道学的这种人生观念多有赞誉之辞,他的"天地境界"虽然说得玄奥,实际也是标榜这种精神意蕴。

如前所述,冯友兰将对自己的生活有所"觉解"(或者说"有较高的觉解")看做人判别于禽兽的本质特征。然而,他又认为:一般人只是"对于他们生活的片段有觉解,但未必对于他的生活的整个有觉解,……未必了解觉解是怎样一回事;有觉解时,亦未必自觉他是有觉解。这就是说,他未必觉解其觉解"。冯友兰以为,只有具备哲学眼光,才能有系统地反思人生、反思人的精神生活。他说:"对于人生底觉解,就是对于人生反思底思想,对于觉解的觉解,就是思想底思想,这种思想,如成系统,即是哲学。"③冯友兰于"觉"与"解",特别强调人自我反思的"觉"之妙用。他说:"禅宗有人说,觉字乃万妙之源。由觉产生的意义,构成了他的最高的人生境界。"④至于一般人,则对于人生只有支离而肤浅的"觉解",不能称之为哲学层次的真正"觉解",因而不能达到最高的人生境界。

---

① 　冯友兰:《冯友兰学术论著自选集》,第1、2页。

② 　张载有"为天地立心,为生民立命,为往圣继绝学,为万世开太平"之论。冯友兰称之为"横渠四句",取自朱熹所编的《近思录》。他本有异文。

③ 　田文军编:《冯友兰学案》,引自方克立、李锦全主编:《现代新儒学学案》,第157、158页。

④ 　同上书,第161页。

冯友兰对哲学"反思"对象的特殊性,有两个说明:其一,"反思底思想,是以人生为对象底";其二,"以思想为对象而思之,这就是思想思想,思想思想底思想是反思底思想"。他认为,思想是人生的一种主要活动,是"人生中底光",而"反思底思想是人生中底光的回光返照"。①

冯友兰认为,哲学是对于人生的有系统的反思的思想。② 进而,他将哲学的终极存在意义归结为解决人生的根本问题,这种人生的根本问题就是人的精神生活尤其是人生境界的问题。故而他说:"哲学的作用就是提高人的精神境界。"③在冯友兰看来,"自然境界"与"功利境界"是"自然的赐予",是"实是的人的产物"即人的现实生活的产物;而"道德境界"和"天地境界",则是"精神的创造",是"应是的人之所有"即人应然的价值取向。中国传统哲学的功用就是帮助人达到属于"精神创造"的"道德境界"和"天地境界"。这两个境界虽然层次有差等,却都是哲学的产物。④

以"道德境界"而论,到达这种境界的人"不单纯是养成某些道德习惯的人",他们的道德行为不是被动地遵循道德规则;若只是为后天被动养成的道德习惯所支配,或随波逐流地接受道德规范的约束,只不过属于低层次的"自然境界"。具有"道德境界"的人,他们的道德行为是出于对"道德原理"的"觉解",而这种"觉解"是哲学所赋予的,是一种哲学智慧。至于"天地境界",则是最高的哲学智慧的产物,是对宇宙大全的透彻"觉解"。一般人的"觉解"不能称之为哲学,因而,也就

---

① 田文军编:《冯友兰学案》,引自方克立、李锦全主编:《现代新儒学学案》,第157页。又,冯友兰自注:"此所谓回光返照,是取其字面底意义,在禅宗中,这四个字,有这样用法。"

② 同上书,第157页。

③ 冯友兰:《三松堂自序》,引自《冯友兰学术论著自选集》,第448页。

④ 冯友兰:《中国哲学与未来世界哲学》,引自《冯友兰学术论著自选集》,第557页。

不能达到以哲学智慧为根基的"道德境界"和"天地境界"。他说："照中国哲学的传统,哲学的任务是帮助人达到道德境界和天地境界,特别是达到天地境界,天地境界也可以叫做哲学境界。"哲学存在的意义就是教人以成贤成圣之道。他说："生活于道德境界的人是贤人,生活于天地境界的人是圣人,哲学教人以怎样成为圣人的方法,……成为圣人就是达到人作为人的最高成就,这是哲学的崇高任务。"①于此,冯友兰继承了中国传统哲学以升华人生境界为治学旨归的思想,并将之与自己的人生境界说结合起来。

冯友兰认为,达到"天地境界"的"圣人",其高明之处不在于创造什么奇迹,"他做的事不多于常人,但是具有较高的理解"。与常人不同的是,"他在'明'的状态中做他的做的事,别人在'无明'状态中做他们做的事"②;或者说,这样的"圣人"是"在平凡的生活中过不平凡的生活"③。这就是他所屡屡称扬的《中庸》关于"极高明而道中庸"的人生方式。

冯友兰很强调哲学修养对于人的精神生活的意义。他说："用中国的一句老话说,哲学可以给人一个'安身立命之地',就是说,哲学可以给人一种精神境界,人可以在其中'心安理得'地生活下去。……无论是在和风细雨之下,或是在惊涛骇浪之中,他都可以安然自若地生活下去,这就是他的'安身立命之地'。这个'地'就是人的精神境界。说是哲学给的,实际上是人自己寻找的,自己创造的。只有自己创造的,才是自己能够享受的。中国哲学说,哲学是供人受用的享受的。学哲

① 田文军编:《冯友兰学案》,引自方克立、李锦全主编:《现代新儒学学案》,第161页。

② 冯友兰:《中国哲学与未来世界哲学》,引自《冯友兰学术论著自选集》,第560页。

③ 冯友兰:《中国文化的特质》,引自《中国文化书院讲演录》,第一集《论中国传统文化》,第140页。

学如果得不到一种受用和享受，任凭千言万语也只是空话，也只是白说。"①这番话看似平常，却道出了中国哲学的一个重要旨归，即在精神上创造一个不为外境左右的完满自足的内心世界，依靠它来坦然达观地面对境遇的穷通逆顺。通过哲学提高精神境界，创造自我的哲学意识，将"安身立命之地"放在内心，而非外境，这样的哲学才是真正的受用。若不是对中国传统哲学尤其是人学有深刻的理解和体验，有独立的创造性理解，绝然说不出这番言语来。

冯友兰关于"自然境界"、"功利境界"、"道德境界"描述的思想，明显有现代哲学的味道，而"天地境界"，从内容上说，则完全是中国传统的儒家和道家人生哲学所标榜的精神境界。冯友兰认为，关于最高生活境界的理解，儒家高于道家；道家强调在最高的生活境界中可能获得精神上的快乐和幸福的问题；而在儒家看来，这不光是个快乐和享受的问题，而是实现人之所以为人者，即成为"完人"。他说："哲学的功用是训练人成为完人，完人的成就是与宇宙合一。"②不过，冯友兰所理解的"完人"，并不仅是在精神上"与宇宙合一"而已，他很强调"人之所以为人"的道德意义，就是说"完人"还必须包括道德完人的意蕴，这就与道家有所不同，而与儒家尤其是宋明道学相一致了。

冯友兰关于"天地境界"的意蕴是在标扬儒家的人生理想。他说："'仁'是儒家所说的最高精神境界的名称"；"'仁'的下手处就是'忠恕之道'"；周敦颐教导二程的"孔颜乐处"，就是体味到"万物皆备于我"（孟子语）而达到"自同于大全"的精神境界，就会得到最大的快乐。"孔颜乐处"所乐就在于这种精神境界。冯友兰认为，周敦颐仅凭他对于二程的这条教导，就足以奠定他在道学中的地位。③ 冯友兰的"天地

① 冯友兰:《中国哲学史新编》,第一册,第28页。
② 冯友兰:《中国哲学与未来世界哲学》,引自《冯友兰学术论著自选集》,第558页。
③ 冯友兰:《中国现代哲学史》,第242、243页。

境界"实际要说明的也就是这种"孔颜乐处",只是说得更玄奥、更富有神秘主义意味。冯友兰虽然反对宗教迷信,但对于哲学神秘主义非但不排斥,而且颇为肯定,他认为,哲学神秘主义正是中国哲学之长、西方哲学之短,世界未来的哲学必然是理性主义和神秘主义的结合。

冯友兰晚年更强调哲学智慧与精神境界的一致,认为提高哲学的理论思维能力与提高人的精神境界"实际上是一回事"。他说:"哲学与精神境界之间,没有手段和目的的关系问题。不是以哲学为手段,达到提高、丰富精神境界的目的。在哲学反思中,人的精神境界同时就丰富、提高了。"①他这样说并不是否定以往关于哲学的存在意义是提高人生境界的思想,而是强调培养哲学智慧与提高精神境界是同步过程。就此可以看出,冯友兰很侧重突出精神境界的理性意义。② 当然,他有时也重视精神境界与生命实践的统一,认为人在哲学反思中,对于自然、社会和个人行事有所理解,从而形成看法和态度,这就是他的世界观:"人打算照他的世界观生活的,如果他有一个明确的世界观而又对之深信不疑,他的精神世界就丰富了,他的行动就勇敢了。他就可以'心安理得'地生活下去,虽有困难,他也可以克服,虽有危险,他也无所畏惧。"③

然而,人生问题绝然不是知之便能行之这么简单。冯友兰在建立其人生哲学学说时,忽视了传统哲学辨析"知行难易"这个重要的课题。他的这个理论弱点体现于他的人生论学说,就是偏重强调人生境界的升华在于理性自觉的深入,而忽视了将高层次精神境界贯彻于生命实践的意志力和勇气的问题即人格修养的实践问题。可以说,于儒家传统的智、仁、勇这"三达德"中,冯友兰重视"智"与"仁",而忽视了

---

①　冯友兰:《中国哲学史新编》,第一册,第27页。

②　虽然冯友兰认为,天地境界是否定理智的,但是又强调,这种对理智的否定同样是理性活动。

③　冯友兰:《中国哲学史新编》,第一册,第26页。

"勇"这一德。而"勇"之为德,在高压政治造成万马齐喑的恶劣社会环境中,显得尤其重要、尤其难能可贵。朱熹曾经评价陆九渊学说注重"尊德性",而自己的门下侧重"道问学","尊德性"却少了些。朱熹理学思想是冯友兰的"新理学"的重要渊源,似乎与梁漱溟这样的新儒学家相比,冯友兰学术也有与朱学门下相近的片面性。

笔者以为,高层次的人生境界不仅是对于宇宙人生的深刻"觉解",而且包括将此理性境界贯彻于生命过程的实践勇气。可以说,人生境界是理性"觉解"和实践意志两相结合的整体,亦即"知"与"行"的统一。判别人生境界的高下,应该以这个整体为尺度。仅在精神上对宇宙人生有透彻的"觉解",而缺乏践履它的勇气和意志,割舍不了世俗的功利欲望,即便是高明的哲学家,也不过是个心地虽然明白,欲望与行为却和光同尘的俗人而已,实在算不上真正的"圣人"或"贤人"。这正落入孙中山对于中国文人"知之不敢行"的嘲讽。程朱理学很讲究"行重于知",如朱熹所说的"知行常相须"、"论先后知为先,论轻重,行为重"。[1] 冯友兰虽然对程朱理学多有发展,却似乎忽略了其"行重于知"这个重要思想。冯友兰至晚年方深切感受到名关利索对人的束缚,才"真正感觉到'海阔天空我自飞'的自由"[2],这种感悟就很说明高层次的人生境界是知与行统一的境界。

第三节　论说哲学的正负之法及
判别哲学与科学界限

一、"真正形上学方法"与人生境界的关系

冯友兰出于其元哲学观,认为"真正底形上学"在使命、对象和方

---

①　《朱子语类》第一册卷九,中华书局1994年版。

②　冯友兰:《中国现代哲学史·自序》。

法上均有不同于西方传统哲学的规定，即：哲学的对象应该在人类的精神生活领域；哲学的使命在于通过反思人类的精神生活而提高人的精神境界；哲学的方法则理应是西方哲学的逻辑方法和中国哲学的直觉方法，而非仅其中之一。冯友兰说："真正形上学的方法有两种：一种是正底方法，一种是负底方法。正底方法是以逻辑分析法讲形上学；负底方法是讲形上学不能讲。"①冯友兰一方面主张：中国哲学应该运用西方哲学的逻辑方法来梳理一番，使之从含混不清的状态变得富于逻辑条理，从而实现中国哲学的现代化；另一方面他又认为，达到最高人生境界必须要超越逻辑思辨的理性方法，通过中国传统哲学"负底方法"来实现它。

先谈谈所谓"正底方法"。冯友兰认为，哲学思维的特点在于：其是对世界的形式或逻辑的"纯思"。此说包含两方面含义，一方面指哲学方法是排除想象成分的纯粹理智思维，即"哲学乃自纯思"，"纯思是哲学的方法"。他特地说明，"思与想的不同，在中国旧日言语中，本来有此分别"；近代语言才将"思"与"想"合文以表示"思"；自己所以强调哲学是"纯思"，就是要表明"在哲学中不可有想的成分"；自己虽然也从俗使用了"思想"一词，而本意仍然是指"思"。另一方面指哲学对宇宙万物没有什么增加，只是从逻辑和形式上"对于经验，作理智底分析、总括、及解释，而又以名言说出之者"②。这种对于经验的解释并不在经验内容做什么增减，而只是从逻辑形式方面进行"分析、综合及解释"，因而可以说，它是"没有内容底"、"空底"。哲学不同于科学对经验内容作实质的解释，他称科学的解释为"积极底释义"，并说明在此所谓"积极"的意思，是指"实质底"、"有内容底"，其不是与"消极底"或"否定底"相对待，而是与"逻辑底"或"形式底"相对待（即与哲学方

----

① 田文军编：《冯友兰学案》，引自方克立、李锦全主编：《现代新儒学学案》，第165页。又，他所谓"逻辑分析法"，是泛指逻辑思辨的理性方法，不可作狭义的理解。

② 同上书，第157页。

法相对待）。① 这种哲学思辨的方法，就是他所谓"正底方法"。

冯友兰所谓"负底方法"，旨在强调是形上学的最高境界不可用语言表述，即"讲形上学不能讲"；然而，这也是一种讲形上学的方法。他以画家画月亮的不同手法来比喻这两种方法。"正底方法"是直接画个月亮；而"负底方法"的方法则采取了"烘云托月"的手法，即只是画云，而于所烘云中留出像月的空白，以显现出月。所以说，用"负底方法"讲形上学不可讲，就如烘云托月的绘画方法，"画其所不画亦是画"②。

冯友兰很推崇"负的方法"在哲学中的意义。他强调："形上学的任务不在于，对于不可知者说些什么；而仅仅在于，对于不可知是不可知这个事实说些什么。"③在他看来，在西方哲学中，"正的方法"居统治地位；而在中国哲学中，"负的方法"居于统治地位。道家将"负的方法"运用的最充分，"它的起点和终点都是浑沌的全体"，老庄不说"道"是什么，却只说了"道"不是什么，"但是若知道了它不是什么，也就明白了一些它是什么"。他将禅宗的哲学称为"静默的哲学"，并提出"谁若了解和认识了静默的意义，谁就对于形上学的对象有所得"。他认为，西方哲学家中，康德在这方面"做了许多工作"。康德发现了宇宙本体的不可知，因而主张"最好完全放弃形上学"即本体论，而只讲知识论，就是应用了"形上学的负的方法"。④

冯友兰承认"负的方法在实质上是神秘主义的方法"；然而，他认为，"哲学上一切伟大的形上学系统"，无论在方法论上是正的还是负的，即便如柏拉图、亚里士多德、斯宾诺莎那样将"正的方法"用得极好

① 田文军编：《冯友兰学案》，引自方克立、李锦全主编：《现代新儒学学案》，第166页。

② 同上。

③ 同上书，第172页。

④ 同上书，第171、172页。

的哲学家,其理论的顶点都有神秘性质。他认为,形上学的神秘主义既不与清晰的理性对立,也不在其下或其外,而是超越理性的。依据对于哲学史的这种认识,冯友兰提出:"正的方法与负的方法并不是矛盾的,倒是相辅相成的。一个完全的形上学系统,应当始于正的方法,而终于负的方法。如果它不终于负的方法,它就不能达到哲学的最后顶点。但是,如果它不始于正的方法,它就缺少作为哲学的实质的清晰思想。"①

冯友兰认为,中国哲学由于过于忽视正的方法而缺乏清晰的思想,所以"非常素朴"。他提出,"清晰思想不是哲学的目的,但是它是每个哲学家需要的不可缺少的训练"。因而,中国哲学家需要通过"正的方法"而使思想清晰。他以为,西方哲学则从来没有充分发展的"负的方法",其言下之意即西方哲学从来没有达到哲学的顶峰,因而也没有领悟最高的人生境界。他设想,未来的哲学是正与负两种方法的结合。②在冯友兰看来,正与负两种方法固然是哲学思维不可或缺的,然而最终只有通过"负的方法",才能达到与宇宙"大全"冥然合一的最高人生境界。

冯友兰对于"天地境界"的描述,就力图超越理论理性而采取了非逻辑的方式。在他看来,逻辑分析方法是哲学思维的必要环节,但它不是唯一方法;要升华到最高层次的"天地境界",就需要超越理论理性而采取"内心体和"的直觉方法。因为,达到"天地境界"的人在精神上同于无限的宇宙"大全",而"大全"是不可言说、不可思议的,故而"天地境界"也是如此。冯友兰借用佛学的"涅槃"和"般若"来说明最高的人生境界。东晋僧肇曾著《涅槃无名论》和《般若无知论》,以说明佛学的最高境界不可名状即"无名",最高的觉悟超越知识即"无知"。冯友

---

① 田文军编:《冯友兰学案》,引自方克立、李锦全主编:《现代新儒学学案》,第172页。

② 同上。

兰借之说明天地境界即达到此境界的哲学智慧也是"无名"、"无知"的。他说:"大全无名,所以'自同于大全'的精神境界也无名";"自同于大全"的自觉不是一种知识,故而是"无知"的;这种"无知"如同"般若"一样,是"无知之知"。他很赞颂僧肇将"般若"称为"照"的说法,①这种"照"就是不用理性思辨的神秘直觉。他又提出,"天地境界"的"觉解"如同佛家所说的"无分别智";其看似浑沌,然而不是不了解,而是超过了解的"大了解"。② 它是通过否定并超越理智的直觉的产物。冯友兰虽然断定最高的境界不能借助理性的逻辑分析达到或实现它,但是对理论理性的否定并不是反理性,而只是否定理性中逻辑分析的方法,而采用了理性化的直觉方法,因此,它同样是理性的活动。

冯友兰晚年的思想与其20世纪40年代相比,更侧重于人生境界的理智成分。如他说:"有概念而自觉其有概念,是人之所以高于其他动物者";"一个人所有的概念的高低,就分别出他的精神境界的高低";如果没有"宇宙"的概念,就根本不可能有"天地境界"。他认为,以往儒家学者没有看清楚"道德境界"和"天地境界"的区分,而自己则将二者明确地区别开来。他晚年虽然也强调"直觉"对于提高精神境界的作用,认为"直觉"可以使人"浑然与物同体"(程颐语)而达到"天地境界";然而他又强调"直觉所得,必须用概念把它固定下来,这是概念在哲学中的作用"③;又说:"必须把直觉变成严格概念,其意义才能明确,才能言说。概念与直觉,不可偏重,也不可偏废。"④

二、判别哲学与科学和对混淆它们界限观点的批判

冯友兰出于他的元哲学观即哲学存在的根本意义和功用就是提高

---

① 冯友兰:《中国现代哲学史》,第243页。

② 田文军编:《冯友兰学案》,引自方克立、李锦全主编:《现代新儒学学案》,第155页。

③ 冯友兰:《中国现代哲学史》,第200页。

④ 同上书,第244页。

人的精神境界,教人以成贤成圣之道,否定了20世纪20年代科学与玄学争论的必要性。他认为,这种争论是出于对玄学和科学不同学科性质的错误理解。他说:"就最哲学的形上学①说,科学与形上学没有论战的必要。因为,科学与形上学,本来没有冲突,亦永远不会有冲突。"②因为哲学与科学的宗旨、领域、方法各不相同,它们完全是不同层面的学问。冯友兰认为,严格意义上的科学应该指自然科学,而"就自然科学说,哲学与科学完全是两种学问"③。

冯友兰批判了各种将哲学与科学视为同类学问的观点,以下略举数种:

其一,否定哲学是一切理论知识总和的观点。冯友兰看到,在西方思想史上,哲学曾经被理解为各种知识的总汇,"古人所谓哲学",曾经"是一切学问的总名",随着各种科学从哲学中分化出来,哲学的外延在不断缩小,因而有人认为,"哲学是未成熟底科学,或坏底科学"。冯友兰认为,"照这种说法,哲学与科学是一类学问"。他断定:尽管哲学的外延在缩小,但是,"其中有一部分可始终称为哲学者,是与科学有种类上底不同"④。就是说,这部分始终是哲学的领域,具体科学是始终无缘问津,而又无力解决的。这部分问题就是宇宙及人生的根本问题。这是哲学与科学在研究对象上的根本区别。

其二,否定哲学是对科学成果的综合观点。冯友兰认为,持"哲学是诸科学之综合"的看法,依然以为"哲学与科学亦是一类底学问,其分别在其所谓之对象,是全或分"。这样一来,哲学工作不过是将各种具体科学的结论"聚在一处,加以排比整齐",至多再加上综合解释即

---

① 即"玄学",指本体论及宇宙论哲学。
② 田文军编:《冯友兰学案》,引自方克立、李锦全主编:《现代新儒学学案》,第162页。
③ 同上书,第159页。
④ 同上书,第159、160页。

"和会";其结果"对于诸科学,既已生吞活剥,其成就不过是一科学大纲",而这样的"科学大纲,并不足称为哲学,亦不足称为科学"①。也就是说,那是非驴非马的东西。

其三,否定哲学是"太上科学"的观点。冯友兰认为,依照有些人的说法,"形上学的目的,是求所谓'第一原理'。从'第一原理'可以推出人的所有底知识。"即便是近代,也"颇有些人以为,形上学的第一原理,可为科学中底原理之根据。它是一切科学原理的原理"。这样,"形上学是科学之母,也就是太上科学"了。他认为,黑格尔和马克思都将其辩证法看做这样的"第一原理"②,也就是都把哲学视为"太上科学"③。冯友兰在晚年依然强调,每个时代的大哲学家的哲学,既不是凌驾各种科学知识之上的"太上科学",也不是从各种科学知识中拼凑起来的"科学大纲"。他说:"'太上科学'是没有的,也是不可能有的。'科学大纲'是可能有的,但是没有用的。"④他认为,哲学理应是人类精神的反思,"哲学史中的大哲学体系都是一套人类精神的反思,……在内容上都是一套完整的'精神现象学'"⑤。古今中外的大哲学家的哲学都不外此。

其四,否定哲学是"先科学底科学"或"后科学底科学"的观点。冯友兰认为,"科学的目的是对于经验作积极⑥底释义,其方法是实验底,其结论的成立,靠经验的证实"。所谓哲学是"先科学底科学"的观点是指有人认为,哲学的任务就在于对人类知识中还不能用科学实验证实的问题,用非实证的方法予以解释。如孔德将人类进步

---

① 田文军编:《冯友兰学案》,引自方克立、李锦全主编:《现代新儒学学案》,第160页。

② 同上书,第164、165页。

③ 冯友兰:《中国现代哲学史》,第236页。

④ 冯友兰:《中国哲学史新编》第一册,"全书绪论",第14页。

⑤ 同上书,第13页。

⑥ 冯友兰所谓"积极底解释",指对于经验内容的实质性解释。

分为神学、形上学、科学三个阶段,就是将哲学视为"先科学底科学"。冯友兰认为,这样的哲学,是在实证科学产生以前时代的科学,随着现代科学的出现,"此所谓形上学,即应功成身退",如果其"仍不退位,则即与现在底科学冲突"。这种冲突是进步的、好的科学与落伍的、坏的科学的冲突。① 所谓"后科学底科学"的观点是指有人认为,现在科学还不能以实验方法解释所有的经验,因而"形上学专讨论科学尚未讨论,或尚未能解决底问题";待到科学能够以实验方法解决这些问题了,哲学的临时性解决也就结束了。按照这种观点,"形上学专在科学后面捡拾问题,科学愈进步,形上学即愈无问题可捡拾";并且,对于将来的科学而言,"后科学底科学"依然是"先科学底科学"。尽管有些持哲学是"后科学底科学"观点的人认为,哲学所要解决的问题虽然与科学同类,然而,所要解决的是科学永远不能解决的关于宇宙和人生的根本问题,如上帝存在、灵魂不灭、意志自由等问题。因而,哲学的领域不会因科学的进步而缩小。也有人认为,"科学的问题是无穷尽底"所以,"后科学底科学"会"随着科学的发展而发展"。② 在冯友兰看来,他们将哲学与科学视为同类学科而混淆了它们,误以为哲学也同科学一样是"积极义释经验"的,其根本点便错了。

冯友兰将知识分为四类:一是逻辑学和数学,二是形上学,三是科学,四是历史。他认为,这四类知识的命题各有其特点:科学命题的特点是"灵而不空",即科学命题是对经验内容的解释,所以"不空";且其适用于一类事实,而不限于个别事实,所以"灵"。历史学命题的特点是"实而且死",即其只是陈述既定的具体事实;逻辑学和数学命题的特点是"空而不灵",即它们"只是命题套子",且研究

① 田文军编:《冯友兰学案》,引自方克立、李锦全主编:《现代新儒学学案》,第163页。

② 同上书,第163、164页。

形式而"不管事实"。① 真正形上学命题的特点是"一片空灵"。所谓
"空",指其命题"对于实际无所肯定,至少甚少肯定";所谓"灵",指
"其命题对于一切事实,无不适用"。冯友兰将是否符合"一片空灵"作
为评判各种形上学优劣的标准。他说:"哲学史中哲学家底形上学,其
合乎真正底形上学的标准的多少,视其空灵的程度。其不空灵者,即是
坏底形上学。坏底形上学即所谓坏底科学。"②按照这个标准,西方那
些关于哲学是"先科学底科学"、"后科学底科学"、"太上科学",以及
哲学是对科学成果的综合等观点,都不可视为"真正底形上学",都是
走错了路的"坏底形上学"。

冯友兰认为,以上这些对于哲学性质的观点虽然不尽相同,"但有
一相同之点,即均以为形上学的目的,与科学同是积极地义释经验",
即都把哲学视为与科学是同类的学科了,认为哲学与科学的差异,仅在
于是否运用实验方法,二者的争论也由之而起。③ 冯友兰认为,在哲学
史上,虽然有些哲学家确实使其哲学具有"先科学底科学"、"后科学底
科学",以及"太上科学"的性质,"但不能说'形上学'必需有这些性
质"。即这些性质并不是哲学的必然本质。由于西方那些混同于科学
的哲学,不能像科学那样用实证的方法证明自己的结论,因而,维也纳
学派对于西方传统形上学的批评,甚至主张取消形上学,是有道理的。
然而,冯友兰认为,这样的批判和主张"对于真正底形上学,是无干
的"④。他所理解的"真正底形上学",就是在对象、宗旨、方法上与以
上对于哲学性质的各种理解完全不同的哲学,实际就是以升华人生境
界为学术宗旨的中国传统哲学。在他看来,中国传统哲学才代表了

---

① 田文军编:《冯友兰学案》,引自方克立、李锦全主编:《现代新儒学学案》,第
170 页。
② 同上书,第 170、171 页。
③ 同上书,第 165 页。
④ 同上。

"真正底形上学"的本质特点,它所需要的只是西方哲学的逻辑化的思维来做方法论上的补充而已。循着中国传统哲学的方向走,才能摆脱哲学与科学的无谓纠缠,才能实现哲学的根本宗旨——通过反思人类的精神生活而提高人们的精神境界。

冯友兰在晚年依然主张,"科学可以增加人的积极①知识,但不能提高人的境界。哲学可以提高人的境界,但不能增加人的积极知识"②。基于哲学与科学不是同一类学问的断定,冯友兰认为,"随着未来的科学进步,宗教及其教条和迷信,必将让位于科学;可是人的对于超越人生的渴望,必将由未来的哲学来满足";中国哲学正是以升华人生境界为使命的,故中国哲学可能会对未来世界的哲学有所贡献。③

三、论说中国哲学对未来世界哲学的两个贡献

冯友兰在《中国哲学与未来世界哲学》一文中断定:中国哲学于西方哲学必然有"某种根本的相似之点",因而二者有相互补充的可能。他具体论说了中西哲学如何相互补充的问题,并提出中国哲学可以在人生境界和认知方法两个方面对未来世界哲学有所贡献。④ 他说:中国若能对未来世界哲学作出贡献,一是"在日常生活之内实现最高价值",二是"经过理性以'越过界线'的方法"。⑤

冯友兰从本体论和认识论两个方面来比较中国哲学与西方哲学,求证中西哲学"根本的相似之点"。他将柏拉图传统和康德传统视为

---

① 如前所述,这里所谓"积极",是指有内容的,其相对于哲学的"逻辑"化或"形式"化而言,而不与"消极"相对待。

② 冯友兰:《三松堂自序》,引自《冯友兰学术论著自选集》,第446页。

③ 田文军编:《冯友兰学案》,引自方克立、李锦全主编:《现代新儒学案》,第161页。

④ 冯友兰:《中国哲学与未来世界哲学》,《冯友兰学术论著自选集》,第549、550页。

⑤ 同上书,第560页。

西方哲学的两个主要传统,将儒家哲学(笔者注:主要指程朱理学)和道家哲学视为中国哲学的两个主要传统,提出"柏拉图传统和儒家传统,代表着形上学中可以称为本体论的路子;而康德传统和道家传统,代表着可以称为认识论的路子"①。他强调这种哲学分类仅具有相对的意义,如康德虽然在区分可知与包括知的认识论方面与道家吻合,然而康德的伦理学说则与儒家吻合。②

就中国传统哲学认知方法而言,冯友兰认为,道家的方法比康德的方法更为高明,可以对未来世界哲学有所贡献。康德在知与不可知之间划了一条界线,认为"不论纯粹理性作出多大努力去越过界线,它也总是留在界线的此岸";而"看来道家却用纯粹理性真地越过界线走到彼岸了"。冯友兰强调说明:道家完全不是越过了这个界线,而是通过否定理性而取消了这个理性所设立的界线。他认为,康德的"自在之物"一词有肯定的意义,因而"是一个十足误人的名词";而道家则用否定的方式来表达关于彼岸哲学思想,"到了最后就无言可说,只有静默。在静默中也就越过界线达到彼岸"。③ 冯友兰认为,道家的这种方法,就是"形上学的负的方法","不能说它是什么,只能说它不是什么,这就是负的方法的精髓"。④

冯友兰认为,这种不落言诠,否定理智的"负的方法"是真正的神秘主义。他认为,这种神秘主义的方法是哲学的基本方法;西方哲学虽然逻辑思辨的方法即"正的方法"得到充分发展,却缺乏真正神秘主义的"负的方法",因而"西方哲学虽有神秘主义,还是不够神秘"。在冯友兰看来,不够神秘就没有达到形上学的最高境界。故而,他既主张中

① 冯友兰:《中国哲学与未来世界哲学》,《冯友兰学术论著自选集》,第550页。
② 同上书,第553页。
③ 冯友兰所谓"在静默中也就越过界线达到彼岸",是就康德为理性能力所划出的界线而言,并不是肯定存在这条理性划出的界线。因而与上文并不矛盾。
④ 冯友兰:《中国哲学与未来世界哲学》,《冯友兰学术论著自选集》,第554页。

国哲学应该引入西方哲学的逻辑分析方法而更理性主义一些；又主张西方哲学应该学习真正神秘主义的"负的方法"。冯友兰认为，中国哲学智慧所追求的"越过界线的实际效果"，是提高人的生活境界而改进人生，从而体现了哲学的真正存在价值。他展望"未来世界哲学一定比中国传统哲学更理性主义一些，比西方传统哲学更神秘主义一些。只有理性主义和神秘主义的统一，才能造成与整个未来世界相称的哲学"。①

冯友兰认为，在"天地境界"中实现个人与宇宙的合一，不是理智或理性②的产物，而是否定理智或理性的结果。因为"宇宙不能是理性或理智的对象"，个人实现了与宇宙的同一，"必须由否定理智来完成，因为只有否定理智，人才能实现与不能是理智或理性的对象同一"。根据这样的观点，他认为，古希腊哲学家柏拉图以"理智的世界"为最高境界的思想，近代斯宾诺莎将上帝理解为"一切存在的总体"，而提倡"对上帝的理智的爱"的主张，都有其不妥之处，即他们都不懂得与宇宙同一的最高境界必须通过否定理智，才能得以实现。

然而，冯友兰并不是完全否定理智或理性，而是认为理智或理性是达到最高精神境界的必要的阶段性手段。他认为，达到自我与宇宙冥然一体的"浑沌之地"，"必须经过理性而否定理性来实现"；否则，其生活境界只是"自然境界"，而不是"天地境界"。这种未经过理性的浑沌"自然境界"，只是"自然的赐予"，而"不是精神的创造"。他说："为了消除理性，必须通过理性。为什么真正的神秘主义之前必须有真正的理性主义，为什么负的方法必须结合正的方法，道理就在此。"③

---

① 冯友兰：《中国哲学与未来世界哲学》，《冯友兰学术论著自选集》，第555、556页。

② 冯友兰曾经将理性分为"道德理性"和"逻辑理性"，他在此所说的"理智"和"理性"实际指"逻辑理性"。

③ 冯友兰：《中国哲学与未来世界哲学》，《冯友兰学术论著自选集》，第558、559页。

就中国传统哲学以提高人生境界为旨归而言,冯友兰认为,"一个真正的哲学既是出世的,又是入世的";它所以说它具有出世的方面,"在于试图消除人的自私与卑鄙,但是这不必意味着排除对世间日常事务的兴趣";真正的哲学"强调在人类生活的日常事务中实现最高的生活境界"。他断定:中国哲学的主要目的和要解决的问题,就在于以这样的方式实现最高境界,因此说:中国传统哲学就是真正的哲学。他认为,中国哲学对人生的启示就是"将人生当做一个自然的事实,努力在精神上改进它,以求使之尽量地好"①,也就是在哲学而非宗教的指导下,在日常生活中实现最高的精神境界和最高的人生价值。

结　　语

冯友兰强调"形上学"即本体论和宇宙论在哲学中的重要意义,认为它是"哲学中底最重要底一部分,因为它代表人对于人生底最后底觉解。这种觉解,是人有最高底境界所必需底"②。然而,他的本体论和宇宙论思想并没有为其人学思想提供多少基础理论的作用。可以说,从他的"形上学"出发,并不能必然得出最高人生境界即"天地境界"的人学结论。他虽然力求用西方理性主义哲学和逻辑思辨方法来修正、补充,并力求发展宋代理学,但是,从"形上学"与人学联系的密切程度来看,他做的反而不如理学诸子将二者联系密切,因为理学诸子多将宇宙本体道德化,由之推论他们道德化的人学思想,而冯友兰则避免将宇宙本体道德化这种主观色彩过重的思想方法。然而,结果却是使其"形上学"与人学两部分思想联系得不那么紧密。

冯友兰的"形上学"思想虽然对朱熹思想有所扬弃,力求有独到见

---

① 冯友兰:《中国哲学与未来世界哲学》,《冯友兰学术论著自选集》,第559页。
② 田文军编:《冯友兰学案》,引自方克立、李锦全主编:《现代新儒学学案》,第159页。

解,然而他们"理在气先"的根本论题是一致的,只是冯友兰借鉴了西方近代理性主义哲学并运用逻辑思辨的方法阐发其新理学观点,使了传统理学"理在气先"的根本论题具有现代哲学的风格;他对"理"、"气"、"道体"、"大全"、"无极"、"太极"、"乾元"等范畴重新予以界说,从而构成自己的新理学的形上学体系。如果说他在"形上学"方面对宋代理学有所发展的话,那主要体现在其论证方式颇具有逻辑的严整性,内容也更条理化——这正是他主张中国哲学现代化的基本方面。但是冯友兰哲学的内容体系基本还是理学尤其是朱熹理学的传统框架,似乎可以说,其"新理学"之"新",主要不在内容方面,而在理性化、逻辑化的思维方式和表述方式上面。

冯友兰在逻辑学方面的造诣并不深,但却十分注重用逻辑学知识来梳理中国传统哲学,力图改变中国哲学概念朦胧、语焉不详的毛病,并用之建立自己的新理学体系。这无疑是其高明之处。他的哲学体系可以说属于新儒学诸子中逻辑条理最清楚的一流。然而,或许由于他过于注重逻辑化、形式化,也使得其哲学思想与梁漱溟、熊十力比较,显得在深度和创造性上有所不足。他认为,中国哲学的缺陷不在学术宗旨和研究对象方面,而在方法论上过于偏重内心体验和神秘直觉,而缺乏逻辑分析方法;偏重提出结论,而忽视依照逻辑条理表述思辨过程(尽管他认为提出结论的思辨过程是存在的,只是没有逻辑化的表述出来)。根据这种观点,他认为,中国哲学的现代化就是哲学的逻辑化,即引入"正的方法"。于是,他将中国哲学的现代化主要局限于方法论的逻辑化。他在晚年"回归自我"①的时期依然坚持这种观点,这与近现代中国的主流哲学是颇不相同的。

我国近代以来的主流哲学,实际上深受西方理性主义②影响。以

---

① 蔡仲德语,见本章起始部分。

② 这里所谓的"理性主义",是与非理性主义相对,而不是与经验主义相对。

新儒学而论,1949年以前,新儒学诸子中虽然很有些学者阐扬孟子到心学的直觉主义传统,并借鉴西方的非理性主义哲学,但是西方理性主义的影响依然明显。冯友兰虽说也主张最高哲学境界即"天地境界"的超理智特点,强调"负的方法"的重要意义,但他主要是继承了理学一脉近乎理性主义的思想传统,更主张中国哲学的现代化就是逻辑化、理性化。可以说,冯友兰是中国近代哲学中理性主义的重要代表。

冯友兰晚年评价自己当年创造新理学体系,以对宋代以来的理学思潮"接着讲"自任,谦称是"狂妄"。实则这种"狂妄"正体现了独立的学术创造精神,与章太炎所说的"神经病"(见章太炎节)之意趣有相近之处。要成为真正的哲学家而不是人云亦云、苟合取容的"哲学工作者",这种思想的"狂妄"是必不可少的主观因素。当然,客观上言路自由的政治文化环境也极重要,而这样的环境或者是生逢旧权威被破坏、新权威未确立的乱世,或者是处于政治开明、思想宽松的太平盛世。前者是类似自然力量的破坏,后者则是人的自觉营造的结果。中国现代曾经出现多年的哲学贫乏,然而不能仅从主观上责难学者们严重缺乏学术上的"狂妄"精神,更应该从客观文化环境上探索学术"狂妄"精神的消长原因,进而自觉创造激励学术界乃至文化界"狂妄"精神的新场景。

参 考 文 献

张之洞:《劝学篇》,中州古籍出版社 1998 年版。

苑书义、秦进才编:《张之洞与中国近代化》(论文集),中华书局
1999 年版。

苏舆编:《翼教丛编》第六卷,上海书店出版社 2002 年版。

康有为:《新学伪经考》,中华书局 1988 年版。

康有为:《孔子改制考》,中华书局 1988 年版。

康有为:《康子内外篇》,中华书局 1988 年版。

康有为:《大同书》,中州古籍出版社 1998 年版。

康有为:《孟子微、礼运注、中庸注》,中华书局 1987 年版。

康有为:《春秋董氏学》,上海大同译书局刊。

康有为:《我史》,江苏人民出版社 1999 年版。

汤志钧编:《康有为政论集》(上下册),中华书局 1981 年版。

臧世俊:《康有为大同思想研究》,广东高等教育出版社 1997
年版。

上海市文物保管委员会编:《康有为与保皇会》,上海人民出版社
1982 年版。

梁启超:《南海康先生传》,附录于康有为《我史》,江苏人民出版社

1999 年版。

施忠连:《康有为与陆王心学》,载于《中国哲学》第十一辑,人民出版社 1984 年版。

蔡尚思、方行编:《谭嗣同全集》,中华书局 1981 年版。

梁启超:《谭嗣同传》,附录于《谭嗣同全集》,中华书局 1981 年版。

王栻主编:《严复集》(第一至第五册),中华书局 1986 年版。

谷野:《从"古今中西"之争看严复的进化观》,载于《中国哲学》第十一辑,人民出版社 1984 年版。

葛懋春、蒋俊编选:《梁启超哲学思想论文选》,北京大学出版社 1984 年版。

夏晓虹编:《梁启超文选》上下册,中国广播电视出版社 1992 年版。

梁启超:《清代学术概论》,东方出版社 1996 年版。

梁启超:《饮冰室主人自说》,江苏人民出版社 1999 年版。

梁启超:《饮冰室诸子论集》,江苏广陵古籍刻印社影印,扬州古籍书店 1990 年发行。

陈引驰编:《梁启超国学讲演录二种》,中国社会科学出版社 1997 年版。

朱维铮、姜义华编注:《章太炎选集》,上海人民出版社 1981 年版。

《太炎先生自定年谱》,引自徐立亭著《章太炎》,哈尔滨出版社 1996 年版。

姜玢编选:《革故鼎新的哲理——章太炎文选》,上海远东出版社 1996 年版。

汤志钧编:《章太炎政论选集》,中华书局 1977 年版。

傅杰编校:《章太炎学术史论集》,中国社会科学出版社 1997 年版。

唐文权、罗福惠著:《章太炎思想研究》,华中师范大学出版社 1986

年版。

徐立亭：《章太炎》，哈尔滨出版社1996年版。

《梁漱溟全集》（第一、二、三、五、七卷），山东人民出版社1994年版。

梁漱溟：《中国文化要义》，学林出版社1987年版。

郑大华、任菁编：《孔子学说的重光——梁漱溟新儒学论著辑要》，中国广播电视出版社1995年版。

郑大华：《梁漱溟学术思想评传》，北京图书馆出版社1999年版。

马勇编：《末代硕儒》，东方出版中心1998年版。

熊十力：《新唯识论》，中华书局1985年版。

熊十力：《十力语要》，中华书局1996年版。

熊十力：《佛学名相通释》，东方出版中心1985年版。

郭齐勇编：《熊十力学案》，见方克立、李锦全主编：《现代新儒家学案》上册，中国社会科学出版社1995年版。

胡晓明编选：《大海与众沤——熊十力集》，上海文艺出版社1998年版。

郭齐勇编：《现代新儒学的根基——熊十力新儒学论著辑要》，中国广播电视出版社1996年版。

姜允明：《熊十力与陈献章》，东方出版社1992年版。

滕复编：《默然不说声如雷 —马一浮新儒学论著辑要》，中国广播电视出版社1995年版。

冯友兰：《冯友兰学术论著自选集》，北京师范学院出版社1992年版。

方克立、李锦全主编：《现代新儒学学案》之田文军编《冯友兰学案》，中国社会科学出版社1995年版。

冯友兰：《中国哲学史新编》第一册、第三册、第六册，人民出版社1982年、1985年、1989年版。

冯友兰:《中国现代哲学史》,广东人民出版社 1999 年版。

王中江、高秀昌编:《冯友兰学记》(论文集),生活·读书·新知三联书店 1995 年版。

冯友兰:《中国文化的特质》,载于《中国文化书院讲演录》第一集《论中国传统文化》,生活·读书·新知三联书店 1988 年版。

吴晓明编:《德赛二先生与社会主义——陈独秀文选》,上海远东出版社 1994 年版。

陈独秀:《陈独秀文章选编》,三联书店 1984 年版。

袁伟时:《论五四时期李大钊和陈独秀的世界观》,载于《中国哲学》第三辑,人民出版社 1980 年版。

胡明主编:《胡适精品集》第二册、第三册、第五册、第八册,光明日报出版社 1998 年版。

耿云志主编:《胡适论争集》上中下卷,中国社会科学出版社 1998 年版。

姜义华主编:《胡适学术文集·中国哲学史》上下册,中华书局 1991 年版。

顾颉刚:《中国近来学术思想界的变迁观》,载于《中国哲学》第十一辑,人民出版社 1984 年版。

钱穆:《中国近三百年学术史》(下册),商务印书馆 1997 年版。

钱穆:《现代中国学术论衡》,岳麓书社 1987 年版。

蒋国保、余秉颐、陶清著:《晚清哲学》,安徽人民出版社 2002 年版。

哈佛燕京学社与三联书店主编:《儒家与自由主义》(论文集),生活·读书·新知三联书店 2001 年版。

汤志钧:《近代经学与政治》,中华书局 1987 年版。

汤志钧:《戊戌变法史》,人民出版社 1984 年版。

张岱年、程宜山:《中国文化与文化论争》,中国人民大学出版社

1990 年版。

张岂之、陈国庆:《近代伦理思想之变迁》,中华书局 2000 年版。

[美]列文森著,郑大华、任菁译:《儒教中国及其现代命运》,中国社会科学出版社 2000 年版。

杜维明:《儒家哲学与现代化》,引自《中国文化书院讲演录》第一集《论中国传统文化》,生活·读书·新知三联书店 1988 年版。

金克木:《比较文化研究问题》,引自《中国文化书院讲演录》第一集《论中国传统文化》,生活·读书·新知三联书店 1988 年版。

何信全:《儒学与现代民主》,中国社会科学出版社 2001 年版。

宋仲福、赵吉惠、裴大洋:《儒学在现代中国》,中州古籍出版社 1991 年版。

赵德志:《现代新儒学与西方哲学》,辽宁大学出版社 1994 年版。

杨适:《中西人论的冲突》,中国人民大学出版社 1991 年版。

石峻主编:《中国近代思想史参考资料简编》,生活·读书·新知三联书店 1957 年版。

《中国哲学史资料选辑》(近代之部,上下册),中华书局 1962 年版。

张枬、王忍之编:《辛亥革命前十年间时论选集》第一、二、三卷,生活·读书·新知三联书店 1977 年版。

北京大学哲学系中国哲学教研室选注:《中国哲学史教学资料选辑》(上下册),中华书局 1982 年版。

北京大学哲学系编:《中国现代哲学史教学资料选辑》,北京大学出版社 1988 年版。

杨阴深编著:《中国学术家列传》,上海光明书局 1939 年印行。

王蘧常主编:《中国历代思想家传记汇诠》(下册),复旦大学出版社 1993 年版。

跋

某幼受庭训，以读书做学问为此生当然事业。然少年遭际"文革"而失学，又以"知识青年"名义被发放到内蒙兵团接受"再教育"九年许。在兵团时，常歆羡他人被保送入大学，而己虽然苦读不辍，却无此幸运。究其所以，半由出身所羁，半为性格使然。记得有个托名陈抟的劝善文中言："才偏性执，不遭大祸必奇穷。"(《心相篇》)诚哉斯言！

后来侥幸赶末班车上了大学，却选择了"玄之又玄"的形上学，又将中国哲学史作为研究方向搞了起来。许多年下来，自灌了不少中国先哲特制的调养灵明、慰勉人生的药酒，故而对于流转不定的东西南北时尚之风总是反应麻木而不赶趟。既歆慕于魏晋时人阮籍、嵇康的"真富贵"境界而有些领悟，又觉得清人张潮那句拿"措大"窘境开心的俏皮话即"境有言之极雅而实尴尬者"(《幽梦影》)云云，却也说得真切。

此书本来 2005 年可以脱稿，不料在那年的上半年发现得了肺癌，其后又是做根除手术、又是化疗，很折腾了一阵子，写作也就耽搁下来了。但是，这本将成未成的书毕竟是个心事，所以待医疗告一段落，身体又有所恢复后，又慢慢干了起来。本待多论述些思想家、多下些斟酌推敲工夫，但一来考虑到这个工作像无涯岸之海，难求完满；二来又身患不测之症,常怀"恐鹈鴂之先鸣"的顾虑,故自忖当以尽快完书为宜。书中的疏漏和错谬处或许因之更多,尚望读者谅之正之。

先父尚爱松先生于我在做人做学问上影响甚大,弥留之际,尚问及此书的写作情况。今以此作献祭,或难入先父学术堂奥,唯以曾尽心力,庶不负大人厚望。

责任编辑:李之美
版式设计:马　杰

图书在版编目(CIP)数据

中国近代人学与文化哲学史/尚明著.
-北京:人民出版社,2007.4
ISBN 978 - 7 - 01 - 006158 - 0

Ⅰ.中… Ⅱ.尚… Ⅲ.①人学-思想史-中国-近代 ②文化哲学-
　思想史-中国-近代 Ⅳ.C912.1 - 092;G02 - 092

中国版本图书馆 CIP 数据核字(2007)第 048371 号

中国近代人学与文化哲学史
ZHONGGUO JINDAI RENXUE YU WENHUA ZHEXUE SHI

尚　明　著

人民出版社 出版发行
(100706　北京朝阳门内大街166号)

北京新魏印刷厂印刷　新华书店经销

2007 年 4 月第 1 版　2007 年 4 月北京第 1 次印刷
开本:700 毫米×1000 毫米 1/16　印张:33
字数:422 千字　印数:0,001 - 3,000 册

ISBN 978 - 7 - 01 - 006158 - 0　定价:56.00 元

邮购地址 100706　北京朝阳门内大街 166 号
人民东方图书销售中心　电话 (010)65250042　65289539